大变局中的世界社会主义
——世界社会主义论集

WORLD SOCIALISM IN GREAT CHANGES

WORLD SOCIALISM COLLECTED WORKS

姜 辉 著

中国社会科学出版社

图书在版编目（CIP）数据

大变局中的世界社会主义：世界社会主义论集/姜辉著.—北京：
中国社会科学出版社，2020.10
ISBN 978 - 7 - 5203 - 7020 - 2

Ⅰ.①大… Ⅱ.①姜… Ⅲ.①社会主义—世界—现代—文集
Ⅳ.①D507 - 53

中国版本图书馆 CIP 数据核字（2020）第 151331 号

出 版 人	赵剑英	
责任编辑	王 茵	刘 洋
责任校对	王 龙	
责任印制	王 超	

出 版	中国社会科学出版社
社 址	北京鼓楼西大街甲 158 号
邮 编	100720
网 址	http://www.csspw.cn
发 行 部	010 - 84083685
门 市 部	010 - 84029450
经 销	新华书店及其他书店

印 刷	北京君升印刷有限公司
装 订	廊坊市广阳区广增装订厂
版 次	2020 年 10 月第 1 版
印 次	2020 年 10 月第 1 次印刷

开 本	710 × 1000 1/16
印 张	32
字 数	446 千字
定 价	169.00 元

作者自序

这本《大变局中的世界社会主义》，集中收入了我在 20 多年学术研究过程中关于世界社会主义研究的主要成果。1997 年我进入中国社会科学院马列所（现在的马克思主义研究院前身）从事科研工作后，主要是在现代国外马克思主义和社会主义研究室集中从事国外马克思主义和社会主义研究，主要关注研究东欧剧变、苏联解体之后的世界社会主义状况、特征、趋势、格局和走向，国外共产党及左翼力量理论政策调整与现实活动情况，国外各种社会主义流派和思潮的主要观点主张及其影响等。随着有关研究的开展和深入，所承担的研究课题和主题的拓展，我的研究视野扩大到资本主义国家工人阶级研究、中国特色社会主义与世界社会主义关系的研究、中国特色社会主义在世界社会主义发展史中的地位和贡献研究等，努力做到理论与实践、历史与现实、国际与国内的结合，更加注重本质性分析和规律性揭示，使关于世界社会主义研究的成果更具有现实性、全局性和前瞻性，更明晰了服务于中国特色社会主义发展创新的研究目的。

之所以现在收文出版这部论集，一方面，是对自己 20 多年学术研究过程中相关主题研究的一个总结，集中留存研究成果便于进行进一步的研究和教学工作，也促进自己对有关研究的检视反思；另一方面，我认为更为重要，就是当前的研究更具有理论和现实意义。中国特色社会主义进入新时代，科学社会主义在中国的成功，对于马克思主义、科学社会主义和世界社会主义的意义，越来越清晰地

显现出来。习近平总书记以长远深邃的历史视野，从世界社会主义
500 年发展历史中探寻中国特色社会主义的理论与实践之源，指出
"从世界社会主义 500 年的大视野来看，我们依然处在马克思主义所
指明的历史时代"①，要从世界社会主义发展进程中把握中国特色社
会主义；"中国特色社会主义开创于改革开放新时期，但了解其形成
和发展的脉络，认识其历史必然性和科学真理性，应该拉长时间尺
度，放在世界社会主义演进的历程中去把握"②。习近平总书记根据
世界社会主义 500 年的发展历程和主要阶段，着眼坚持和发展新时
代中国特色社会主义新实践，提出重大研究课题，"我讲了社会主义
从空想到科学、从理论到实践、从一国到多国的历程，那么现在是
个什么状况呢？很值得深入研究"③。这个重大课题，需要我们从事
马克思主义、科学社会主义和世界社会主义的研究者，结合中国和
世界发展变化的新形势新情况，进行更系统更深入的研究。因而这
本文集的出版也可以说是恰逢其时，为我现在在这方面的项目研究
提供了资料文献和前期基础，也希望自己以后的研究能为回答上述
重大课题有所推动和助益。

为了更清晰地呈现苏东剧变之后世界社会主义变革发展的总体
面貌和以上涉及的诸多主要问题，这本书集的编选做了这样的设计：
一是所选文章不是按照发表时间顺序进行排列，而是按照从宏观研
究到具体专题的考虑分为八个部分，即：21 世纪世界社会主义新格
局与新特点、中国特色社会主义与世界社会主义、世界社会主义运
动状况与趋势、西欧国家共产党的变化与调整、西方国家工人阶级
状况与变化、社会主义思潮与流派、民主社会主义的实质与蜕变、
西方左翼的变化调整与前途，所选文章按照主题分别归入；二是有

---

① 《习近平谈治国理政》第 2 卷，外文出版社 2017 年版，第 66 页。
② 《习近平关于"不忘初心、牢记使命"重要论述选编》，党建读物出版社、中
央文献出版社 2019 年版，第 297 页。
③ 同上书，第 298 页。

些文章写得较早，今天读来似乎有点"过时"，但基本观点结论至今我继续坚持着，前后研究一以贯之，这也体现出我有关专题研究的逐渐拓展深入的轨迹；三是所选文章绝大多数是我自己独立思考和撰写的论文，同时，为了论述充分的需要，也选择了四篇我作为第一作者的合写文章，已在注释中做了说明，我作为第二作者的文章或集体研究的成果没有纳入。总的看，文章的选取和编排，尽量保证了世界社会主义研究的面貌、风格、体例以及完整性、逻辑性。

借着撰写这个自序的机会，我简要谈谈自己关于 21 世纪世界社会主义发展研究的主要见解和观点。

（1）从 1516 年英国托马斯·莫尔发表人类思想史上第一本具有社会主义性质的著作《乌托邦》以来，世界社会主义走过了 500 多年沧桑岁月，在理想与现实、理论与实践、运动与制度的相互推动、相辅相成中，践行着人类最先进、最美好的社会变革与建设的理念主张和价值追求。今天人类进入 21 世纪，世界社会主义承载着丰硕的历史成果，积淀着丰厚的历史经验，充盈着丰沛的理想追求，践行着丰富的现实奋斗，从 20 世纪的辉煌与挫折中走向 21 世纪，迈进新的历史时代。21 世纪是社会主义走向振兴的世纪！

（2）着眼于当前世界百年未有之大变局对世界社会主义发展的深远影响，可以得出这样的趋势性判断：社会主义经历了从空想到科学，从理论到实践，从一国到多国，从初步探索到不断深化，从经历苏东剧变的重大挫折到社会主义在中国取得巨大成功，目前正经历着从逐渐走出低潮到走向振兴的重要时期。

（3）从长远的历史眼光来看，从 19 世纪中叶科学社会主义诞生到 21 世纪中叶，大体上两个世纪的时间，我们可以将世界社会主义划分为三个大的历史阶段，也就是"三个七十年"：从 1848 年《共产党宣言》发表标志科学社会主义诞生到 1917 年俄国十月革命，是社会主义发展的"第一个七十年"，这一时期世界社会主义的中心在西欧；从 1917 年十月革命到 20 世纪 80 年代末苏东剧变，是社会主义发展的第二个历史阶段，也就是"第二个七十年"，这一时期世界社会主义的中心在苏联；从 20 世纪 80 年代末苏东剧变到下个世纪中叶，是社会主义发展的第三个阶段，也就是"第三个七十年"，世界社会主义的中心在中国，主要历史任务是巩固、发展和完善社会主义制度，使社会主义制度的优越性充分地体现出来。

（4）当前两大社会制度的竞争出现了新的特点和趋势，呈现出如下四个方面的主要特征：一是世界范围内抗议和变革资本主义的运动集中爆发；二是马克思主义本土化趋势与加强国际联合的趋势并存发展；三是中国特色社会主义成为世界社会主义的旗帜，引领示范作用日渐显现；四是处于新一轮衰退期的世界资本主义与处于新一轮上升期的世界社会主义之间的竞争与博弈更趋激烈。总之，21 世纪初世界社会主义走出了苏东剧变后的低谷，在经历了严峻挫折考验后重新奋起，在捍卫阵地基础上砥砺前行，在顺应时代发展中变革创新，在资本主义新危机中迎来机遇。可以说开始进入了逐渐走出低潮、在发展变革中谋求振兴的时期。

（5）中国特色社会主义成为 21 世纪社会主义发展的引领旗帜，成为振兴世界社会主义的中流砥柱。中国特色社会主义是世界社会主义的重要组成部分，是苏东剧变后世界社会主义进入新阶段的一种新的实践探索，而进入新时代的中国特色社会主义则具有更加重要的示范引领作用和世界意义。30 年来，世界社会主义运动经历了从苏东剧变步入低谷到 21 世纪初谋求振兴的过程。在每个重要的历史节点，中国特色社会主义都对世界社会主义的发展发挥了至关重要的历史转折性作用，成为世界社会主义运动的主心骨、风向标和根据地。第一个历史节点：20 世纪 80 年代末 90 年代初东欧剧变、苏联解体、苏共垮台，中国捍卫和挽救了社会主义。第二个历史节点：21 世纪初由国际金融危机引发的整个资本主义危机。这标志着世界资本主义在其发展的长周期中开始进入了一轮规模较大的衰退期，而世界社会主义总体上仍然处于苏东剧变之后的低潮，但以中国特色社会主义发展取得的巨大成就为主要依托和标志，世界社会主义进入走出低谷的谋求振兴期。中国发展和振兴了社会主义。第三个历史节点：21 世纪过了 15 年后，以英美等主要西方国家发生的逆全球化潮流为转折，表明资本主义对整个世界的驾驭和统治能力显著下降，显得力不从心；中国则高扬起继续推进全球化的旗帜，并推动全球化朝着公平、合理的方向发展。可以说，这是由长期以来资本主义主导的全球化开始向由社会主义主导的全球化方向转变。这对于世界社会主义发展来说也具有重要转折性意义。就是这个关键的历史时期，中国特色社会主义进入新时代，意味着科学社会主义在 21 世纪的中国焕发出强大生机活力，中国特色社会主义引领和塑造了 21 世纪社会主义。

（6）21 世纪世界社会主义发展振兴的标志性成果，就是社会主义赢得比资本主义更广泛的制度优势。当前，资本主义发展的一个突出表现，就是其各种制度变得无效、走向衰败。中国特色社会主义进入新时代，中国共产党推进全面深化改革，不断发展和完善中国特色社会主义制度，推进国家治理体系和治理能力现代化，形成了独特的治理优势和制度优势，也为如何治理社会主义社会积累了丰富经验。中国的制度创新，为发展中国家的制度建设提供了可资借鉴的全新选择，为人类制度文明的发展贡献了中国智慧、中国方案。

上述几段概括的主要认识和观点，是我在长期研究过程中坚持并不断深化的，本书中的一些文章做了具体论证和阐释。希望对有关研究者认识和把握当前世界社会主义状况和趋势有些许参考价值。

本书能够顺利出版，衷心感谢以下同志的大力支持和帮助：中国社会科学出版社党委书记、社长赵剑英同志的大力支持和精心策划，他也以马克思主义研究专家的眼光对本书的内容观点和结构设计提出了宝贵建议；中国社会科学院马克思主义研究院党委书记、副院长辛向阳同志受出版社委托作为同行专家审读了全部书稿；中国社会科学出版社副总编辑王茵同志对本书的编排、设计和出版进行了全程的操劳；中国社会科学院马克思主义研究院于海青同志在几轮编排、设计和审读中，做了大量具体细致的工作；中国社会科学院人事教育局陈学强同志，中国社会科学院马克思主义研究院的单超同志、秦振燕同志等，为本书的编辑出版也做了各方面的精细准备和反复校阅。这里一并致以谢意。

　　由于智识和能力所限，书中会存在诸多不足和疏漏之处，诚恳欢迎广大读者批评指正。

姜　辉

2020 年 9 月于北京

目　录

一　21世纪世界社会主义新格局与新特点

二　中国特色社会主义与世界社会主义

三 世界社会主义运动状况与趋势

四 西方国家共产党的变化与调整

五　西方国家工人阶级状况与变化

六　社会主义思潮与流派

七 民主社会主义的实质与蜕变

八 西方左翼的变化调整与前途

一 21世纪世界社会主义新格局与新特点

剧烈变动时代的世界社会主义：机遇与挑战[*]

提要： 从理论与实践的结合上，较为全面深刻地分析阐述了当前世界社会主义面临的机遇和挑战。在资本主义危机的时代背景和世界剧烈变动的形势下，社会主义必然产生新的问题、新的内容和新的表达。资本主义危机造成了有利于世界社会主义发展的新形势、新条件、新机遇，但危机不会自然而然地带来世界社会主义的新发展和振兴。世界社会主义的发展和振兴，取决于各种历史主客观条件的综合作用。社会主义政党及进步人士要在新的变局中制定出符合时代发展、符合本国本地区实际、能够切实代表和维护工人阶级及广大人民群众利益的纲领和战略策略。

当前，世界处于大变革大调整大转型时期，资本主义和社会主义都经历着巨大的变化。可以说，在持续性的量变中出现了局部的质变，而且质变具有根本性且影响深刻，有着深远的现实意义和历史意义。21 世纪初爆发的资本主义金融危机和经济危机，使得这些变化以在经济、政治、社会和文化领域发生激烈矛盾和冲突的方式凸显在人们面前。经济领域的动荡不已，政治权力的失控更迭，"占

---

* 原载于《国外社会科学》2012 年第 5 期。

领华尔街"运动那样的大规模社会抗议,对资本主义合法性和深层价值的普遍质疑,这些都交织在一起并相互作用,造成了当今世界的剧烈变动形势。这让笔者想到列宁在20世纪初的一段话,他这样说:形势变化"极其剧烈的震动,这就自然而然地、不可避免地要产生'重新估计一切价值',重新研究各种基本问题,重新注意理论"①。在当前剧烈变动的时代,正是有责任心的理论工作者根据世界变化的新形势,重新研究资本主义和社会主义这样的大问题,重新反思各种理论、学说、运动及各种价值的大好时刻。

一 当前世界社会主义面临的条件与机遇

每一次危机都对人们对资本主义命运的考察增添新的启示,都对超越资本主义制度本身的历史性解决办法增添新的意义。因而,在资本主义危机的时代背景和世界剧烈变动的形势下,社会主义必然产生新的问题、新的内容和新的表达。归根结底,社会主义不是从一定的理论原则出发,而是基于历史事实和社会变化的运动。正如恩格斯曾经说的:"共产主义不是学说,而是运动。它不是从原则出发,而是从事实出发。被共产主义者作为自己前提的不是某种哲学,而是过去历史的整个过程,特别是这个过程目前在文明各国的实际结果。"② 目前的历史事实和发展过程,就是各个"文明国家"深陷经济危机及其带来的各种危机的泥淖不能自拔,是成规模的此起彼伏的社会抗议活动,是激烈的社会变化、动荡和重组。这些历史事实和过程,构成了当前重新审视世界社会主义的前提和实际基础。

资本主义危机以一种直接的形式表明,资本主义不过是历史发

---

① 《列宁选集》第2卷,人民出版社1995年版,第281页。
② 《马克思恩格斯全集》第4卷,人民出版社1958年版,第311—312页。

展过程中一个暂时的、过渡的形式,同时也为社会主义的发展提供机遇和条件。在 21 世纪初期的资本主义危机中,整个资本主义体系受到严重冲击,美国的霸权地位遭到削弱,而社会主义中国以及其他一些发展中国家在强势崛起,整个世界格局发生了有利于社会主义、有利于发展中国家的转变,有利于世界经济政治新秩序的建立,这都将极大地改善世界社会主义运动及其他进步运动的发展前景。就世界社会主义运动、共产党及其他进步力量而言,笔者认为以下几个方面的机遇和有利条件值得关注和研究。

(一) 随着资本主义危机的发展,西方新自由主义力量占主导和右翼政党强势占据政治舞台的局面已开始扭转,这对于包括西方共产党在内的左翼政党来说,对于世界社会主义运动来说,无疑是生存和发展环境的有利转变

20 世纪 80 年代以后,随着里根主义和撒切尔主义在整个世界大行其道并占据主导地位,特别是 20 世纪末期苏联东欧剧变后,国际垄断资本主义乘着迅猛发展的全球化战车恣意横行,毫无忌惮地追求超额垄断利润,加剧对世界各国人民的剥削。它们要摧毁一切障碍,包括历史上社会主义及其他进步运动取得的成果,打压共产党等进步力量和进步工会组织。这对世界社会主义运动来说,无疑是极为严酷的境遇。而 20 多年后,新自由主义在资本主义危机中信誉丧失,代表垄断资产阶级利益的右翼势力遭遇本国及世界范围内人们的强烈反抗,整个世界对资本主义丧失信心。乃至在 2012 年年初召开的达沃斯世界经济论坛,也提出了 "20 世纪的资本主义是否适合 21 世纪" 的论题。德国《世界报》在 2012 年 7 月发表报道,世界上著名的民意调查机构皮尤中心发表的一份调查结果表明,资本主义危机在整个世界大大削弱了人们对资本主义的信心,在 11 个主要资本主义国家中,只有半数或不到半数的受访者认同在自由市场经济中生活更好的观点。在 "占领华尔街运动" 中,也提出了 "走向社会主义" 的口号,等等。总之,资本主义危机为世界社会主的发展提供了难得的社会环境和有利条件。

（二）资本主义危机的爆发和加剧，使得世界上社会主义及进步力量对资本主义批判的观点和主张得到实际的检验与支持，使长期以来政治理念和声音被忽视、被淹没的共产党等社会主义力量受到很大鼓舞，因而获得重新树立和整饬社会主义理论的好契机

危机发生后，许多国家的进步人士、左翼政党等及时发出批判资本主义的声音，有的以深刻的思想和理论分析直指资本主义症结，透过表面现象揭示危机的原因和本质，其中许多见解体现了马克思主义的立场和方法。危机发生后，马克思的《资本论》就在西方热销，连资本主义政治家、经济学家也试图从马克思那里找到解救危机的办法。而后，在西方及世界各地，对马克思主义多了客观评价，少了主观偏见；多了积极肯定，少了无端批判；多了借鉴启示，少了搁置冷漠。英国《卫报》2012 年 7 月 4 日发表题为"为什么马克思主义再次兴起"的文章，认为马克思主义"时来运转'，"因为它提供了分析资本主义，尤其是像目前这种资本主义危机的工具"。①《日本时报》网站 7 月 19 日发表加拿大学者题为"马克思：伟人回归"的文章，写道："在柏林墙倒塌后，保守派和革新派、自由主义者和社会民主主义者几乎一致宣布马克思最终消失，可是他的理论却再次成为时下备受关注的话题——在许多方面，它们的流行速度令人惊讶。""如今，站在马克思这样的巨人肩上展望未来的新能力是一个积极的新动向。"② 在这样的形势下，正是社会主义观点得到实际生活的检验而重新振作，并立足新形势新情况创新理论的大好时机。

---

① ［英］斯图尔特·杰弗里斯：《为什么马克思主义再次兴起》，参考消息网，http://colnmn.cankaoxiaoxi.com/2012/0709/58748.shtml，2012 年 7 月 9 日。

② 参见《马克思：伟人回归》，《日本时报》网站，2012 年 7 月 19 日。

（三）经过苏东剧变后 20 多年的抗争、调整和磨砺，包括共产党组织在内的许多世界社会主义力量在各国舞台上站稳脚跟后，力量有所恢复，并开展了许多反对资本主义的斗争及活动。它们经过理论反思和实践磨炼，逐步适应变化了的国际国内环境，总体上由受挫低落转变为积极振作，由被动应付转变为自觉提升，逐步走向新的成熟。这为西方社会主义的发展奠定了一定的组织基础和力量来源

从苏东剧变到现在的 20 多年间，国外坚持下来的共产党，经历了危机、重组、更新和发展，从捍卫生存转向谋求在本国政治舞台上有新的作为。摆脱传统束缚的希冀与政治现实的压力，革新的激情与挫折的苦痛，取代资本主义的信念与战略策略选择的困惑，走出低谷的希望与力量相对弱小的失望，面对新机遇的奋起与难以充分利用时机有更大作为的焦虑，都一并存在。而资本主义危机的爆发，使得这些社会主义力量在精神上变得积极振作，组织力量上也有所凝聚团结，它们的斗争也变得自觉成熟起来，联合行动逐渐开展起来。世界社会主义政党和力量经过长期的调整变革，在理论建构和实践开拓方面都取得了一定成绩，在逐步确立自身的思想基础、组织基础、社会基础上积累了一定的经验和条件。

（四）面对国际范围内强大的右翼力量的联合进攻，共产党及左翼力量也加强彼此之间的联系和合作，逐步由苏东剧变之后的各个孤立抗争转变为谋求左翼力量的团结合作，形成了世界社会主义发展的一定规模优势

可以说，苏东剧变之初，世界上许多共产党组织和社会主义力量遭遇巨大打击，甚至出现了惊慌失措、自顾不暇的局面，更谈不上彼此协调和联合了。而随着在抗争中逐渐站稳脚跟，面对国内国际右翼势力的联合进攻，它们越来越感到自身的弱小无力，感到进步力量联合斗争的迫切。比如，自 1998 年以来，各国共产党工人党会议召开了 13 次，彼此加强沟通协调和联系。特别是 2011 年年底

在雅典召开的第十三次共产党工人党国际会议，有的共产党甚至提出了创建新的国际共产主义运动中心的建议。为了更大发挥共产主义者和工人在世界上的领导作用，有必要和急需组建一个政治协调中心，它不是一个新的国际，而是承担组织国际或地区联合行动的角色。会议还提出，面对资本主义新的危机，各国共产党组织必须抓紧用马克思主义理论武装起来，领导和团结全世界的工人和被压迫民族，在新的斗争中赢得十月革命后的又一个国际共产主义运动的高潮。这表明，资本主义危机促使共产党和工人党开展的社会主义运动发展到了一个新的水平。

（五）苏联解体东欧剧变 20 多年了，经过时间沉淀、实践检验和历史过滤，在今天不断形成并凸显出反映历史真相、趋于客观理性、揭示深层规律的经验教训的总结，意义重大，为 21 世纪世界社会主义的新发展和走向振兴提供了宝贵的历史借鉴

苏东剧变是 20 世纪最重大的历史事件之一，对世界资本主义、世界社会主义都产生了巨大而深刻的影响，21 世纪初许多重大历史事件的发生都直接或间接地与此相关。今后相当长一段时期，这一重大历史事件的"威力"仍将持续地发生作用，特别是对于世界社会主义的发展具有更为特殊的意义。有的学者认为，当前不断恶化的资本主义危机是苏联解体东欧剧变的一个必然结果。这一见解具有历史眼光。20 多年后，我们从历史与现实、理论与实践、时代发展与各国特色、国际与国内的结合与比较中，深入研究苏联解体东欧剧变与世界资本主义、世界社会主义的关系，研究苏东剧变与中国特色社会主义的关系，深刻总结经验，反思吸取教训，获得更多的理论自觉和实践自觉，从而更加深刻地认识共产党执政规律、社会主义建设规律和人类社会发展规律，对于推动世界社会主义在 21 世纪的发展和振兴具有重要意义。

（六）中国特色社会主义在 21 世纪初期取得的巨大成就，是世界社会主义运动总体低潮中的局部高潮，这使世界上共产党及各种进步力量受到鼓舞，使他们看到了 21 世纪世界社会主义振兴的希望，这无疑是 21 世纪世界社会主义发展最切实、最坚实、最可依托的"根据地"和"阵地"

中国特色社会主义从来就不孤立于世界之外而存在，是世界社会主义的重要组成部分，今天已深深融入世界历史发展大潮中。社会主义就形式来说，是民族性的；就内容来说，是国际性的。中国特色社会主义，包括中国发展道路、发展模式、发展经验，已经赢得整个世界的瞩目。中国特色社会主义道路、理论体系和制度，无疑是 21 世纪世界社会主义发展过程中最宝贵的实践成果、理论成果和制度成果。邓小平曾经讲道："我们的改革不仅在中国，而且在国际范围内也是一种试验，我们相信会成功。如果成功了，可以对世界上的社会主义事业和不发达国家的发展提供某些经验。"① 笔者这里提出世界社会主义运动在不同历史时期的"参照系"的看法：在 19 世纪，世界社会主义运动的参照系是德国；在 20 世纪，这个参照系是俄国；而到了 21 世纪，这个参照系已开始转到中国。社会主义中国在世界东方的崛起，正在充分展示着社会主义的感召力和巨大优越性，必将对世界社会主义的发展和振兴产生巨大的历史推动作用。历史老人总是在各种主客观条件酝酿成熟的时刻，以一种特殊的方式将历史传承的"接力棒"交付给已准备好的国家和民族手中，下一步就看这个国家与民族的智慧和能力了。

二　当前世界社会主义面临的问题与挑战

一般地讲，资本主义发生危机，对于世界社会主义运动而言，

---

① 《邓小平文选》第 3 卷，人民出版社 1993 年版，第 135 页。

必然造成一定程度的有利于社会主义发展的新形势和新条件。但是，这些形势和条件是否转化为有效的社会运动及预期后果，历史可能性是否转化为历史现实性，则是各种社会力量、各种社会因素综合作用的结果。

马克思和恩格斯认为，资本主义经济危机是资本主义生产方式的特有产物，集中暴露了资本主义经济和社会的一切矛盾。一方面，危机给无产阶级和广大劳动人民带来了深重灾难；另一方面，危机会激起被剥削被压迫阶级更强烈的反抗，推动其反抗资产阶级的社会主义运动走向高涨，从历史发展规律看，最终会导致无产阶级及广大劳动人民推翻资产阶级的统治，建立新的社会主义生产方式和社会主义社会。时至今日，马克思主义关于资本主义危机与社会主义革命之间关系的原理仍然具有重要的现实指导意义。然而，这个原理的实际运用，随时随地要以时代和实践的变化、各种社会条件的变化为转移。

危机造成不同于正常时期的机遇和条件，但危机不一定就必然带来社会主义革命的高涨。马克思恩格斯当年认为资本主义严重经济危机的到来会带来社会主义运动的高潮，尽管资产阶级实行了许多缓解危机的办法和措施，但是"每一个对旧危机的重演有抵消作用的要素，都包含着更猛烈得多的未来危机的萌芽"[1]。马克思恩格斯去世后，时代发生了重大变化，资本主义也发生了很大变化，资本主义经过了重大的变革和调整，应对危机能力、创新能力、调控能力、适应能力以及统治战略策略，都完全不同于马克思恩格斯时代的资本主义。资本主义危机发生的方式、规模、周期、强度和影响等，也都完全不同了，对社会主义运动和革命的影响也发生了复杂而深刻的变化。正如20世纪70年代的资本主义危机，危机过后来临的不是世界社会主义的发展，相反却是世界社会主义运动的衰落；而资本主义经历危机后奋力突围调整，造成了此后30年的全球

---

[1] 《马克思恩格斯全集》第46卷，人民出版社2003年版，第554页。

扩展。在 21 世纪初的这次资本主义危机中，资本主义遭受了重创，但社会主义迄今还没有被当作一种可供选择的解决问题的替代方案被广泛地提出。当前，资本主义进入国际垄断资本主义阶段，国际垄断资产阶级的统治范围、力量都得到巩固和加强，资本主义的自我调节和创新能力还很强，资本主义力量处于绝对优势。世界社会主义运动在相当长的时间内仍将处于低潮。

　　当前的形势和社会条件，使笔者想起恩格斯去世之前对 1848 年革命时期进行反思的情况和深刻论述。他于 1895 年在《卡尔·马克思〈1848 年至 1850 年的法兰西阶级斗争〉一书导言》中这样写道："历史清楚地表明，当时欧洲大陆经济发展状况还远没有成熟到可以铲除资本主义生产的程度；历史用经济革命证明了这一点……这一切都是以资本主义为基础的，可见这个基础在 1848 年还具有很大的扩展能力。""既然连这支强大的无产阶级大军也还没有达到目的，既然它还远不能以一次重大的打击取得胜利，而不得不慢慢向前推进，在严酷顽强的斗争中夺取一个一个的阵地，那么这就彻底证明了，在 1848 年要以一次简单的突然袭击来实现社会改造，是多么不可能的事情。"[①] 当前资本主义危机继续蔓延，甚至在一些国家和地区出现愈演愈烈之势，但是如果我们幻想资本主义在危机中很快完结，幻想"乘其之危"进行一次毕其功于一役的打击以实现世界社会主义革命性改造，也是"不可能的事情"。

　　在当前的时代背景和社会条件下，世界社会主义力量在资本主义危机中获得发展机遇和有利条件的同时，也面临着许多问题和挑战，甚至可以说出现了新旧问题相互交织的复杂发展态势。笔者这里总结概括一些主要的方面。

---

　　① 《马克思恩格斯选集》第 4 卷，人民出版社 1995 年版，第 512、513 页。

（一）从世界资本主义与社会主义力量对比的总态势看"资强社弱"的态势还没有根本改变，资本主义在总体上处于攻势越来越强烈的时期，国外社会主义政党及力量则相对处于分散和弱小状态。在主导新一轮全球化的过程中，资本主义重新获得了力量，尤其是国际金融垄断资本主义变得更富于进攻性和侵略性，只是攻击和掠夺的形式发生了新的改变

在资本主义危机背景下，国际垄断资产阶级为转嫁危机，对工人阶级及广大劳动人民的进攻和剥削变本加厉。相对于国际垄断资产阶级的联合进攻而言，世界社会主义力量，以及左翼及各种进步力量，则处于相对分散、弱小的地位。在西方，共产党、工会组织和工人阶级之间的关系，失去了过去的那种总体上的一致性和相互支持促进的联系，彼此之间缺乏协调，甚至存在矛盾和悖离，严重制约着反资本主义斗争的深入开展。

（二）从国外共产党等社会主义力量的政治影响力看，特别是在发生危机的西方国家，共产党等社会主义政党组织在各国政治舞台上仍然处于受排斥甚至边缘化的地位，其观点、主张、政策很难影响本国政府决策

相对于其他政党，共产党作为"左翼中的左翼"或"激进左翼"的位置还很难立足，西方共产党组织的阶级基础和社会基础薄弱。在资本主义议会民主制框架下，赢得选民的能力不强，难以与主流政党抗衡。共产党等左翼政党提出的解决危机的措施和方案很难进入本国政府的"主流决策"。在金融和经济危机发生后，西方右翼政党迅速放弃了此前奉行的市场化改革的新自由主义路线，转而将左翼政党长期以来坚持的一些政策主张，比如国有化、社会保障和社会福利、政府对市场进行干预等纳入自己的囊中，这反而挤压了左翼政党的活动空间。而作为"左翼中的左翼"的共产党，尽管在危机中提出了自己的观点主张以及解决危机的措施办法，但由于长期以来受到反共势力的打压，基本被排挤在"主流政治"之外，

即便是在危机中各国政府不稳定和不断更迭，轮流执政的仍然是代表资产阶级利益的或保守或革新的一些政党，共产党等社会主义党派和力量大多处于边缘化地位。

（三）从西方社会主义政党和力量对社会运动的领导力和影响力看，它们利用资本主义危机的能力不足、经验不够，难以提出有效的克服危机战略策略，难以有效引导不满危机和反对资本统治的群众运动

一些西方社会主义政党及左翼人士虽然能够深刻揭示出资本主义危机的实质，开展对资本主义的深刻批判，但是对于如何利用危机造成新的斗争形势，如何向民众提出令人信服的克服危机的有效措施，却无计可施。在议会之外的社会斗争中，一些共产党还难以有效地领导、引导各种社会运动。比如声势浩大的"占领华尔街运动"，虽然其中提出了一些包含"社会主义"的口号，但整个运动很难被有能力、有组织的社会主义政党及左翼力量有效引导到社会主义斗争的方向上来。面对资本主义危机，一些共产党等左翼政党主要是通过集会和组织群众游行示威方式来表示抗争，这在一定程度上有利于自身社会影响的扩大，但其基本主张和措施并未进入民众的头脑，只是激发一时的愤怒心理和情绪的释放。而一些共产党等社会主义政党及左翼人士提出的变革资本主义制度的主张，在当下也难以被范围广泛的民众所接受。如前所述，西方共产党及左翼力量在苏东剧变后根据形势的变化进行了理论和策略的调整与创新，但调整变化过程中也存在诸多问题，比如，一些共产党在调整过程中具有"社会民主党化"倾向，失去过去鲜明的政治立场和主张，从而失去了许多中下层民众的支持；还有一些共产党至今仍处于自我封闭和停滞状态，不能根据时代和实践的变化和本国国情确定自己有效的纲领和政策。另外，许多国家共产党组织分裂严重，派系斗争不断，严重削弱了整体的团结斗争能力。

（四）从世界社会主义运动的主体即工人阶级来看，尽管一个规模庞大的全球工人阶级客观上逐渐形成和发展，但全球工人阶级处于"自在"状态，尚未明显形成全球性的工人阶级意识

工人阶级处于分散状态且彼此竞争冲突，严重制约着世界社会主义运动的深入开展。在资本主义危机情境下，全球工人阶级的各种抗议活动有所发展，但长期以来，全球工人阶级的发展及其活动受到很大的制约。一是经济全球化条件下资本"强势"与劳动"弱势"的力量对比不均衡更加突出，全球资本家阶级不断强化对劳动的自由选择和直接控制。而各国工人越来越失去政府、工会的保护，对全球资本进攻无法形成有效的抵制和抗争力量。各国工人之间的矛盾和冲突增多，面对全球资本的联合处于分散状态，为了各自的利益相互竞争排斥，难以形成统一力量。二是工人阶级的主体性和阶级意识仍然缺失。在国际资本统治的全球化时期，虽然跨国资本的剥削更加直接和严酷，贫富差距和各种不平等现象更加严重，全球范围内劳资对立和冲突更加明显，各国工人阶级开始重新认识到自己的阶级地位和阶级利益，但还没有形成作为全球工人阶级的意识，缺失对抗全球资本统治的主体性和自觉性。三是缺少有力的工会组织和工人阶级政党的领导。在新自由主义经济社会政策下，国外工会力量遭到极大破坏，至今屡弱无力，各自为战，缺少走出困境的战略策略，难以组织起工人阶级进行大规模的经济政治斗争。而西方国家一些左翼政党，包括社会民主党和一些共产党，在历史上曾经是代表工人阶级的政党组织，而今许多声称不再是一个阶级的政党，工人阶级在各国政治舞台上缺乏明确稳定的代言人和利益维护者。

总之，资本主义危机造成了有利于世界社会主义发展的新形势、新条件、新机遇，但危机不会自然而然地带来世界社会主义的新发展和振兴。看不到新的形势、机遇和条件，就是机械保守主义者和悲观主义者；看不到世界社会主义仍然面临的问题和挑战，就是唯主观意志论者和盲目乐观主义者。世界社会主义的发展和振兴，取决于各种历史主客观条件的综合作用，特别是需要社会主义政党及进步人士制定出符合时代发展、符合本国本地区实际、能够切实代表和维护工人阶级及广大人民群众利益的纲领和战略策略。同时，社会主义是广大人民群众的事业，团结动员起全世界工人阶级及广大人民群众共同行动起来反对国际垄断资本的统治，自觉开展争取工人阶级自身的解放和人类解放的事业，世界社会主义的振兴才有希望和前途。在21世纪初的这场资本主义危机之后，我们希望世界社会主义会有大作为和新的发展。

21 世纪的世界社会主义：
新格局、新特征、新趋势[*]

提要： 2016 年是世界社会主义诞生 500 年，站在新的历史起点上，我们需要用世界眼光和历史视野来观察研究世界社会主义发展的新格局、新特征和新趋势。20 世纪的主旋律无疑是世界社会主义运动的兴起和发展，21 世纪是世界社会主义走向振兴的世纪。主要特征：世界社会主义发展振兴的重要标志性成果，是社会主义制度赢得比资本主义的更广泛的制度优势；中国成为世界社会主义发展振兴的中流砥柱和引领旗帜；两大社会制度在长期竞争中的力量对比将发生历史性的转折；社会主义国家数量与社会主义理念实现程度的结合成为判断社会主义发展状况和程度的标准。21 世纪世界社会主义发展的趋势和前景，取决于坚持世界社会主义的民族性与国际性、地域性与世界性、工人阶级运动与广泛群众运动、社会发展建设与生态文明建设的有机统一。

《世界社会主义研究》在 2016 年创刊，恰逢世界社会主义诞生 500 年。从 1516 年托马斯·莫尔发表人类思想史上第一部社会主义著作《乌托邦》开始到现在，世界社会主义历经 500 年历史沧桑迈

———————————

* 原载于《世界社会主义研究》2016 年第 1 期。

入了 21 世纪。那么，21 世纪的世界社会主义的状况和前景如何？与 19 世纪、20 世纪的世界社会主义相比有什么样的新面貌和新特征？站在新的历史起点上，我们需要用世界眼光和历史视野来观察研究世界社会主义发展的新格局、新特征和新趋势，在世界历史发展变化的宏大时空背景下观察思考问题，正确地、自觉地把握时代背景和发展大势，从当前世界社会主义与世界资本主义在 21 世纪初的新变化、新发展及二者的竞争较量与力量对比中，全面地、历史地观察分析 21 世纪世界社会主义的前途命运。

一　21 世纪初世界社会主义与世界资本主义竞争的新格局

历史表明，资本主义的每一次重大危机都对世界社会主义运动产生重要影响。资本主义危机必然带来各种矛盾的变化，也必然引致资本主义新一轮的大调整和大变动，因而也深刻地影响到世界社会主义的发展状况以及战略的调整和变化。从这个意义上讲，资本主义危机是观察研究社会主义发展状况、力量、条件、机遇、战略的重要时机。为清晰起见，我们从总体上观察对比 20 世纪以来三次资本主义危机之后世界资本主义与世界社会主义的变化发展状况与竞争态势的变化。

1929 年资本主义危机之后的时期，可以说以苏联为核心的社会主义力量抓住了大好时机，苏联经济高速发展，并成为世界上仅次于美国的世界工业强国，社会主义制度初步显示了独特优势。在世界范围内，实现了社会主义从一国到多国蓬勃发展的辉煌胜利，并在战后形成了世界社会主义阵营。而以美国为核心的资本主义世界在危机之后，通过实行"罗斯福新政"等变革措施，努力缓和资本主义的各种矛盾，甚至通过学习借鉴苏联国有化、计划经济等经验，也较为成功地渡过了危机，并在第二次世界大战后形成了世界资本主义阵营并迎来战后发展的"黄金岁月"。危机之后经过各自调整和发展，可以说是两大社会制度、两大力量势均力敌，一方面进行合作共通，取得了反法西斯战争的胜利；另一方面形成了两极对峙，两种社会制度的阵营长期冷战。

1973年资本主义危机之后的时期，西方资本主义经过长期"滞胀"病痛的折磨之后，通过"里根革命"和"撒切尔新政"，又一次实现了资本主义的大调整大变化，借助新一轮科技革命和经济全球化的发展，迎来了资本主义30余年的"狂飙突进"。而苏联等社会主义国家不但没有抓住资本主义危机的机遇发展自己，而且自身由于体制僵化、缺少与时俱进的彻底改革而陷入严重的危机之中，加上其他因素的综合作用，最终发生苏联解体、东欧剧变，使世界社会主义陷入历史的低谷中。这次较量，世界资本主义占了上风，然而值得庆幸的是，这一时期的社会主义中国异军突起，没有像苏联东欧国家那样在资本主义进攻中倒下，而是克服各种困难和危机后取得了成功的变革发展，形成了中国特色社会主义道路，并取得世人瞩目的成就，造成了世界社会主义总体低潮中的局部高潮，从而挽救了世界社会主义。这种局面正如邓小平以深邃的历史眼光做出的论断那样："只要中国社会主义不倒，社会主义在世界将始终站得住。"[①]

2008年资本主义危机之后的时期，美国等发达资本主义国家的政治经济实力相对下降，主导世界的能力显得力不从心。苏东剧变之后形成的资本主义"历史终结"的神话破灭，"狂飙突进"的资本主义在全球发展的进攻势头发生逆转。以中国为代表的世界社会主义和以美国西欧国家为代表的世界资本主义之间的力量对比和关系格局发生了重大变化。这次较量中虽然"资强社弱"的总体格局没有发生根本改变，但是资本主义在竞争中明显处于守势，以中国为代表的世界社会主义力量明显上升。这次危机标

---

① 《邓小平文选》第3卷，人民出版社1993年版，第346页。

志着两大社会制度的竞争、世界历史的发展进入一个新的历史时期，呈现出新的态势和新的格局，即世界资本主义在其发展的长周期中开始进入了一轮规模较大的衰退期，而世界社会主义虽然总体上仍然处于苏东剧变之后的低潮期，但以中国特色社会主义发展取得的巨大成就为主要依托和标志，开始进入了世界社会主义发展长周期的上升期。

综上所述，通过对三次资本主义危机时期前后相继的三个不同历史时段的比较考察，我们可以更清楚地看到世界资本主义与世界社会主义在近一个世纪的共存斗争、角逐博弈中各自发展变化的大体脉络。比较而言，从 20 世纪 30 年代危机至 21 世纪初的资本主义危机近 70 多年的时间里，世界资本主义经历了由衰而盛再走下坡路的过程，世界社会主义经历了由盛转衰再到缓慢上升的过程。自苏东剧变以来仅仅 25 年的时间，历史的"魔术手"让人们经历了出其不意的神奇翻转。这也验证了列宁说过的一段话："历史喜欢作弄人，喜欢同人们开玩笑。本来要到这个房间，结果却走进了另一个房间。"① 这种境况使历史规律发生作用的必然性与偶然性都有了一次最生动、最充分的现实检验。同时，在这个发展过程中"历史之手"给我们的一个最大惊喜，就是在"神奇翻转"中打开了中国特色社会主义这个"看得见风景的房间"。正如习近平总书记所指出的："特别是苏联解体、东欧剧变以后，唱衰中国的舆论在国际上不绝于耳，各式各样的'中国崩溃论'从来没有中断过。但是，中国非但没有崩溃，反而综合国力与日俱增，人民生活水平不断提高'风景这边独好'。"②

---

① 《列宁全集》第 20 卷，人民出版社 1958 年版，第 459 页。
② 《十八大以来重要文献选编》（上），中央文献出版社 2014 年版，第 109—110 页。

二 21 世纪世界社会主义发展的新特征与新亮点

21 世纪初资本主义危机之后，世界社会主义发展的主要特征是"四期并呈"：一是世界范围内反对和变革资本主义运动的集中开展期；二是各具特色社会主义的民族化趋势与加强协调联合的国际化趋势的并存发展期；三是中国特色社会主义成为世界社会主义的旗帜且起引领示范作用的上升期；四是处于新一轮衰退期的世界资本主义与处于新一轮上升期的世界社会主义之间的竞争与博弈更趋激烈。具体地看，正确把握 21 世纪世界社会主义发展面临的新格局，要注意研究和把握以下方面。

（一）21 世纪上半叶世界社会主义振兴的重要标志性成果，是社会主义制度赢得比资本主义更广泛的制度优势

回顾世界社会主义发展数百年的历史，我们就会看到：19 世纪，世界社会主义运动的中心在欧洲，按照马克思恩格斯的判断，世界革命运动中心的转移，顺次从英国到法国再到俄国，这一时期历史的主题是马克思主义理论的创立、传播、运用和逐渐占主导地位，在实践上是社会主义运动和工人运动的广泛开展并逐渐成熟与强大；在 20 世纪，世界社会主义的中心转移到俄国，历史的主题是革命和夺取政权，建立新的社会制度，这在俄国十月革命的胜利以及一批社会主义国家的诞生中得到实现；在 21 世纪，世界社会主义的中心转移到中国，历史主题是在两种社会制度竞争中不断实现社会主义制度的完善和发展，社会主义以充分的制度优势证明其巨大优越性。21 世纪初资本主义危机的一个最为集中、最为突出的表现，是资本主义制度的无效和衰败。福山从"历史终结论"到资本主义"制度衰败论"，论证了资本主义政治制度和机制的衰败失灵；

在《21 世纪资本论》一书中，皮凯蒂论述了资本主义经济制度的衰败失灵；还有许多西方理论家以各种方式述说着资本主义民主、自由、平等这些长期以来被视为"永恒法则"的价值信条的破灭和衰败。与此同时，形成鲜明对比的是，中国正在通过全面深化改革实现着社会主义制度的完善和发展，推动中国特色社会主义制度更加成熟、更加稳定。到 21 世纪中叶，历史主题和中心任务将是在制度方面赢得比资本主义更广泛的优势，这是世界社会主义振兴的最为重要的标志。邓小平同志高瞻远瞩地说过："我们中国要用本世纪末期的二十年，再加上下个世纪的五十年，共七十年的时间，努力向世界证明社会主义优于资本主义。我们要用发展生产力和科学技术的实践，用精神文明、物质文明建设的实践，证明社会主义制度优于资本主义制度，让发达的资本主义国家的人民认识到，社会主义确实比资本主义好。"① 习近平也强调了同样的思想："随着中国特色社会主义不断发展，我们的制度必将越来越成熟，我国社会主义制度的优越性必将进一步显现，我们的道路必将越走越宽广，我国发展道路对世界的影响必将越来越大。"②

（二）中国以雄辩的力量与地位当之无愧地成为世界社会主义发展振兴的中流砥柱和引领旗帜

这是 21 世纪初期世界社会主义发展史甚至是世界历史上的重大事件。随着历史发展和时间推移，中国特色社会主义对世界的重大意义会越来越清晰。习近平对这个重大意义做了明确概括：中国特色社会主义"使具有 500 年历史的社会主义在世界上人口最多的国家成功开辟出具有高度现实性和可行性的正确道路，让科学社会主

---

① 《邓小平年谱（1975—1997）》（下），中央文献出版社 2004 年版，第 1255 页。
② 《十八大以来重要文献选编》（上），中央文献出版社 2014 年版，第 111 页。

义在21世纪焕发出新的蓬勃生机"①。中国需要抓住机遇，运用大国智慧，敢于担当，很好地承担起应尽的历史责任，做出更大的历史贡献。在正确认识和评价中国特色社会主义世界意义的问题上，有以下几个方面需要强调。一是要客观、充分地认识到中国已经成为世界社会主义的最大、最稳固的阵地和根据地，中国特色社会主义成为世界社会主义的旗帜和风向标，成为21世纪世界社会主义的新的生长点。这是已经无可置疑的客观历史事实，不管人们主观上承认不承认，都是如此。我们不能回避现实，否则历史的老人就把千载难逢的历史机遇收回，我们就可能坐失良机，成为历史的落伍者，甚至会成为延误历史发展和文明进步的历史罪人。中华民族伟大复兴的进程同时就是世界社会主义振兴的进程，二者不可分割。二是承认中国在21世纪初已不可辩驳地成为世界社会主义的旗帜和中流砥柱，并且，根本不同于过去苏联那样搞大党大国主义，视自己为国际共产主义运动的"霸主"的霸权主义做法，将二者简单地比附是完全错误的。三是中国把自己的事情办好，也是对世界社会主义的最大贡献，历史上如此，现实如此，将来也如此。但"不当头"不等于"不作为"，在中国已经成为"醒来的狮子"、国际上负责任的大国、综合国力和话语权今非昔比的今天，我们要认真研究如何正确处理"韬光养晦"与"奋发有为"的关系，认真研究21世纪中国为世界社会主义发展做贡献的战略、内容、途径和方式。四是认真研究中国特色社会主义与世界社会主义的关系，研究中国特色社会主义理论体系、道路和制度的世界意义，研究总结中国特色社会主义最集中地体现人类社会发展规律、社会主义建设规律和共产党执政规律的重要经验和启示，为世界社会主义的理论创新和实践创新做出更大贡献。

---

① 习近平：《在庆祝中国共产党成立95周年大会上的讲话》，人民出版社2016年版，第4页。

（三）世界资本主义与世界社会主义在长期竞争中将发生历史性的转折，这有利于世界社会主义走向振兴

中国将在经济总量上超过美国，成为世界第一大经济体，由此带来两大社会制度力量对比发生转折性变化。目前可以肯定的是，如果不出现大的历史变故，中国的经济总量超过美国，只是时间问题。国际货币基金组织甚至提出，按照购买力平价计算，中国经济总量在2014年就超过了美国。我们姑且把这些预测及其动机放在一边，就从两大社会制度的竞争来讲，21世纪的某个时间点，世界最大的社会主义国家中国在经济上追赶上世界上最发达的资本主义国家美国，这无疑是具有里程碑意义的历史事件，也是两大社会制度力量对比发生重要转折的标志性事件。当然，到那个时候，也许中国还处在社会主义初级阶段，人均国内生产总值和人均收入同发达资本主义国家相比还有较大差距，但这并不能否定中国发展的重大历史意义。在世界社会主义发展史上，第一个社会主义国家苏联有过赶超美国的历史，遗憾的是以苏联解体而失败，那种类型的"赶超"为后人提供了许多教训。如今的"赶超"，绝不是过去运动式的"大跃进"和"超英赶美"。在新的历史起点上，中国在经济总量上超过美国有着新的历史意义。这是人类历史上第一次出现社会主义国家在经济上占据世界头位的情况，从而更充分地证明了社会主义制度的优越性。同时这也标志着以往持续数十年的"西强东弱""资强社弱"的局面开始发生新的重大变化，东西方之间、社会主义与资本主义之间的关系和秩序格局，在新的力量平衡和竞争态势下被重塑和重组。

（四）判断社会主义发展状况和程度的标准是社会主义国家数量与社会主义理念的实现程度

我们判断世界社会主义处于"低潮"或"高潮"的标准，不仅在于看共产党执政的社会主义国家数量的多少，还要在质的标准上看反映社会主义本质的理念价值的广泛实现程度、社会主义制度优

越性的充分展现程度。一般地说，数量标准确实是最直接，也是最直观的标准。苏东剧变之后，共产党组织执政的社会主义国家数量由15个减少至5个，这是社会主义的重大损失和挫折。但我们今天看待和评价社会主义的发展状况与形势，仅仅依据数量标准是片面的、有失偏颇的。随着时代的变化和世界社会主义的发展，评判世界社会主义发展形势的标准也要更趋全面和客观。在共产党执政的国家，要看反映社会主义本质的理念是否得到实现，比如生产力发展水平、共同富裕、公平正义等；各国探索本国特色社会主义道路的实践的广度与深度；共产党执政的社会主义国家对于发展中国家的感召力和示范作用，在世界上的影响力和话语权；等等。在资本主义国家，要看社会主义的因素是否增多和提升，劳动者的生活水平和社会权利是否改善与实现，反对资本主义的社会主义及其他进步力量是否增强，等等。总之，要全面地、综合地评判世界社会主义的形势和发展。当然，我们也希望共产党执政的国家数量越多越好，但是必须充分认识到社会主义发展的长期性和曲折性，具体地、历史地、客观地看到社会主义取得的每一个实质进步和每一次历史飞跃。

三　21世纪世界社会主义发展的新问题、新战略与新趋势

　　21世纪世界社会主义的发展和振兴，要在充分吸收借鉴20世纪世界社会主义发展经验教训的基础上，顺应21世纪时代发展的新趋势，深入研究回答21世纪初世界社会主义发展面临的新情况、新问题、新战略。正如习近平指出的那样："世界潮流，浩浩荡荡，顺之则昌，逆之则亡。要跟上时代前进步伐，就不能身体已进入二十一世纪，而脑袋还停留在过去。"① 我们研究21世纪世界社会主义发展

---

① 《十八大以来重要文献选编》（上），中央文献出版社2014年版，第260页。

的问题和前途，既要坚持马克思主义的基本原理和立场观点方法，又要发扬马克思主义与时俱进的理论品质，全面准确地把握 21 世纪世界社会主义的新问题和新趋势。

第一，21 世纪的世界社会主义要坚持民族性与国际性的统一。各国共产党及社会主义力量更加独立自主地探索本国社会主义道路，同时开展地区性或世界性的一定形式的协调与联合，或形成一定形式的统一阵线。这种联合是完全必要的，也是世界社会主义发展到当前阶段的必然要求。只有这样，社会主义力量才会在国际资本主义力量和保守右翼力量联合进攻面前增强集体行动能力，不会出现 20 世纪共产国际那样的国际性组织。苏东剧变之后，世界范围内各国共产党组织以及社会主义力量经过生存之战后进行调整重组，目前已站稳脚跟，谋求新的作为和新的发展，这为 21 世纪世界社会主义的发展奠定了一定的组织基础。但 21 世纪初面临的最大问题仍然是世界范围内社会主义政党及其力量的相对弱小和分散（中国共产党的情况除外）。世界范围内社会主义及左翼力量在地区性或全球范围内开展了一些积极的沟通协调，有了一定的联系平台和途径，比如"欧洲左翼论坛"、拉美的"圣保罗论坛"、反全球化的"世界社会论坛"、国际马克思大会、共产党工人党国际会议，等等。但同时也要看到存在的局限和问题，比如在关于社会主义基本理论和方向目标的认识上还存在较大分歧；缺少明确的、具有较大程度共识的原则和纲领；在重大问题和重要行动上还不能形成有效的协调一致的战略策略；社会主义政党组织内部分裂严重，派系争斗削弱了自身力量；等等。在一定程度上影响与制约着 21 世纪世界社会主义的发展。因而，社会主义政党及各种左翼组织之间形成必要的团结和协调行动，形成多种形式的国际统一阵线是完全符合新发展和新需要的，但不是共产国际那样的大党大国具有"发号施令"的权力、要求各党必须整齐划一行动的组织，不是那种成为领导与被领导、指挥与被指挥的不平等的组织，不能将其等同于搞"指挥中心""整齐划一""输出革命"等。21 世纪世界社会主义的发展，要求认真研究解决各国各党独立自主与形成必要的国际协调合作的关系。在纪念第一国际成立 150 周年时，西方学者 R. 安图内斯（Ricardo Antunes）撰写了一篇题为"1864 年与今天的国际工人阶级"的文章，他认为："面对全球化的资本，世界上的工人及其面对的挑战同样是超越国界的。今天的社会矛盾已经成为社会主义资本总体和劳工总体的矛盾，资本利用了它的全球机制和国际组织，所以对工人阶级的斗争来说，也必然增强了他们的国际性，重视国际工人阶级组织的建设。"① 这也从一个侧面反映出，当前形势的发展要求建立某种形式的国际工人阶级协调联合组织的必要性。

第二，21 世纪的世界社会主义要坚持地域性与世界性的统一。21 世纪社会主义异彩纷呈，模式多样，各具特色，但在全球化迅速发展的情境下，如何处理好地域性与世界性关系的问题，成为影响世界社会主义发展广度与深度的重要课题。马克思恩格斯认为社会主义和共产主义是"世界历史性事业"，反对那种"地域性的共产主义"，指出实现共产主义有两个绝对必需的前提：一是生产力的巨大增长和高度发展；二是地域性的个人为世界历史性的个人所代替。他们认为，如果不具备这两个前提，就会造成以下两个后果："（1）共产主义就只能作为某种地域性的东西而存在；（2）交往的力量本身就不可能发展成为一种普遍的因而是不堪忍受的力量：它们会依然处于地方的、笼罩着迷信气氛的'状态'；（3）交往的任何扩大都会消灭地域性的共产主义。"同样"无产阶级只有在世界历史意义上才能存在，就像共产主义—它的事业—只有作为'世界历史性的'存在才有可能实现一样。"② 在全球化、信息化与网络化迅猛发展的今天，历史以前所未有的广度和深度转变为"世界历史"，人类交往日益成为"世界性交往"，个人和民族日益为"世界历史

———————

① Ricardo Antunes，"The International Working Class in 1864 and Today"，*Socialism and Democracy*，2014，Vol. 28，No. 2.

② 《马克思恩格斯选集》第 1 卷，人民出版社 2012 年版，第 166—167 页。

性"的个人和民族所代替。21 世纪的世界社会主义绝不是逐渐消失的"地域性的共产主义"，其发展振兴只有作为"世界历史性"的事业存在才有可能实现。世界社会主义的历史已经证明，社会主义革命可以首先在一国或几国取得胜利，但革命要取得最终胜利、社会主义最终建成，只能是世界性的历史事业。一方面，21 世纪社会主义的突出特征是"本国特色"，民族性更为彰显；另一方面，21 世纪社会主义也会更加超越民族国家的地域性限制，国际性不断扩展。社会主义在形式上是以民族国家为舞台的，在内容上则是国际性的、世界性的。21 世纪世界社会主义的发展振兴，必须正确对待"本国特色"与"世界历史性"的辩证关系，实现民族性的"形式"与国际性的"内容"的有机统一，很好地实现从民族性、地域性的发展壮大向世界性、全球性的普遍联系与拓展转变。

第三，21 世纪的世界社会主义要坚持工人阶级运动与群众性运动的统一。要重新塑造社会主义运动的主体，形成以全球工人阶级为主导的、各种进步力量广泛参加的、阶级运动与其他进步社会运动相结合的反对资本主义的主体力量。20 世纪 70 年代以来，在西方国家出现了所谓"工人阶级主体性危机"，马克思主义关于工人阶级历史使命和历史地位的学说遭遇质疑与挑战，"告别工人阶级"论影响较大，"中产阶级"论占据主流。20 世纪末期以来，随着全球范围内阶级矛盾和阶级冲突的再次激化，以及全球资本家阶级与全球工人阶级的形成与日益分化，"中产阶级的再无产阶级化"现象凸显。特别是 21 世纪初期资本主义危机之后，全球工人阶级的境况恶化，许多"中产阶级"人群生活水准和社会地位下降，幻灭感蔓延，西方社会阶级结构出现了新的境况。一些理论家又重新关注和研究阶级、工人阶级、阶级性不平等、阶级冲突，一些左翼人士重新关注研究阶级斗争、工人阶级运动与社会主义运动的联系，有的重新论证工人阶级的社会主义主体地位。21 世纪世界社会主义发展的一个重要前提就是工人阶级主体地位的再形成，即全球工人阶级的再形成，也就是全球雇佣劳动者阶级的整体发展。20 世纪后期出现的那种社会主义"主体多元庞杂""主体缺失""无主体"的局面会有大的改观，资本主义危机后西方阶级状况和阶级关系的变化，比如"中产阶级"的"再无产阶级化"，脑力劳动者与体力劳动者在生活条件上的趋同化，在生产地位上的"同质化"，有助于新的全球工人阶级的形成，这对世界社会主义发展具有重要意义。同时，全球工人阶级从"自在"到"自为"的新型工人阶级意识的形成，使工人阶级的经济斗争、政治斗争、社会解放斗争在新的历史条件下自觉开展和更好结合，从而促进世界社会主义运动的新发展。

当然，全球工人阶级运动的新发展，要与诸如反全球化运动、"左翼替代"运动、民主权利运动、和平运动、生态运动、女权运动以及"占领"运动等各种反资本主义体制和秩序的运动结合起来，克服传统工人阶级运动的狭隘和局限，在21世纪的时代背景下构建新的社会主义主体力量联盟。在这种主体力量联盟中，工人阶级是领导性主体，阶级运动是主导性运动。20世纪中期以后各种"新社会运动"的出现，总体上是以批判和否定传统的阶级运动的面貌和旗帜出现的。然而，半个多世纪的发展历程表明，如果抛开根本的经济根源和经济关系变革，不以作为经济关系之政治表现的阶级关系和阶级斗争为主旨，其他内容与形式的社会运动虽然也取得了一定范围与程度的胜利，但总体上看或停留于单一的抗议活动，或局限于琐细议题的讨价还价，或失之于无关社会秩序变革的泛泛抗争，或因为不具持续动力和接续力量而中道衰微。这次资本主义经济危机之后，一些左翼理论家重新关注阶级问题和阶级运动，阶级不平等、阶级分化、阶级冲突、阶级斗争等话语和范畴再热，这再次证明了阶级运动的重要性，工人阶级回归社会主义主体本位的重要性。新社会运动若不以社会主义为诉求目标，不依赖工人阶级的主体斗争，就很难在改变现存社会秩序上有实质的作为；当代工人阶级运动和社会主义运动若不与其他进步社会运动结盟，相互借鉴，彼此促进，也会由于陷入封闭保守、偏狭孤立而难以有新的发展。

第四，21世纪的社会主义要坚持社会发展建设与生态文明建设的统一。这种结合是朝着马克思提出的"人和自然界之间、人和人之间的矛盾的真正解决"的历史发展的最终目标迈出实质性步伐的社会主义。21 世纪的社会主义，一方面要在解决社会矛盾、建立社会和谐上取得新的进展，另一方面要在解决人与自然的矛盾、建立人与自然的和谐上取得实质成绩。研究者一般把前者的社会主义运动称为"红色"运动，而把后者称为"绿色"运动，把二者的结合称为"红绿结合"。当前，生态马克思主义和生态社会主义是世界社会主义理论与实践中的重要流派，西方的社会主义运动更多地容纳绿色运动成分，有的国家绿党成为重要的左翼政党，与传统左翼政党在政坛上结成"红绿联盟"。现实社会主义国家也越来越关注环境与生态问题，更加自觉地把实现人与自然的和谐作为社会发展目标。中国也已经把生态文明建设作为中国特色社会主义"五位一体"总布局的重要组成部分，作为人类生产方式与生活方式的重大变革工程。21 世纪的世界社会主义，既注重社会关系与社会制度的变革，也注重人类的可持续发展和全球美好家园建设，这比以往更全面、更充分地展示了马克思所科学预测的"实际日常生活的关系，在人们面前表现为人与人之间和人与自然之间极明白而合理的关系"①。

　　综上所述，21 世纪初资本主义金融危机之后，世界社会主义既面临着难得的历史机遇，也面临着新的问题和挑战。资本主义危机为世界社会主义的发展提供了一定的客观历史条件，但历史的可能性转化为必然性，世界社会主义要取得新的发展，绝不是一蹴而就的事情，还需要全世界的社会主义者及各种进步力量进行长期的、艰巨的奋斗。这正如马克思所说的："历史是认真的，经过许多阶段才把陈旧的形态送进坟墓。世界历史形态的最后一个阶段是它的喜剧。"② 我们站在新的历史起点上，完全可以自信地说：21 世纪是世界社会主义走向振兴的世纪！

---

① 《马克思恩格斯选集》第 2 卷，人民出版社 1995 年版，第 142 页。
② 《马克思恩格斯选集》第 1 卷，人民出版社 2012 年版，第 6 页。

21 世纪世界社会主义在变革发展中走向振兴[*]

提要： 社会主义经历了从空想到科学，从理论到实践，从一国到多国，从初步探索到不断深化，从经历苏东剧变的重大挫折到社会主义在中国取得巨大成功，目前正经历着从逐渐走出低潮到走向振兴的重要时期。中国特色社会主义成为 21 世纪社会主义发展的引领旗帜，成为振兴世界社会主义的中流砥柱。

从 1516 年英国托马斯·莫尔发表人类思想史上第一本具有社会主义性质的著作《乌托邦》以来，世界社会主义走过了 500 多年沧桑岁月，在理想与现实、理论与实践、运动与制度的相互推动、相辅相成中，践行着人类最先进、最美好的社会变革与建设的理念主张和价值追求。今天人类进入 21 世纪，世界社会主义承载着丰硕的历史成果，积淀着丰厚的历史经验，充盈着丰沛的理想追求，践行着丰富的现实奋斗，从 20 世纪的辉煌与挫折中走向 21 世纪，迈进新的历史时代。21 世纪是社会主义走向振兴的世纪！

习近平总书记以长远深邃的历史视野，从世界社会主义 500 年发展历史中探寻中国特色社会主义的理论与实践之源，指出："从世界社会主义 500 年的大视野来看，我们依然处在马克思主义所指明

---

* 原载于《中国党政干部论坛》2020 年第 9 期。

的历史时代。"①要从世界社会主义发展进程中把握中国特色社会主义。"中国特色社会主义开创于改革开放新时期,但了解其形成和发展的脉络,认识其历史必然性和科学真理性,应该拉长时间尺度,放在世界社会主义演进的历程中去把握。"②并根据世界社会主义 500年的发展历程和主要阶段,着眼坚持和发展新时代中国特色社会主义,提出了重大研究课题:"我讲了社会主义从空想到科学、从理论到实践、从一国到多国的历程,那么现在是个什么状况呢?很值得深入研究。"③ 这个重大课题,需要在坚持理论与实践、历史与现实、国际与国内相结合的基础上进行全面深入研究。着眼于当前世界百年未有之大变局对世界社会主义发展的深远影响,可以得出这样的趋势性判断:社会主义经历了从空想到科学,从理论到实践,从一国到多国,从初步探索到不断深化,从经历苏东剧变的重大挫折到社会主义在中国取得巨大成功,目前正经历着从逐渐走出低潮到走向振兴的重要时期。中国特色社会主义成为 21 世纪社会主义发展的引领旗帜,成为振兴世界社会主义的中流砥柱。

一　苏东剧变 30 年后看世界社会主义新发展

苏联解体、东欧剧变,是社会主义发展史和人类社会发展史上具有深远影响的重大事件,对世界社会主义、世界资本主义都产生了巨大而深刻的影响。苏联解体、东欧剧变到今天整整 30 年了,21世纪初许多重大历史事件的发生都直接或间接地与此相关。今后相当长一段时期,这一重大历史事件仍将持续地发生作用,特别是对

① 《习近平谈治国理政》第 2 卷,外文出版社 2017 年版,第 66 页。

② 《习近平关于"不忘初心、牢记使命"重要论述选编》,党建读物出版社、中央文献出版社 2019 年版,第 297 页。

③ 同上书,第 298 页。

于世界社会主义的发展具有更为深远的影响和更为特殊的意义。经过时间沉淀、实践检验和历史过滤，逐渐形成反映历史真相、趋于客观理性、揭示深层规律的经验教训的总结，意义重大，为 21 世纪世界社会主义的新发展和走向振兴提供了宝贵的历史借鉴。

30 年前苏联解体、东欧剧变发生的原因具有综合性、复杂性、长期性，是各种因素交织发生"合力"作用的结果。今天回过头来看，根据历史教训和比较分析，特别是苏联解体与中国成功之间的比较，苏东剧变的主要的、根本的、长期的原因大体有以下几方面：一是放弃马克思主义指导地位，失去共同的思想基础；二是放弃共产党的领导，失去坚强的政治基础；三是没有进行有效的改革创新，最终反而走向改旗易帜；四是放任西方"和平演变"，自卸武装、失去阵地；五是忽视人民生活水平的提高，放弃共产党宗旨和社会主义发展目的；六是放松执政党建设，失去广大人民群众的支持拥护。苏东剧变的教训是深刻沉重的，殷鉴不远，值得认真汲取。30 年后，我们从历史与现实、理论与实践、时代发展与各国特色、国际与国内的结合与比较中，深入研究苏联解体、东欧剧变与世界资本主义、世界社会主义的关系，深刻总结经验，反思汲取教训，为的是获得更多的理论自觉和实践自觉，从而更加深刻地认识共产党执政规律、社会主义建设规律和人类社会发展规律，推动 21 世纪世界社会主义健康发展、改革创新、走向振兴。

苏东剧变后 30 年间，世界形势和世界格局大动荡、大分化、大调整，世界社会主义运动的形势、条件和环境也发生了新的变化。同 30 年前苏东剧变时相比，同 10 余年前国际金融—经济危机时相比，甚至同 2020 年新冠肺炎疫情暴发之前相比，世界形势发生了剧烈变化，需要用全新的眼光来打量这个世界，根据新的形势和变化来评估 21 世纪世界社会主义的新格局新趋势。

从长远的历史眼光来看，从 19 世纪中叶科学社会主义诞生到 21 世纪中叶，大体上两个世纪的时间，我们可以将其划分为三个大的历史阶段，也就是"三个七十年"：从 1848 年《共产党宣言》发表标志科学社会主义诞生到 1917 年俄国十月革命，是社会主义发展的"第一个七十年"，这一时期世界社会主义的中心在西欧；从 1917 年十月革命到 20 世纪 80 年代末苏东剧变，是社会主义发展的第二个历史阶段，也就是"第二个七十年"，这一时期世界社会主义的中心在苏联；从 20 世纪 80 年代末苏东剧变到下个世纪中叶，是社会主义发展的第三个阶段，也就是"第三个七十年"，世界社会主义的中心在中国，主要历史任务是巩固、发展和完善社会主义制度，使社会主义制度的优越性充分地体现出来。所以，习近平总书记指出，科学社会主义在中国的成功，对马克思主义、科学社会主义的意义，对世界社会主义的意义，是十分重大的。在接下来的 30 多年里，正是中国"分两步走"建设社会主义现代化强国的历史时期，中国特色社会主义新时代的新发展必将对世界社会主义的发展具有重要的历史意义、时代意义和世界意义。习近平总书记指出："如果社会主义在中国没有取得今天的成功，如果中国共产党领导和我国社会主义制度也在苏联解体、苏共垮台、东欧剧变那场多米诺骨牌式的变化中倒塌了，或者因为其他原因失败了，那社会主义实践就可能又要长期在黑暗中徘徊了，又要像马克思所说的那样作为一个幽灵在世界上徘徊了。"① 从一定意义上说，中国特色社会主义代表着世界社会主义的未来，这是中国共产党对社会主义事业及人类社会发展与文明进步的历史担当。

二　世界社会主义在变革发展中进入谋求振兴期

历史表明，资本主义的每一次重大危机都对世界社会主义运动

---

① 习近平：《学习马克思主义基本理论是共产党人的必修课》，《求是》2019 年第 22 期。

产生重要影响。资本主义危机必然带来各种矛盾的变化，也必然引致资本主义新一轮的大调整和大变动，因而也深刻地影响到世界社会主义的发展状况以及战略的调整和变化。为清晰起见，我们从总体上观察对比 20 世纪以来三次资本主义危机之后世界资本主义与世界社会主义的变化发展状况与竞争态势的变化。

1929 年资本主义危机之后的时期，可以说以苏联为首的社会主义力量抓住了大好时机，苏联经济高速发展，并成为世界上仅次于美国的世界工业强国，社会主义制度初步显示了独特优势。在世界范围内，实现了社会主义从一国到多国蓬勃发展的辉煌胜利，并在战后形成了世界社会主义阵营。而以美国为核心的资本主义世界在危机之后，通过实行"罗斯福新政"等变革措施，努力缓和资本主义的各种矛盾，甚至通过学习借鉴苏联国有化、计划经济等经验，也较为成功地度过了危机，并在第二次世界大战后形成了世界资本主义阵营并迎来战后发展的"黄金岁月"。危机之后经过各自调整和发展，可以说是两大社会制度、两大力量势均力敌，一方面进行合作共通，取得了反法西斯战争的胜利；另一方面形成了两极对峙，两种社会制度的阵营长期冷战。

1973 年资本主义危机之后的时期，西方资本主义经过长期"滞胀"病痛的折磨之后，通过"里根革命"和"撒切尔新政"，又一次实现了资本主义的大调整大变化，借助新一轮科技革命和经济全球化的发展，迎来了资本主义 30 余年的"狂飙突进"。而苏联等社会主义国家不但没有抓住资本主义危机的机遇发展自己，而且由于自身体制僵化、缺少与时俱进的彻底改革而陷入严重的危机之中，加上其他因素的综合作用，最终发生苏联解体、东欧剧变，使世界社会主义陷入历史的低谷中。这次较量，世界资本主义占了上风，然而值得庆幸的是，这一时期的社会主义中国坚守阵地，没有像苏联、东欧国家那样在资本主义进攻中倒下，而是克服各种困难和危机后取得了成功的变革发展，形成了中国特色社会主义道路，并取得世人瞩目的成就，成为了世界社会主义总体低潮中的亮丽风景线，

"风景这边独好"，从而挽救了世界社会主义。这种局面正如邓小平以深邃的历史眼光做出的论断那样："只要中国社会主义不倒，社会主义在世界将始终站得住。"①

2008 年资本主义危机之后的时期，美国等发达资本主义国家的政治经济实力相对下降，主导世界的能力显得力不从心。苏东剧变之后形成的资本主义"历史终结"的神话破灭，"狂飙突进"的资本主义在全球发展的进攻势头发生逆转。以中国为代表的世界社会主义和以美国为代表的世界资本主义之间的力量对比和关系格局发生了重大变化。这次较量虽然"资强社弱"的总体格局正在持续，但是资本主义在竞争中明显处于守势，以中国为代表的世界社会主义力量明显上升。这次危机标志着两大社会制度的竞争、世界历史的发展进入一个新的历史时期，呈现出新的态势和新的格局，即世界资本主义在其发展的长周期中开始进入了一轮规模较大的衰退期，而世界社会主义总体上仍然处于苏东剧变之后的调整变革期，以中国特色社会主义发展取得的巨大成就为主要依托和标志，开始进入了世界社会主义发展长周期的上升期。

当前，两大社会制度的竞争出现了新的特点和趋势，呈现出如下四个方面的主要特征：一是世界范围内抗议和变革资本主义的运动集中爆发；二是马克思主义本土化趋势与加强国际联合的趋势并存发展；三是中国特色社会主义成为世界社会主义的旗帜，引领示范作用日渐显现；四是处于新一轮衰退期的世界资本主义与处于新一轮上升期的世界社会主义之间的竞争与博弈更趋激烈。总之，21世纪初世界社会主义走出了苏东剧变后的低谷，在经历了严峻挫折考验后重新奋起，在捍卫阵地基础上砥砺前行，在顺应时代发展中变革创新，在资本主义新危机中迎来机遇。可以说开始进入了逐渐走出低潮、在发展变革中谋求振兴的时期。这些新特征新趋势，为我们深入研究21世纪世界社会主义理论与实践提供了新视角和新内

① 《邓小平文选》第 3 卷，人民出版社 1993 年版，第 346 页。

容。对于21世纪世界社会主义理论与实践发展，我们要立足当代，着眼长远，深入研究当代社会主义新特点新趋势，深入研究当代资本主义新变化新特征，深入研究两种制度既竞争又合作的新内容新方式，深入研究当代资本主义、当代社会主义和中国特色社会主义的相互联系，研究21世纪世界社会主义运动的总体形势和规律性趋势，研究新时代中国特色社会主义与世界社会主义的关系，研究中国特色社会主义引领世界社会主义发展的途径和方式及重大意义。

三　中国特色社会主义引领世界社会主义走向振兴

中国特色社会主义是世界社会主义的重要组成部分，是苏东剧变后世界社会主义进入新阶段的一种新的创造性探索。进入新时代的中国特色社会主义，具有更加重要的示范引领作用和世界意义。30年来，世界社会主义运动经历了从苏东剧变步入低谷到21世纪初谋求振兴的过程。在每个重要的历史节点，中国特色社会主义都对世界社会主义的发展发挥了至关重要的历史转折性作用，成为世界社会主义运动的主心骨、风向标和根据地。总的来看，有三个重要历史节点非常重要：苏东剧变、资本主义危机和全球化发生波折。

第一个历史节点：20世纪80年代末90年代初，苏联解体、苏共垮台、东欧剧变，"社会主义失败论""历史终结论"一度甚嚣尘上，"中国崩溃论"在国际上不绝于耳，然而中国顶住了巨大压力和挑战，没有在那场"多米诺骨牌"式的剧变中倒塌。中国捍卫和挽救了社会主义。

第二个历史节点：21世纪初由国际金融危机引发的整个资本主义危机。这场危机距苏东剧变也就不到20年，苏东剧变、苏联解体引发的所谓"社会主义危机"和"历史的终结"，在较短的时间内却变为"资本主义危机"和"资本主义的终结"。这标志着，世界资本主义在其发展的长周期中开始进入了一轮规模较大的衰退期，而世界社会主义总体上仍然处于苏东剧变之后的低潮，但以中国特色社会主义发展取得的巨大成就为主要依托和标志，世界社会主义进入走出低谷的谋求振兴期。中国发展和振兴了社会主义。

第三个历史节点：21 世纪过了 15 年后，以英美等主要西方国家发生的逆全球化潮流为转折，表明资本主义对整个世界的驾驭和统治能力显著下降，显得力不从心；中国则高扬起继续推进全球化的旗帜，并推动全球化朝着公平、合理的方向发展。可以说，这是由长期以来资本主义主导的全球化开始向由社会主义主导的全球化方向转变。这对于世界社会主义发展来说也具有重要转折性意义。就是这个关键的历史时期，中国特色社会主义进入新时代，意味着科学社会主义在 21 世纪的中国焕发出强大生机活力。中国特色社会主义成为 21 世纪世界社会主义发展的引领旗帜，成为世界社会主义走向振兴的中流砥柱，必将为世界社会主义和科学社会主义新发展做出更大贡献。中国特色社会主义引领和塑造了 21 世纪社会主义。

21 世纪，随着中国日益走近世界舞台的中央，随着其综合国力和国际影响力不断增强并逐渐成为领先的国家，中国以雄辩的力量与地位当之无愧地成为世界社会主义发展振兴的中流砥柱和引领旗帜。这是世界社会主义发展史甚至是世界历史上的重大事件。随着历史发展和时间推移，中国特色社会主义对世界的重大意义会越来越清晰。正如习近平总书记指出的："我国是世界上最大的社会主义国家，当我国建成社会主义现代化强国、成为世界上第一个不是走资本主义道路而是走社会主义道路成功建成现代化强国时，我们党领导人民在中国进行的伟大社会革命将更加充分地展示出其历史意义。"①

新时代中国特色社会主义成功求解了社会主义发展史上的历史

① 《习近平关于"不忘初心、牢记使命"重要论述选编》，党建读物出版社、中央文献出版社 2019 年版，第 322—323 页。

性课题，开创了世界社会主义发展的新局面，成为21世纪科学社会主义的引领旗帜，成为世界社会主义发展的中流砥柱，成为推动人类社会发展进步的主导力量。习近平总书记指出："由于中国特色社会主义不断成功，冷战结束后世界社会主义万马齐喑的局面得到很大程度的扭转，社会主义在同资本主义竞争中的被动局面得到很大程度的扭转，社会主义优越性得到很大程度的彰显。"[①]中国需要抓住历史机遇，运用大国智慧，敢于担当，很好地承担起应尽的历史责任，做出更大的历史贡献。

习近平新时代中国特色社会主义思想是当代中国的马克思主义、21世纪马克思主义。这一科学理论体系坚持马克思主义立场、观点、方法，坚持科学社会主义基本原则，科学总结世界社会主义运动经验教训，以崭新的思想内容丰富和发展了马克思主义，是21世纪马克思主义最新理论形态，为发展马克思主义做出了原创性贡献，对于21世纪世界社会主义发展具有重大影响和时代意义。

21世纪，世界社会主义发展振兴的标志性成果，就是社会主义赢得比资本主义更广泛的制度优势。当前，资本主义发展的一个突出表现，就是其各种制度变得无效、走向衰败。中国特色社会主义进入新时代，中国共产党推进全面深化改革，不断发展和完善中国特色社会主义制度，推进国家治理体系和治理能力现代化，形成了独特的治理优势和制度优势，也为如何治理社会主义社会积累了丰富经验。中国的制度创新，中国特色社会主义制度的显著优势，为发展中国家的制度建设提供了可资借鉴的全新选择，为人类制度文明的发展贡献了中国智慧、中国方案。

构建人类命运共同体理念与实践，是习近平新时代中国特色社会主义思想的重要组成部分，是中国共产党人面对世界百年未有之大变局，对人类命运和前途的科学认识和把握，是科学社会主义理

---

① 习近平：《学习马克思主义基本理论是共产党人的必修课》，《求是》2019年第22期。

论和实践的重大创新成果，集中体现了新时代条件下马克思主义关于人类解放的价值目标和实现共产主义的远大理想，进一步深化了对人类社会发展规律的认识。随着中国同世界各国的友好合作不断拓展，人类命运共同体理念得到越来越多的支持和赞同。特别是2020 年新冠肺炎疫情在全球蔓延时，这一理念得到切实检验，并获得全世界越来越多人的认同和支持，在国际社会产生日益广泛而深远的影响，这也必将推动 21 世纪世界社会主义的新发展。

　　当前，我国处于近代以来最好的发展时期，世界处于百年未有之大变局，两者同步交织、相互激荡。随着世界格局的变化，新旧国际秩序的更替，两种社会制度在历史的长河中呈现出此消彼长的态势，社会主义的制度优势更为彰显。同时我们要看到，在百年未有之大变局中，两种社会制度的竞争是长期的、复杂的，有时甚至十分激烈。美国等西方资本主义国家不愿意看到中国的发展壮大，把我国发展道路和发展模式视为对西方制度模式和价值观的重大挑战和替代。"中国之治"和"西方之乱"对比鲜明，有的西方资本主义国家乱象丛生，经济增长乏力，贫富差距拉大，政治极化严重，党派纷争不止，暴力事件频发，社会撕裂加剧，资本主义制度陷入了前所未有的困境。百年未有大变局中的一个突出特点是出现了"东升西降"的明显趋势。如何促使这种趋势有利于"社升资降"趋势的出现和发展，是 21 世纪社会主义发展的重大课题。

我们依然处在马克思主义
所指明的历史时代[*]

提要：时代问题是中国特色社会主义建设必须面对的重大理论问题和现实问题，能否科学准确把握时代，确定我国现阶段所处的历史方位，直接关系我国现代化建设事业的成败。习近平总书记在 2017 年 9 月 29 日主持第十八届中央政治局第 43 次集体学习时指出："尽管我们所处的时代同马克思所处的时代相比发生了巨大而深刻的变化，但从世界社会主义 500 年的大视野来看，我们依然处在马克思主义所指明的历史时代。这是我们对马克思主义保持坚定信心、对社会主义保持必胜信念的科学依据。"① 这段具有深邃历史视野、洞悉历史发展规律、准确把握时代特征的精辟论述，为我们科学认识当今我们所处历史时代的根本性质和主要特点，正确把握人类社会发展规律和发展趋势，深刻认识中国特色社会主义"从哪里来、到哪里去"，从而更好地坚持和发展新时代中国特色社会主义，发扬马克思主义与时俱进的理论品格，继续推进马克思主义中国化时代化，具有重大而深远的指导意义。

---

* 原载于《世界社会主义动态》2018 年第 12 期。

① 《习近平谈治国理政》第 2 卷，外文出版社 2017 年版，第 66 页。

一　马克思主义所指明的历史时代是
"从资本主义向社会主义过渡的时代"

习近平总书记强调，"我们依然处在马克思主义所指明的历史时代"①。那么，马克思主义所指明的历史时代究竟是什么样的时代呢？这首先需要从马克思主义发展史上，根据马克思主义经典作家关于历史时代的基本思想和基本观点来弄清楚这个重大问题。

马克思主义经典作家所讲的时代，主要是一个社会历史范畴。在马克思、恩格斯和列宁的著作中，都以不同角度和方式使用过"时代"这个概念。比如马克思和恩格斯的著作中，有"历史时代""革命时代""社会时代""文化时代""原始时代""史前时代""古希腊罗马时代""中世纪时代""封建时代""资产阶级时代"等表述；在列宁的著作中，使用过"宗法制时代""资产阶级民主议会制时代""无产阶级专政的时代""无产阶级政治统治的时代""帝国主义战争时代"等。总的来看，这些"时代"概念的使用，有的是指具有明显标志性的历史时期或阶段，有的是指具有明确生产关系和经济社会形态属性、鲜明阶级本质和统治方式的社会历史时期。

这里所讲的"马克思主义指明的历史时代"，主要是上述中的后者，即具有明确生产关系和经济社会形态属性、鲜明阶级本质和统治方式的社会历史时期。这样的"时代"概念，是一个总体性的、本质性的、体现社会发展规律趋势的"大的历史时代"（列宁）。

所以，如何划分时代在马克思主义时代理论中是一个重要的基本问题。划分时代不是简单的时段划分，而是深入探究并判明一个具有鲜明特征的大的历史时期的根本社会性质，透过"自然时间"

---

① 《习近平谈治国理政》第 2 卷，外文出版社 2017 年版，第 66 页。

的现实表象找到其"历史时间"的深层本质，从而为一定历史时期的人们确立时代坐标、明确时代本质与特征、把握时代主要矛盾和发展趋势。划分时代依据的标准不同，就会有不同的时代认知。比如根据科学技术和生产工具，可以划分为石器时代、青铜器时代、铁器时代、蒸汽时代、电器时代、网络时代；从产业发展上来看，可以划分为农业时代、工业时代、后工业时代或信息时代，从经济形态上来看，可以划分为自然经济时代、商品经济时代、产品经济时代；政治上来看，可以划分为专制时代、民主时代；从文明程度来看，可以划分为蒙昧时代、野蛮时代、文明时代，等等。有的划分采用的是单一标准，有的划分采用的是复合标准；有的侧重自然属性，有的侧重社会属性；有的是从某一社会领域划分，有的则是从社会整体发展上划分。

马克思主义关于时代划分的标准基于唯物史观。马克思和恩格斯从社会历史的宏观尺度揭示人类社会发展规律，并以生产力与生产关系、经济基础与上层建筑的矛盾运动揭示时代本质及其主要矛盾、基本特征，并以此为主要标准划分不同的历史时代。这集中体现在马克思 1859 年撰写的《〈政治经济学批判〉序言》中一段经典论述："社会的物质生产力发展到一定阶段，便同它们一直在其中运动的现存生产关系或财产关系（这只是生产关系的法律用语）发生矛盾。于是这些关系便由生产力的发展形式变成生产力的桎梏。那时社会革命的时代就到来了。随着经济基础的变更，全部庞大的上层建筑也或慢或快地发生变革。"[①] "大体说来，亚细亚的、古代的、封建的和现代资产阶级的生产方式可以看作是经济的社会形态演进的几个时代。"[②] 这里，马克思运用唯物史观阐明了划分时代的主要依据和根本标准，并以此划分了人类社会发展的四个阶段。随着资本主义生产方式由于其内在基本矛盾和主要矛盾的运动，资本主义

---

① 《马克思恩格斯选集》第 2 卷，人民出版社 1995 年版，第 32—33 页。
② 同上书，第 33 页。

形态将作为"社会生产过程的最后一个对抗形式"而必然灭亡，这样，"人类社会的史前时期就以这种社会形态而告终"①。马克思的论述，包含了由资本主义社会向共产主义转变的历史发展趋势。

马克思在论述不同时代的区别时，还提出了生产力发展水平和生产关系及社会关系相统一的标准的观点，特别是生产关系及社会关系对于区分不同时代的重要性。在《哲学的贫困》中，马克思主义就明确论述："社会关系和生产力密切相联。随着新生产力的获得，人们改变自己的生产方式，随着生产方式即谋生的方式的改变，人们也就会改变自己的一切社会关系。手推磨产生的是封建主的社会，蒸汽磨产生的是工业资本家的社会。"② 他在《资本论》第一卷中又明确指出："各种经济时代的区别，不在于生产什么，而在于怎样生产，用什么劳动资料生产。劳动资料不仅是人类劳动力发展的测量器，而且是劳动借以进行的社会关系的指示器。"③ 可见，马克思主义的"时代"概念不是单一的经济、科技、文化等的概念，而是政治的、社会的、历史的范畴。

列宁根据其所处的帝国主义时代的状况，比较全面、深入地阐述了时代问题。他认为，"时代"是"大的历史时代"，时代也不是某个国家或地区的个别情形，而是人类社会的整体状况和总体格局特征。尽管"每个时代都有而且总会有个别的、局部的、有时前进、有时后退的运动，都有而且总会有各种偏离运动的一般形式和一般速度的情形"④，但其总的方向、总的特征、总的运动过程是基本确定的，这是时代划分的基本依据。正确判明一个时代及其特征，要从社会历史发展和世界格局的整体上来把握。时代本质体现在历史和世界的总体联系及深层规律之中，时代特征就是这种整体联系和

---

①　《马克思恩格斯选集》第 2 卷，人民出版社 1995 年版，第 32—33 页。
②　《马克思恩格斯选集》第 1 卷，人民出版社 2012 年版，第 222 页。
③　《马克思恩格斯全集》第 4 卷，人民出版社 2001 年版，第 210 页。
④　《列宁全集》第 26 卷，人民出版社 1990 年版，第 143 页。

总体趋势的必然的集中体现。

列宁运用马克思主义唯物史观及时代观，以及马克思主义阶级分析方法，根据对时代问题的深入探索，还提出划分时代的阶级标准，他这样论述："我们无法知道，一个时代的各个历史运动的发展会有多快，有多少成就。但是我们能够知道，而且确实知道，哪一个阶级是这个或那个时代的中心，决定着时代的主要内容、时代发展的主要方向、时代的历史背景的主要特点等等。"① 因而在一定的时代中，顺应时代发展、推动时代进步的先进阶级是决定该时代发展状况、特征和趋势的重要力量。可见，列宁讲的阶级标准实际上是马克思主义所讲的生产方式标准在阶级社会中的具体呈现。

列宁不仅深刻地阐述了时代性质及时代划分的标准，而且根据当时资本主义发展和无产阶级革命斗争的实际情况，科学分析了资本主义时代的主要矛盾、发展趋势和社会主义革命胜利的时代前景。他运用马克思主义观点科学判明时代特征，在《打着别人的旗帜》中把资本主义的发展划分为三个历史时代：第一个时代（1789—1871 年），从法国大革命到普法战争，是资产阶级崛起并完全胜利的时代，是资产阶级的上升时期；第二个时代（1871—1914 年），从普法战争到第一次世界大战爆发，是资产阶级取得完全统治而走向衰落的时代，是新的阶级慢慢聚集力量的时代；第三个时代（1914 年之后），是帝国主义时代，是由帝国主义引起动荡的时代。他明确指出："无可争辩，我们是生活在两个时代的交界点。"② 这个新的"时代交界点"，具有了新的社会内容和阶级内容，"资产阶级从上升的、先进的阶级变成了下降的、没落的、内在死亡的、反动的阶级。现在，上升的阶级——在广阔的历史范围内——已经是全然不同的另一个阶级了"③。列宁在随后撰写的《帝国主义是资本

① 《列宁全集》第 26 卷，人民出版社 1990 年版，第 143 页。
② 同上书，第 142 页。
③ 同上书，第 146 页。

主义的最高阶段》中，又指出垄断资本主义矛盾的尖锐化，"是从全世界金融资本取得最终胜利时开始的过渡历史时期的最强大的动力"①。这里提出了"过渡历史时期"的概念。1917 年十月革命胜利后，列宁把十月革命作为分水岭，指出十月革命开辟了"两个具有世界历史意义的时代，即资产阶级时代和社会主义时代，资本家议会制度时代和无产阶级苏维埃国家制度时代的世界性交替的开始"②。这可以说是后来马克思主义文献中所讲的"从资本主义向社会主义过渡的时代"的最早表述。

此后，在国际共产主义运动中关于时代的界定和特征，基本上按照列宁的观点和结论。斯大林在《论列宁主义基础》中提出，当今时代是帝国主义和无产阶级革命时代。1957 年在莫斯科召开的 12 个社会主义国家共产党工人党会议上通过的《莫斯科宣言》中写道：我们时代的主要内容是"俄国十月革命开辟的从资本主义向社会主义的过渡"。这个表述，被当时各国共产党广泛认同，成为关于当今时代的最为共识、也符合历史实际的界定和结论。

习近平总书记指出，尽管我们所处的时代同马克思所处的时代相比发生了巨大而深刻的变化，但从世界社会主义 500 年的大视野来看，"我们依然处在马克思主义所指明的历史时代"③。总的来说，习近平总书记讲的"马克思主义指明的历史时代"，是依据马克思主义唯物史观，根据生产力和生产关系、经济基础和上层建筑辩证统一的社会基本矛盾运动，根据资本主义基本矛盾、阶级关系和阶级斗争发展的实际状况，提出的由资本主义向共产主义转变的时代，也是列宁提出的"大的历史时代"，即由十月革命开辟的"从资本主义向社会主义过渡的历史时代"。世界社会主义 500 年历史沧桑，国际共产主义运动 170 年风云变幻，世界发生巨大而深刻的变化，

---

① 《列宁全集》第 27 卷，人民出版社 1990 年版，第 435 页。
② 《列宁全集》第 36 卷，人民出版社 1985 年版，第 208 页。
③ 《习近平谈治国理政》第 2 卷，外文出版社 2017 年版，第 66 页。

但时代和实践发展证明，时代性质和人类社会发展趋势没有变，我们依然处在马克思主义所指明的历史时代。

二 从时代本质和时代特征的辩证统一中把握当今我们所处的历史时代

马克思主义说的时代，是"大时代"概念。一个历史时代中，又可以根据不同发展阶段的时代特征和主要问题，划分为若干"小时代"。我们今天仍然处在从资本主义向社会主义过渡的"大时代"，但这个大时代中的不同发展阶段有不同的时代主题和主要矛盾。因而，这就需要从时代本质和时代特征的辩证统一中来全面准确地把握当今时代。

时代本质，就是一个时代的根本性质，集中体现在该时代占主导和统治地位的生产方式、阶级力量及社会制度性质。判断一个历史时代的性质，必须从这个时代的物质生活条件和生产方式矛盾中去探寻。正如马克思所讲的："我们判断一个人不能以他对自己的看法为根据，同样，我们判断这样一个变革时代也不能以它的意识为根据。相反，这个意识必须从物质生活的矛盾中，从社会生产力和生产关系之间的现存冲突中去解释。"[1] 恩格斯在《共产党宣言》英文版序言中也表达了同样的思想："每一历史时代主要的经济生产方式和交换方式以及必然由此产生的社会结构，是该时代政治的和精神的历史所赖以确立的基础，并且只有从这一基础出发，这一历史才能得到说明。"[2] 马克思主义讲的"大的历史时代"，就是从时代本质、根本性质的意义上来讲的。也正是在这样的最根本层次上，也就是从社会历史性质的意义上，才得出"资本主义时代""社会

---

① 《马克思恩格斯选集》第 1 卷，人民出版社 1972 年版，第 11 页。
② 《马克思恩格斯选集》第 1 卷，人民出版社 1995 年版，第 257 页。

主义时代”这样的宏观历史概念，才得出当今时代的本质仍然是从资本主义向社会主义过渡的历史时代的科学结论。

时代特征，是指一个大的历史时代在不同发展阶段呈现的、反映和体现时代本质的，在政治、经济、文化、社会等方面集中突出表现出来的标志性的现实状况和主要特点，集中体现为时代主题、主要矛盾、主要问题、阶级关系、国际关系、世界格局以及不同社会制度发展水平及其相互关系等。比如资本主义时代中，就经历了自由资本主义、垄断资本主义、国家垄断资本主义和国际金融垄断资本主义的发展阶段，每个阶段都表现出不同的特点和特征。在从资本主义向社会主义过渡的历史时代中，两大社会制度长期共存竞争，不同历史时期具有不同的时代特点，有着不同的时代主题。比如列宁把 19 世纪末 20 世纪初称为“无产阶级革命的时代”。还有在 20 世纪 70 年代之前，时代主题是“战争与革命”，80 年代之后，邓小平提出时代的主题是“和平与发展”。因而可以说，我们当今时代的本质没有变，仍然是马克思主义所指明的“从资本主义向社会主义过渡的时代”，但时代主题发生了转换，即从战争与革命转变为和平与发展。

坚持时代本质和时代特征（时代主题）的统一，对于全面科学认识时代、深刻准确把握时代具有重要的现实意义和方法论意义。时代本质是根本性、决定性的，决定时代特征的总体方向、表现方式、展现程度。正确把握时代特征，要以时代本质为依据，在时代发展的宏大和长远历史背景中探究时代发展的特点和趋势。时代特征是时代本质在不同历史时期的具体表现和呈现，集中地体现为面临的时代课题、主要矛盾、历史任务和适应时代发展的战略策略。时代本质和时代特征是紧密结合、不可割裂的，只有把它们有机结合和统一起来，才能科学正确地认识时代，把握时代发展趋势和规律，才能顺应时代发展、回答时代课题，制定正确的路线方针政策。如果只看到时代的某些变化和局部特征，不从长远历史眼光和社会发展规律上正确把握时代本质，就会迷失方向，动摇信念，不能正确认识和判明时代发展趋势；如果只是一成不变地理解时代本质，教条僵化地固守信条，就不能与时俱进地把握时代脉搏、顺应时代发展潮流，不能正确回答和解决时代不断提出的新问题。因而，坚持时代本质与时代特征的结合和统一，对于正确认识我们所处的时代、制定正确的路线方针政策是至关重要的。

我们党关于时代的认识，既有许多正确的、成功的宝贵经验，也有错误的认识及教训。改革开放以来，正是因为我们党准确地判明时代本质，及时认清并实现时代主题转换，才为准确制定改革开放的路线方针政策提供了正确的思想理论基础。邓小平关于时代本质和时代主题的思想，是运用马克思主义时代理论观察世界大势、解决中国问题的典范。20世纪80年代，邓小平根据国际形势和世界格局的新变化新特点，明确提出了"和平与发展是当今世界的两大问题"，从而在党内形成了"时代主题"的思想范畴和基本共识，观察和研究时代问题也具有了时代本质与时代主题的正确区分。正是坚持了二者的有机结合，才使得走上改革开放和社会主义现代化建设之路的中国既坚持了社会主义方向、又顺应了时代发展的潮流。

邓小平首次提出"时代问题"（时代主题）是在1985年3月4日会见日本的一个访华团时讲道："现在世界上真正大的问题，带全球性的战略问题，一个是和平问题，一个是经济问题或者说发展问题。和平问题是东西问题，发展问题是南北问题。概括起来，就是东西南北四个字。"[①] 1987年党的十三大报告提出和平与发展是当代"世界的两大问题"，1992年党的十四大报告正式提出和平与发展是当今的"时代主题"，此后历次党的代表大会报告都强调这个主题，这成为全党的长期共识。党的十九大报告仍然强调了这个时代主题：

---

① 《邓小平文选》第3卷，人民出版社1993年版，第105页。

"世界正处于大发展大变革大调整时期，和平与发展仍然是时代主题。"①

坚持时代本质和时代特征（时代主题）的结合，对于中国特色社会主义沿着正确方向胜利前进，具有十分重要的现实意义。坚持和平与发展的时代主题，对于我国抓住战略机遇期和历史机遇期加快发展是十分重要的。同时必须看到，时代本质仍然没有变，我们依然处在马克思主义指明的历史时代，即从资本主义向社会主义过渡的历史时代，只有这样，才能保持坚定的理想信念和社会主义必胜信心。在坚持时代本质、认清历史发展必然趋势的同时，必须顺应时代发展潮流，聆听时代声音，回答解决时代新课题。时代发展没有止境，我们必须跟上时代，引领时代。正如习近平总书记指出的："在历史前进的逻辑中前进，在时代发展的潮流中发展。"②

总之，改革开放以来，一方面，我们始终坚持"和平与发展"的时代主题，聚精会神搞建设，一心一意谋发展，为改革开放和社会主义现代化建设创造良好的和平外部环境。紧紧抓住战略机遇期加快发展，综合国力快速提升，国际地位空前提高。另一方面，我们始终坚持时代本质不变，在国际风云变幻中保持战略定力，在历史发展的大趋势中把握时代特征的变化，在深刻把握社会发展规律中坚定"四个自信"。例如，在 20 世纪 90 年代苏东剧变之后，"社会主义失败论""历史终结论"甚嚣尘上。在这历史发展的关键深刻，邓小平坚定指出社会历史发展的总趋势不可逆转，"中国的社会主义是变不了的。中国肯定要沿着自己选择的社会主义道路走到底。谁也压不垮我们。只要中国不垮，世界上就有五分之一的人口在坚

---

① 习近平：《决胜全面建成小康社会　争取新时代中国特色社会主义伟大胜利——在中国共产党第十九次全国代表大会上的报告》，人民出版社 2017 年版，第 58 页。

② 习近平：《开放共创繁荣　创新引领未来——在博鳌亚洲论坛 2018 年年会开幕式上的主旨演讲》，《人民日报》2018 年 4 月 11 日第 3 版。

持社会主义。我们对社会主义的前途充满信心"①。这是基于对时代本质的深刻把握而确立的信心。同时，我们始终坚持社会主义代替资本主义是一个长期复杂的历史过程，坚持党的最高纲领和基本纲领的统一。这是坚持时代本质与时代特征（时代主题）相统一的具体体现。正如习近平总书记阐述的那样："事实一再告诉我们，马克思、恩格斯关于资本主义社会基本矛盾的分析没有过时，关于资本主义必然消亡、社会主义必然胜利的历史唯物主义观点也没有过时。这是社会历史发展不可逆转的总趋势，但道路是曲折的。"② 在世界处于大发展大变革大调整的 21 世纪，以习近平同志为核心的党中央把握时代发展潮流，顺应时代发展趋势，正确认识时代发展的规律和趋势，创造性坚持时代本质和时代特征的有机统一，在世界发生百年未有之大变局的历史时代，在社会主义和资本主义两种制度进行新的激烈较量的历史时期，带领中国人民走入中国特色社会主义新时代，开创了科学社会主义发展的新局面，在世界上高高举起了中国社会主义伟大旗帜，使新时代中国特色社会主义成为 21 世纪社会主义发展的中流砥柱，使中国特色社会主义道路、理论、制度、文化不断发展，拓展了发展中国家走向现代化的途径，给世界上那些既希望加快发展又希望保持自身独立性的国家和民族提供了全新选择，为解决人类问题贡献了中国智慧和中国方案。

三　在时代发展中把握社会主义与资本主义长期共存竞争的历史进程和力量对比态势

坚持时代本质和时代特征的统一，坚持理论与实际、历史与现

---

① 《邓小平文选》第 3 卷，人民出版社 1993 年版，第 320—321 页。
② 《十八大以来重要文献选编》（上），中央文献出版社 2014 年版，第 117 页。

实、国内与国际的结合，我们可以得出结论：21 世纪初我们依然处在马克思主义所指明的历史时代，时代本质没有变，但呈现出不同以往的新特征。我们所处的时代仍然是马克思主义所揭示的从资本主义向社会主义过渡的历史大时代，时代的主题仍然是和平与发展，但这两个问题一个都没有根本解决，而且呈现出许多新的表现和新的特点。习近平总书记指出："和平与发展仍然是时代主题，同时全球治理体系深刻变革，不同制度模式、发展道路深层较量和博弈。"①当代资本主义是国际金融垄断阶段的帝国主义，资本主义的内在矛盾在全球范围内积累。在当今世界，和平、发展、合作、共赢仍然是时代的潮流，国际力量对比将继续朝着有利于世界和平与发展的方向发展，但人类依然面临诸多难题和挑战，维护世界和平，促进共同发展依然任重道远。需要用世界眼光和历史视野来观察研究当代资本主义的新变化、新趋势，研究 21 世纪世界社会主义发展的新态势、新问题和新趋势，研究当前世界资本主义与世界社会主义竞争较量与力量对比的新态势，全面地、历史地观察分析时代发展的新特征、新走向。

2008 年资本主义危机之后的时期，美国等发达资本主义国家的政治经济实力相对下降，主导世界的能力显得力不从心。苏东剧变之后形成的资本主义"历史终结"的神话破灭，"狂飙突进"的资本主义在全球发展的进攻势头发生逆转。以中国为代表的世界社会主义和以美国西欧国家为代表的世界资本主义之间的力量对比和关系格局发生了重大变化。这次较量，虽然"资强社弱"的总体格局没有根本改变，但是资本主义在竞争中明显处于守势，以中国为代表的世界社会主义力量明显上升。这次危机标志着两大社会制度的竞争、世界历史的发展都进入一个新的历史时期，具有新的态势和新的格局。

---

① 《习近平总书记系列重要讲话读本》，学习出版社、人民出版社 2016 年版，第42 页。

可以这样概括 21 世纪初世界资本主义与世界社会主义力量对比的新格局：世界资本主义在其发展的长周期中开始进入了一轮规模较大的衰退期，而世界社会主义虽然总体上仍然处于苏东剧变之后的低潮期，但以中国特色社会主义发展取得的巨大成就为主要依托和标志，开始进入了世界社会主义发展长周期的上升期。世界资本主义与世界社会主义经过近一个世纪的共存斗争、反复较量，到了 21 世纪初，世界资本主义经历了由衰而盛再走下坡路的过程，世界社会主义经历了由盛转衰再到上升的过程。

30 年来，世界社会主义运动经历了从苏东剧变步入低谷到 21 世纪初谋求振兴的过程。在每个重要的历史节点，中国特色社会主义都对世界社会主义的发展发挥了至关重要的历史转折性作用，成为世界社会主义运动的主心骨、风向标和根据地。总的看，有三个重要历史节点非常重要：苏东剧变、资本主义危机和全球化发生波折。

第一个历史节点：20 世纪 80 年代末 90 年代初，苏联解体、苏共垮台、东欧剧变，"社会主义失败论""历史终结论"一度甚嚣尘上，"中国崩溃论"在国际上不绝于耳。然而中国顶住了巨大压力和挑战，没有在那场"多米诺骨牌"式的剧变中倒塌。正如邓小平同志讲的："只要中国社会主义不倒，社会主义在世界将始终站得住。"[①] 中国捍卫和挽救了社会主义。

第二个历史节点：21 世纪初由国际金融危机引发的整个资本主义危机。这场危机距苏东剧变也就不到 20 年，从苏东剧变、苏联解体引发的所谓"社会主义危机"和"历史的终结"，在较短的时间内却变为"资本主义危机"和"资本主义的终结"。同时，在这个发展过程中，中国特色社会主义取得的巨大成就，不仅把社会主义旗帜在世界上举住了、举稳了，而且把社会主义的发展推向一个崭新阶段。正如习近平总书记指出的："特别是苏联解体、东欧剧变以

---

① 《邓小平文选》第 3 卷，人民出版社 1993 年版，第 346 页。

后，唱衰中国的舆论在国际上不绝于耳，各式各样的'中国崩溃论'出来没有中断过。但是，中国非但没有崩溃，反而综合国力与日俱增，人民生活水平不断提高，'风景这边独好'。"① 中国发展和振兴了社会主义。

第三个历史节点：21 世纪过了 15 年后，以英美等主要西方国家发生的逆全球化潮流为转折，表明资本主义对整个世界的驾驭和统治能力显著下降，显得力不从心；中国则高扬起继续推进全球化的旗帜，并推动全球化朝着公平、合理的方向发展。正如习近平同志指出的："20 年前甚至 15 年前，经济全球化的主要推手是美国等西方国家，今天反而是我们被认为是世界上推动贸易和投资自由化便利化的最大旗手，积极主动同西方国家形形色色的保护主义作斗争。"② 可以说，这是由长期以来资本主义主导的全球化开始向由社会主义主导的全球化方向转变。这对于世界社会主义发展来说也具有重要转折性意义。就是这个关键的历史时期，中国特色社会主义进入新时代，意味着科学社会主义在 21 世纪的中国焕发出强大生机活力。中国特色社会主义成为 21 世纪世界社会主义发展的引领旗帜，成为世界社会主义走向振兴的中流砥柱，必将为世界社会主义和科学社会主义新发展做出更大贡献。中国引领和塑造 21 世纪社会主义。

四　正确把握当今时代发展的新特点新趋势，为解决人类问题贡献中国智慧和中国方案

当前，世界正处于大发展大变革大调整时期，和平与发展仍然

---

① 《十八大以来重要文献选编》（上），中央文献出版社 2014 年版，第 109—110 页。

② 《习近平谈治国理政》第 2 卷，外文出版社 2017 年版，第 212 页。

是时代主题。世界多极化、经济全球化、社会信息化、文化多样化深入发展，全球治理体系和国际秩序变革加速推进，各国相互联系和依存日益加深，和平发展大势不可逆转。同时，世界面临的不稳定性和不确定性突出，世界经济增强动能不足，地区热点问题此起彼伏，传统安全与非传统安全问题相互交织，人类面临着许多共同的问题和挑战。

经济全球化在遭遇逆流中深度调整。经济全球化是历史发展的必然趋势，但迄今为止的经济全球化则主要是国际金融资本主导的全球化，在国际经济秩序中存在着许多不平等、不公正、不合理的现象。2008 年国际金融危机的爆发，预示着发达国家主导的全球化模式和全球经济金融治理体系面临着结构性的调整。在世界经济复苏乏力的背景下，以美国为首的西方国家兴起了一股"逆全球化"浪潮，贸易保护主义、孤立主义、民粹主义滋生蔓延，世界和平与发展面临的挑战更加严峻。特别是美国总统特朗普打着"美国优先"的旗号单方面发动贸易战，更加助推了"逆全球化"恶风浊浪，经济全球化进入了深度调整期和再平衡期。中国作为世界上最大的发展中国家，也作为迈向现代化强国的社会主义大国，肩负起引领经济全球化发展的大国责任担当。

政治多极化发生内涵和外延的重大变化。21 世纪初，国际政治多极化的格局正在加快形成。美欧等西方国家的实力相对衰落和衰退，以金砖国家为代表的一大批新兴市场国家和发展中国家正在群体性崛起；中国改革开放取得了巨大成就，成为国际格局中重要的力量。世界格局的深刻变化促使各大国加快战略和相互关系的调整，特别是美国等西方国家加大战略调整力度，力争继续维持在全球的主导地位，促使国际局势更加复杂多变。各国在许多领域进行激烈的竞争博弈，但都注重利用国际机制与规则，围绕国际规则的主导权和国际话语权展开竞争。当前，热点地区冲突与争端、恐怖主义、核扩散和核安全、网络安全等传统安全威胁和非传统安全威胁相互交织，需要加强全球治理，维护世界和平、发展与共同安全。国际力量消长变化向纵深发展，国际格局和国际关系深刻演变。

新一轮科学技术革命和产业革命的竞争更为激烈。进入 21 世纪以来，新一轮科技革命和产业变革正在孕育兴起，全球科技创新呈现出许多新的发展态势和特征，重大科技创新重塑全球经济结构。当前，世界各主要发达国家都加快了通过科技创新寻觅新的经济增长点的步伐。新技术革命也为后发国家提供了巨大发展机遇。中国能否迎接挑战，超前布局，主要看能否在创新驱动发展上取得实实在在的进展。

思想文化和意识形态领域的斗争更加激烈，不同制度模式、发展道路和价值观的竞争较量成为主要内容。各种思想文化的交流、碰撞日趋频繁，意识形态领域的国际较量和斗争更加尖锐复杂；不同制度模式、发展道路和价值观的竞争也日益凸显，中国发展模式在竞争中被西方国家赋予更浓厚的制度竞争和意识形态竞争色彩。一些西方国家在国际文化交流中采取文化霸权主义战略，把西方国家的文化价值观和意识形态、制度模式、发展道路等作为一种"普世准则"加以推行，特别是对社会主义国家加紧进行意识形态渗透，策划发动"颜色革命"。一个国家只有切实维护本国的意识形态安全和文化安全，弘扬自己的核心价值观，探索出符合国情的制度模式和发展道路，才能在竞争中获得巨大发展。我们必须始终坚持中国特色社会主义的道路自信、理论自信、制度自信、文化自信，形成具有鲜明中国特色、明显制度优势、强大自我完善能力的先进制度，为人类对更好社会制度的探索提供中国方案。

两大社会制度竞争和斗争态势发生大变化，正发生向有利于世界社会主义振兴和中国特色社会主义发展的深刻转变。资本主义危机爆发后，世界范围内马克思主义思潮和左翼思潮与运动有所复兴和发展。国际金融危机引发欧美罢工潮和各种占领运动，社会矛盾空前激化。一些社会主义思潮也重新活跃起来。世界左翼组织和各国共产党还积极召开了各种国际会议和论坛，并以此成为展示和联合左翼力量的平台。21 世纪初资本主义危机之后，世界社会主义无疑进入了一个新的发展时期，呈现出新的特点和趋势。总的来看，从21世纪初到21世纪中叶是世界社会主义进入谋求复兴和发展的时期，主要特征是"四期叠加"：一是世界范围内反对和变革资本主义运动的集中开展期；二是各具特色社会主义的民族化趋势与加强协调联合的国际化趋势的并存发展期；三是中国特色社会主义成为世界社会主义的旗帜且引领示范作用的上升期；四是处于新一轮衰退期的世界资本主义与处于新一轮上升期的世界社会主义之间的竞争与博弈更趋激烈期。

习近平总书记指出，我们看世界，不能被乱花迷眼，也不能被浮云遮眼，而要端起历史规律的望远镜去细心观望。中国共产党把握人类社会发展规律、社会主义建设规律和执政党建设规律，顺应大势方能成为时代潮流的弄潮者。面对21世纪初世界经济、政治、文化及各领域各方面发生的巨大而深刻的变化，面对处于"世界怎么了，人类向何处去"的时代之问，中国共产党基于当今时代的新形势新问题，基于中国和世界关系的深刻变化，也根据中国综合国力和国际地位的提升，提出推动构建"人类命运共同体"的中国方案。这一解决时代问题和难题的方案，既着眼于当代人类社会的长远发展和前途命运，也致力于解决人类社会面临的许多共同问题；既继承弘扬了马克思主义关于建立"自由人联合体"社会的理念目标，也深深融入了中国传统文化中"天下一家、世界大同"的理想社会追求，同时也是推动改变世界范围内发展不平衡不充分、解决"发展赤字""和平赤字""治理赤字"的现实方案。

在今天这个混乱失序、动荡频仍的世界，正在崛起之中的中国，致力于建设持久和平、普遍安全、共同繁荣、开放包容、清洁美丽的世界，在求同存异的基础上维护世界和平，推动建立相互尊重、公平正义、合作共赢的世界，这是新时代中国特色社会主义为人类做出的新的更大贡献。党的十九大报告明确指出："中国共产党是为中国人民谋幸福的政党，也是为人类进步事业而奋斗的政党。中国共产党始终把为人类作出新的更大的贡献作为自己的使命。"① 今天，"坚持推动构建人类命运共同体"已确立为新时代坚持和发展中国特色社会主义的基本方略之一，先后被写入党章和宪法，并被写入联合国相关文件，成为世界大多数国家和人民的广泛共识。

习近平总书记指出："只有民族的才是世界的，只有引领时代才能走向世界。要立足时代特点，推进马克思主义时代化，更好运用马克思主义观察时代、解读时代、引领时代，真正搞懂面临的时代课题，深刻把握世界历史的脉络和走向。"② 我们要坚持用马克思主义观察时代、解读时代、引领时代，用鲜活丰富的当代中国实践来推动马克思主义发展，用宽广视野吸收人类创造的一切优秀文明成果，坚持在改革中守正出新、不断超越自己，在开放中博采众长、不断完善自己，不断深化对共产党执政规律、社会主义建设规律、人类社会发展规律的认识，不断开辟当代中国马克思主义、21 世纪马克思主义新境界。这是 21 世纪中国共产党人对时代本质和时代特征的深刻把握，是对时代课题和时代之问的正确回答。

---

① 习近平：《决胜全面建成小康社会　争取新时代中国特色社会主义伟大胜利——在中国共产党第十九次全国代表大会上的报告》，人民出版社 2017 年版，第 57—58 页。

② 《习近平谈治国理政》第 2 卷，外文出版社 2017 年版，第 66 页。

二　中国特色社会主义与
世界社会主义

习近平新时代中国特色社会主义思想开辟了马克思主义新境界[*]

提要： 新时代中国特色社会主义的发展，使科学社会主义在 21 世纪的中国焕发出强大生机活力，成为世界社会主义走向振兴的中流砥柱。习近平新时代中国特色社会主义思想开辟了马克思主义新境界，是 21 世纪马克思主义发展的引领旗帜。习近平新时代中国特色社会主义思想，一方面，立足新时代中国实际，实现了马克思主义中国化的新的历史飞跃；另一方面，深刻把握了时代发展趋势和世界发展走向，科学地构造了 21 世纪马克思主义和科学社会主义的最新理论形态。

习近平总书记指出，"科学社会主义在中国的成功，对马克思主义、科学社会主义的意义，对世界社会主义的意义，是十分重大的。"[①] 2018 年是马克思诞辰 200 周年，也是《共产党宣言》发表标志科学社会主义诞生 170 周年。今天，最能告慰马克思的是，中国特色社会主义经过长期发展进入新时代，形成了习近平新时代中国特色社会主义思想，使科学社会主义在 21 世纪焕发出强大生机活

---

[*] 原载于《中国纪检监察》2018 年第 9 期。

[①] 习近平：《在纪念马克思诞辰 200 周年大会上的讲话》，《人民日报》2018 年 5 月 5 日第 2 版。

力，让马克思主义放射出更加灿烂的真理光芒，开辟了马克思主义
发展的新境界。

一　习近平新时代中国特色社会主义思想是
21 世纪马克思主义的最新理论形态

　　"一切划时代的体系的真正的内容都是由于产生这些体系的那
个时期的需要而形成起来的。"① 回顾 170 年来马克思主义发展史和
科学社会主义发展史，我们可以清楚地看到，不同历史时期的马克
思主义代表人物，顺应时代发展，回答时代课题，从而不断推动马
克思主义和科学社会主义的丰富发展，在不同时期形成了既一脉相
承又独具特色的理论形态。

　　恩格斯曾说，我们的理论"是一种历史的产物，它在不同的时
代具有完全不同的形式，同时具有完全不同的内容"② 。马克思恩格
斯所处的时代是自由资本主义时代，他们科学地回答了"资本主义
向何处去、人类社会向何处去"的时代课题，创立了马克思主义，
社会主义由空想变为科学；列宁所处的时代是垄断资本主义时代，
他科学回答了"帝国主义向何处去、无产阶级革命向何处去"的时
代课题，形成列宁主义，指导十月革命取得伟大胜利，社会主义由
理论变为现实制度。毛泽东同志在半封建半殖民地的中国，科学回
答了"中国向何处去、中国革命向何处去"的时代课题，形成了毛
泽东思想，领导人民完成新民主主义革命，成立了新中国。改革开
放新时期以来，几代中国共产党人在不同时期，接续回答了"建设
什么样的社会主义、怎样建设社会主义""建设一个什么样的党、怎
样建设这个党""实现什么样的发展、怎样发展"等一系列时代课

---

① 《马克思恩格斯全集》第 3 卷，人民出版社 1960 年版，第 544 页。
② 《马克思恩格斯全集》第 4 卷，人民出版社 1995 年版，第 284 页。

题，形成了邓小平理论、"三个代表"重要思想、科学发展观，从而不断推进中国特色社会主义理论体系的形成和发展。

党的十八大以来，国内外形势变化和我国各项事业发展都给我们提出了一个重大时代课题，这就是必须从历史与现实、理论和实践的结合上系统回答新时代坚持和发展什么样的中国特色社会主义、怎样坚持和发展中国特色社会主义。习近平新时代中国特色社会主义思想，就是科学回答了这个重大时代课题，从而既极大丰富和发展了中国特色社会主义理论，又把 21 世纪马克思主义和科学社会主义推向一个新的发展阶段。这一伟大思想，既是马克思主义中国化的最新成果，也是 21 世纪马克思主义和科学社会主义的最新理论形态。

二　习近平新时代中国特色社会主义思想为发展21 世纪马克思主义做出原创性贡献

习近平总书记反复强调，要锲而不舍地推进马克思主义中国化时代化大众化，发展 21 世纪马克思主义、当代中国马克思主义。"只有民族的才是世界的，只有引领时代才能走向世界。要立足时代特点，推进马克思主义时代化，更好运用马克思主义观察时代、解读时代、引领时代，真正搞懂面临的时代课题，深刻把握世界历史的脉络和走向。"[①] 习近平新时代中国特色社会主义思想，就是坚持马克思主义时代性与现实性、世界性与民族性的统一。一方面，立足新时代中国实际，实现了马克思主义中国化的新的历史飞跃；另一方面，面对当今世界的深刻变化，深入思考 21 世纪的时代问题和时代任务，以深远的时代眼光和宽广的世界眼光审视马克思主义和社会主义在 21 世纪发展的理论需要与实践需要，深刻把握了时代发

[①]《习近平谈治国理政》第 2 卷，外文出版社 2017 年版，第 66 页。

展趋势和世界发展走向，科学地构造了21世纪马克思主义和科学社会主义的最新理论形态。

习近平新时代中国特色社会主义思想博大精深、内容丰富，深化了对共产党执政规律、社会主义建设规律、人类社会发展规律的认识，在整体上、各个方面都把马克思主义和科学社会主义推向前进。习近平总书记强调："解决好民族性问题，就有更强能力去解决世界性问题；把中国实践总结好，就有更强能力为解决世界性问题提供思路和办法。"[1] 他指出："新中国成立以来特别是改革开放以来，中国发生了深刻变革，置身这一历史巨变之中的中国人更有资格、更有能力揭示这其中所蕴含的历史经验和发展规律，为发展马克思主义作出中国的原创性贡献。"[2] 习近平新时代中国特色社会主义思想，是21世纪马克思主义和科学社会主义创新发展最集中、最丰富、最现实的体现，做出了巨大的原创性贡献。

比如，从对科学社会主义发展创新上看，提出以人民为中心的发展思想，深化了社会主义本质理论；提出我国社会主要矛盾发生历史性转化，丰富了社会主义初级阶段理论，也发展了社会主义发展阶段理论；在新时代全面深化改革，提升了社会主义发展动力理论；推进国家治理体系和治理能力现代化，丰富发展了社会主义现代化理论；推进"五位一体"总体布局和"四个全面"战略布局，完善了社会主义全面发展理论；践行创新、协调、绿色、开放、共享的新发展理念，拓展了社会主义发展途径和发展目标理论；坚持党的全面领导，提出关于党的领导"两个最"的重要论断，即中国共产党领导是中国特色社会主义最本质的特征，是中国特色社会主义制度的最大优势，丰富发展了社会主义执政党建设理论；阐明人类社会历史发展的必然趋势，提出科学认识两大社会制度关系的新思想，丰富了关于正确处理社会主义与资本主义之关系的理论；提

---

[1] 《习近平谈治国理政》第2卷，外文出版社2017年版，第340页。

[2] 同上书，第66页。

出推动构建人类命运共同体，丰富发展了马克思主义关于未来社会的理论，等等，都是具有普遍意义和世界意义的新理念新观点新思想，是积极推动和引领 21 世纪科学社会主义创新发展的具体内容，是新时代中国特色社会主义对科学社会主义发展的重要理论创新，极大丰富发展了科学社会主义理论宝库。

三　习近平新时代中国特色社会主义思想引领、 推动着 21 世纪马克思主义和社会主义的发展

中国特色社会主义进入新时代，在中华人民共和国发展史上、中华民族发展史上具有重大意义，在世界社会主义发展史上、人类社会发展史上也具有重大意义。新时代中国特色社会主义，与世界社会主义发生了更加密切、更为明确的联系，意味着科学社会主义在 21 世纪的中国焕发出强大生机活力。习近平新时代中国特色社会主义思想引领并推动着 21 世纪马克思主义和社会主义的发展。

近 30 年来，世界社会主义运动经历了从苏东剧变步入低谷到 21 世纪初谋求振兴的过程。在每个重要的历史节点，中国特色社会主义都对世界社会主义的发展发挥了至关重要的历史转折性作用。总的看，有三个历史节点非常重要：苏东剧变、资本主义危机和全球化发生波折。

第一个历史节点：20 世纪 80 年代末 90 年代初，苏联解体、苏共垮台、东欧剧变，"社会主义失败论""历史终结论"一度甚嚣尘上，"中国崩溃论"在国际上不绝于耳。然而中国顶住了巨大压力和挑战，没有在那场"多米诺骨牌"式的剧变中倒塌。正如邓小平同志讲的，"只要中国社会主义不倒，社会主义在世界将始终站得住"①。中国捍卫和挽救了社会主义。

---

① 《邓小平文选》第 3 卷，人民出版社 1993 年版，第 346 页。

　　第二个历史节点：21 世纪初由国际金融危机引发的整个资本主义危机。这场危机距苏东剧变也就不到 20 年，从苏东剧变、苏联解体引发的所谓"社会主义危机"和"历史的终结"，在较短的时间内却变为"资本主义危机"和可能引起"资本主义的终结"。看似戏剧性的一幕，其实正是历史在偶然性中为必然性开辟道路的最生动体现。在这个发展过程中"历史之手"给我们的一个最大惊喜，就是在"神奇翻转"中打开了中国特色社会主义这个"看得见风景的房间"。这标志着，世界资本主义在其发展的长周期中开始进入了一轮规模较大的衰退期，而世界社会主义总体上仍然处于苏东剧变之后的低潮，但以中国特色社会主义发展取得的巨大成就为主要依托和标志，世界社会主义进入走出低谷的谋求振兴期。中国发展和振兴了社会主义。

　　第三个历史节点：21 世纪过了 15 年后，以英美等主要西方国家发生的逆全球化潮流为转折，表明资本主义对于世界的驾驭和统治能力显著下降，显得力不从心；中国则高扬起继续推进全球化的旗帜，并推动全球化朝着公平、合理的方向发展。正如习近平总书记指出的，"20 年前甚至 15 年前，经济全球化的主要推手是美国等西方国家，今天反而是我们被认为是世界上推动贸易和投资自由化便利化的最大旗手，积极主动同西方国家形形色色的保护主义作斗争"[①]。可以说，这是由长期以来资本主义主导的全球化开始向由社会主义主导的全球化方向转变。这对于世界社会主义发展来说也具有重要转折性意义。就是这个关键的历史时期，新时代中国特色社会主义的发展，使科学社会主义在 21 世纪的中国焕发出强大生机活力，成为世界社会主义走向振兴的中流砥柱。中国特色社会主义引领和塑造了 21 世纪社会主义。从这个意义上看，习近平新时代中国特色社会主义思想，既是马克思主义中国化的最新成果，也引领和推动了 21 世纪马克思主义的发展。

---

　　① 《习近平谈治国理政》第 2 卷，外文出版社 2017 年版，第 212 页。

习近平新时代中国特色社会主义思想对发展 21 世纪马克思主义的原创性贡献

提要： 从时代发展高度和马克思主义发展史的宏观视角，习近平新时代中国特色社会主义思想对发展 21 世纪马克思主义的原创性贡献体现在：一是创造性回答了"什么是 21 世纪马克思主义、怎样发展 21 世纪马克思主义"的问题，进一步深化对马克思主义发展规律的认识；二是创造性回答了新时代"坚持和发展什么样的中国特色社会主义，怎样坚持和发展中国特色社会主义"的问题，进一步深化对中国特色社会主义规律也即社会主义建设规律的认识；三是创造性回答了"实现什么样的民族复兴，怎样实现民族复兴"的问题，进一步深化对社会主义现代化建设规律的认识；四是创造性回答了"什么是治理社会主义社会，怎样治理社会主义社会"的问题，进一步深化对治国理政规律的认识；五是创造性回答了"什么是自我革命、怎样进行自我革命""建设一个什么样的马克思主义执政党，怎样建设马克思主义执政党"的问题，进一步深化了对共产党执政规律的认识；六是创造性回答了"建设一个什么样的世界、怎样建设这个世界"的问题，从而深化对人类社会发展规律的认识。

党的十九大以来，以习近平同志为核心的党中央统揽"两个大局"，着眼"两个一百年"奋斗目标，推进"四个伟大"，进行"两个革命"，谱写了新时代中国特色社会主义新篇章，实践创新和理论创新达到了前所未有的高度。习近平总书记提出和阐述的一系列创新性、战略性理论观点，极大丰富和发展了党的创新理论，进一步深化了对共产党执政规律、社会主义建设规律、人类社会发展规律的认识，实现了马克思主义中国化的新飞跃，为丰富发展马克思主义做出了原创性贡献，充分体现了习近平新时代中国特色社会主义思想是立足中国、引领世界的当代中国马克思主义、21世纪马克思主义。

习近平总书记对发展21世纪马克思主义的原创性理论贡献，具体可概括为创造性回答"六大问题"，深化了对"六个规律"的认识。

一 围绕继续推进马克思主义中国化时代化大众化这个历史任务，创造性回答了"什么是21世纪马克思主义、怎样发展21世纪马克思主义"的问题，进一步深化对马克思主义发展规律的认识

党的十八大以来，习近平总书记高度重视马克思主义的学习、研究和运用，先后就历史唯物主义、辩证唯物主义、马克思主义政治经济学、当代世界马克思主义思潮及其影响、《共产党宣言》及其时代意义等主持中央政治局学习。在纪念马克思诞辰200周年、庆祝改革开放40周年等重要会议上做出关于坚持和发展马克思主义、继续推进马克思主义中国化时代化大众化的一系列重要论述，在新时代丰富发展了马克思主义。

习近平总书记指出，从马克思主义诞生到今天，人类社会发生了翻天覆地的变化，但马克思主义所阐述的一般原理是完全正确的；马克思主义是科学的理论、人民的理论、实践的理论、不断发展的理论，是我们党和国家的指导思想。背离或放弃马克思主义，我们党就会失去灵魂、迷失方向；必须坚持马克思主义指导地位，不断推进实践基础上的理论创新，发展21世纪马克思主义、当代中国马克思主义是当代中国共产党人的责无旁贷的历史责任；理论的生命力在于不断创新，要坚持用马克思主义观察时代、解读时代、引领时代，用鲜活丰富的当代中国实践来推动马克思主义发展，不断开辟马克思主义新境界。习近平新时代中国特色社会主义思想，既坚持了马克思主义基本原理和立场观点方法，又对马克思主义哲学、政治经济学、科学社会主义等主要原则观点做出了原创性、时代性、系统性的创新，创造性回答了"什么是21世纪马克思主义、怎样发展21世纪马克思主义"的时代课题，以一系列独创性观点阐明马克思主义本质特征、精髓要义、科学体系、历史贡献、时代意义、现实价值、实践作用和发展途径等，进一步深化了对马克思主义发展规律的认识，在整体上推进马克思主义发展，形成了21世纪马克思主义的科学理论体系，实现了马克思主义中国化的新飞跃。

二　围绕坚持和发展中国特色社会主义这个主题，创造性回答了新时代"坚持和发展什么样的中国特色社会主义，怎样坚持和发展中国特色社会主义"的问题，进一步深化对中国特色社会主义规律也即社会主义建设规律的认识

习近平总书记指出，科学社会主义在中国的成功，对马克思主

义、科学社会主义的意义，对世界社会主义的意义，是十分重大的。中国特色社会主义进入新时代，标志中国特色社会主义事业进入新的发展阶段。以习近平同志为核心的党中央，在实践中开创了中国特色社会主义事业发展新局面，在理论上以一系列创新性思想丰富发展了科学社会主义。

习近平总书记指出，新时代中国特色社会主义是我们党领导人民进行伟大社会革命的成果，也是我们党领导人民进行伟大社会革命的继续，必须一以贯之地进行下去，继续进行具有新的历史特点的伟大斗争；要胸怀"两个大局"，即中华民族伟大复兴的战略全局和世界百年未有之大变局，推进"两个革命"，即坚持和发展中国特色社会主义的社会革命和全面从严治党的伟大自我革命。在理论观点创新上，提出"八个明确"和"十四个坚持"，形成中国特色社会主义道路、理论、制度、文化，丰富发展了社会主义社会结构理论；提出以人民为中心的发展思想，深化了社会主义本质理论；提出我国社会主要矛盾发生历史性转化，发展了社会主义发展阶段理论；推进全面深化改革，提升了社会主义发展动力理论；推进国家治理体系和治理能力现代化，发展了社会主义现代化理论；统筹推进"五位一体"总体布局、协调推进"四个全面"战略布局，完善了社会主义全面发展理论；提出和践行新发展理念，拓展了关于社会主义发展途径和目标的理论；坚持党的全面领导，提出中国共产党领导是中国特色社会主义最本质的特征和中国特色社会主义制度的最大优势，提出新时代党的建设总要求、党建新布局和新时代党的组织路线，丰富发展了马克思主义执政党建设理论；等等。这些重大理论创新，深刻阐述了新时代坚持和发展中国特色社会主义的总目标、总任务、总体布局、战略布局和发展方向、发展方式、发展动力、战略步骤、外部条件、政治保证等重大问题，对社会主义建设规律的认识达到了前所未有的高度。在这些创新理论指引下，谱写了新时代中国特色社会主义发展新篇章，彰显了科学社会主义的鲜活生命力。而且，中国特色社会主义成为科学社会主义的引领旗帜，成为21世纪世界社会主义发展的中流砥柱，推动了世界社会主义发展进入新阶段。

三　围绕实现中华民族伟大复兴这个目标，创造性回答了"实现什么样的民族复兴，怎样实现民族复兴"的问题，进一步深化对社会主义现代化建设规律的认识

实现中华民族伟大复兴，是近代以来中国人的最大梦想。中国共产党一成立就把实现中华民族伟大复兴作为历史使命，经过几代人的求索奋斗，中华民族实现了从落后于时代到赶上时代、再到引领时代的历史性跨越。百年来，建立中国共产党、成立中华人民共和国、推进改革开放和中国特色社会主义事业、全面建成小康社会和全面建设社会主义现代化强国，是实现中华民族伟大复兴进程中的四大里程碑。中国特色社会主义进入新时代，迎来了中华民族伟大复兴的光明前景。

习近平总书记从历史与现实、理论与实践、国内与国际相结合的深邃宽广视野，深刻阐述了"实现什么样的民族复兴，怎样实现民族复兴"的重大课题。明确指出，今天我们比历史上任何时期都更接近、更有信心和能力实现中华民族伟大复兴的目标；实现中华民族伟大复兴，决不是轻轻松松、敲锣打鼓就能实现的，必须准备付出更为艰巨、更为艰苦的努力；将实现中华民族伟大复兴统一于"四个伟大"的新时代实践中，统一于实现国家富强、民族振兴、人民幸福的中国梦中；实现中华民族伟大复兴，不仅在物质上强大起来，也要在精神上强大起来；要居安思危，有强烈的忧患意识和危机意识，绝不能犯战略性、颠覆性错误，重点防控那些可能迟滞或中断中华民族伟大复兴进程的全局性风险；现在，中国人民和中华

民族在历史进程中积累的强大能量已经充分爆发出来了，为实现中华民族伟大复兴提供了势不可挡的磅礴力量；伟大梦想不是等得来、喊得来的，而是拼出来、干出来的，绝不能有半点骄傲自满、故步自封，也绝不能有丝毫犹豫不决、徘徊彷徨，必须勇立潮头、奋勇搏击；等等。习近平总书记的这些重要论述，进一步深化对社会主义现代化建设规律的认识，深刻阐述了实现民族复兴的奋斗历程、历史方位、科学内涵、领导力量、依靠力量、现实路径和战略步骤，在中华民族发展史上具有决定性意义、在马克思主义发展史和世界社会主义发展史上具有开创性意义。

四 围绕治国理政这条主线，创造性回答了"什么是治理社会主义社会，怎样治理社会主义社会"的问题，进一步深化对治国理政规律的认识

党的十八大以来，以习近平同志为核心的党中央继续坚持和完善中国特色社会主义制度，推进国家治理体系和治理能力现代化。党的十九届四中全会站在党和国家事业全局和战略高度，立足当前，着眼长远，专门研究审议了坚持和完善中国特色社会主义制度、推进国家治理体系和治理能力现代化的重大问题，从坚定制度自信和推进制度创新的结合上系统回答了"坚持和巩固什么、完善和发展什么"这个重大政治问题，第一次集中概括了中国特色社会主义制度有机联系、相辅相成、汇聚整体的显著优势，系统阐述了由根本制度、基本制度、重要制度构成的层次清晰、全面系统的科学制度体系，明确提出了推进我国制度建设和国家治理的指导思想、总体要求、总体目标、战略途径和重大举措。习近平总书记的一系列重要论述，是对党领导治国理政规律认识的深化，为科学社会主义理论与实践的丰富发展，为成功实现"中国之治"提供了科学理论

指引。

习近平总书记指出，推进国家治理体系和治理能力现代化，必须完整理解和把握全面深化改革的总目标。我们的方向就是中国特色社会主义道路；我们全面深化改革，是要使中国特色社会主义制度更好；我们说坚定制度自信，不是要固步自封，而是要不断革除体制机制弊端，让我们的制度成熟而持久；摆在我们面前的一项重大历史任务，就是推动中国特色社会主义制度更加成熟更加定型；当前和今后相当长一段时期的主要历史任务，就是完善和发展中国特色社会主义制度，实现制度现代化，为党和国家事业发展、为人民幸福安康、为社会和谐稳定、为国家长治久安提供一套更完备、更稳定、更管用的制度体系；中国特色社会主义制度和国家治理体系不是从天上掉下来的，而是在中国的社会土壤中生长起来的，是经过革命、建设、改革长期实践形成的，是马克思主义基本原理同中国具体实际相结合的产物，是理论创新、实践创新、制度创新相统一的成果，凝结着党和人民的智慧，具有深刻的历史逻辑、理论逻辑、实践逻辑；中国特色社会主义制度和国家治理体系具有深厚的历史底蕴，具有多方面显著优势，具有丰富的实践成果，创造了世所罕见的经济快速发展奇迹和社会长期稳定奇迹；中国特色社会主义制度是一个严密完整的科学制度体系，起四梁八柱作用的是根本制度、基本制度、重要制度，其中具有统领地位的是党的领导制度；强化制度意识，维护制度权威，严格遵守和执行制度，与时俱进完善和发展中国特色社会主义制度和国家治理体系；等等。习近平总书记的这些重要论述，创造性回答了"什么是治理社会主义社会，怎样治理社会主义社会"的问题，进一步深化了对治国理政规律的认识，也为全球治理提供了中国智慧和中国方案。

五　围绕全面从严治党这个关键，创造性回答了"什么是自我革命、怎样进行自我革命""建设一个什么样的马克思主义执政党，怎样建设马克思主义执政党"的问题，进一步深化了对共产党执政规律的认识

习近平总书记指出，在新时代，我们党必须以党的自我革命来推动党领导人民进行的伟大社会革命，把党建设成为始终走在前列、人民衷心拥护、勇于自我革命、经得起各种风浪考验、朝气蓬勃的马克思主义执政党。党的十八大以来，以习近平同志为核心的党中央，以自我革命的精神推进全面从严治党，不断提高党的执政能力和领导水平，不断增强党自我净化、自我完善、自我革新、自我提高的能力。习近平总书记在十九届中央纪委四次全会上庄严宣告：我们已经探索出一条长期执政条件下解决自身问题、跳出历史周期率的成功道路，这条成功道路就是全面从严治党、不断自我革命。从延安时期的"民主新路"，到社会主义建设和改革时期持续加强党的先进性建设和执政能力建设，再到新时代全面从严治党的伟大自我革命，凝聚了几代中国共产党人的不懈奋斗和孜孜求索。

习近平总书记强调，党的初心使命就是为中国人民谋幸福、为中华民族谋复兴；我们党作为百年大党，要始终得到人民拥护和支持，书写中华民族千秋伟业，必须始终牢记初心和使命；越是长期执政，越不能丢掉马克思主义政党的本色，越不能忘记党的初心使命；推进自我革命，把加强党的长期执政能力建设同提高国家治理水平有机统一起来；不断深化自我革命，坚决清除一切弱化党的先进性、损害党的纯洁性的因素，坚决割除一切滋生在党的机体上的毒瘤，坚决防范一切违背初心和使命、动摇党的根基的危险；我们

党作为百年大党，如何永葆先进性和纯洁性、永葆青春活力，如何永远得到人民拥护和支持，如何实现长期执政，是我们必须回答好、解决好的一个根本性问题；我们党要跳出历史周期率，关键是不能丧失自我革命精神，要不断把党的自我革命推向深入，才能在不断解决问题中实现自我超越，永葆我们党的先进性和纯洁性；新时代"两个伟大革命"相互促进、相辅相成，开新局于伟大的社会革命，强体魄于伟大的自我革命，坚持以伟大自我革命引领伟大社会革命；等等。习近平总书记的一系列重要论述，弘扬马克思主义政党自我革命精神，创造性回答了我们党在新时代"什么是自我革命、怎样进行自我革命"的重大课题，全面深入阐述了持续推进和不断深化自我革命的重大意义、指导原则、时代内涵、基本方略、主要问题、重要途径和科学方法，进一步深化了对共产党执政规律的认识，丰富发展了马克思主义政党建设理论，是广大党员干部不忘初心、牢记使命，坚持不懈把党的自我革命推向深入的根本遵循。

六　围绕推动构建人类命运共同体这个理念，创造性回答了"建设一个什么样的世界、怎样建设这个世界"的问题，从而深化对人类社会发展规律的认识

党的十九大以来，面对世界处于百年未有之大变局，国际不确定性不稳定性增多、世界进入动荡期的新形势，习近平总书记呼吁加快携手构建人类命运共同体。构建人类命运共同体理念与实践是习近平新时代中国特色社会主义思想的重要组成部分，是中国共产党人面对世界百年未有之大变局，对人类命运和前途的科学认识和把握，系统回答了当今时代"建设一个什么样的世界，如何建设这个世界"和"世界怎么了，世界向何处去"这一关乎人类前途命运

的重大课题，为人类对更好社会制度的探索提供中国方案，为人类发展和文明进步做出新的更大贡献。

习近平总书记指出，人类命运共同体就是每个民族、每个国家的前途命运都紧紧联系在一起，应该风雨同舟、荣辱与共，共同努力把人类前途命运掌握在自己手中，努力把我们生于斯、长于斯的这个星球建成一个和睦的大家庭，把世界各国人民对美好生活的向往变成现实。随着中国同世界各国的友好合作不断拓展，人类命运共同体理念得到越来越多人的支持和赞同。特别是 2020 年新冠肺炎疫情在全球蔓延时，这一理念得到检验，并获得全世界越来越多人的认同，在国际社会日益产生广泛而深远的影响。为世界谋大同，彰显了中国共产党人的世界情怀。环顾当今世界，全球化遭遇逆流，经济增长长期低迷，发展鸿沟愈加显现，财富分配严重失衡，全球不平等加剧。与此同时，地区冲突战火不断，恐怖主义此起彼伏，非传统安全威胁持续蔓延。面对这样纷繁复杂的问题和严峻挑战，西方资本主义国家已经表现出明显的应对无术、力不从心。特别是一段时间以来，美国奉行"美国优先"政策，一再"失态""失义""失信"于全球，不断强化霸权主义和强权政治、单边主义和贸易保护，甚至民族、民粹主义，迫使以规则为基础的多边体系受到严重冲击。历史发展到今天，世界各国的命运已经紧密地联结在一起，没有哪个国家能够独自应对人类面临的各种挑战，也没有哪个国家能够退回到自我封闭的孤岛。世界各国更需要以负责任的精神同舟共济，共同维护和促进世界和平与发展。习近平总书记深刻阐述了人类社会发展的历史趋势、时代潮流、基本理念、世界变局、演变趋势、未来方向，第一次比较系统回答了在世界百年未有之大变局中人类社会向何处去的重大问题，提出了关于人类社会发展的许多重大理念、重要思想、重要主张，深化了对人类社会发展规律的认识，是引领时代发展、解决世界难题的科学指南。

新时代中国特色社会主义
在世界社会主义发展史上的重大意义[*]

提要：党的十九大报告明确使用了"世界社会主义"的概念，阐述了中国特色社会主义对世界社会主义发展的重大意义。这表明，中国特色社会主义不再是局限于本国的事业，而是作为 21 世纪世界社会主义最为重要、最有作为的组成部分，发挥着重要影响、做出原创性贡献的伟大事业，是为人类对更好社会制度的探索提供全新选择、贡献中国方案的伟大事业。

毛泽东同志在 1921 年中国共产党成立前夕谈及"改造中国与世界"时，就以远大的世界眼光洞察到中国革命事业的世界意义，他指出："中国问题本来是世界的问题；然从事中国改造不着眼及于世界改造，则所改造必为狭义，必妨碍世界。"① 邓小平同志在改革开放之初就满怀信心地预言："到下世纪中叶，能够接近世界发达国家的水平，那才是大变化。到那时，社会主义中国的分量和作用就不同了，我们就可以对人类有较大的贡献。"② 习近平同志在 2013 年年初

---

* 原载于《国外理论动态》2017 年第 11 期。

① 《毛泽东年谱（1893—1949）》（上卷），中央文献出版社、人民出版社 1993 年版，第 77 页。

② 《邓小平文选》第 3 卷，人民出版社 1993 年版，第 143 页。

党的十八大召开之后不久，就从世界社会主义 500 年风雨沧桑的历史过程和宏大历史背景中深刻论述了中国特色社会主义"从何处来、到何处去"的重大问题；在党的十九大召开前夕的第 43 次政治局集体学习会上，习近平同志指出，从世界社会主义 500 年的大视野来看，我们依然处在马克思主义所指明的历史时代。在党的十九大报告中，他指出，中国特色社会主义进入新时代，中国特色社会主义道路、理论、制度、文化不断发展，拓展了发展中国家走向现代化的途径，给世界上那些既希望加快发展又希望保持自身独立性的国家和民族提供了全新选择，为解决人类问题贡献了中国智慧和中国方案。在中国特色社会主义进入新时代的伟大历史时刻，我们应该充分认识中国特色社会主义在世界社会主义发展史上的重大意义。

一　新时代中国特色社会主义推动 21 世纪世界社会主义发展进入新阶段

中国特色社会主义是世界社会主义的重要组成部分，是苏东剧变后世界社会主义进入新阶段的一种新的实践探索，而进入新时代的中国特色社会主义则具有更加重要的示范引领作用和世界意义。

回顾历史，我们可以将从 19 世纪中叶科学社会主义诞生到 21 世纪中叶这大约两个世纪的时间划分为三个大的历史阶段，也就是"三个 70 年"：从 1848 年《共产党宣言》发表标志科学社会主义诞生到 1917 年俄国十月革命，是社会主义发展的"第一个 70 年"；从 1917 年十月革命到 20 世纪 80 年代末苏东剧变，是社会主义发展的第二个历史阶段，也就是"第二个 70 年"；从 20 世纪 80 年代末苏东剧变到 21 世纪中叶，是社会主义发展的第三个阶段，也就是"第三个 70 年"其主要历史任务是巩固、发展和完善社会主义制度，使社会主义制度的优越性充分体现出来。社会主义的新发展集中体现为中国特色社会主义理论体系的不断创新和发展，当前最新的理论成果就是习近平新时代中国特色社会主义思想。今天，社会主义发展的"第三个70年"基本过半，未来的30多年正是中国分两步走奋力实现中华民族伟大复兴的历史时期，中国特色社会主义新时代的新发展必将对世界社会主义的发展具有重要的历史意义、时代意义和世界意义。到21世纪中叶，中国将建设成为富强民主文明和谐美丽的社会主义现代化强国，成为综合国力和国际影响力领先的国家。中国特色社会主义新时代也是我国日益走近世界舞台的中央、不断为人类做出更大贡献的时代。

在新时代，我们要认真研究中国特色社会主义与世界社会主义的关系，研究21世纪中国为世界社会主义发展做贡献的内容和方式，研究中国特色社会主义理论、道路、制度、文化的世界意义，使科学社会主义在当代中国更具现实性和可行性，让科学社会主义在21世纪的中国焕发出新的蓬勃生机。

二　新时代当代中国马克思主义为发展 21世纪马克思主义做出原创性贡献

只有民族的才是世界的，只有引领时代才能走向世界。马克思主义是开放的、世界性的科学理论体系，是民族性与世界性的统一。中国共产党在新的历史时代，继续锲而不舍地推进马克思主义中国化、时代化、大众化，发展21世纪马克思主义、当代中国的马克思主义。理论研究者一方面要立足中国实际，为推进马克思主义中国化和民族化而不懈努力；另一方面要树立时代眼光和世界眼光，为推进马克思主义时代化和世界化而不懈努力。我们要以世界眼光审视马克思主义在当代发展的理论需要与实践需要，以世界各国各地区的马克思主义为重要参照，不断拓展马克思主义中国化的"世界维度"和"国际视野"，吸收人类文明的一切有益成果，在世界马克思主义发展的大背景、大视野中，更加自觉地推动马克思主义中国化进程。

习近平同志明确指出："新中国成立以来特别是改革开放以来，中国发生了深刻变革，置身这一历史巨变之中的中国人更有资格、更有能力揭示这其中所蕴含的历史经验和发展规律，为发展马克思主义作出中国的原创性贡献。"① 习近平新时代中国特色社会主义思想，既是马克思主义中国化的最新成果，又为马克思主义的创新发展做出了原创性贡献，是 21 世纪马克思主义创新发展最集中、最丰富、最现实的体现。把中国化马克思主义的最新成果贡献给世界，积极推动和引领 21 世纪马克思主义的发展，是中国共产党对人类社会发展规律认识的进一步深化、自觉运用和把握，是对发展 21 世纪马克思主义的高度理论自觉和理论自信。

三　新时代中国特色社会主义将以制度优势　　充分展现社会主义的巨大优越性

进入新时代的中国特色社会主义已成为 21 世纪世界社会主义发展的标志性旗帜，其引领示范作用在不断上升，成为代表世界社会主义运动发展的、具有里程碑意义的参照系。

21 世纪初资本主义危机的一个最为集中、最为突出的表现，就是资本主义制度的无效和衰败。从"历史终结论"到资本主义"制度衰败论"，福山转而论证了资本主义政治制度和机制的衰败失灵；皮凯蒂论述了资本主义经济制度的衰败失灵；还有许多西方理论家以各种方式述说着资本主义民主、自由、平等这些长期以来被视为"永恒法则"的价值信条的破灭和衰败，论说着资本主义的价值危机、制度危机、生态危机、体系危机等。

21 世纪世界社会主义发展振兴的重要标志就是社会主义制度赢

---

① 《习近平谈治国理政》第 2 卷，外文出版社 2017 年版，第 66 页。

得了比资本主义更广泛的制度优势。今天，中国共产党全面深化改革，不断发展和完善中国特色社会主义制度，不断提高运用中国特色社会主义制度有效治理国家的能力，创造了不同于历史上其他社会主义国家、也不同于西方资本主义国家的治理模式，形成了独特的优势。党的十九大报告指出，要坚持全面深化改革，坚持和完善中国特色社会主义制度，不断推进国家治理体系和治理能力现代化，吸收人类文明有益成果，构建系统完备、科学规范、运行有效的制度体系，充分发挥我国社会主义制度的优越性。深入研究中国特色社会主义制度的特殊性与普遍性的关系，研究如何将"中国特殊"转化为"世界一般"，这是中国特色社会主义制度具有越来越重要的国际影响力的体现。所以，我们要归纳总结中国特色社会主义的制度体系、制度特征、制度优势、制度有效性，提炼出具有一般规律性的、可为借鉴的、具有普遍意义的经验和因素，从而为世界上其他国家的社会制度建设提供全新选择，为人类制度的文明发展做出中国的原创性贡献。

中国特色社会主义进入新时代
在人类社会发展史上的重大意义[*]

提要：习近平同志指出："中国特色社会主义进入新时代，在中华人民共和国发展史上、中华民族发展史上具有重大意义，在世界社会主义发展史上、人类社会发展史上也具有重大意义。"① 中国特色社会主义进入新时代，中国道路、中国理论、中国制度、中国文化更加生机勃勃，不断为人类文明发展做出新的更大贡献。我们要深入理解中国特色社会主义进入新时代在人类社会发展史上的重大意义，坚定信心、奋发有为，让中国特色社会主义展现出更加强大的生命力。

一　为发展 21 世纪马克思主义做出新贡献

党的十八大以来，以习近平同志为主要代表的中国共产党人，应时代之变迁、立时代之潮头、发时代之先声，从理论和实践结合

　＊　原载于《人民日报》2019 年 9 月 27 日第 13 版。

　①　习近平：《决胜全面建成小康社会　争取新时代中国特色社会主义伟大胜利——在中国共产党第十九次全国代表大会上的报告》，人民出版社 2017 年版，第 12 页。

上系统回答了新时代坚持和发展什么样的中国特色社会主义、怎样坚持和发展中国特色社会主义这一重大时代课题，形成了习近平新时代中国特色社会主义思想。这既集中体现了当代中国马克思主义的最新成果，也科学构建了21世纪马克思主义的最新理论形态。

习近平新时代中国特色社会主义思想，深化对共产党执政规律、社会主义建设规律、人类社会发展规律的认识，贯通马克思主义哲学、政治经济学、科学社会主义，为丰富和发展马克思主义做出了原创性贡献。比如，坚持辩证唯物主义和历史唯物主义世界观和方法论，创造性运用实践的观点、矛盾的观点、群众的观点、全面发展的观点，丰富和发展了马克思主义哲学；提出新发展理念、建设现代化经济体系、推进供给侧结构性改革等，丰富和发展了马克思主义政治经济学；提出我国社会主要矛盾发生转化，发展了社会主义发展阶段理论；提出完善和发展中国特色社会主义制度、推进国家治理体系和治理能力现代化，丰富和发展了社会主义现代化理论；等等。这些具有重大理论意义和实践意义的新理念新思想新战略，是21世纪马克思主义的崭新内容。

习近平新时代中国特色社会主义思想在世界范围内产生广泛的感召力和影响力，得到普遍认同和高度赞誉。不少人认为这一思想富含中国共产党近一个世纪的实践和探索经验，运用马克思主义观察时代、解读时代、引领时代，以深远的历史眼光和宽广的世界眼光审视马克思主义创新发展的理论需要和实践需要，用鲜活丰富的当代中国实践推动马克思主义发展，是21世纪马克思主义创新发展的旗帜和典范。

二　推动世界社会主义发展进入新阶段

中国特色社会主义进入新时代，意味着科学社会主义在21世纪的中国焕发出强大生机活力，在世界上高高举起了中国特色社会主义伟大旗帜。新时代中国特色社会主义对于世界社会主义发展具有重大意义。

经济文化比较落后的国家如何建设社会主义，是社会主义发展中的重大历史课题。马克思恩格斯曾提出比较落后国家跨越资本主义"卡夫丁峡谷"的设想。十月革命后，列宁对经济文化相对落后的俄国如何建设社会主义做了许多开创性探索，提出新经济政策、实行工业化、加强党的建设等思想。中国特色社会主义进入新时代，中国特色社会主义迎来了从创立、发展到完善的伟大飞跃。这一历史课题正在得到成功破解。

科学社会主义在中国的成功，对马克思主义、科学社会主义的意义，对世界社会主义的意义，是十分重大的。苏东剧变后，"社会主义失败论""历史终结论"一度甚嚣尘上。中国顶住巨大压力和挑战，成功坚持和发展了社会主义，取得举世瞩目的发展成就。中国特色社会主义进入新时代，以不可辩驳的事实彰显了科学社会主义的鲜活生命力。中国特色社会主义道路越走越宽广，使世界范围内两种意识形态、两种社会制度的历史演进及其较量，发生了有利于马克思主义、社会主义的深刻转变。中国特色社会主义进入新时代，对世界社会主义发展具有深远历史意义。

三 拓展人类走向现代化的新道路

为探索符合中国历史传统、现实国情和时代潮流的发展模式，中国共产党既坚持科学社会主义基本原则，又根据时代条件赋予其鲜明的中国特色，同时吸收人类文明有益成果，走出一条现代化新路，推动中国特色社会主义进入新时代。

世界上没有普世的发展模式。西方国家走向现代化的成功经验是对人类发展的重要贡献，但据此认为这就是现代化的唯一道路则是错误的。西方国家的种种乱象，如贫富分化、债务危机、治理失灵、民粹主义等，都说明西方现代化有很大弊端和历史局限性。一些照抄照搬西方模式的国家，有的陷入"中等收入陷阱"发展长期停滞，有的成为他国的依附而丧失自身独立性，还有的在"颜色革命"中陷入政治动荡、社会撕裂。

中国特色社会主义进入新时代，意味着中国成功开辟了一条不同于西方的现代化道路。它依靠自身发展和艰苦奋斗实现现代化，不同于基于殖民掠夺的现代化；它坚持以人民为中心、以实现人民对美好生活的向往为目标，不同于那种少数国家和少数人获益的现代化；它推动经济社会全面发展、人与自然和谐共生，不同于单纯追求经济增长和短期利益的片面现代化；它追求世界和平发展，不同于追求霸权、"国强必霸"的现代化。总之，中国特色社会主义进入新时代，拓展了发展中国家走向现代化的途径，破除了一些人所谓的现代化只有一种模式的成见，给世界上那些既希望加快发展又希望保持自身独立性的国家和民族提供了全新选择。近14亿人口的中国在社会主义制度下实现现代化，这将是人类社会发展史上前所未有的大事件。

四　为解决人类面临的共同问题提供新方案

中国特色社会主义进入新时代，我们积极为解决人类面临的共同问题贡献中国智慧和中国方案。中国共产党是为中国人民谋幸福的政党，也是为人类进步事业而奋斗的政党，把为人类做出新的更大的贡献作为自己的使命。中国共产党人和中国人民完全有信心为人类对更好社会制度的探索提供中国方案。

当前，世界多极化、经济全球化、文化多样化、社会信息化深入发展，全球治理体系和国际秩序变革加速推进。同时，世界面临的不稳定性不确定性突出，人类处在一个挑战层出不穷、风险日益增多的时代。世界经济增长乏力，发展鸿沟日益突出，冷战思维和强权政治阴魂不散，恐怖主义、网络安全、重大传染性疾病、气候变化等非传统安全威胁持续蔓延。人类又一次站在了十字路口。

在世界大发展大变革大调整的背景下，中国特色社会主义进入新时代，为解决世界经济、国际安全、全球治理等一系列重大问题提供了新方向、新方案、新选择。中国推动经济全球化朝着更加开放、包容、普惠、平衡、共赢的方向发展，积极参与全球治理体系改革和建设，倡导构建人类命运共同体和新型国际关系，推动各国以文明交流超越文明隔阂、文明互鉴超越文明冲突、文明共存超越文明优越。中国特色社会主义进入新时代，不仅使中华民族迎来了从站起来、富起来到强起来的伟大飞跃，也为世界和平发展做出重大贡献。

新时代中国特色社会主义对世界
社会主义的重大贡献[*]

提要：从作为 21 世纪马克思主义的科学理论形态、推动 21 世纪世界社会主义走向振兴的中流砥柱以及彰显社会主义制度的优越性等方面，我们可以看到新时代中国特色社会主义对世界社会主义的重大贡献。

习近平同志在纪念马克思诞辰 200 周年大会上的讲话中指出，可以告慰马克思的是，马克思主义指引中国成功走上了全面建设社会主义现代化强国的康庄大道，中国共产党人作为马克思主义的忠诚信奉者、坚定实践者，正在为坚持和发展马克思主义而执着努力！中国特色社会主义进入新时代，我们共产党人在理论、实践、制度各方面不断推进马克思主义发展和世界社会主义发展，这是对马克思的最好纪念。

一 习近平新时代中国特色社会主义思想是
21 世纪马克思主义的科学理论形态

恩格斯说过，我们的理论"是一种历史的产物，它在不同的时

---

* 原载于《理论导报》2018 年第 6 期。

代具有完全不同的形式，同时具有完全不同的内容"①。一部马克思主义发展史就是马克思、恩格斯以及他们的后继者们不断根据时代、实践、认识发展而发展的历史，是不断吸收人类历史上一切优秀思想文化成果丰富自己的历史。回顾马克思主义170年的发展史可以清楚地看到，不同历史时期的马克思主义代表人物，顺应时代发展、回答时代课题，形成了既一脉相承又独具特色的理论形态。马克思、恩格斯在自由资本主义时代，科学回答资本主义向何处去、人类社会向何处去的时代课题，形成了马克思主义。列宁在垄断资本主义时代，科学回答帝国主义向何处去、无产阶级革命向何处去的时代课题，形成了列宁主义。以毛泽东同志为主要代表的中国共产党人在半殖民地半封建的中国，科学回答中国向何处去、中国革命向何处去的时代课题，形成了毛泽东思想。改革开放以来，几代中国共产党人接续回答建设什么样的社会主义、怎样建设社会主义，建设一个什么样的党、怎样建设党，实现什么样的发展、怎样发展等一系列时代课题，形成了中国特色社会主义理论体系。党的十八大以来，以习近平同志为主要代表的中国共产党人，从理论和实践结合上系统回答新时代坚持和发展什么样的中国特色社会主义、怎样坚持和发展中国特色社会主义这个重大时代课题，形成了习近平新时代中国特色社会主义思想，丰富发展了当代中国马克思主义，科学，构建了21世纪马克思主义的最新理论形态。

习近平同志指出，我们要坚持用马克思主义观察时代、解读时代、引领时代，用鲜活丰富的当代中国实践来推动马克思主义发展，用宽广视野吸收人类创造的一切优秀文明成果，坚持在改革中守正出新、不断超越自己，在开放中博采众长、不断完善自己，不断深化对共产党执政规律、社会主义建设规律、人类社会发展规律的认识，不断开辟当代中国马克思主义、21世纪马克思主义新境界！习近平新时代中国特色社会主义思想坚持马克思主义时代性与现实性、

---

① 《马克思恩格斯选集》第4卷，人民出版社1995年版，第284页。

世界性与民族性的有机统一，深入思考 21 世纪的时代问题和时代任务，以深远的时代眼光和宽广的世界眼光审视马克思主义创新发展的理论需要与实践需要，是 21 世纪马克思主义创新发展最集中、最丰富、最鲜明的体现。

习近平新时代中国特色社会主义思想，既是马克思主义中国化最新成果，又为 21 世纪马克思主义创新发展做出原创性贡献，充分展现了习近平同志作为伟大马克思主义者勇于创新、善于创新的优秀品格。比如，从对科学社会主义发展创新上看，提出以人民为中心的发展思想，深化了社会主义本质理论；提出我国社会主要矛盾发生历史性转化，发展了社会主义发展阶段理论；推进全面深化改革，提升了社会主义发展动力理论；推进国家治理体系和治理能力现代化，发展了社会主义现代化理论；统筹推进"五位一体"总体布局、协调推进"四个全面"战略布局，完善了社会主义全面发展理论；提出和践行新发展理念，拓展了关于社会主义发展途径和目标的理论；坚持党的全面领导，提出中国共产党领导是中国特色社会主义最本质的特征，丰富发展了马克思主义执政党建设理论；等等。这些具有重大理论意义和鲜明时代意义的新理念新思想新战略，是对科学社会主义的重大创新，同对马克思主义哲学和政治经济学的重大创新一道，共同构成了新时代创新性、系统性、典范性的理论成果，为发展 21 世纪马克思主义做出了原创性贡献。

二　新时代中国特色社会主义成为 21 世纪世界社会主义走向振兴的中流砥柱

习近平同志指出，科学社会主义在中国的成功，对马克思主义、科学社会主义的意义，对世界社会主义的意义，是十分重大的。中国特色社会主义在每个重要历史节点都对世界社会主义发挥了至关重要的历史作用，是 21 世纪世界社会主义最有作为、最为重要的组成部分。

20 世纪 80 年代末 90 年代初，苏联解体、东欧剧变，"社会主义失败论""历史终结论"一度甚嚣尘上，"中国崩溃论"不绝于耳。然而，中国顶住了巨大压力和挑战，成功坚持和发展了社会主义。正如邓小平同志坚定地告诉人们的："只要中国社会主义不倒，社会主义在世界将始终站得住。"[①] 中国共产党人带领中国人民开创了中国特色社会主义道路，以实际行动挽救和捍卫了科学社会主义。

21 世纪初，国际金融危机引发资本主义大危机。苏东剧变引发的所谓社会主义危机，在短短 20 年时间里却变为资本主义危机，这应验了列宁所说的生动哲理："历史喜欢作弄人，喜欢同人们开玩笑。本来要到这个房间，结果却走进了另一个房间。"[②] 其实，这正是历史在偶然性中为必然性开辟道路的体现。在这个过程中，"历史之手"给我们的惊喜，就是打开了中国特色社会主义这个"看得见风景的房间"。中国发展和振兴了社会主义，成为世界社会主义上空高扬的一面旗帜。

近年来，英、美等主要西方国家出现逆全球化潮流，表明资本主义对世界的驾驭能力显著下降，开始变得力不从心。中国则高扬起继续推进经济全球化的大旗，推动经济全球化朝着更加公正合理的方向发展。正如习近平同志所指出的："20 年前甚至 15 年前，经济全球化的主要推手是美国等西方国家，今天反而是我们被认为是世界上推动贸易和投资自由化便利化的最大旗手，积极主动同西方国家形形色色的保护主义作斗争。"[③] 这深刻说明，新时代中国特色社会主义在推进经济全球化中引领和塑造着 21 世纪社会主义，具有深远历史意义和重大时代意义。

在为人类对更好社会制度的探索提供中国方案的 21 世纪，以中

---

① 《邓小平文选》第 3 卷，人民出版社 1993 年版，第 346 页。
② 《列宁全集》第 20 卷，人民出版社 1958 年版，第 459 页。
③ 《习近平谈治国理政》第 2 卷，外文出版社 2017 年版，第 212 页。

国共产党为领导核心的中国特色社会主义事业对世界的影响必将越来越大。从一定意义上说，中国特色社会主义代表着世界社会主义的未来。这是中国特色社会主义道路自信、理论自信、制度自信、文化自信的集中体现，也是中国共产党对社会主义事业及人类社会发展与文明进步的历史担当。根据党的十九大描绘的宏伟蓝图，到21世纪中叶，中国将全面建成富强民主文明和谐美丽的社会主义现代化强国，成为综合国力和国际影响力领先的国家，中华民族将以更加昂扬的姿态屹立于世界民族之林。新时代中国特色社会主义将以全面发展的巨大成就，成为世界社会主义走向振兴当之无愧的中流砥柱。

三　新时代中国特色社会主义充分体现社会主义制度的优越性

21世纪，世界社会主义发展振兴的标志性成果之一，就是社会主义赢得比资本主义更广泛的制度优势。当前，资本主义发展的一个突出表现，就是其各种制度变得无效、走向衰败。例如，福山从"历史终结论"到"制度衰败论"的变化表明了资本主义政治制度的衰败，皮凯蒂的《21世纪资本论》揭示了资本主义经济制度的衰败，还有一些国外理论家揭示了资本主义的价值危机、制度危机、生态危机、体系危机，等等。

进入新时代，中国共产党推进全面深化改革，不断发展和完善中国特色社会主义制度，推进国家治理体系和治理能力现代化，形成了独特的治理优势和制度优势，也为如何治理社会主义社会积累了丰富经验。习近平同志指出："当代中国的伟大社会变革，不是简单延续我国历史文化的母版，不是简单套用马克思主义经典作家设想的模板，不是其他国家社会主义实践的再版，也不是国外现代化发展的翻版，不可能找到现成的教科书。"① 中国的制度创新是最鲜活的独创版，为发展中国家的制度建设提供了可资借鉴的全新选择，为人类制度文明的发展贡献了中国智慧、中国方案。

中国特色社会主义制度建设的成果，不仅是中国的，也是世界的；不仅为中国社会主义现代化建设、实现民族复兴提供保障，而且为促进人类进步和世界文明发展做出贡献。中国是一个拥有 13 亿多人口的发展中大国，制度建设和创新的每一个重大进步和成就，都会对整个世界产生广泛而深远的影响。邓小平同志充满信心地展望："我们的制度将一天天完善起来，它将吸收我们可以从世界各国吸收的进步因素，成为世界上最好的制度。"② 习近平同志掷地有声地指出："随着中国特色社会主义不断发展，我们的制度必将越来越成熟，我国社会主义制度的优越性必将进一步显现，我们的道路必将越走越宽广。"③ 今天，全党全国人民正在以习近平同志为核心的党中央坚强领导下，以更加饱满坚毅的姿态推动承载着 13 亿多中国人民伟大梦想的中华巨轮继续劈波斩浪、扬帆远航。我们必将书写新时代中国特色社会主义事业的辉煌篇章，也必将开创 21 世纪世界社会主义发展新局面。

---

① 《习近平谈治国理政》第 2 卷，外文出版社 2017 年版，第 344 页。
② 《邓小平文选》第 2 卷，人民出版社 1994 年版，第 337 页。
③ 《习近平谈治国理政》，外文出版社 2014 年版，第 22 页。

21 世纪中国特色
社会主义的世界意义[*]

提要： 进入 21 世纪以来，中国与世界的关系发生了根本性变化。今天的中国，前所未有地走到世界舞台的中心，前所未有地接近实现中华民族伟大复兴的目标，前所未有地具有实现这个目标的能力和信心。在这样的大背景下，我们坚持和发展中国特色社会主义，必须具有世界眼光，必须培育世界胸怀，必须做出世界贡献。中国特色社会主义开辟了科学社会主义在 21 世纪新发展的"高度现实性和可行性的正确道路"，创造性回答了"如何治理社会主义社会"的历史课题，为人类发展开辟了一条现代化新路，为人类社会发展提供了中国方案。我们必须站在这样的高度深刻认识中国特色社会主义的世界意义。

进入 21 世纪以来，当代世界和当代中国都发生了深刻而重大的变化，可以说我们面对的是百年未遇之大变局。中国与世界的关系也发生了根本性变化，今天的中国，前所未有地走到世界舞台的中心，前所未有地接近实现中华民族伟大复兴的目标，前所未有地具有实现这个目标的能力和信心。在这样的大背景下，我们坚持和发展中国特色社会主义，必须具有世界眼光，必须培育世界胸怀，必

＊ 原载于《世界社会主义研究》2017 年第 4 期。

须做出世界贡献。毛泽东在 1921 年谈"改造中国与世界"时，就豪迈大气地指出："提出'世界'，所以明吾侪的主张是国际的；提出'中国'，所以明吾侪的下手处……中国问题本来是世界的问题；然从事中国改造不着眼及于世界改造，则所改造必为狭义，必妨碍世界。"① 近百年后，在中国真正走进世界舞台中心的历史时刻，习近平总书记明确地表达了同样的思想，同样豪迈自信地提出"为人类对更好社会制度的探索提供中国方案"②。我们今天必须从这样的高度来看待中国特色社会主义的世界意义。

一　中国特色社会主义开辟了科学
社会主义在 21 世纪新发展的
"高度现实性和可行性的正确道路"

从《共产党宣言》问世到现在，科学社会主义在近 170 年的历史发展中，每在时代巨变和历史转折的时刻，都出现里程碑式的理论与实践飞跃，从而开拓世界社会主义发展的新局面。在历史长河中，社会主义经历了从空想到科学，从理论到现实，从一国到多国，从兴盛到挫折，21 世纪初又从逐渐走出低谷到谋求振兴。中国特色社会主义是世界社会主义的重要组成部分，成为 21 世纪科学社会主义新发展的引领旗帜，成为世界社会主义的中流砥柱。中国共产党作为世界上最大的马克思主义执政党，中国作为世界上最大的社会主义国家，完全有责任、有信心、有能力为科学社会主义在 21 世纪的新发展做出重大的历史贡献。习近平总书记指出，中国共产党带领全国各族人民取得的伟大胜利，"使具有 500 年历史的社会主

① 《毛泽东年谱（1893—1949）》（上卷），中央文献出版社、人民出版社 1993 年版，第 77 页。

② 《习近平谈治国理政》第 2 卷，外文出版社 2017 年版，第 37 页。

张在世界上人口最多的国家成功开辟出具有高度现实性和可行性的正确道路，让科学社会主义在 21 世纪焕发出新的蓬勃生机"①。从历史上看，世界社会主义运动在不同历史时期有不同的"参照系"：在 19 世纪，世界社会主义运动的参照系是德国，主要历史任务是社会主义理论的形成发展与社会主义运动的开展；在 20 世纪，世界社会主义运动的参照系是俄国，主要历史任务是社会主义革命与政权建立、社会主义制度建立与巩固；而到了 21 世纪，世界社会主义的参照系已转到中国，主要历史任务是全面改革与社会主义制度的发展和完善，这是社会主义制度优越性的真正显现。中国特色社会主义就是 21 世纪世界社会主义振兴的重要载体和推动力量。

大体上，从科学社会主义诞生到 21 世纪中叶，我们可以用三个"七十年"来划分：从 1848 年《共产党宣言》发表标志科学社会主义诞生到 1917 年俄国十月革命，是科学社会主义发展的第一个 70 年。这一时期，科学社会主义理论指导的主要任务是促进马克思主义与工人运动相结合，建立工人阶级政党，进行社会主义革命、夺取政权。科学社会主义的发展体现在马克思主义形成和丰富完善，并在社会主义运动中取得主导地位。从 1917 年十月革命到 20 世纪 80 年代末苏东剧变，是科学社会主义发展的第二个 70 年，主要历史任务是促进马克思主义与各国实际相结合，回答经济文化比较落后的国家建设社会主义、巩固和发展社会主义问题，殖民地半殖民地国家民族解放运动问题，如何从民主革命转变为社会主义革命建立新的社会制度的问题，以及社会主义改革等问题。科学社会主义的新发展主要体现在列宁主义的形成，在中国是马克思主义中国化的第一个理论成果即毛泽东思想的形成，以及改革开放过程中中国特色社会主义理论体系的开创与初步发展。第三个 70 年，就是从 20 世纪 80 年代末苏东剧变到 21 世纪中叶，这个阶段科学社会主义的

① 习近平：《在庆祝中国共产党成立 95 周年大会上的讲话》，人民出版社 2016 年版，第 4 页。

新发展，就是通过新一轮全面深化改革实现社会主义制度更加成熟更加定型，使社会主义制度的优越性更加充分地体现出来，社会主义自我完善和发展达到一个新的水平，科学社会主义的新发展集中体现在中国特色社会主义理论的创新和发展。21 世纪中叶，正是我们党提出的"两个一百年"奋斗目标胜利实现的伟大历史时刻，这必将对科学社会主义第三个 70 年的发展产生重要的历史意义。邓小平生前就有关于第三个"七十年"的深远预见："我们中国要用本世纪末期的二十年，再加上下个世纪的五十年，共七十年的时间，努力向世界证明社会主义优于资本主义。我们要用发展生产力和科学技术的实践，用精神文明、物质文明建设的实践，证明社会主义制度优于资本主义制度，让发达的资本主义国家的人民认识到，社会主义确实比资本主义好。"① 习近平总书记表达了同样的思想和信心："我们坚信，随着中国特色社会主义不断发展，我们的制度必将越来越成熟，我国社会主义制度的优越性必将进一步显现，我们的道路必将越走越宽广，我国发展道路对世界的影响必将越来越大。"② 所以，我们要从继续开辟科学社会主义在 21 世纪发展的高度现实性和可行性的正确道路的高度来认识中国特色社会主义的重大世界意义。

二　中国特色社会主义创造性回答了"如何治理社会主义社会"的历史课题

党的十八大以来，我们党围绕"治国理政"这条主线，创造性地回答了"什么是治理社会主义社会，怎样治理社会主义社会"的问题，进一步深化了对治国理政规律的认识。习近平总书记说："实

---

① 《邓小平年谱（1975—1997）》（下卷），中央文献出版社 2004 年版，第 1255 页。
② 《十八大以来重要文献选编》（上），中央文献出版社 2014 年版，第 111 页。

际上，怎样治理社会主义社会这样全新的社会，在以往的世界社会主义中没有解决得很好。"① 马克思、恩格斯没有遇到全面治理一个社会主义国家的实践；列宁在俄国十月革命后不久就过世了，没有来得及深入探索这个问题；苏联在这个问题上进行了探索，取得了一些实践经验，但也犯下了严重错误，没有解决这个问题。邓小平带着强烈的忧患意识和紧迫感，他指出："我们今天再不健全社会主义制度，人们就会说，为什么资本主义制度所能解决的一些问题，社会主义制度反而不能解决呢？这种比较方法虽然不全面，但是我们不能因此而不加以重视。"② 从我们党治国理政历史的承继发展看，治理社会主义社会的历史实践已经走过了不平凡的历史进程。在以往的社会主义实践中，主要的历史任务是建立社会主义基本制度，并在这个基础上进行改革，现在已经有了很好的基础。今天就是在新的历史起点上把以往世界社会主义实践中"没有解决得很好"的问题进一步解决好，以治国理政的成功充分证明社会主义制度的优越性。正如习近平总书记所指出的："这就要靠通过不断改革创新，使中国特色社会主义在解放和发展社会生产力、解放和增强社会活力、促进人的全面发展上比资本主义制度更有效率，更能激发全体人民的积极性、主动性、创造性，更能为社会发展提供有利条件，更能在竞争中赢得比较优势，把中国特色社会主义制度的优越性充分体现出来。"③

中国特色社会主义制度是特色鲜明、富有效率的，但还不是尽善尽美、成熟定型的。今天，我们党治国理政的一项重大历史任务，就是推动中国特色社会主义制度更加成熟、更加定型，为党和国家事业发展、为人民幸福安康、为社会和谐稳定、为国家长治久安提供一整套更完备、更稳定、更管用的制度体系，不断提高运用中国

---

① 《习近平谈治国理政》第 2 卷，外文出版社 2017 年版，第 91 页。
② 《邓小平文选》第 2 卷，人民出版社 1994 年版，第 333 页。
③ 《习近平谈治国理政》，外文出版社 2014 年版，第 93 页。

特色社会主义制度有效治理国家的能力。党的十八大以来，我们党根据本国传统、现实国情和长期治理经验，创造性地推进治国理政事业，形成了治国理政新理念新思想新战略，创造了不同于历史上其他社会主义国家、也不同于西方资本主义国家的治理模式，形成了对比于西方社会治理的独特优势，也为如何治理社会主义社会提供了成功经验，这是我们党在新的历史时期治国理政的根本特征和重要创新。当今世界出现了"中国之治"与"西方之乱"的鲜明对照，这也从一个方面反映了我们党对治国理政规律认识的进一步深化，反映了运用中国特色社会主义制度治理国家的有效性、优越性。如果说以往我们更多地从理论上根据历史规律来阐释社会主义制度的优越性，那么21世纪我们则必须运用高于和好于资本主义制度的经济效率和治国理政能力，来真真切切地展现社会主义制度的优越性，这是中国特色社会主义对人类社会发展和制度文明做出的巨大历史贡献。

三　中国特色社会主义为人类发展开辟了一条现代化新路

　　实现中华民族伟大复兴，就是实现社会主义现代化，建设富强、民主、文明、和谐的社会主义现代化国家。我们党围绕实现中华民族伟大复兴中国梦的目标，形成了建设社会主义现代化强国的理论，进一步深化了对社会主义现代化建设规律的认识，为世界提供了一条不同于西方现代化的新路，为广大发展中国家提供了另一条值得借鉴的成功发展之路。

　　世界各个国家和地区，不论其历史传统、社会制度、发展水平如何，都不可避免地、或早或晚地走上了现代化道路。但现代化之路往哪个方向走、如何走，却有很大不同。在历史上，可以说西方国家在现代化道路上先行一步，其成功经验和积极成果是对人类发展的重要贡献。但据此认为西方道路是实现现代化的唯一正确可行之路、普世之路，其他国家别无选择、必须亦步亦趋地跟随，则是错误的。况且，西方现代化道路有着固有的矛盾弊端、制度局限、历史局限。可以说，2008 年以来的金融危机，也是西方现代化的危机，现在的"西方乱象"及诸种表现，贫富差距悬殊、难民危机、民粹主义泛滥、恐怖主义猖獗，逆全球化和反全球化趋势等，都标志着西方现代化弊端重生，走入死胡同。一些亦步亦趋地沿着西方现代化模式和西方提供的方案谋求发展的国家，有的陷入了"中等收入陷阱"而长期停滞，有的则成为依附于"中心国家"且受其统治和支配的"外围国家"而丧失了国家独立性，有的则在诸如"华盛顿共识"那样的方案引诱下或"结构性调整计划"的猛药"医治"下而陷入破产，有的在"颜色革命"中陷入政治动荡和国家分裂。人类发展迫切需要呼唤一条不同于西方现代化的新道路。

中国共产党人立足国情和历史传统，汲取各国各地区现代化道路的经验，借鉴但不照搬，走出了一条独特的现代化之路。习近平总书记这样讲："中国有九百六十多万平方公里土地、五十六个民族，我们能照谁的模式办？谁又能指手画脚告诉我们该怎么办？对丰富多彩的世界，我们应该秉持兼容并蓄的态度，虚心学习他人的好东西，在独立自主的立场上把他人的好东西加以消化吸收，化成我们自己的好东西，但决不能囫囵吞枣、决不能邯郸学步。"① 中国开辟的以民族复兴为目标的社会主义现代化道路，超越了西方的现代化模式，打破了发展中国家对西方现代化的"路径依赖"，以开拓创新的勇气和坚韧不拔的毅力把现代化"后发劣势"转化为"后发优势"，走出一条包括经济现代化、政治现代化、文化现代化、社会现代化、国家治理现代化等的全面现代化道路。习近平总书记说："当代中国的伟大社会变革，不是简单延续我国历史文化的母版，不是简单套用马克思主义经典作家设想的模板，不是其他国家社会主

---

① 《十八大以来重要文献选编》（中），中央文献出版社 2016 年版，第 60 页。

义实践的再版，也不是国外现代化发展的翻版。"① 中国的社会主义现代化道路，是符合中国当今实际的最鲜活的独创版和现实版。习近平总书记系列重要讲话，深刻阐明了社会主义现代化的必由之路、发展蓝图、总体布局、战略布局、发展理念和根本保障，是建设社会主义现代化强国的科学指南，为在新的历史条件下把社会主义中国建设好、发展好，由一个发展中的社会主义大国向一个社会主义现代化强国转变，提供了基本遵循。邓小平曾经说，我们的改革不仅在中国，而且在国际范围内也是一种试验，我们相信会成功。如果成功了，可以对世界上的社会主义事业和不发达国家的发展提供某些经验。今天，中国新的现代化道路为发展中国家提供了丰富经验。

四　中国特色社会主义为人类社会发展提供"中国方案"

进入 21 世纪，中国的发展与人类社会的发展更加紧密地联系在一起，中国发展道路的探索创新同时也在为人类社会发展提供新智慧、新经验。我们党着眼于中国走到世界舞台的中心的新阶段新形势，致力于为人类对更好社会制度的探索提供中国方案，创造性回答"人类社会向何处发展、怎样发展"的重大问题，在人类社会发展趋势、发展目标、发展道路等方面都提出了新理念和新思想，从而深化了对人类社会发展规律的认识。

当今世界处于百年来未有之大变局中。有人说是"混乱时代""无序时代"，有人说是"战国时代"，有人说是"后西方时代"，有人说是"中国时代"。的确，这个世界充满了不确定性，反常、不确定、逆主流成了"新常态"。特朗普当选美国总统，暴露了西方民主政治的固有局限和无能为力；"美国优先"、英国脱欧、美国与欧洲

---

① 《习近平谈治国理政》第 2 卷，外文出版社 2017 年版，第 344 页。

的新矛盾新冲突等，说明西方的分裂和撕裂，危机之时"各扫门前雪""大难临头各自飞"，充分暴露了资本帝国主义集团的本性与内部矛盾；西方金融寡头和国家为追求超额资本利润曾积极推动自己主导的经济全球化，而今同样为了各自经济利益和国家利益而"关门建墙"，逆全球化潮流而动，实行贸易保护主义政策；整个世界无序失序、充满着极大的不确定性。曾宣布"历史终结"的弗朗西斯·福山深深担忧西方自由民主制度正"面临倒退"，哀叹"我们都不知道这会如何完结"。

在世界深刻复杂的大变局大动荡中，中国作为负责任的大国，发出了"中国应该对人类社会有更大的贡献，更大的担当"的时代强音，提出"让和平的薪火世代相传，让发展的动力源源不断，让文明的光芒熠熠生辉"的美好蓝图。中国共产党人根据当今时代人类社会发展的新形势、新特点、新问题，立足中国，面向世界，把中国发展和世界各国发展有机结合，既坚定不移地走中国特色社会主义道路，又把握历史大势，遵循人类社会发展规律，同时向人类社会提供丰盈鲜活的"中国智慧""中国经验""中国方案"，以中国发展理念与实践引领塑造人类社会发展新未来。习近平总书记指出："解决好民族性问题，就有更强能力去解决世界性问题；把中国实践总结好，就有更强能力为解决世界性问题提供思路和办法。"①我们坚持中国发展和人类社会发展的有机统一，提出促进人类社会繁荣发展的新理念；建设"一带一路"、组建亚投行和金砖银行，推动建设国际政治经济新秩序，积极参与全球经济治理、引导全球经济议程等。遵循"五大发展理念"，也为人类社会发展贡献新理念。倡导构建人类命运共同体，提出国际秩序新原则和人类社会关系新愿景，是我们党对当今时代"建设一个什么样的世界、如何建设这个世界"的创造性回答。总之"世界好，中国才能好；中国好，世界才更好"。

① 《习近平谈治国理政》第 2 卷，外文出版社 2017 年版，第 340 页。

中国特色社会主义开辟
社会主义发展新境界*

提要：进入 21 世纪，中国共产党带领中国人民继续坚持和发展中国特色社会主义，进行着人类历史上前所未有的宏大而独特的实践创造，取得了举世瞩目的巨大成绩。特别是党的十八大以来这五年，党和国家事业发展取得历史性成就，中国特色社会主义进入了新的发展阶段。这一重大的历史性变化，意味着社会主义在中国焕发出强大生机活力并不断开辟发展新境界。我们怎样认识这种新境界的深刻内涵和历史意蕴？怎样认识中国特色社会主义对 21 世纪社会主义新发展的原创性贡献？怎样认识中国特色社会主义的时代意义和世界意义？这就要求我们从历史和现实、理论和实践、国内和国际的结合上进行深入观察和思考。

一　社会主义发展的"三个七十年"

回顾历史，从 19 世纪中叶科学社会主义诞生到 21 世纪中叶，大体上两个世纪的时间，我们可以将其划分为三个大的历史阶段，

---

* 原载于《学习月刊》2017 年第 10 期。

也就是"三个七十年"。从 1848 年《共产党宣言》发表标志科学社会主义诞生到 1917 年俄国十月革命，是社会主义发展的"第一个七十年"。这一时期的历史任务是促进马克思主义与工人运动相结合，建立工人阶级政党，进行社会主义革命、夺取政权。科学社会主义的发展体现在马克思主义的形成和丰富完善，并在社会主义运动中取得主导地位。

从 1917 年十月革命到 20 世纪 80 年代末苏东剧变，是社会主义发展的第二个历史阶段，也就是"第二个七十年"，主要历史任务是促进马克思主义与各国实际相结合，回答经济文化比较落后的国家建设社会主义、巩固和发展社会主义问题，殖民地半殖民地国家民族解放运动问题，如何从民主革命转变为社会主义革命、建立新的社会制度的问题，以及社会主义改革问题等。科学社会主义的新发展在俄国主要是列宁主义的形成，在中国则是毛泽东思想的形成，以及改革开放时期中国特色社会主义理论体系的开创与初步发展。

从 20 世纪 80 年代末苏东剧变到 21 世纪中叶，是社会主义发展的第三个阶段，也就是"第三个七十年"，主要历史任务是巩固、发展和完善社会主义制度，使社会主义制度的优越性充分地体现出来，社会主义的新发展集中体现在中国特色社会主义理论体系的不断创新和发展。21 世纪中叶，正是中国共产党提出的"两个一百年"奋斗目标胜利实现的伟大历史时刻，这必将对世界范围内社会主义的发展具有重要的历史意义、时代意义和世界意义。

邓小平同志这位伟大的战略家曾经预言："我们中国要用本世纪末期的二十年，再加上下个世纪的五十年，共七十年的时间，努力向世界证明社会主义优于资本主义。我们要用发展生产力和科学技术的实践，用精神文明、物质文明建设的实践，证明社会主义制度优于资本主义制度，让发达的资本主义国家的人民认识到，社会主义确实比资本主义好。"① 他还满怀信心地预言："到下世纪中叶，能够接近世界发达国家的水平，那才是大变化。到那时，社会主义中国的分量和作用就不同了，我们就可以对人类有较大的贡献。"②

在中国共产党谋求为人类对更好社会制度的探索提供中国方案的21世纪，习近平总书记以伟大政治家的眼光明确地讲：我们坚信，随着中国特色社会主义不断发展，我们的制度必将越来越成熟，我国社会主义制度的优越性必将进一步显现，我们的道路必将越走越宽广，我国发展道路对世界的影响必将越来越大。这是道路自信、理论自信、制度自信、文化自信的集中体现，也是对社会主义事业及人类社会发展与文明进步的历史担当。在新的历史起点上，我们要认真研究中国特色社会主义与世界社会主义的关系，研究21世纪中国为世界社会主义发展做出新贡献的内容和方式，研究中国特色社会主义道路、理论、制度、文化的世界意义，使科学社会主义在当代中国沃土上结出更多丰硕成果，让科学社会主义在21世纪的中国焕发出新的蓬勃生机。

二　为发展马克思主义做出原创性贡献

马克思主义是开放的、世界性的科学理论体系，是民族性与世界性的统一。21世纪马克思主义的发展，有两种并行的趋势：一是马克思主义本土化、民族化的深入发展；二是马克思主义国际化、世界化的广泛发展。这两种趋势并行不悖，相互促进。马克思主义与各国社会条件和文化传统相结合，形成了具有鲜明民族特色和地区特色的多形态的理论形式，也形成了多样的发展路径和传播渠道。越是民族的，就越是世界的。世界各国各地区马克思主义的运用与

---

① 《邓小平年谱（1975—1997）》（下），中央文献出版社2004年版，第1255页。
② 《邓小平文选》第3卷，人民出版社1993年版，第143页。

发展，丰富多彩的理论与实践探索，都以不同方式和途径推动着21世纪马克思主义的整体发展。正如习近平总书记在中央政治局第四十三次集体学习重要讲话中指出的，学习研究当代世界马克思主义思潮，对我们推进马克思主义中国化，发展21世纪马克思主义、当代中国马克思主义具有积极作用。

中国共产党在新的发展阶段，继续推进马克思主义中国化、时代化、大众化，继续发展21世纪马克思主义、当代中国的马克思主义。一方面，我们立足中国道路、中国理论、中国制度、中国文化，着眼于解决中国问题，在中国实践中形成中国理论，继续深入推进马克思主义的中国化和民族化。另一方面，马克思主义中国化不等于囿于本国，强调民族性并不是要排斥其他国家的理论成果。我们以世界眼光审视马克思主义在当代发展的理论需要与实践需要，以世界各国各地区的马克思主义为重要参照，不断拓展马克思主义中国化的"世界维度"和"国际视野"，在世界马克思主义发展的大背景、大视野中，更加自觉地推动马克思主义中国化进程。要立足我国实际，以我们正在做的事情为中心，聆听人民心声，回应现实需要，深入总结中国特色社会主义实践，更好实现马克思主义基本原理同当代中国具体实际相结合，同时也要放宽视野，吸收人类文明一切有益成果，不断创新和发展马克思主义。

马克思主义中国化取得的每个新成果，都丰富了21世纪马克思主义的理论宝库。习近平总书记指出："解决好民族性问题，就有更强能力去解决世界性问题；把中国实践总结好，就有更强能力为解决世界性问题提供思路和办法。"[1] 中国共产党人根据当今时代人类社会发展的新形势、新特点、新问题，立足中国，面向世界，把中国发展和世界各国发展有机结合，既坚定不移地走中国特色社会主义道路，又把握历史大势，遵循人类社会发展规律，同时向人类社会提供丰盈鲜活的"中国智慧""中国经验""中国方案"，以中国

---

[1] 《习近平谈治国理政》第2卷，外文出版社2017年版，第340页。

发展理念与实践引领塑造人类社会发展新未来。

特别是党的十八大以来，以习近平同志为核心的党中央的治国理政新理念新思想新战略，既是马克思主义中国化最新成果，又为马克思主义的创新发展做出了原创性贡献，是21世纪马克思主义创新发展最集中、最丰富、最现实的体现。如"四个全面"战略布局，创新、协调、绿色、开放、共享的"五大发展理念"，和平合作、互利共赢的外交理念，推动全球治理体系变革、构建"人类命运共同体"的世界理念等，都具有普遍意义和世界意义。正如习近平总书记明确指出的：新中国成立以来特别是改革开放以来，中国发生了深刻变革，置身这一历史巨变之中的中国人更有资格、更有能力揭示这其中所蕴含的历史经验和发展规律，为发展马克思主义做出中国的原创性贡献。把中国化马克思主义的最新成果贡献给世界，积极推动和引领21世纪马克思主义的发展，是中国共产党作为世界上最大的马克思主义执政党对人类社会发展规律认识的进一步深化、自觉运用和把握，是对发展创新21世纪马克思主义的高度理论自觉和理论自信。

三　中国成为引领社会主义振兴的旗帜

当前，世界处于大变革大调整大转型时期，资本主义和社会主义都经历着巨大的变化。这是重新思考和研究资本主义和社会主义这样的大问题的时刻，也是从世界社会主义发展的大背景下思考和研究中国特色社会主义的时候。30年来，经过苏东剧变、资本主义危机、全球化发生波折等重要变化节点的重大历史事件，世界社会主义与世界资本主义竞争对比态势正发生重大变化。世界资本主义在其发展的长周期中开始进入了一轮规模较大的衰退期，而世界社会主义总体上仍然处于苏东剧变之后的低潮，但以中国特色社会主义发展取得的巨大成就为主要依托和标志，世界社会主义进入逐渐走出低谷的谋求振兴期。中国已成为 21 世纪世界社会主义发展的标志性旗帜，引领示范作用在不断上升，中国特色社会主义已经成为 21 世纪世界社会主义走向振兴的中流砥柱，成为代表世界社会主义运动发展的新水平、新内容、具有里程碑意义的参照系。

　　21 世纪世界社会主义发展振兴的重要标志性成果，是社会主义制度赢得比资本主义制度更广泛的制度优势。当前，以中国为代表的社会主义制度创新与西方资本主义国家的制度衰败形成鲜明对照。21 世纪初资本主义危机的一个最为集中、最为突出的表现，就是资本主义制度的无效和衰败。福山从"历史终结论"到资本主义"制度衰败论"，表明了资本主义政治制度的衰败失灵；皮凯蒂发表《21世纪资本论》，论述了资本主义经济制度的衰败失灵；还有许多西方理论家以各种方式述说着资本主义民主、自由、平等这些长期以来被视为"永恒法则"的价值信条的虚幻与破灭。因而在 21 世纪中叶，历史主题和中心任务就是在社会制度方面赢得比资本主义制度更广泛的优势，在现实生活中真切而充分地展现社会主义制度的巨大优越性。

　　今天，中国共产党全面深化改革，不断发展和完善中国特色社会主义制度，为党和国家事业发展、为人民幸福安康、为社会和谐稳定、为国家长治久安提供一整套更完备、更稳定、更管用的制度体系，不断提高运用中国特色社会主义制度有效治理国家的能力。我们党根据本国传统、现实国情和长期治理经验，创造性地推进治国理政事业，创造了不同于历史上其他社会主义国家的治理模式，也不同于西方资本主义国家的治理模式，形成了自身的独特优势和独创模式，为解决社会主义发展历史上"如何治理社会主义社会"的课题提供了成功答案和崭新经验。

　　21 世纪初，中国以自己发展的力量与走近世界舞台中心的国际地位，客观地成为世界社会主义发展振兴的引领旗帜。从"中国之治"与"西方之乱"的鲜明对比中，我们看到中国特色社会主义的发展"风景这边独好"。一些具有历史眼光的国外学者敏锐地观察到中国特色社会主义在 21 世纪世界社会主义运动发展新阶段的重要地位和作用。尽管他们观察和分析问题的角度、得出的结论或许与我们不同，但他们的世界眼光和对历史趋势的预断对我们具有启示价值。

20 多年前，邓小平同志在苏东剧变之际曾坚定而乐观地说："只要中国社会主义不倒，社会主义在世界将始终站得住。"① 站在新的历史起点上，我们完全可以说，只要中国特色社会主义发展得好，建成富强民主文明和谐的社会主义现代化国家，使世界上五分之一的人在社会主义制度下过上更加美好的生活，那么社会主义制度的优越性就充分地显现出来，这本身就是对世界社会主义新发展的巨大历史贡献，也是对人类发展和文明进步的巨大贡献。

---

① 《邓小平文选》第 3 卷，人民出版社 1993 年版，第 346 页。

中国社会主义70年对科学
社会主义的重大贡献[*]

提要： 从科学社会主义诞生到现在，每在时代需要和历史转折的关键时刻，都出现里程碑式的理论与实践飞跃，从而开拓科学社会主义发展的新局面。新中国成立70年来，中国共产党带领中国人民在社会主义康庄大道上书写了改天换地的壮丽史诗，中华民族迎来了从站起来、富起来到强起来的伟大飞跃。在这个辉煌的历史进程中，中国特色社会主义从奠基、开创到发展、完善，使具有170多年历史的科学社会主义在近14亿人口的东方大国找到了切实可行的实现路径。

中国特色社会主义进入新时代，在科学社会主义发展史、世界社会主义发展史、人类社会发展史上，都具有重大的历史意义，"意味着科学社会主义在二十一世纪的中国焕发出强大生机活力，在世界上高高举起了中国特色社会主义伟大旗帜"[1]。这样自信而坚定地"高高举起"，表明新时代中国特色社会主义成为21世纪科学社会主

---

* 原载于《当代中国史研究》2019年第5期。

① 习近平：《决胜全面建成小康社会　夺取新时代中国特色社会主义伟大胜利——在中国共产党第十九次全国代表大会上的报告（2017年10月18日）》，《人民日报》2017年10月28日第1版。

义的引领旗帜，成为世界社会主义发展的中流砥柱，成为推动人类
社会发展进步的主导力量。

一　成功回答"什么是社会主义、怎样建设社会主义"的历史性课题，使具有 170 多年历史的科学社会主义焕发出强大生机活力

　　经济文化比较落后的国家在革命胜利后如何建设社会主义，是
社会主义发展史上一个重大的历史课题。马克思和恩格斯曾设想社
会主义革命在发达国家同时取得胜利，并在生产力已达到较高水平
的基础上进行新社会建设。他们也关注过俄国等经济文化比较落后
的国家的发展道路问题，提出这些国家可以跨越资本主义"卡夫丁
峡谷"的设想，但由于其生前未经历建设社会主义的实践，他们的
见解大多是预测性的，可以说是对历史课题的"点题"。列宁在俄国
十月革命胜利后，对经济文化比较落后的国家如何建设社会主义做
了许多创造性探索，提出并实施新经济政策、实行工业化、发展先
进文化、加强执政党建设等，并在实践中取得初步成效，可以说是
对历史课题的实践"破题"。此后苏联进行了数十年大规模社会主义
建设，取得很大成就，也发生过严重错误，最后由于苏联解体而使
探索归于失败。可以说，苏联对社会主义也进行了大体为时 70 年的
探索，但最后以改旗易帜的"跑题"告终。

　　新中国成立 70 年来，中国特色社会主义的奠基、创立、发展和
完善，是对经济文化比较落后国家如何建设社会主义这一历史性课
题的成功"解题"。这一伟大历史创造过程分为改革开放前后两个历
史时期。习近平指出："这是两个相互联系又有重大区别的时期，但

本质上都是我们党领导人民进行社会主义建设的实践探索。"① 从新中国成立到改革开放之前，我们党领导人民进行社会主义革命和建设，艰辛探索适合中国情况的社会主义建设道路，虽然经历过严重曲折和犯过严重错误，但从总体上来看，全面确立了社会主义基本制度，实现了中国历史上最伟大最深刻的社会变革，取得了独创性理论成果和巨大成就，为当代中国一切进步和发展创造了政治前提、奠定了制度基础，对此后开创中国特色社会主义提供了宝贵经验、理论准备、物质基础。改革开放 40 多年来，从开启新时期到跨入新世纪，从站上新起点到进入新时代，中国特色社会主义迎来了从开创、发展到完善的伟大飞跃，对"什么是社会主义、怎样建设社会主义"这一历史性课题的接续探索和成功回答，使具有 170 多年历史的科学社会主义焕发出强大生机活力，我们党对社会主义建设规律的把握达到前所未有的高度，带领中国人民进行社会主义革命、建设和改革的历史性创造达到前所未有的水平。党的十八大以来，中国特色社会主义进入新时代，我们党在理论、实践和制度方面全面推动科学社会主义进入新阶段，具有重大的理论意义、实践意义、时代意义、世界意义。可以说，中国社会主义 70 年以成功破解社会主义历史课题而做出了具有里程碑意义的巨大贡献。

新中国 70 年的发展之所以能成功破解"什么是社会主义、怎样建设社会主义"的历史性难题，最根本的原因是找到了一条正确的道路，即中国特色社会主义道路。这条道路，是几代中国共产党人带领中国人民筚路蓝缕、艰苦奋斗开拓出来的，是根据本国国情在长期探索中走出来的一条成功之路，是中华民族大踏步赶上时代、引领时代发展的康庄大道。

中国特色社会主义道路是独立自主的创新之路。独立自主是中国共产党人的优良传统和立党立国的重要法宝，在我国这样一个有

---

① 《十八大以来重要文献选编》（上），中央文献出版社 2014 年版，第 111—112 页。

着 5000 多年文明史、近 14 亿人口的大国进行革命、建设和改革，
决定了我们只能走自己的路。过去，我们照搬过本本，也模仿过别
人，一次次碰壁、一次次觉醒，一次次实践、一次次突破，最终走
出了这条成功之路。历史和现实都证明，人类历史上，没有一个民
族、没有一个国家可以通过依赖外部力量、跟在他人后面亦步亦趋
实现强大和振兴。只有中国特色社会主义道路而没有别的道路，能
够引领中国进步、实现人民福祉。正如习近平指出的："当代中国的
伟大社会变革，不是简单延续我国历史文化的母版，不是简单套用
马克思主义经典作家设想的模板，不是其他国家社会主义实践的再
版，也不是国外现代化发展的翻版。"① 中国特色社会主义道路，是
中国共产党的"独创版"。我们既不走封闭僵化的老路，也不走改旗
易帜的邪路，要坚定不移走中国特色社会主义道路。

中国特色社会主义道路是实现全面发展之路。马克思主义经典
作家认为，新社会的本质要求是人的自由而全面的发展。马克思曾
展望未来社会是"一个更高级的、以每个人的全面而自由的发展为
基本原则的社会形式"②。中国特色社会主义贯彻这一基本原则，努
力实现人的全面发展、社会全面进步。中国特色社会主义道路，就
是在中国共产党领导下，坚持以人民为中心，始终把人民对美好生
活的向往作为奋斗目标；统筹推进"五位一体"总体布局，协调推
进"四个全面"战略布局；不断解放和发展社会生产力，让人民共
享经济、政治、文化、社会、生态等各方面发展成果，有更多、更
直接、更实在的获得感、幸福感、安全感，不断促进人的全面发展、
全体人民共同富裕。

中国特色社会主义道路是实现民族复兴的必由之路。习近平指
出："改革开放以来，我们总结历史经验，不断艰辛探索，终于找到
了实现中华民族伟大复兴的正确道路，取得了举世瞩目的成果。这

---

① 《十八大以来重要文献选编》（下），中央文献出版社 2018 年版，第 327 页。
② 《马克思恩格斯全集》第 23 卷，人民出版社 1972 年版，第 649 页。

条道路就是中国特色社会主义。"① 走在这条道路上，我们比历史上的任何时候都更接近中华民族伟大复兴的目标，比历史上的任何时候都更具信心实现这一目标。走在这条路上，我们有了清晰的时间表和路线图，那就是党的十九大规划的战略安排：2020 年全面建成小康社会，2035 年基本实现社会主义现代化，21 世纪中叶把我国建成富强民主文明和谐美丽的社会主义现代化强国。到那时，中华民族将以更加昂扬的姿态屹立于世界民族之林。

二　不断深化对社会主义建设规律的认识，形成党和国家与时俱进的指导思想

恩格斯说过："社会主义自从成为科学以来，就要求人们把它当作科学看待，就是说，要求人们去研究它。"② 恩格斯这里讲的"研究"，实际上就是要求马克思主义者不断探索并创造性运用社会主义发展规律，根据时代、实践的发展而不断推进理论创新，从而不断丰富科学社会主义理论宝库。马克思、恩格斯确立了科学社会主义基本原理和原则，提供了根本立场观点方法，为后继者进行接续探索和理论创新奠定了基础。列宁在领导俄国人民进行社会主义革命和建设的探索中，形成了列宁主义，极大地丰富发展了科学社会主义。马克思列宁主义成为马克思主义政党和社会主义国家的指导思想，成为推进社会主义事业的理论基础。

新中国成立 70 年来，中国共产党坚持科学社会主义基本原则与本国实际相结合，在不同历史时期都丰富发展了科学社会主义理论。毛泽东思想的一个重要组成部分，就是关于社会主义革命和建设的理论，集中体现在《论十大关系》《关于正确处理人民内部矛盾的

---

① 《习近平谈治国理政》，外文出版社 2014 年版，第 35 页。
② 《马克思恩格斯选集》第 2 卷，人民出版社 1995 年版，第 636 页。

问题》等著述中，至今仍具有重要的现实指导意义。改革开放以来，在中国特色社会主义开创、发展、完善的历史进程中，先后形成邓小平理论、"三个代表"重要思想、科学发展观、习近平新时代中国特色社会主义思想，既一脉相承又与时俱进，不断赋予中国特色社会主义以鲜明的实践特色、理论特色、民族特色、时代特色。

中国特色社会主义进入新时代，对社会主义建设规律的认识和把握更加深刻、更加成熟。比如，中央提出"八个明确"和"十四个坚持"，是对中国特色社会主义整体性、开创性的丰富发展；提出道路、理论、制度、文化"四位一体"有机统一，拓展了中国特色社会主义的科学体系；提出以人民为中心的发展思想，深化了社会主义本质理论；提出我国社会主要矛盾发生历史性转化，丰富了社会主义初级阶段理论，也发展了社会主义发展阶段理论；在新时代全面深化改革，提升了社会主义发展动力理论；推进国家治理体系和治理能力现代化，丰富发展了社会主义现代化理论；推进"五位一体"总体布局和"四个全面"战略布局，完善了社会主义全面发展理论；践行创新、协调、绿色、开放、共享的新发展理念，拓展了社会主义发展途径和发展目标理论；坚持党的全面领导，提出关于党的领导"两个最"的重要论断，即中国共产党领导是中国特色社会主义最本质的特征，是中国特色社会主义制度的最大优势，丰富发展了社会主义执政党建设理论；阐明人类社会历史发展的必然趋势，提出科学认识两大社会制度关系的新思想，丰富了关于正确处理社会主义与资本主义之间关系的理论；提出推动构建人类命运共同体，丰富发展了马克思主义关于未来社会的理论；等等。这些具有重大理论意义和鲜明时代意义的新理念新思想新战略，是对科学社会主义的重大创新和全面发展，极大深化了对社会主义建设规律的认识。

三　彰显社会主义制度巨大优越性，不断建设对资本主义具有优越性的社会主义

科学社会主义创始人基于唯物史观和对资本主义社会基本矛盾运动的分析，认为代替资本主义的未来社会制度具有其固有的先进性和优越性。但现实中的社会主义制度都是建立在经济文化比较落后的国度，同发达资本主义相比，社会主义制度的优越性如何在现实中得以体现和实现，成为俄国十月革命之后百余年来在"一球两制"世界格局中，马克思主义者必须面对的重大历史课题，也是探索破解的难题。苏联的社会主义模式曾在现实中体现了社会主义制度的强大优越性，但也存在着许多弊端。后来现实社会主义国家的改革就是努力革除弊端、更好地体现社会主义制度优越性。苏联解体之后，以中国为代表的现实社会主义国家继续探索求解这一历史难题。

新中国成立 70 年来，社会主义制度从基本确立到巩固发展，从体制改革到创新完善，在取得历史性成就过程中也不断彰显着社会主义制度的优越性和巨大优势。经过社会主义改造，我国确立了社会主义基本制度，实现了从几千年封建制度向人民民主制度和社会主义制度的伟大飞跃。邓小平在改革开放之初曾说："社会主义革命已经使我国大大缩短了同发达资本主义国家在经济发展方面的差距。我们尽管犯过一些错误，但我们还是在三十年间取得了旧中国几百年、几千年所没有取得过的进步。"[①] 这是社会主义制度巨大优越性在中国的初步体现和有力证明。改革是中国的"第二次革命"，其实质就是社会主义制度的自我完善和发展，在改革创新中焕发活力，更充分体现其优越性。习近平指出，改革开放 40 年的实践启示我

---

① 《邓小平文选》第 2 卷，人民出版社 1994 年版，第 167 页。

们，"扭住完善和发展中国特色社会主义制度这个关键，为解放和发展社会生产力、解放和增强社会活力、永葆党和国家生机活力提供了有力保证"①。通过不断改革创新，使中国特色社会主义制度比资本主义制度更有效率，更能在竞争中赢得比较优势。改革开放40多年来中国特色社会主义取得世人瞩目的辉煌成就，正是社会主义制度优越性在国家富强、人民幸福、民族复兴的伟大实践中获得了令人信服的证明。

党的十八大以来，我们党通过全面深化改革，不断发展和完善中国特色社会主义制度，不断提高运用中国特色社会主义制度有效治理国家的能力，不仅走出了一条不同于西方国家的成功发展道路，而且形成了一套不同于西方国家的成功制度体系，显示了独特优势。比如中国共产党领导的优势、团结一切可以团结的力量的优势、强大动员能力和集中力量办大事的优势、有效促进社会公平正义的优势，等等。新时代，中国共产党坚持全面深化改革，构建系统完备、科学规范、运行有效的制度体系，更加充分发挥我国社会主义制度优越性；通过全面深化改革不断发展和完善中国特色社会主义制度，不断提高运用中国特色社会主义制度有效治理国家的能力。具体地讲，我国的经济制度有效促进效率与公平的统一，政治制度充分保障人民当家作主，文化制度不断推动社会主义文化繁荣兴盛，社会制度全面保障和改善民生，生态制度有效实现人与自然的和谐共生和可持续发展。正如习近平指出的："随着中国特色社会主义不断发展，我们的制度必将越来越成熟，我国社会主义制度的优越性必将进一步显现，我们的道路必将越走越宽广，我国发展道路对世界的影响必将越来越大。"②中国特色社会主义制度的更加成熟更加定型，不断建设对资本主

---

① 习近平：《在庆祝改革开放40周年大会上的讲话（2018年12月18日）》，《人民日报》2018年12月19日第2版。

② 《十八大以来重要文献选编》（上），中央文献出版社2014年版，第111页。

义具有优越性的社会主义，以独特的制度成果对科学社会主义做出制度贡献，也为世界上其他一些国家在社会制度建设上提供全新选择，不断丰富创新着人类制度文明。

当今世界"中国之治"和"西方之乱"的鲜明对比，充分证明了中国特色社会主义制度的优越性和优势。在西方国家，贫富差距悬殊、社会治理失灵、党派纷争不断、保护主义滋生、民粹主义盛行、恐怖主义猖獗等，都表明西方的制度衰败和治理无效。当前，有许多国外理论家深刻揭示资本主义的体系危机、制度危机、价值危机，这实际上是资本主义制度结构性矛盾的集中凸显。两相比照，中国"风景这边独好"，在全面深化改革中推动中国特色社会主义制度更加成熟更加定型，为党和国家事业发展、为人民幸福安康、为社会和谐稳定、为国家长治久安提供一整套更完备、更稳定、更管用的制度体系，其优越性为世界上许多有识之士所认可和赞同。

改革开放之初，邓小平充满信心地展望："我们的制度将一天天完善起来，它将吸收我们可以从世界各国吸收的进步因素，成为世界上最好的制度。"[①] 今天，中国特色社会主义制度展现出强大生机活力并不断发展完善。正如习近平指出的："这就要靠通过不断改革创新，使中国特色社会主义在解放和发展社会生产力、解放和增强社会活力、促进人的全面发展上比资本主义制度更有效率，更能激发全体人民的积极性、主动性、创造性，更能为社会发展提供有利条件，更能在竞争中赢得比较优势，把中国特色社会主义制度的优越性充分体现出来。"[②]

---

① 《邓小平文选》第 2 卷，人民出版社 1994 年版，第 337 页。

② 《习近平谈治国理政》，外文出版社 2014 年版，第 93 页。

四　为人类进步事业做出了巨大贡献，推动世界社会主义进入新阶段

中国共产党始终把为人类做出新的更大的贡献作为自己的使命。新中国成立 70 年来，我们党领导全国人民致力于国家富强、人民幸福、民族振兴的历史进程，同时也是社会主义中国为人类进步事业不断做出贡献的历史过程。毛泽东在 1956 年说过："中国是一个大国，它的人口占全世界人口的四分之一，但是它对人类的贡献是不符合它的人口比重的。"[①] 因此，改变落后状况，建设繁荣富强的社会主义中国，才能为人类进步事业做出应有贡献。新中国的建立奠定了中国走向世界的政治基础和制度保障，而在经济社会各方面取得的巨大成就，壮大了世界社会主义的力量，极大地推动了人类进步事业。改革开放以来，为人类做出比较多的贡献是社会主义中国实现发展的内在要求。邓小平在 1978 年会见外宾时说："衡量我们是不是真正的社会主义国家，不但要使我们自己发展起来，实现四个现代化，而且要能够随着自己的发展，对人类做更多的贡献。"[②] 改革开放，不仅极大改变了中国，也深刻改变了世界。今天，我国日益走近世界舞台中央，积极推动构建人类命运共同体，为世界和平与发展做出了新的更大贡献，为人类对更好社会制度的探索贡献了中国智慧和中国方案。习近平指出："科学社会主义在中国的成功，对马克思主义、科学社会主义的意义，对世界社会主义的意义，

---

① 《毛泽东文集》第 7 卷，人民出版社 1999 年版，第 124 页。
② 《邓小平年谱（1975—1997）》（上卷），中央文献出版社 2004 年版，第 325 页。

是十分重大的。"①

中国为世界共同发展做出了巨大贡献。中国共产党不仅为中国人民造福，而且为世界人民造福。推动构建国际经济政治新秩序，推动经济全球化健康发展，推动解决人类社会面临的世界难题。中国遵循新发展理念，为人类社会发展贡献"科学发展、和平发展、包容发展、共赢发展"的新理念；倡导构建人类命运共同体，提出国际秩序新原则和人类社会发展新愿景；扎实推进"一带一路"建设，让沿线各国各地区人民获得实实在在的利益，推动各国共同发展繁荣。

中国为世界社会主义做出了巨大贡献。30 年来，世界社会主义运动经历了从苏联解体、东欧剧变步入低谷到 21 世纪初谋求振兴的过程。在每个重要的历史节点，中国特色社会主义都对世界社会主义发挥了至关重要的历史作用。20 世纪 80 年代末 90 年代初，苏共垮台，苏联解体、东欧剧变，"社会主义失败论""历史终结论"一度甚嚣尘上，然而中国顶住了巨大压力和挑战，把社会主义旗帜举住了、举稳了，捍卫和挽救了社会主义。21 世纪初，国际金融危机引发了整个资本主义危机，中国特色社会主义促进两种制度力量对比朝着有利于社会主义的方向转变，中国发展和振兴了社会主义。近年来，美国等西方主要国家出现逆全球化潮流，表明资本主义对世界的驾驭能力显著下降，开始变得力不从心。中国在推动经济全球化朝着更加公正合理的方向发展，成为世界社会主义新发展的中流砥柱，引领和塑造着 21 世纪世界社会主义。

中国为人类文明发展做出了巨大贡献。中国以求同存异、开放包容的博大胸怀，积极推动各国文明繁盛、人类进步。习近平反复

① 《习近平在学习贯彻党的十九大精神研讨班开班式上发表重要讲话强调　以时不我待只争朝夕的精神投入工作　开创新时代中国特色社会主义事业新局面》，《人民日报》2018 年 1 月 6 日第 1 版。

强调："文明因交流而多彩，文明因互鉴而丰富。"① 通过持续不懈的努力，"推动各国以文明交流超越文明隔阂、文明互鉴超越文明冲突、文明共存超越文明优越"②。当今世界，尽管文明冲突、文明优越等论调不时沉渣泛起，但中国始终倡导文明多样性是人类进步的不竭动力，并同国际社会一道，推动不同文明相互尊重、和谐共处，让文明互学互鉴成为推动构建人类命运共同体的积极力量，让人类创造的各种文明交相辉映，编织出斑斓绚丽的图画。通过开展各种文明交流对话，让中华文明走向世界，让"天下大同""协和万邦""和衷共济"等古老中华文明理念成为推动世界和平发展、建设公正合理国际秩序的重要元素，为构建人类命运共同体发挥重要作用。

中国是世界上最大的社会主义国家，中国共产党是世界上最大的马克思主义政党。这样的大国、大党始终如一地坚持和发展社会主义，中国共产党的成功就是科学社会主义的成功，中国特色社会主义的胜利就是科学社会主义的胜利，中华民族伟大复兴必将对世界社会主义的振兴产生巨大的推动作用。

---

① 《习近平在联合国教科文组织总部发表演讲》，《人民日报》2014 年 3 月 28 日第 1 版。

② 《中国共产党与世界政党高层对话会　北京倡议》，《人民日报》2017 年 12 月 4 日第 3 版。

为人类对更好社会制度的探索提供中国方案[*]

提要：中国特色社会主义对当今世界发展的贡献在于，使科学社会主义在 21 世纪焕发出蓬勃生机；创造性地解答了"如何治理社会主义社会"的历史课题；为人类社会开辟了一条现代化新路；深化了对人类社会发展规律的认识。

进入 21 世纪以来，世界和中国都发生了重大而深刻的变化，中国与世界的关系也发生了根本性变化。一是中国特色社会主义让科学社会主义在 21 世纪焕发出新的蓬勃生机。从 20 世纪 80 年代末 90 年代初苏东剧变到 21 世纪中叶，是科学社会主义发展的第三个历史阶段，其主要任务是实现社会主义制度更加成熟更加定型，使社会主义制度的优越性更加充分地体现出来、社会主义自我完善和发展达到一个新的水平。这一时期，科学社会主义的发展集中体现为中国特色社会主义理论体系的创新发展。21 世纪中叶，正是我们党提出的"两个一百年"奋斗目标胜利实现的伟大历史时刻，这在科学社会主义第三个历史阶段具有里程碑意义。邓小平同志曾做出过关于第三个历史阶段的深远预见："我们中国要用本世纪末期的二十年，再加上下个世纪的五十年，共七十年的时间，努力向世界证明

---

* 原载于《人民日报》2017 年 5 月 10 日第 7 版。

社会主义优于资本主义。我们要用发展生产力和科学技术的实践，用精神文明、物质文明建设的实践，证明社会主义制度优于资本主义制度，让发达的资本主义国家的人民认识到，社会主义确实比资本主义好。"[①] 二是中国特色社会主义创造性地解答了"如何治理社会主义社会"的历史课题。我们党治理社会主义社会，已经走过了不平凡的历史进程。我们建立了社会主义基本制度，并在这个基础上不断进行改革，使我国社会主义制度不断丰富和完善。党的十八大以来，我们党根据我国传统、现实国情和长期治理经验，创造性地推进治国理政事业，形成了治国理政新理念新思想新战略，创造了不同于历史上其他社会主义国家、也不同于西方资本主义国家的治理模式，形成了相对于西方社会治理的独特优势，为治理社会主义社会积累了成功经验。三是中国特色社会主义为人类社会开辟了一条现代化新路。我们党围绕实现中华民族伟大复兴中国梦的目标，形成了建设社会主义现代化强国的理论，深化了对社会主义现代化建设规律的认识，为世界提供了一条不同于西方现代化的新路，为广大发展中国家提供了一条值得借鉴的成功发展之路。四是中国特色社会主义深化了对人类社会发展规律的认识。进入 21 世纪，中国遵循新发展理念，为人类社会发展贡献"科学发展、和平发展、包容发展、共赢发展"的新理念；倡导构建人类命运共同体，提出国际秩序新原则和人类社会发展新愿景；等等。这些都是我们党对当今时代"建设一个什么样的世界、如何建设这个世界"的创造性回答，其根本目的就是让世界更美好、让各国人民更幸福。

---

① 《邓小平年谱（1975—1997）》（下），中央文献出版社 2004 年版，第 1255 页。

新时代中国特色社会主义与
21 世纪马克思主义[*]

提要： 中国特色社会主义经过长期发展进入新时代，中国共产党人在理论、实践、制度等各方面推进马克思主义和科学社会主义新发展。一是从理论贡献看，习近平新时代中国特色社会主义思想是 21 世纪马克思主义的科学理论形态。在当代中国，坚持习近平新时代中国特色社会主义思想，就是真正坚持马克思主义、真正坚持科学社会主义。二是从实践贡献看，新时代中国特色社会主义是 21 世纪世界社会主义走向振兴的中流砥柱。随着中国日益走近世界舞台的中央，新时代中国特色社会主义是 21 世纪世界社会主义最为重要、最有作为的组成部分，是做出原创性贡献的伟大事业。三是从制度贡献看，新时代中国特色社会主义全面展示 21 世纪社会主义制度的优越性。中国特色社会主义制度必将更加成熟更加定型，也更加完善，其优越性和优势得到更加充分的发挥和体现，中国特色社会主义制度以其独特的制度成果丰富了人类制度文明的宝库，是对人类历史发展和人类文明进步的巨大贡献。

习近平同志在纪念马克思诞辰 200 周年大会上的讲话中指出，

---

* 原载于《中共杭州市委党校学报》2018 年第 4 期。

可以告慰马克思的是，马克思主义指引中国成功走上了全面建设社会主义现代化强国的康庄大道，中国共产党人作为马克思主义的忠诚信奉者、坚定实践者，正在为坚持和发展马克思主义而执着努力。中国特色社会主义经过长期发展进入新时代，推动科学社会主义进入新的发展阶段。列宁曾说，共产党人"如果不愿落后于实际生活，就应当在各方面把这门科学推向前进"①。新时代，中国共产党人在理论、实践、制度等各方面极大地推进科学社会主义新发展。正如习近平总书记指出的："科学社会主义在中国的成功，对马克思主义、科学社会主义的意义，对世界社会主义的意义，是十分重大的。"② 新时代中国特色社会主义，使科学社会主义在 21 世纪焕发出强大生机活力，让马克思主义放射出更加灿烂的真理光芒。

一　理论贡献：习近平新时代中国特色社会主义思想是 21 世纪马克思主义的科学理论形态

"一切划时代的体系的真正内容都是由于产生这些体系的那个时期的需要而形成起来的。"③ 回顾 170 年来马克思主义发展史和科学社会主义发展史，我们可以清楚地看到，不同历史时期的马克思主义代表人物，顺应时代发展，回答时代课题，从而不断推动马克思主义和科学社会主义的丰富发展，在不同时期形成了既一脉相承又独具特色的理论形态。中国特色社会主义进入新时代，形成了习近平新时代中国特色社会主义思想，这一伟大思想，既是马克思主义中国化的最新成果，也是 21 世纪马克思主义和科学社会主义的最

---

① 《列宁选集》第 1 卷，人民出版社 1995 年版，第 274 页。
② 《习近平在学习贯彻党的十九大精神研讨班开班式上发表重要讲话强调　以时不我待只争朝夕的精神投入工作　开创新时代中国特色社会主义事业新局面》，《人民日报》2018 年 1 月 6 日第 1 版。
③ 《马克思恩格斯全集》第 3 卷，人民出版社 1960 年版，第 544 页。

新理论形态。在当代中国，坚持习近平新时代中国特色社会主义思想，就是真正坚持马克思主义、真正坚持科学社会主义。

恩格斯曾说，我们的理论"是一种历史的产物，它在不同的时代具有完全不同的形式，同时具有完全不同的内容"[①]。马克思恩格斯所处的时代是自由资本主义时代，他们科学地回答了"资本主义向何处去、人类社会向何处去"的时代课题，创立了马克思主义，社会主义由空想变为科学；列宁所处的时代是垄断资本主义时代，他科学回答了"帝国主义向何处去、无产阶级革命向何处去"的时代课题，形成列宁主义，指导十月革命取得伟大胜利，社会主义由理论变为现实制度；毛泽东同志在半封建半殖民地的中国，科学回答了"中国向何处去、中国革命向何处去"的时代课题，形成了毛泽东思想，领导人民完成新民主主义革命，成立了新中国；改革开放新时期以来，几代中国共产党人在不同时期，接续回答了"建设什么样的社会主义、怎样建设社会主义""建设一个什么样的党、怎样建设这个党""实现什么样的发展、怎样发展"等一系列时代课题，形成了邓小平理论、"三个代表"重要思想、科学发展观，从而不断推进中国特色社会主义理论体系的形成和发展。党的十八大以来，"国内外形势变化和我国各项事业发展都给我们提出了一个重大时代课题，这就是必须从理论和实践的结合上系统回答新时代坚持和发展什么样的中国特色社会主义、怎样坚持和发展中国特色社会主义"[②]。习近平新时代中国特色社会主义思想，就是科学回答了这个重大时代课题，从而既极大丰富和发展了中国特色社会主义理论，又把 21 世纪科学社会主义推向一个新的发展阶段。

习近平同志反复强调，要锲而不舍地推进马克思主义中国化时

---

① 《马克思恩格斯选集》第 4 卷，人民出版社 1995 年版，第 284 页。

② 习近平：《决胜全面建成小康社会　争取新时代中国特色社会主义伟大胜利——在中国共产党第十九次全国代表大会上的报告》，人民出版社 2017 年版，第 18 页。

代化大众化，发展21世纪马克思主义、当代中国马克思主义。"只有民族的才是世界的，只有引领时代才能走向世界。要立足时代特点，推进马克思主义时代化，更好运用马克思主义观察时代、解读时代、引领时代，真正搞懂面临的时代课题，深刻把握世界历史的脉络和走向。"① 我们要坚持用马克思主义观察时代、解读时代、引领时代，用鲜活丰富的当代中国实践来推动马克思主义发展，用宽广视野吸收人类创造的一切优秀文明成果，坚持在改革中守正出新、不断超越自己，在开放中博采众长、不断完善自己，不断深化对共产党执政规律、社会主义建设规律、人类社会发展规律的认识，不断开辟当代中国马克思主义、21世纪马克思主义新境界。习近平新时代中国特色社会主义思想，就是坚持马克思主义时代性与现实性、世界性与民族性的统一，一方面，立足新时代中国实际，实现了马克思主义中国化的新的历史飞跃；另一方面，面对当今世界的深刻变化，深入思考21世纪的时代问题和时代任务，以深远的时代眼光和宽广的世界眼光审视马克思主义和社会主义在21世纪发展的理论需要与实践需要，深刻把握了时代发展趋势和世界发展走向，科学地构造了21世纪马克思主义和科学社会主义的最新理论形态。

习近平新时代中国特色社会主义思想博大精深、内容丰富，深化了对共产党执政规律、社会主义建设规律、人类社会发展规律的认识，在整体上、各个方面都把科学社会主义推向前进。习近平同志指出："解决好民族性问题，就有更强能力去解决世界性问题；把中国实践总结好，就有更强能力为解决世界性问题提供思路和办法。"② 他指出："新中国成立以来特别是改革开放以来，中国发生了深刻变革，置身这一历史巨变之中的中国人更有资格、更有能力揭示这其中所蕴含的历史经验和发展规律，为发展马克

---

① 《习近平谈治国理政》第2卷，外文出版社2017年版，第66页。
② 同上书，第340页。

思主义作出中国的原创性贡献。"① 习近平新时代中国特色社会主义思想，是 21 世纪马克思主义和科学社会主义创新发展最集中、最丰富、最现实的体现，做出了巨大的原创性贡献。

从对科学社会主义发展创新上看，以习近平同志为主要代表的中国共产党人，在续写坚持和发展中国特色社会主义这篇大文章中，在新时代深化了对中国特色社会主义规律的认识。比如，提出"八个明确"和"十四个坚持"，是对中国特色社会主义整体性、开创性的丰富发展；提出道路、理论、制度、文化"四位一体"有机统一，拓展了中国特色社会主义的科学体系；提出以人民为中心的发展思想，深化了社会主义本质理论；提出我国社会主要矛盾发生历史性转化，丰富了社会主义初级阶段理论，也发展了社会主义发展阶段理论；在新时代全面深化改革，提升了社会主义发展动力理论；推进国家治理体系和治理能力现代化，丰富发展了社会主义现代化理论；推进"五位一体"总体布局和"四个全面"战略布局，完善了社会主义全面发展理论；践行创新、协调、绿色、开放、共享的新发展理念，拓展了社会主义发展途径和发展目标理论；坚持党的全面领导，提出关于党的领导"两个最"的重要论断，即中国共产党领导是中国特色社会主义最本质的特征，是中国特色社会主义制度的最大优势，丰富发展了社会主义执政党建设理论；阐明人类社会历史发展的必然趋势，提出科学认识两大社会制度关系的新思想，丰富了关于正确处理社会主义与资本主义之关系的理论；提出推动构建人类命运共同体，丰富发展了马克思主义关于未来社会的理论；等等，这些具有重大理论意义和鲜明时代意义的新理念新思想新战略，是对科学社会主义的重大创新，同对马克思主义哲学和政治经济学的重大创新一道，共同构成了新时代创新性、系统性、典范性的理论成果，为发展 21 世纪马克思主义做出了原创性贡献。

---

① 《习近平谈治国理政》第 2 卷，外文出版社 2017 年版，第 66 页。

二　实践贡献：新时代中国特色社会主义是 21 世纪世界社会主义走向振兴的中流砥柱

中国特色社会主义进入新时代，在中华人民共和国发展史上、中华民族发展史上具有重大意义，在世界社会主义发展史上、人类社会发展史上也具有重大意义。新时代中国特色社会主义，与世界社会主义发生了更加密切、更为明确的联系，意味着科学社会主义在 21 世纪的中国焕发出强大生机活力，在世界上高高举起了中国特色社会主义伟大旗帜。这表明，随着中国日益走近世界舞台的中央，随着其综合国力和国际影响力不断增强并逐渐成为领先的国家，中国特色社会主义不再是局限于本国的事业，而是作为 21 世纪世界社会主义最为重要、最有作为的组成部分，发挥着重要影响、做出原创性贡献的伟大事业，是为人类对更好社会制度的探索提供全新选择、贡献中国方案的伟大事业。

30 年来，世界社会主义运动经历了从苏东剧变步入低谷到 21 世纪初谋求振兴的过程。在每个重要的历史节点，中国特色社会主义都对世界社会主义的发展发挥了至关重要的历史转折性作用，成为世界社会主义运动的主心骨、风向标和根据地。总的来看，有三个重要历史节点非常重要：苏东剧变、资本主义危机和全球化发生波折。

第一个历史节点：20 世纪 80 年代末 90 年代初，苏联解体、苏共垮台、东欧剧变，"社会主义失败论""历史终结论"一度甚嚣尘上，"中国崩溃论"在国际上不绝于耳。然而中国顶住了巨大压力和挑战，没有在那场"多米诺骨牌"式的剧变中倒塌。正如邓小平同志讲的："只要中国社会主义不倒，社会主义在世界将始终站得住。"① 中国捍卫和挽救了社会主义。

第二个历史节点：21世纪初由国际金融危机引发的整个资本主义危机。这场危机距苏东剧变也就不到20年，从苏东剧变、苏联解体引发的所谓"社会主义危机"和"历史的终结"，在较短的时间内却变为"资本主义危机"和"资本主义的终结"。这应验了列宁说过的一句生动的哲理："历史喜欢作弄人，喜欢同人们开玩笑。本来要到这个房间，结果却走进了另一个房间。"② 其实，这正是历史在偶然性中为必然性开辟道路的最生动体现。在这个发展过程中"历史之手"给我们的一个最大惊喜，就是在"神奇翻转"中打开了中国特色社会主义这个"看得见风景的房间"。这标志着，世界资本主义在其发展的长周期中开始进入了一轮规模较大的衰退期，而世界社会主义总体上仍然处于苏东剧变之后的低潮，但以中国特色社会主义发展取得的巨大成就为主要依托和标志，世界社会主义进入走出低谷的谋求振兴期。中国发展和振兴了社会主义。

第三个历史节点：21世纪过了15年后，以英美等主要西方国家发生的逆全球化潮流为转折，表明资本主义对整个世界的驾驭和统治能力显著下降，显得力不从心；中国则高扬起继续推进全球化的旗帜，并推动全球化朝着公平、合理的方向发展。正如习近平同志指出的："20年前甚至15年前，经济全球化的主要推手是美国等西方国家，今天反而是我们被认为是世界上推动贸易和投资自由化便利化的最大旗手，积极主动同西方国家形形色色的保护主义作斗争。"③ 可以说，这是由长期以来资本主义主导的全球化开始向由社会主义主导的全球化方向转变。这对于世界社会主义发展来说也具有重要转折性意义。就是这个关键的历史时期，中国特色社会主义

---

① 《邓小平文选》第3卷，人民出版社1993年版，第346页。
② 《列宁全集》第20卷，人民出版社1958年版，第459页。
③ 《习近平谈治国理政》第2卷，外文出版社2017年版，第212页。

进入新时代，意味着科学社会主义在 21 世纪的中国焕发出强大生机活力。中国特色社会主义成为 21 世纪世界社会主义发展的引领旗帜，成为世界社会主义走向振兴的中流砥柱，必将为世界社会主义和科学社会主义新发展做出更大贡献。中国特色社会主义引领和塑造了 21 世纪社会主义。

　　中国特色社会主义是世界社会主义的重要组成部分，是苏东剧变后世界社会主义进入新阶段的一种新的实践探索，而进入新时代的中国特色社会主义则具有更加重要的示范引领作用和世界意义。从长远的历史眼光来看，从 19 世纪中叶科学社会主义诞生到 21 世纪中叶，大体上两个世纪的时间，我们可以将其划分为三个大的历史阶段，也就是"三个七十年"。从 1848 年《共产党宣言》发表标志科学社会主义诞生到 1917 年俄国十月革命，是社会主义发展的"第一个七十年"。这一时期的历史任务是促进马克思主义与工人运动相结合，建立工人阶级政党，进行社会主义革命、夺取政权。科学社会主义的发展体现在马克思主义形成和丰富完善，并在社会主义运动中取得主导地位。从 1917 年十月革命到 20 世纪 80 年代末苏东剧变，是社会主义发展的第二个历史阶段，也就是"第二个七十年"，主要历史任务是促进马克思主义与各国实际相结合，回答经济文化比较落后的国家建设社会主义、巩固和发展社会主义问题，殖民地半殖民地国家民族解放运动问题，如何从民主革命转变为社会主义革命建立新的社会制度的问题，以及社会主义改革等问题。科学社会主义的新发展在俄国主要是列宁主义的形成，在中国则是毛泽东思想的形成，以及改革开放时期中国特色社会主义理论体系的开创与初步发展。从 20 世纪 80 年代末苏东剧变到 21 世纪中叶，是社会主义发展的第三个阶段，也就是"第三个七十年"，主要历史任务是巩固、发展和完善社会主义制度，使社会主义制度的优越性充分地体现出来，科学社会主义新发展的最新理论形态就是习近平新时代中国特色社会主义思想，它就是当代中国马克思主义最新成果，也是 21 世纪马克思主义开创性、奠基性、典范性的理论成果。

邓小平同志这位伟大的战略家曾在 20 世纪末有过"七十年"的设想："我们中国要用本世纪末期的二十年，再加上下个世界的五十年，共七十年的时间，努力向世界证明社会主义优于资本主义。我们要用发展生产力和科学技术的实践，用精神文明、物质文明建设的实践，证明社会主义制度优于资本主义制度，让发达的资本主义国家的人民认识到，社会主义确实比资本主义好。"[①] 今天，社会主义发展的"第三个七十年"基本过半，在接下来的 30 多年里，正是中国"分两步走"建设社会主义现代化强国的历史时期，中国特色社会主义新时代的新发展必将对世界社会主义的发展具有重要的历史意义、时代意义和世界意义。从一定意义上说，中国特色社会主义代表着世界社会主义的未来，这是中国共产党对社会主义事业及人类社会发展与文明进步的历史担当。根据党的十九大描绘的宏伟蓝图，到 21 世纪中叶，中国将全面建成富强民主文明和谐美丽的社会主义现代化强国，成为综合国力和国际影响力领先的国家，中华民族将以更加昂扬的姿态屹立于世界民族之林。新时代中国特色社会主义将以全面发展的巨大成就，成为世界社会主义走向振兴当之无愧的中流砥柱。那时候，世界上越来越多的人民会认识到，"社会主义确实比资本主义好"。

三　制度贡献：新时代中国特色社会主义全面展示 21 世纪社会主义制度的优越性

21 世纪世界社会主义发展振兴的重要标志性成果，是社会主义制度赢得比资本主义的更广泛的制度优势。21 世纪初资本主义危机的一个最为集中、最为突出的表现，就是资本主义制度的无效和衰

[①] 《邓小平年谱（1975—1997）》（下卷），中央文献出版社 2004 年版，第 1255 页。

败。福山从"历史终结论"到资本主义"制度衰败论",论证了资本主义政治体制和机制的衰败失灵;皮凯蒂的《21 世纪资本论》,论述了资本主义经济制度的衰败失灵;还有许多西方理论家以各种方式述说着资本主义民主、自由、平等这些长期以来被视为"永恒法则"的价值信条的破灭和衰败,论说着资本主义的价值危机、制度危机、生态危机、整个体系危机等。因而在 21 世纪中叶,社会主义在制度方面赢得比资本主义更广泛的优势,是世界社会主义振兴的最为重要的标志。如果说以往我们更多地从理论上根据历史规律来阐释社会主义制度的优越性,那么 21 世纪我们则必须运用高于和好于资本主义制度的经济效率和治国理政能力,来真真切切地展现社会主义制度的优越性,这是新时代中国特色社会主义对人类社会发展和制度文明做出的巨大历史贡献。

改革开放 40 年来,我们不仅走出了一条不同于西方国家的成功发展道路,而且形成了一套不同于西方国家的成功制度体系,显示了独特优势。习近平同志指出,我们的制度和国家治理体系,是我国历史传承、文化传统、经济社会发展的基础上长期发展、渐进改进、内生性演化的结果。这表明,中国特色社会主义制度的独特优势来源于:它是内生性演化的结果,不是外来性嫁接的产物;它是在本国经济社会发展基础上长期发展的结果,不是主观设计、一蹴而就的东西;它是对本国发展建设之鲜活实践经验的总结升华和对社会发展规律的深刻把握和创造性运用。它超越了西方的那种关于市场与政府、国家与社会、集中权威与民主自由、公共领域与私人领域等的机械的对立两分,因而形成了对比于西方社会制度的独特优势。它超越了一些发展中国家在现代化进程中遭遇的"中等收入陷阱"、政治混乱和社会动荡陷阱,同时实现了经济快速增长、社会和谐稳定、充满改革活力,因而成为许多发展中国家在社会制度和运行体制上效仿的榜样。因而我们无论是成功应对各种危机还是创造发展奇迹,其原因不能简单归结为"后发优势",不能偏见地归结为"走了别人修的路",也不是偶然的幸运和天时地利,其成功奥秘恰恰在于中国特色社会主义制度的独特优势，以及由这种制度产生的能够团结一切可以团结的力量的优势、强大动员能力和集中力量办大事的优势、有效促进社会公平正义的优势等。因而，我们的自信就是归根结底来源于中国特色社会主义制度不可比拟的优越性。

今天，中国共产党全面深化改革，不断发展和完善中国特色社会主义制度，不断提高运用中国特色社会主义制度有效治理国家的能力。我们党根据本国传统、现实国情和长期治理经验，创造性地推进治国理政事业，创造了不同于历史上其他社会主义国家的治理模式，也不同于西方资本主义国家的治理模式，形成了对比于西方社会治理的独特优势，也为如何治理社会主义社会提供了成功经验。正如习近平同志指出的："当代中国的伟大社会变革，不是简单延续我国历史文化的母版，不是简单套用马克思主义经典作家设想的模板，不是其他国家社会主义实践的再版，也不是国外现代化发展的翻版，不可能找到现成的教科书。"[1] 中国的制度创新，是符合中国当今实际的最鲜活的独创版和现实版。通过不断改革创新，使中国特色社会主义在解放和发展社会生产力、解放和增强社会活力、促进人的全面发展上比资本主义制度更有效率，更能在竞争中赢得比较优势，把中国特色社会主义制度的优越性充分体现出来。党的十九大报告指出，坚持全面深化改革，坚持和完善中国特色社会主义制度，不断推进国家治理体系和治理能力现代化，吸收人类文明有益成果，构建系统完备、科学规范、运行有效的制度体系，充分发挥我国社会主义制度优越性。深入研究中国特色社会主义制度的特殊性与普遍性的关系，研究如何将"中国特殊"转化为"世界一般"，这是中国特色主义制度具有越来越重要的国际影响力的体现。所以，把中国特色社会主义制度体系、制度特征、制度优势、制度有效性进行归纳总结，提炼具有一般规律性、可为借鉴的普遍意义的经验和因素，为世界上其他一些国家在社会制度建设上提供全新

---

[1] 《习近平谈治国理政》第 2 卷，外文出版社 2017 年版，第 344 页。

选择，为人类制度文明发展做出中国的原创性贡献。

中国特色社会主义制度建设的成果，不仅是中国的，也是世界的；不仅为我国社会主义现代化建设、实现民族复兴提供保障，而且对促进人类进步和世界文明发展做出贡献。中国是一个拥有13亿多人口的发展中大国，制度建设和创新的每一个重大进步和成就，都会对整个世界产生广泛、深远的影响。邓小平曾充满自信地展望："我们的制度将一天天完善起来，它将吸收我们可以从世界各国吸收的进步因素，成为世界上最好的制度。"① 在中国共产党谋求为人类对更好社会制度的探索提供中国方案的21世纪，习近平同志指出：我们坚信，"随着中国特色社会主义不断发展，我们的制度必将越来越成熟，我国社会主义制度的优越性必将进一步显现，我们的道路必将越走越宽广"②，我国发展道路对世界的影响也必将越来越大。这是道路自信、理论自信、制度自信、文化自信的集中体现，也是对社会主义事业及人类社会发展与文明进步的历史担当。我们坚信，在中国共产党的领导下，通过全面深化改革，中国特色社会主义制度必将更加成熟更加定型，也更加完善，其优越性和优势得到更加充分的发挥和体现，中国特色社会主义制度成为世界上最好的制度，以其独特的制度成果丰富了人类制度文明的宝库。中国特色社会主义进入新时代，到21世纪中叶建成富强民主文明和谐美丽的社会主义现代化国家，使世界上五分之一的人在社会主义制度下实现共同富裕，过上美好的生活，充分展现社会主义制度的巨大优越性，这是对21世纪世界社会主义新发展的巨大历史贡献，是对人类历史发展和人类文明进步的巨大贡献。

1893年，恩格斯在《共产党宣言》意大利文版序言中的结尾做了这样的期盼和展望："新的历史纪元正在到来。意大利是否会给我

---

① 《邓小平文选》第2卷，人民出版社1994年版，第337页。

② 《十八大以来重要文献选编》（上），中央文献出版社2014年版，第111页。

们一个新的但丁来宣告这个无产阶级新纪元的诞生呢?"① 恩格斯展望和期盼的是20世纪初意大利社会主义运动的新发展。历史发展的实际进程是，20世纪初的时候，列宁领导下的俄国布尔什维克党和人民，用十月社会主义革命的伟大胜利，宣告了社会主义由理论和运动变为鲜活的现实制度，从而开辟了世界社会主义发展的新纪元。那么在21世纪初的时候，以习近平同志为核心的中国共产党领导中国人民开创了中国特色社会主义新时代，再次证明了社会主义优越于资本主义，成为世界社会主义发展的鲜明引领旗帜和中流砥柱。今天我们完全有理由相信和期望：新时代中国特色社会主义的历史意义犹如20世纪初的十月革命一样，必将造成21世纪世界社会主义走向振兴的新局面，造成21世纪马克思主义、科学社会主义大发展的新局面。

---

① 《马克思恩格斯选集》第1卷，人民出版社1995年版，第269—270页。

国际共运史视野中的中国共产党[*]

提要： 在国际共运史上，全世界一代代共产党人经历曲折考验取得了辉煌成就。在中国共产党的百年发展史上，中国共产党领导的中国革命是国际共产主义运动的重要组成部分，中国共产党领导的社会主义建设与改革事业对国际共产主义运动是具有里程碑意义的大事，新时代中国共产党开创了 21 世纪世界社会主义发展的新局面。

一部国际共产主义运动史，就是全世界一代代共产党人战胜重重困难、经历曲折考验、英勇顽强斗争并取得辉煌成就的历史，也是马克思主义和科学社会主义在实践中与时俱进并不断丰富发展的历史。中国共产党近百年的发展史，是国际共产主义运动和世界社会主义运动的重要组成部分，地位显著、贡献巨大。历史雄辩证明，中国共产党是马克思主义和科学社会主义的坚定信仰者和忠实实践者，是国际共产主义运动和世界社会主义运动的积极推动者和自觉开拓者，也是 21 世纪马克思主义和世界社会主义创新发展的有力引领者和重大贡献者。

在国际共产主义运动影响下，中国共产党在马克思列宁主义同中国工人运动的结合中光荣诞生并在顽强斗争中不断发展壮大。近

---

* 原载于《党建》2020 年第 7 期。

百年来，中国共产党领导人民进行中国革命、建设和改革事业，带领中国人民创造了一个又一个人间奇迹，成为世界上的大党强党，成为国际共产主义运动和世界社会主义运动的中流砥柱。中国共产党领导中国人民百年奋斗的进程，让马克思主义和科学社会主义不断焕发出新的蓬勃生机，书写了国际共产主义运动和世界社会主义运动中壮美的中国篇章。

一　中国共产党领导的中国革命是国际共产主义运动的重要组成部分

国际共产主义运动是在马克思主义政党领导下，全世界无产阶级及广大劳动群众开展的反对资本主义和一切剥削制度，进行社会主义革命、建设和改革，建立和完善社会主义制度，最终实现共产主义奋斗目标，实现全人类解放的历史活动。无产阶级革命是人类历史上最广泛、最深刻的社会变革，具有不同于以往革命的复杂性、艰巨性和长期性。中国共产党领导的中国革命，就是国际共产主义运动在中国这样经济文化比较落后的东方大国的创造性开展，具有鲜明的中国特点，形成了独特的中国革命道路。

中国共产党从成立起，就把为共产主义和社会主义而奋斗确定为自己的纲领，鲜明地写在自己的旗帜上。1848 年《共产党宣言》发表，科学社会主义"壮丽日出"，并在实践上推动了世界社会主义发展，深刻改变了人类历史进程。20 世纪初十月革命的胜利，标志科学社会主义由理想变为现实，并推动马克思主义在世界广泛传播。在中国，一批初步具有共产主义思想的先进知识分子开始把马克思主义作为观察国家命运和改造社会的思想武器。中国共产主义运动先驱李大钊指出，十月革命是"立于社会主义上之革命"，是人类历史"新纪元"的开始，预言将来的环球"必是赤旗的世界"。他在一系列著述中比较系统地介绍和传播马克思主义的唯物史观、政治经济学和科学社会主义的基本原理。中国共产党的早期重要领导人蔡和森当时也指出，中国将来的改造，"完全适用社会主义的原理与方法"。随着马克思列宁主义在中国传播并与中国工人运动相结合，中国共产党应运而生，把实现共产主义作为党的最高理想和最终目标。正如毛泽东同志在《论人民民主专政》中指出的："十月革命一声炮响，给我们送来了马克思列宁主义。""中国人找到了马克思列宁主义这个放之四海而皆准的普遍真理，中国的面目就起了变化了。"[①] 中国共产党的诞生是开天辟地的大事变，使中国革命有了坚强领导核心和正确前进方向，中国人民有了主心骨，中国的命运有了光明的发展前景，中国的革命运动也成为国际共产主义运动的重要组成部分。

中国共产党领导的中国革命是反帝反封建的新民主主义革命，在国际共产主义运动中占有重要地位。在半殖民地半封建的近代中国，社会主要矛盾是中华民族与帝国主义的矛盾、人民大众与封建主义的矛盾。这就决定了中国人民、中华民族必须推翻帝国主义和封建主义的统治，实现民族独立和人民解放，实现国家富强和人民富裕。完成这两大历史任务、实现中华民族的伟大复兴，成为近代以来中国人民不懈追求的伟大梦想。中国共产党创造性地把马克思列宁主义基本原理运用于中国这样一个经济文化落后的东方大国，探索出农村包围城市、工农武装割据、最后夺取全国政权的中国特色的革命新道路，领导全国各族人民，历经28年艰苦卓绝斗争，通过新民主主义革命建立了人民民主专政的国家政权，为走上社会主义道路创造了政治前提，开创了国际共产主义运动历史上无产阶级革命的新道路，极大地丰富和发展了马克思列宁主义，不仅实现了中华民族梦寐以求的民族独立和人民解放，推动中国历史开始了新纪元，也是国际无产阶级斗争的又一伟大胜利。

中国共产党领导的中国革命的胜利，是继十月革命之后国际共

---

① 《毛泽东选集》第4卷，人民出版社1991年版，第1470—1471页。

产主义运动史上的又一成功范例，增强了世界人民民主阵线与社会主义阵营的力量，冲破了帝国主义的东方战线，打击了整个资本主义世界，削弱了帝国主义的世界体系，使世界范围内政治力量对比发生了有利于国际共产主义运动的根本变化，极大推进了国际共产主义运动发展。中华人民共和国的成立，彻底结束了旧中国半殖民地半封建社会的历史，中国实现了从几千年封建专制政治向人民民主的伟大飞跃；使世界范围内社会主义与资本主义力量对比发生重大变化，壮大了世界和平、民主和社会主义的力量；极大地推动和鼓舞了世界殖民地半殖民地人民的解放斗争，有力地促使帝国主义的殖民体系进一步瓦解，为世界无产阶级和一切被压迫人民的解放事业开辟了更加广阔的道路。

二　中国共产党领导的社会主义建设与改革事业对国际共产主义运动的重大意义

列宁指出："一切民族都将走向社会主义，这是不可避免的，但是一切民族的走法却不会完全一样，在民主的这种或那种形式上，在无产阶级专政的这种或那种形态上，在社会生活各方面的社会主义改造的速度上，每个民族都会有自己的特点。"① 在新民主主义革命胜利的基础上，我们党团结带领中国人民完成社会主义革命，确立社会主义基本制度，推进社会主义建设，使社会主义从一国实践发展为多国实践；进行改革开放新的伟大革命，确立了中国特色社会主义制度。这是中国共产党把马克思主义基本原理同中国具体实际相结合的伟大创造。尽管 20 世纪 80 年代末 90 年代初苏联解体、东欧国家发生剧变，中国共产党始终坚持社会主义初级阶段基本路线不动摇，接续推进改革开放和社会主义现代化建设事业，不断开

---

① 《列宁全集》第 28 卷，人民出版社 1990 年版，第 163 页。

辟和拓展中国特色社会主义道路，中国已经成为社会主义国家建设和发展的一面鲜艳旗帜，成为国际共产主义运动和世界社会主义运动继续向前发展的坚强阵地，不断地推动国际共产主义运动和世界社会主义运动深入发展。正如习近平总书记指出："如果社会主义在中国没有取得今天的成功，如果中国共产党领导和我国社会主义制度也在苏联解体、苏共垮台、东欧剧变那场多米诺骨牌式的变化中倒塌了，或者因为其他原因失败了，那社会主义实践就可能又要长期在黑暗中徘徊了，又要像马克思所说的那样作为一个幽灵在世界上徘徊了。"①

　　中国共产党创造性地进行社会主义改造，确立人民当家作主的社会主义制度，新中国由新民主主义社会过渡到社会主义社会，成功实现中华民族历史上最广泛最深刻的社会变革。其中，在对资本主义工商业进行社会主义改造过程中，实现了马克思和列宁曾经设想过的对资产阶级的和平赎买；制定和实施第一个五年计划，一批为国家工业化所必需而过去又非常薄弱的基础工业建立起来。在社会主义力量弱于西方资本主义力量的 20 世纪中期，中国同苏联和各人民民主国家结成强大的社会主义阵营，极大地增强了国际共产主义和世界社会主义力量，深刻地改变了国际政治力量对比。

　　中国共产党探索适合中国国情的社会主义建设道路，为其他社会主义国家的建设发展提供了借鉴。在社会主义改造基本完成的基础上，党领导人民开始转入全面大规模的社会主义建设。毛泽东发表《论十大关系》，提出要以苏为鉴，要走自己的路，独立自主地探索建设社会主义的道路。党的八大明确提出要集中力量发展社会生产力，实现国家工业化，逐步满足人民日益增长的物质和文化需要。在探索社会主义建设的道路上，提出必须正确区分和处理社会主义社会两类不同性质的社会矛盾，把正确处理人民内部矛盾作为国家

---

　　① 习近平：《学习马克思主义基本理论是共产党人的必修课》，《求是》2019 年第 22 期。

政治生活的主题；提出要把党和国家的工作重点转到技术革命和社会主义建设上来。在中苏论战期间，中国共产党有效维护了我们党的独立自主和国家的主权安全，维护了国际共运中党与党之间关系的基本准则，促进了国际共产主义事业的健康发展；中国共产党积极支持被压迫民族的解放斗争和正义事业，不仅得到各国的赞赏和尊敬，也巩固了各共产党之间和社会主义国家之间的团结合作。这一时期，我们党尽管经历了一系列曲折与磨难，但仍顶住了国内外巨大压力，各方面建设取得巨大成就，有效巩固了新生的人民政权，为中国经济社会全面发展奠定坚实基础，也为国际共产主义运动和人类进步事业做出了重要贡献。

中国共产党开创、坚持和发展中国特色社会主义，推进改革开放和中国特色社会主义现代化建设事业，极大促进了世界社会主义向前发展。方向决定道路，道路决定命运。中国共产党始终坚定不移地走中国特色社会主义道路，与时俱进发展这条道路。始终坚持人民立场，坚持立党为公、执政为民，践行全心全意为人民服务的根本宗旨。始终把社会主义初级阶段的基本路线作为国家的生命线、人民的幸福线，把以经济建设为中心作为兴国之要、把四项基本原则作为立国之本、把改革开放作为强国之路。改革开放是决定当代中国命运的关键抉择，是党和人民事业大踏步赶上时代的重要法宝。改革开放和社会主义现代化建设的理论与实践鲜明昭示，中国特色社会主义道路既不是封闭僵化的老路，也不是改旗易帜的邪路，而是实现社会主义现代化的必由之路，是创造人民美好生活的必由之路。

党领导的改革开放和社会主义现代化建设事业积累了丰富历史经验，为发展中国家走向现代化提供了有益借鉴和深刻启示。中国特色社会主义道路既坚持科学社会主义基本原则，又具有鲜明的中国特色，反映了经济文化比较落后国家建设和巩固社会主义的一般规律。中国特色社会主义的成功发展，为世界社会主义发展积累了重要经验。世界社会主义运动在发展中尽管历经坎坷和曲折，但马克思主义科学揭示的人类社会发展规律和总趋势没有改变、也不会改变。在苏联东欧发生剧变，世界社会主义运动陷入低潮的重要历史关头，我们党排除各种干扰和障碍，坚定不移地推进改革开放，综合国力与日俱增，形成了世界社会主义总体低潮中的局部高潮，捍卫和挽救了世界社会主义。正如邓小平同志所指出的，只要"中国稳住了，而且实现了发展目标，社会主义就显示出优越性"，"只要中国不垮，世界上就有五分之一的人口在坚持社会主义"。①

2008 年国际金融危机爆发后，中国特色社会主义在解决危机的方案中显示出旺盛生命力和巨大优势，使苏东剧变之后形成的社会主义"终结论""衰亡论"、共产主义"虚无论"不攻自破。这次严重危机后，世界社会主义虽然总体上仍处于低潮，但中国特色社会主义事业发展取得的巨大成就使世界社会主义运动在低潮迎来新的发展。习近平总书记深刻总结道："中国特色社会主义在中国取得巨大成功表明，社会主义没有灭亡，也不会灭亡，而且焕发出蓬勃生机活力。科学社会主义在中国的成功，对马克思主义、科学社会主义的意义，对世界社会主义的意义，是十分重大的。"②

三　新时代中国共产党对 21 世纪世界社会主义的重大贡献

中国特色社会主义进入新时代，这是我国发展新的历史方位，意味着科学社会主义在 21 世纪的中国焕发出强大生机活力，在世界上高高举起了中国特色社会主义伟大旗帜。新时代中国特色社会主

---

① 《邓小平文选》第 3 卷，人民出版社 1993 年版，第 320—321 页。

② 《习近平在学习贯彻党的十九大精神研讨班开班式上发表重要讲话强调　以时不我待只争朝夕的精神投入工作　开创新时代中国特色社会主义事业新局面》，《人民日报》2018 年 1 月 6 日第 1 版。

义开创了世界社会主义发展的新局面，成为 21 世纪科学社会主义的引领旗帜，成为世界社会主义发展的中流砥柱，成为推动人类社会发展进步的主导力量。习近平总书记指出："由于中国特色社会主义不断成功，冷战结束后世界社会主义万马齐喑的局面得到很大程度的扭转，社会主义在同资本主义竞争中的被动局面得到很大程度的扭转，社会主义优越性得到很大程度的彰显。"① 新时代中国特色社会主义与世界社会主义发生了更加密切、更为明确的联系。随着中国日益走近世界舞台中央，中国特色社会主义事业已成为 21 世纪世界社会主义最为重要的部分，已成为日益发挥重要影响、做出原创性贡献的伟大事业，已成为为人类对更好社会制度的探索贡献中国方案的伟大事业。

习近平新时代中国特色社会主义思想是当代中国的马克思主义、21 世纪的马克思主义。党的十八大以来，以习近平同志为主要代表的中国共产党人，把马克思主义基本原理同新时代中国具体实际结合起来，创立了习近平新时代中国特色社会主义思想。这一科学理论体系坚持马克思主义立场观点方法，坚持科学社会主义基本原则，科学总结世界社会主义运动经验教训，以崭新的思想内容丰富和发展了马克思主义。这一科学理论体系充满着对社会主义和共产主义的坚定信念，为维护人类共同利益和共同价值做出原创性重要贡献，在世界范围内日益产生广泛感召力和影响力，得到普遍认同和高度赞誉。实践充分证明，习近平新时代中国特色社会主义思想，既是马克思主义中国化的最新理论成果，是指引中华民族实现伟大复兴的科学理论，也是 21 世纪马克思主义最新理论形态，为发展马克思主义理论做出了原创性贡献。

21 世纪世界社会主义发展振兴的标志性成果，是社会主义彰显出更为广泛的制度优势。当前，资本主义发展的一个突出表现就是

① 习近平：《学习马克思主义基本理论是共产党人的必修课》，《求是》2019 年第 22 期。

其各种制度弊端不断显现。中国特色社会主义进入新时代，中国共产党推进全面深化改革，不断发展和完善中国特色社会主义制度，推进国家治理体系和治理能力现代化，形成了独特的治理优势和制度优势，为如何治理社会主义社会积累了丰富经验。中国的制度创新，为发展中国家的制度建设提供了可以借鉴的全新选择，为人类制度文明的发展贡献了中国智慧、中国方案。中国特色社会主义制度建设的成果，不仅是中国的，也是世界的；不仅为中国社会主义现代化建设、实现中华民族伟大复兴提供了保障，而且为促进人类进步和世界文明发展做出了贡献。中国是一个拥有14亿人口的发展中大国，制度建设和创新的每一个重大进步和成就，都会对整个世界产生广泛而深远的影响。邓小平同志曾充满信心地展望："我们的制度将一天天完善起来，它将吸收我们可以从世界各国吸收的进步因素，成为世界上最好的制度。"① 习近平总书记指出："随着中国特色社会主义不断发展，我们的制度必将越来越成熟，我国社会主义制度的优越性必将进一步显现，我们的道路必将越走越宽广。"② 在以习近平同志为核心的党中央坚强领导下，全党全国人民必将书写新时代中国特色社会主义事业的辉煌篇章，也必将开创21世纪世界社会主义发展的新局面。

构建人类命运共同体理念是习近平新时代中国特色社会主义思想的重要组成部分，是中国共产党人面对世界百年未有之大变局，对人类命运和前途的科学认识和准确把握。这一理念系统回答了当今时代"建设一个什么样的世界，如何建设这个世界""世界怎么了""世界向何处去"这一关乎人类前途命运的重大课题，是科学社会主义理论和实践的重大创新成果。随着中国同世界各国的友好合作不断深入，人类命运共同体理念得到了越来越多的支持和赞同。为世界谋大同，彰显了中国共产党人的世界情怀。新冠肺炎疫情在

① 《邓小平文选》第2卷，人民出版社1994年版，第337页。
② 《习近平谈治国理政》，外文出版社2014年版，第22页。

全球蔓延之际，人类命运共同体理念的时代价值充分彰显，在国际社会日益产生广泛而深远的影响，这一理念也必将推动 21 世纪世界社会主义的新发展。环顾当今世界，全球化遭遇逆流，经济增长长期低迷，发展鸿沟愈加显现，财富分配严重失衡，全球不平等加剧。与此同时，地区冲突战火不断，恐怖主义此起彼伏，非传统安全威胁持续蔓延。特别是一段时间以来，美国奉行"美国优先"政策，一再"失态""失义""失信"于全球，不断强化霸权主义和强权政治、单边主义和贸易保护，迫使以规则为基础的多边体系受到严重冲击。面对这样纷繁复杂的问题和严峻挑战，西方资本主义国家已经表现出明显的应对无术、力不从心。没有哪个国家能够独自应对人类面临的各种挑战，也没有哪个国家能够退回到自我封闭的孤岛，历史和现实再次证明，世界各国的命运已经紧密联结在一起。中国共产党是为人类进步事业奋斗的党，我们党所倡导的人类命运共同体理念的现实意义再次得以证实，世界各国更需要以负责任的精神同舟共济，共同维护和促进世界和平与发展。

在百年发展史上，建立中国共产党、成立中华人民共和国、推进改革开放和中国特色社会主义事业、全面建成小康社会和全面建设社会主义现代化强国，对于中国社会主义和世界社会主义来说，都是具有里程碑意义的大事。习近平总书记在党的十九大报告中指出："中国共产党是为中国人民谋幸福的政党，也是为人类进步事业而奋斗的政党。中国共产党始终把为人类作出新的更大的贡献作为自己的使命。"① 中国共产党即将迎来建党 100 周年，这既是中国共产党历史上的一件大事，也是国际共产主义运动史和世界社会主义运动史上的一件大事。中国共产党必将在新的历史起点上，为国际共产主义和世界社会主义事业、为人类发展进步做出新的更大贡献！

---

① 习近平：《决胜全面建成小康社会　夺取新时代中国特色社会主义伟大胜利——在中国共产党第十九次全国代表大会上的报告》，人民出版社 2017 年版，第 57—58 页。

三 世界社会主义运动
状况与趋势

发达资本主义国家社会主义
力量的现状和发展趋势*

提要： 苏东剧变以来发达国家共产党遭受严重挫折，但仍然在积极进行组织和战略调整，谋求恢复力量和争取新发展，其理论和实践成就证明了社会主义在当代世界仍然是活生生的现实，并必将得到进一步发展。

20 世纪 80 年代以来，发达资本主义国家在经济、政治和文化等方面发生了巨大变化。整个世界社会主义运动在苏东剧变后遭受严重挫折，处于相对低潮，发达国家社会主义力量也随之处于剧烈的分化组合之中。有的共产党宣布解散而销声匿迹。有的共产党更名改姓，蜕变为社会民主主义政党。但也有许多共产党顶住了压力，站稳了脚跟，并在理论上进行了反思和新的探索，在组织和战略上做了调整和创新，积极谋求恢复力量和争取新发展。资本主义国家社会主义力量的理论和实践成就有力地回击了资本主义右翼和新自由主义者在苏东剧变后发起的反共叫嚣，证明了社会主义不但没有失败，而且会在 21 世纪得到进一步的发展。

---

* 原载于《红旗文稿》2006 年第 6 期。

一　发达国家共产党的现状和面临的挑战

（一）苏东剧变对发达国家共产党的冲击和影响

苏东剧变对整个西方发达资本主义国家共产党的冲击是空前严重的。正如英国诺丁汉大学政治学教授克里斯托弗·皮尔森总结的那样，这一事件使西方一些政治家和理论家断言"社会主义在东方轰然倾覆，在西方则在无声的啜泣中消失了"。当时西方国家的共产党成了国内右翼攻击的对象，面临着严峻的生存考验。一些派别要求共产党解散或更名改姓，许多党员退党，党组织涣散。

在欧洲，苏东剧变以前，发达国家共产党在组织规模和政治作用方面都是本地区的重要力量，它们大多是在俄国十月革命胜利后和第三国际时期，按照列宁主义的建党原则组建起来的共产主义政党。多年来它们在理论上坚持科学社会主义，领导本国群众开展革命斗争，在本国和欧洲政治舞台上成为重要一翼。在苏东剧变的严重冲击下，这些国家共产党的整体力量损失过半。欧洲地区的共产党减少到21个，党员人数减少到不足100万，在各国议会中所占席位的总数由288席减少到89席。原来占西欧地区共产党人总数1/2和选票2/3的意大利共产党，放弃了共产党的名称，而更名为左翼民主党，并加入社会党国际，变为民主社会主义性质的政党。其党首奥凯托提出了"新社会主义"理论：在指导思想上，宣称"共产主义运动已经失败"，必须"彻底摆脱陈旧的意识形态躯壳"，认为马克思主义传统的阶级和阶级分析观点已不符合当代资本主义的社会阶级结构和阶级关系的新变化，社会主义不再是一种制度和历史规律；在政治上，不再以超越资本主义制度作为革命目标，宣称只能在"民主范围内"以非暴力的、民主的、改良主义的手段"和平长入社会主义"。还有一些原欧洲共产党领导人，在苏东剧变后公开放弃共产主义立场。前西共总书记卡里略宣称：宁愿进入左翼的

"共同大厦"，而不愿意固守共产党的"小茅棚"。原英国共产党改名为"民主左翼"，原主要领导人宣称"共产主义时代已经结束"。荷兰共产党、瑞典左翼（共产党人）等也放弃共产主义理想，或解散，或成为左翼小党。坚持下来的法共、西共、葡共等力量也受到重大损失。其他地区发达资本主义国家的共产党力量，也遭受重大损失。美国共产党人数减少一半，剩下七八千人；日本共产党人数由 50 万减少到 36 万；澳大利亚共产党宣布解散。

　　面对这种状况，西方的右翼势力弹冠相庆，急不可耐地宣布西方共产党已经没有存在的理由和条件了。但是，事实与一些人的愿望相反，法共、葡共、西共、希共、日共、美共等一批发达国家的共产党，在反共浪涛中，在国内外各种压力下，继续高举共产党的旗帜，坚持共产主义的理想，用实际斗争的事实证明，西方社会主义并没有像资产阶级政客或理论家所预料的那样从此"寿终正寝"。一些立场坚定的共产党领导人发挥了中流砥柱的作用。法共在逆境中仍然坚持庆祝一年一度的《人道报》节。美共主席高斯·霍尔针对 1989 年东欧事件在《社会主义震撼着世界》一文中指出：革命的道路从来不是平坦或笔直的，有时甚至崎岖险恶，但世界社会主义革命的进程是任何力量也不能阻挡或扭转的，美国共产党将始终沿着共产主义方向前进。日本共产党主席宫本显治郑重地宣告：共产党是一个很光荣的名字，日本共产党决不改名。葡共总书记库尼亚尔强调，葡共仍然是马克思列宁主义政党，它的意识形态是马列主义，党的奋斗目标始终是共产主义。意共更名左翼民主党，而以科苏塔为代表的坚定的共产党人，毅然成立了意大利重建共产党。正是这样一些共产党人发挥了中流砥柱的作用，使共产党和社会主义力量保存下来，成为进一步恢复和发展的基础。

（二）主要西方共产党对苏东剧变和苏联模式的反思

　　对于顽强坚持下来的西方共产党来说，在巨大压力下捍卫了自己的生存，是一次重大的胜利。但它们要继续存在和发展下去，就必须根据形势的变化调整理论纲领和实际斗争战略。总结苏东剧变的经验教训，就是这种调整的一个重要前提。这些共产党一致认为，苏东剧变不是社会主义本身的失败，社会主义和共产主义作为替代资本主义的思想和制度，仍然具有强大的生命力和广阔的发展前途。在对苏东剧变原因的分析上和对苏联模式的评价上，各国共产党的观点又不尽相同。有的认为，苏东剧变是这些国家主要领导人背离十月革命开辟的道路、偏离社会主义原则的结果；有的强调，苏联、东欧国家经济和政治上的官僚主义和集权专制主义是导致剧变的长期性原因；有的肯定苏联、东欧社会主义国家取得过显著成就和历史经验，有的则完全否定它们的成绩和经验；有的认为，这些国家曾经是社会主义的，后来逐渐偏离了社会主义轨道，而有的则根本否定苏联、东欧模式的社会主义性质，认为社会主义制度还没有在世界上建立过。

（三）从"为生存而战"到谋求新的发展：变化与调整

苏东剧变既是对发达国家共产党的严峻挑战，但同时也为其进一步的调整和发展提供了契机。绝大多数发达国家共产党在苏东剧变后的几年里抛弃了苏联模式的教条，一致认为，苏联、东欧模式的失败不是社会主义和共产主义理想的失败，至多是一种社会主义模式的失败。他们认为，社会主义没有固定的模式，各国共产党要根据本国实际情况独立探索过渡到社会主义的道路。对于什么是社会主义的问题，也要重新反思。这样，各国共产党在理论政策调整方面，各自又提出了不尽相同的观点和主张，调整的幅度也有一定的差异。它们大体上有两种类型。

一是探索稳健、坚持马克思主义原则较多的类型。如葡共、希腊共、德共、美共、日共等。其共同特点是：继承自己的传统较多一些，在坚持科学社会主义基本原则方面也较为明确和坚定。如坚持马克思主义作为党的指导思想，仍然倡导社会主义公有制和合理的经济计划，坚持建立劳动人民的政权，强调进行社会主义革命的必要性，强调发达资本主义的基本矛盾，坚决反对资本和雇佣劳动的对立，等等。当然，它们对这些方面的坚持也结合发达资本主义的实际和本国国情，强调走有本国特点的社会主义道路，而不是像过去那样追随苏联。

二是变化幅度大，强调自己的理论与传统马克思主义理论有较大区别的类型。如法共、西共和意大利重建共等。它们理解的社会主义和共产主义与马克思主义理论有很大不同：有的认为，社会主义是一个历史过程，而不是具体的社会制度；有的认为，社会主义只是自由、民主、平等这些价值的追求，而不是公有制或无产阶级专政等有形特征；有的主张，不是通过社会主义革命来取代资本主义社会，而是一种在现有社会内部的"超越"工程；有的主张，不是以工人阶级为主体，而是所有的进步力量都是平等主体；等等。

上述西方发达资本主义国家共产党对苏联的模式的反思和对未来发展策略的调整不一定都是正确的，但也反映了它们各自的探索成果和认识水平。

二　对社会主义理论的认识与探索

目前，发达资本主义国家的社会主义力量对社会主义基本理论和发展道路的反思和探索，正从 20 世纪 90 年代初苏东剧变直接肇始的初步总结经验教训阶段，向现在的全方面探索阶段做纵深发展。这主要表现在：由主要关注苏东剧变事件转向对国际经济、政治发展的各种新现象和新趋势做综合研究，例如，科技革命的最新发展、经济全球化、当代资本主义新变化等；由主要对社会主义和资本主义做价值评判，转向对每种社会制度存在的现实问题、具体发展道路和模式做深入探讨。进入 21 世纪的时候，发达资本主义国家中社会主义力量和其他左翼人士对社会主义的研究和探索呈现出多主体、多样化、多方面、多层次的局面。

如前所述，发达资本主义国家的共产党经过一段时期的调整以后，目前正根据国际国内的新形势，进行理论上的系统概括和政治战略上的重新考虑。从长远目标看，它们探索的主题仍然是如何从资本主义社会过渡到社会主义社会，但是对社会主义的含义和价值目标、实现主体和斗争方式以及共产党的性质与作用等一系列问题进行了重新诠释；从近期情况看，一些国家的共产党为了取得在本国的执政或参政地位，在理论和战略调整过程中也考虑目前的本国形势和选民的要求，从而提出一些具有实用主义色彩的政治、经济和社会主张。

除了共产党的理论和实践活动外，在发达资本主义国家中还有其他左翼派别及其人士也积极从事着社会主义的理论探讨活动。他们声称，仍以社会主义为价值取向和目标，以否定和"替代"资本主义为己任。尽管他们存在着认识立场的和理论思维取向的局限，但其大多不受传统政党派别纲领的拘囿和限制，关注问题的视野较为广阔，构建的理论或模式也较为新颖，因而对于 21 世纪社会主义的理论创新提供了许多有益的参考和启示。

三　发达资本主义国家社会主义力量在世界
社会主义运动中的地位

发达资本主义国家共产党和其他左翼力量的活动和斗争，是推动世界社会主义运动走向振兴的一支重要力量。它们的理论探索对于恢复和提高本国人民对社会主义的信仰和追求、对于世界社会主义理论的发展与创新具有积极意义；它们的斗争实践直接在资本主义的"心脏"地区削弱和打击了资产阶级的统治，维护了劳动人民的利益，对于推动社会进步与人类解放具有重要的作用；它们在新的形势和环境下的调整、探索和创新，为解答发达资本主义国家如何过渡到社会主义这一历史性课题，做出了贡献。

（一）发达资本主义国家共产党及左翼的理论探索对社会主义理论创新的积极意义

发达资本主义国家共产党和左翼力量置身于发达的资本主义世界，与资产阶级直接交锋，在斗争实践中，对资本主义的认识较为深刻、独到，对面临的新问题比较敏感，较少墨守各种条条框框，因而能够发现和提出一些直接性的问题。

第一，它们对当代资本主义的弊端和危机的批判中，具有许多启发意义的观点。一些共产党认为，当前资本主义社会的阶级矛盾突出地体现为金融资产阶级的统治所导致的矛盾上。矛盾的一方是金融垄断资产阶级，另一方是广大的劳动者。在资本主义经济中，决定企业命运的不是企业主，所谓的"经理革命"已经被金融寡头的操纵和控制所淹没，经理从事的只是雇佣劳动。还有的左翼人士认为，继国家垄断资本主义之后，资本主义进入一个新的阶段，即金融垄断资本主义阶段。在这个阶段，经典意义上的资本主义生产方式及其基本矛盾仍然存在，但资本的增殖形式却发生了变化。在工业资本主义时期，货币资本是资本价值的主要形式；在金融垄断资本主义条件下，资本的价值形式演变成货币资本和金融资本二元结构。金融资本这种最抽象的商品和"虚拟性"资本，对资本使用价值的生产实行全面控制，从而实现资本利润的最大化。

第二，它们对当代资本主义全球化的认识，有的观点直接深入到本质层面。如法国共产党认为，全球化随着信息革命进程而得到加速发展，但就目前而言，全球化过程是由垄断资本主义统治占主导，即不是以人类为中心，而是金钱崇拜至上。意大利重建共产党把当前的全球化视为新自由主义主导的全球化，认为现阶段首要特征就是新自由主义全球化的危机，危机主要表现在金融领域，实际上反映了消费不足与生产能力过剩的真正的资本主义经济危机。许多左翼学者认为，全球化虽然在一定程度上缓和了发达资本主义的矛盾和危机，但不可能消除这种矛盾和危机。资本更大范围的过剩积累和相对消费需求不足的矛盾更加突出，全球化使资本主义矛盾和危机扩大到全世界。

第三，它们对社会主义的认识上，视野较为宽广。它们关于社会主义的界定、关于社会主义的实现主体、关于实现社会主义的途径和方式等，都有一些有价值的见地。例如，现实社会主义国家多从社会主义制度特征方面界定社会主义，而发达资本主义国家的社会主义人士则侧重于从价值追求层面思考和设计未来社会的蓝图。两种不同角度的认识，正可以相互补充。又如，在变革资本主义社会的主体方面，它们基本上把社会上所有反对现存资本主义秩序的力量都包括进来，这启发人们重新认识工人阶级的范围及其在变革资本主义社会中的作用。再如，它们结合当代资本主义的新发展，对变革资本主义的方式和过程也做了新的分析。如像俄国、中国等社会主义革命，主要是先破坏旧世界，然后建立新世界。它们认为在发达资本主义社会，破坏和建设将会是同一个过程的两个方面。

第四，它们在对共产党的新的存在模式、组织形式和作用的看法上，很大程度上摆脱了教条主义思维。根据发达资本主义国家的实际特点和政治斗争的具体环境，它们提出了诸多创见。发达资本主义国家非执政的共产党正在根据社会和阶级结构的变化，争取代表最广泛的民众的利益，扩大自己的社会支持基础。从整个世界社会主义运动范围看，这可以说是不同社会制度环境下各国共产党都在努力解决共同的时代性问题，彼此的经验可以互为借鉴。此外，发达资本主义国家一些共产党对民主集中制原则的重新认识，对党内民主、集体决策的重视和一些具体主张，也颇具建设性。当然，发达资本主义国家社会主义力量的理论探索也有其局限性，甚至含有错误的认识，但这不能否定其探索本身的积极意义。

（二）发达资本主义国家社会主义力量的斗争对世界社会主义运动振兴的实践意义

尽管苏东剧变给发达资本主义国家社会主义力量造成巨大冲击，

但发达资本主义国家的社会主义运动并没有一路走低，它们经过理论上的反思和政策上的调整，积极开展各种形式的实践斗争，由捍卫生存转向谋求发展。不仅它们的理论探索对世界社会主义的理论创新有重要的价值，而且它们的实践斗争也是当前世界社会主义运动的重要组成部分，对于世界社会主义运动的振兴，有着极为重要的意义。

第一，发达资本主义国家社会主义力量的继续存在和发展，是对"社会主义失败论"的有力回击。发达资本主义国家社会主义力量的活跃，不仅在资本主义心脏地区直接地打碎了"社会主义失败论""马克思主义破产论"的无稽妄言，而且证明，苏东剧变后，资本主义没有也不可能"一统天下"，它固有的各种矛盾不但没有消失，而且在更大范围、更深层次上尖锐激化。发达资本主义国家社会主义力量通过集会、论坛、联系组织等形式研究当代资本主义变化和历史发展趋势，探索未来社会主义的新模式，是促进世界社会主义运动走向振兴的积极因素和力量。

第二，发达资本主义国家社会主义力量对本国政府政策的主张和影响，在一定程度上捍卫和维护了广大群众的利益。苏东剧变后，发达资本主义国家右翼势力猖獗。在这种形势和环境下，发达资本主义国家许多共产党和其他进步力量，同右翼新自由主义政策进行了针锋相对的斗争。比如：有的共产党通过参加政府，直接影响和牵制执政党的政策，努力把有利于下层群众利益的内容置于政府决策中；有的共产党和其他左翼力量，组织群众开展罢工、游行等活动，在议会之外抗击右翼力量推行的政策，为捍卫群众的切身经济、政治和社会利益而活动。

第三，发达资本主义国家社会主义力量反对霸权主义和新帝国主义的国际扩张和侵略，推动和支持了各国人民反对国际垄断资本主义统治的斗争。发达资本主义国家社会主义力量在行动上也积极参与或领导组织反对新自由主义全球化、反对侵略战争的活动和斗争，在资本主义的心脏地区推动世界人民的进步和正义斗争，并努力促进这些斗争和争取社会主义振兴事业的密切结合，从而做出了积极的贡献。

（三）发达资本主义国家实现社会主义的复杂性和艰巨性

从社会主义运动的角度来看，目前发达资本主义国家中，资本主义力量与社会主义力量的对比态势上，资本主义力量正处于优势，这使发达资本主义国家的社会主义运动在相当长的时间内处于低潮。发达资本主义国家社会主义运动陷入低潮的主观方面的原因，就是社会主义力量的相对弱小和分散。发达资本主义国家的共产党无论是在理论上还是在实践上，都没有及时地跟上形势的发展，没有制订出新的符合本国国情的路线、方针、纲领、政策和措施，没有及时地做出策略调整。应辩证地看到，一方面，发达资本主义的本质未变，基本矛盾未变，仍处于向社会主义过渡的阶段，各种新的变化和发展在有利于自身调整的同时，也更加为过渡到社会主义社会准备着物质的及其他各方面的条件；另一方面，发达资本主义是生产力空前高度发展、生产关系有重要调整、运行机制更加完备、管理经验和方法趋向成熟的资本主义，其国内阶级矛盾得到缓和，出现相对稳定的发展态势。在相当长的时间内，社会主义力量不具备大规模革命的形势，因而社会主义革命具有长期性、复杂性和艰巨性。

世纪之交西方传统社会主义
面临的挑战和"新社会主义"*

提要：本文对20—21世纪之交的西方社会主义发展状况及其面临的问题和挑战进行了系统分析和阐释，对新兴的"新社会主义"思潮做出了较为全面的概述，提出二者之间既存在着前后承继的理论连续性关系，同时又存在着相互冲突的、后者对前者的超越或替代关系。

"西方社会主义"是一个内涵和外延都不确定的笼统概念，论者们往往根据自己的论证主题的需要对其做出不同的界定。本文中的"西方社会主义"是指在欧美发达西方社会中存在的社会主义思想、制度和运动。从外延上看，它包括西方民主社会主义政党和共产党的理论与实践，也包括一些左翼人士超越这些政党的理论纲领框架而提出的关于社会主义的观点、理论和主张。20—21世纪之交，面对世界的急遽变化和出现的各种新问题，西方传统社会主义面临着政治、经济和意识形态等各方面的挑战，而陆续涌现出的"新社会主义"正是在回答这些挑战的过程中应运而生的、力求摆脱困境和危机的新理论倡议和模式建构。二者之间既存在着前后承继的理论连续性关系，同时又存在着相互冲突的、后者对前者的超越或替代

---

* 原载于《马克思主义研究》2000年第1期。

关系。只有全面分析和研究这些关系，才能较为准确地把握世纪之交西方社会主义理论和实践的全貌。

一 西方传统社会主义：挑战与困境

苏东剧变对于西方社会主义来说，也是一道为人共识的分水岭。正如英国诺丁汉大学政治学教授克里斯托弗·皮尔森（Christopher Pierson）总结的那样，这一事件使西方一些政治家和理论家断言："社会主义在东方轰然倾覆，在西方则在无声的啜泣中消失了。"[①] 苏东剧变这一事件本身真的为西方社会主义带来了灭亡的厄运吗？如果我们考察一下近 30 年来西方传统社会主义的历史，特别是占据主流地位的西方民主社会主义的历史，我们就会发现：至迟从 20 世纪 70 年代以来，西方的社会主义运动就开始面临着各方面的危机，只是在 90 年代各种累积的矛盾在苏东剧变的冲击下变得更加突出，对西方社会主义构成了严峻的挑战，在整个世界社会主义运动处于低潮时期西方传统社会主义也陷入了深深的危机之中。那么西方传统社会主义在世纪之交面临着哪些挑战和困境呢？概括起来大体包括三个方面：社会基础的削弱、传统政治经济政策的失灵和意识形态的危机，其中每个方面都包含着许多具体的问题和难题。

（一）西方传统社会主义社会基础的削弱

1. 工人阶级内部结构的变化和政治分化

不论目前关于社会主义实现主体的争论如何复杂，但把工人阶级作为社会主义的实现主体的观点仍然占据西方社会主义思想的主

---

① ［英］克里斯托弗·皮尔森：《共产主义之后的社会主义》，美国宾夕法尼亚大学出版社 1995 年版，第 2 页。

流。关键在于如何界定工人阶级，以及如何认识工人阶级的政治认同感和集体的社会主义价值取向。20 年来一个不争的事实是：传统的体力工人阶级，即那些全日制雇用的体力劳动者（主要是男性）在数量上大大减少，而白领工人人数迅速增长。从业领域也发生了很大变化，就业领域从传统制造业向高技术部门和服务业部门转变。工作实践和劳动力构成也发生了显著变化，从事部分劳动日工作的人数越来越多，女性劳动力也不断增加。上述这些变化对社会主义有何利弊呢？

如果仍然把传统的体力工人作为实现社会主义的核心力量，那么社会主义社会基础方面的危机无疑是致命性的。实际上，多数社会主义者抛弃了这种传统的认识思维。他们把各领域、各部门不断增加的雇员包容到工人阶级的行列，并得出（可能是较为乐观的）结论：工人阶级的扩大意味着社会主义社会基础的扩大。这一认识的积极意义在于：根据实际情况的变化重新确立社会主义的社会基础。但如果过于简单化地认识上述变化趋势，就是没有看到问题的关键。这个关键就是：这些扩大了的工人阶级队伍是否具有共同的社会主义政治认同感和集体动员意识？正是在这一点上，西方社会主义面临着巨大挑战。事实上，这种工人阶级队伍内部多样化趋势不断发展，分化现象也非常突出。西方学者海曼（Hyman）把 20 世纪 80 年代以来工人的变化概括为：（1）从集体主义向个人主义转化，工会会员人数减少，工人对集体决定的政策和集体纪律的响应能力降低；（2）工人阶级内部出现了工会会员和非工会会员、"中心"和"外围"以及"内部人"和"外部人"的分化；（3）根据雇主、职业和产业领域和部门的划分而不断发展的排他主义；（4）"有组织的工人阶级"发生分裂，主要表现在工会内部的冲突和工会之间的冲突。霍布斯鲍姆（Hobsbawm）指出，传统的"普遍无产阶级生活方式"逐渐瓦解，工人的阶级利益逐渐淡漠，内部分歧和冲突极为普遍。他们采取行动的直接目标不是资本所有者，而是企业管理者、政府或其他工人。还有人认为，在当代资本主义条件下，不断富足的物质生活改变了工人阶级的消费方式。住宅持有的多样性，闲暇时间和机会的延长，工作地点和居住地点距离的扩大——这些都瓦解了集体生活方式，而集体生活方式在传统上正是加强工人阶级的共同利益和经验的。

这些变化无疑对西方社会主义的社会基础构成了严峻挑战。西方一些人士深刻地认识到了这一点。高兹（Gorz）早在 1982 年就指出："资本主义的发展创造了这样的工人阶级，总体看来他们不能支配生产资料，他们的直接利益也与社会主义的合理性不一致。"① 西方学者赖斯（Lash）和尤里（Uny）也认为，资本主义的变化导致了"工人阶级能力的衰退"，"不仅仅是工人阶级的规模而且他的'核心'也在无组织的资本主义中衰减了。空间上的分散意味着联系和组织网络的崩溃，结果是阶级资源的极大削减"。这样，"整个产业工人阶级按照自己的面貌改造社会的力量被极大地削弱了"。② 这些观点可能失之偏颇，但在某种程度上确实揭示了西方传统社会主义在社会基础方面面临的难题。

2. 西方社会主义政党的选举困境及其社会主义性质的淡化

由于工人阶级内部结构的变化和分化，他们现在很难形成一个拥有集体性的社会政治利益的群体，因而他们也不再作为社会主义政党的"天然选民"而存在。在西方，社会阶级（特别是工人阶级）已经不再是选举意向的有效指示器，过去的那种"纯阶级"投票已经很少看到。如 20 世纪 50 年代在英国，体力工人中所投票数的 2/3 以上支持工党，而非体力工人中所投票数的 4/5 以上支持保守党。但从 60 年代以来，这种稳定的投票趋向逐渐变得不明显起来。工人们按照自己所属部门、职业、控制市场资源的能力等方面将选票投给不同的政党，导致社会主义政党的选票大量流失。这样，

① 参见［法］高兹《告别工人阶级》，伦敦 Pluto 出版社 1982 年版，第 15 页。
② 参见［英］赖斯、尤里《有组织的资本主义的终结》，剑桥政治出版社 1987 年版，第 11、311 页。

西方社会主义政党运用传统的选举纲领和战略赢得或维持自己的执政地位已经变得越来越困难。

在上述情况下，只有采取新的选举战略，不再把工人阶级当作自己的"天然选民"社会主义政党才能获得选举胜利。近些年来西方各左翼政党又纷纷执政或参政，实际上它们获得的选票决不局限于传统工人阶级，而是通过向整个社会吁恳，更加淡化选举的阶级属性。可见，西方社会主义政党为了解决支持率下降和政党忠诚淡化的问题，它们逐渐抛弃了原来所坚持的一些传统社会主义目标，努力使自己以"全社会"的或"全民"的政党而不是阶级政党的面貌出现。其实这种情况早在20世纪80年代初就表现得非常明显了。如1982年，西班牙社会主义工人党出人意料地赢得大选胜利上台执政，以后又接连赢得了1986年和1989年的选举胜利，实际上这也是以抛弃自己纲领中的社会主义原则为代价的。如学者安托尼奥·加西·桑特斯马塞斯（Antonio Garcia Santesmases）在1985年这样写道："仅仅在十年的时间里，西班牙社会主义工人党就从共和主义、中立主义、反资本主义、工人自治主义变为西班牙加入北约的捍卫者、效率和市场经济的坚持拥护者。"[1] 如近些年来西方出现的新型"第三条道路"战略，更是具有实用色彩，也更加淡化了政党的阶级性质。正如一位评论家对英国工党领袖布莱尔上台执政评论说："实际上是布莱尔本人胜利了，而工党却失败了。"还有的评论家指出，英国工党的"第三条道路"战略不过是回过锅的撒切尔主义的残羹剩饭，是美国模式的拙劣翻版。

（二）传统民主社会主义政治经济政策的失灵

随着苏联模式的失败，西方民主社会主义模式似乎也难以为继。前者以中央集权计划经济为特征，后者以国家干预和福利国家为特

---

① Share Donald, *Dilemmas of Social Democracy: The Spanish Socialist Workers Party in the 1980s*, New York: Greenwood, 1989, p. 150.

征。到 20 世纪末期，曾经实行苏联模式的国家或进行以市场化为导向的改革或完全走上了市场资本主义的道路。而西方民主社会主义的传统政治经济战略也陷入了深深的危机之中。西方一些评论家这样讲："二十世纪传统社会主义的两种主要实践形式在实现自己所承诺的合理民主的经济生活方面，却都以失败告终。"①

对于西方社会主义来说，它早已抛弃了中央计划，而致力于推行国家干预和福利国家政策。这种政治经济战略在从第二次世界大战以后到 20 世纪 70 年代初期，曾经取得过很大的成功，一些评论家把这一时期说成是"社会民主主义的黄金岁月"。而从 70 年代中期以来，情况却发生了逆转。在这之前的 25 年里，甚至西方的右翼政党都在民主社会主义的框架内活动，而现在恰恰相反，执政的民主社会主义政府也不得不追求新自由主义政策了。发生这种逆转的原因是什么呢？主要有两个方面：一是福利国家政策内在固有的矛盾造成的；二是资本全球化的冲击。

福利国家政策的内在矛盾在于：它作为一种改良政策，是建立在资本主义经济繁荣增长的基础之上的。正是战后 25 年里资本主义经济的恢复和发展，才使民主社会主义政府收入再分配的措施和其他改良手段得以推行。社会民主党或社会党对资本主义的改良的预期前提是：战后推行的凯恩斯政策能够带来低通胀增长，经济发展能够为在充分就业的条件下扩大社会福利提供基金。而 70 年代中期以后，资本主义经济出现了"滞胀局面"：经济停滞和通货膨胀并行，"悲惨指数"（失业率加通货膨胀率）节节上升。这种经济形势不仅瓦解了民主社会主义政党对充分就业的承诺，而且使福利国家陷入窘境，它不得不用日渐衰竭的税收收入来应付社会各方面的开支需求，且经常受到大资本的抵制。本来民主社会主义者把自己的政策说成是"治理资本主义危机"的政策，而现在人们又将存在的

————————

① 参见［英］克里斯托弗·皮尔森《共产主义之后的社会主义》，Polity 出版社 1995 年版，第 26—27 页。

矛盾概括为"治理危机的危机"了。

世界经济的全球化也破坏了西方各国推行传统民主社会主义政治经济战略的条件。这种战略和政策本来是政府在一国经济领域内推行的，而70年代中期以后，随着国内经济的开放，经济全球化的发展，资本和金融的大规模国际流动，使得传统民主社会主义在一国范围内"驯服私人资本"的政策越来越难以奏效。工业和金融制度越来越独立于一国政府权威之外，跨国公司的数量和权力也都在增长，它们在整个世界范围内进行生产和经营，其活动不受任何国家的监督，其预算也超过了个别国家的预算。国际信用市场也超过了各国中央银行的控制。随着信息技术的发展，资本可以在全球范围内做经常性的飓风般运动。这样，一方面，它极大削弱了西方民主社会主义政府推行国家干预的权威和能力；另一方面使其调节国内资本和倾向于劳动者的收入再分配措施越来越难以进行。国内劳工运动越来越受到国际竞争规则和条件的限制。实际上，早在70年代末期英国工党政府和法国社会党政府就发现"'一国推行凯恩斯主义'是不可能的"。

总之，在80年代和90年代的大部分时间里，民主社会主义政党无论是执政、参政还是在野，没有一个连贯的政治纲领，只是不断地向自由主义政党妥协。在历史上，它们曾经抛弃了经济社会化的社会主义目标，追求国家干预和福利国家战略。在国际经济秩序发生巨大变化时，它们又抛弃了传统战略，正在寻求新型的中左"第三条道路"。其发展前景如何，我们正拭目以待。但毫无疑问的是，这种西方传统社会主义的主流支派面临着政治经济政策方面的严重困境。

（三）西方社会主义的意识形态危机

如果说政治经济政策方面的挑战主要是针对民主社会主义的话，那么意识形态方面的挑战则是面对整个西方传统社会主义的。我们在描述这方面的挑战时，一般仅限于对西方的"社会主义死亡"论做出分析和评价。其实意识形态方面的挑战也是来自多方面的。其中主要有以下几个方面。

1. 自由主义和新自由主义的变种发起的挑战

自由主义论调的典型代表就是日裔美籍人弗朗西斯·福山（Francis Fukuyama）对社会意识形态的发展所做的启示录般的解释。他以黑格尔的历史哲学粉妆矫饰，提出了"历史终结"的图式，认为20世纪80年代人们亲眼见证了"西方确切无疑的胜利"和"对西方自由主义的各种替代方案的彻底失效"。这不仅"是一场划时代的胜利"，而且臻于"历史的终点，也就是人类意识形态演化的终点和作为人类最终管理形式的西方自由民主的普遍化"。① 在西方，人们对福山言辞的广泛征引重于对其进行理解。有人认为，福山装扮精巧的论调对自由民主的最后胜利没有太多的把握。然而，正是福山的这种简陋论调在1989—1990年声誉鹊起，成为皇皇宏论，但它对复杂的世界历史事件的解释却苍白无力。

除了福山赤裸裸的新自由主义论调外，还存在许多较为隐讳、但在实质上仍然是新自由主义的理论和观点。我们这里仅举西方学者拉尔夫·达伦道夫（Ralf Dahrnndorf）和狄莫西·加顿·艾锡（Timothy Garton Ash）的观点为例，看看这些新自由主义的变种理论是如何挑战社会主义意识形态的。

拉尔夫·达伦道夫的文章《欧洲革命的反思》看起来比福山的论调严肃谨慎一些，尽管他对社会主义前途的预测也具有浓厚的启示色彩。他将福山自诩的黑格尔历史主义视为"对严肃辩论的讽刺"，但在描述1989年革命对东西方社会主义前途的影响方面，达伦道夫仍是诅咒满腹。他这样讲："结果证明社会主义已经死亡，任何形式的社会主义变种都不可能在从斯大林主义和勃列日涅夫主义的双重噩梦中苏醒过来的世界上复活。"对于未来社会发展前景，他提出了"开放社会"（Open Society）概念以"替代"福山赤裸裸的

① ［美］福山：《历史的终结》，《国家利益》1989年夏季号。

新自由主义。他认为："社会主义不仅是发展中国家现象，而且在最初发展阶段过后人们也不能坚持社会主义。它迟早会让位于一种更加开放、有效的模式。在这种模式中，经济获得进步，政治功能可能衰减，而现实的社会主义无法维持下去……"① 我们这里不难看出达伦道夫"开放社会"的新自由主义实质。

狄莫西·加顿·艾锡（Timothy Garton Ash）对1989年革命所做的政治性评判是这样的：事实表明，"不存在'社会主义民主'，只存在民主。而对于民主而言，它们意味的就是在现代西欧、北欧和南欧正在实践的多党制和议会民主。它们齐声说：不存在'社会主义法制'，只存在法制。而对于法制而言，他们意味的就是由以宪法为后盾的司法独立所保障的法制。它们齐声说（对于左翼而言这可能是最重要的声音）不存在'社会主义经济'，只存在经济。至于经济，它意味的不是社会主义的市场经济，而是社会的市场经济……总体方向确定无疑：目标是走向这样一种经济，增长的引擎就是市场，生产、分析和交换工具实行广泛的私人所有制"②。很明显，加顿·艾锡祛除了"社会主义的"这一定语的那些中性的"民主""法制"和"经济"，实际上与福山的观点同出一辙。

2. "后马克思主义"发起的挑战

"后马克思主义"目前在西方已经出现了新一代代表人物。简单地讲，"后马克思主义者"认为，由于"经典"形式的马克思主义推论中掺杂着一系列几乎不成立的认识论假设，因而它必然会被逐渐削弱。他们提出的建议就是，只有把这些虚幻的因素从"经典"马克思主义中净化出去，才能拯救马克思主义传统中仍然有价值的东西。"后马克思主义者"的基本观点可以概括为以下四个方面。第

---

① 参见［德］拉尔夫·达伦道夫《欧洲革命的反思》，伦敦 LSE 出版社 1990 年版。

② 参见［英］加顿·艾锡《我们人民》，剑桥 Cranta 出版社 1990 年版，第 151 页。

一，认为马克思主义中存在一种被误导的信念，即"历史哲学"所提供的可能性，也就是人类社会的发展规律。这种在马克思主义理论中最为根深蒂固的东西没有丝毫证据，在某种情况下是十分有害的。第二，认为在马克思主义的分析中，存在一种从唯物主义分析的某些（逻辑上优先的）因素"推导"出政治和意识形态现象的倾向。它以现代经验难以证明的方式特许了"阶级"和"劳动"等范畴的解释权力。第三，经典马克思主义的解释框架倾向于把经济、政治和意识形态范畴当作"本体"而不是"功能"。这会转移人们对现存国家和民主实践中存在的那些偶然性的、历史性的和可争论的因素的注意力。第四，认为传统马克思主义的分析力量主要集中于对整个社会范围的甚至世界范围的现象的解释，但并不是所有的社会和政治斗争都在这种宽泛的世界范围内才能得到最好的解释。不仅那些一国内大量发生的斗争几乎无法从传统的马克思主义分析中得到说明，而且社会中存在的大量地区性（概念性的）辩论，根本就不具有国家范围的和以阶级为基础的那种意义，可它们仍然是争取自治斗争的策略场所。马克思主义过多注重说明社会的整体模式，无法解释具体社会问题的多样性。"后马克思主义者"一致认为，如果不重新建构其阐释前提的话，马克思主义将不能够解释当代世界，更不用说改变世界了。

　　3. 后现代主义发起的挑战

　　后现代主义的批判目标并不是具体针对社会主义，它要否定的是西方哲学的整个基础。它倡导多样性和差异性，具有无中心特征。然而它打破一切偶像的行为基调也在某种程度上对社会主义思想构成了挑战。后现代主义者一般认为，社会主义，确切地说是马克思主义，看来充满着现代性的实证主义和结构主义逻辑。社会主义的倡导者经常将社会主义思想当作启蒙运动的产物，是启蒙思想家所主张的理性在人类事物中的应用，按照"理性支配"的结果改革和指导社会，就会形成一种压迫和不公正的社会制度和实践。社会主义就是一种具有病弊的"现代工程"，其目标就是按照合理的社会秩序所揭示的要求对整个社会进行改造。它同样也包含着启蒙思想的假设一元叙事的连贯性，"深层知识"的有用性，人类社会的可塑性。后现代主义者认为，这种结果是极为可怕的。无论社会主义者实行政治干预的意图是多么的善良，他们根据世界理性的规则改造社会的目的经常导致极权主义的出现。

综上所述，西方传统社会主义的思想、运动和实践在社会基础、政治经济政策和意识形态等各个方面面临着严峻的挑战。传统的民主社会主义在各种政策矛盾层层交织的情况下，看来难以为继，若不实行变革则前途岌岌。近来英国工党和德国社会民主党对"第三条道路"的探索就是摆脱危机的一种尝试，但这种具有浓厚的调和和妥协色彩的中左路线真的能够挽救民主社会主义吗？我们现在还难以断定。但有一点肯定的是，民主社会主义的阶级和意识形态性质淡化了，这也是欧洲民主社会主义的"第三条道路"和美国推行的新政策取得一致的一个原因。西方各国的共产党面对苏东剧变以来的严峻形势也努力调整自己，力求以一种新的面貌生存和发展下去。法国共产党的"新共产主义"理论便是一个典型。但在这种"新"理论中，它放弃了工人阶级专政、马列主义指导地位和民主集中制等原则，转而抽象地谈论人道、民主、人民运动等，这也许在战略和策略调整方面具有积极的功用，但对于西方共产党的长远目标和自身性质定位来说，这种调整的效用利弊还有待社会实践的检验。不论如何，西方共产党在实践上的成绩还是微乎其微，目前还不能为西方社会主义回应各方面的挑战提供切实有效的工具。我们在本文开端指出，还存在着超越两种传统社会主义理论的"新社会主义"构想。它们包括哪些主要思潮和流派？各自回应挑战的角度和理论侧重点如何？我们在下面就对其进行简要的总体评析。

二　西方"新社会主义"：理论上的"超越"

　　苏联东欧的变化在西方引发了一场广泛、持久、深刻的关于社会主义的世纪之交大讨论，这场多主体、多层次、多视角的大讨论无论在广度上还是在深度上都超过了历史上以往的相同论题的辩论。参加讨论的有历史学家、政治哲学家、经济学家、社会学家、文化学家等方方面面的人物。其中许多仍然以社会主义为价值追求目标的人，他们各自根据自己的知识背景和研究领域有的从总体上总结经验教训思考社会主义的命运，有的着重考察传统社会主义面临的某一方面的挑战并提出自己的理论应对或替代方案，从而产生了多种多样的关于社会主义的理论观点和理论模式。其中在目前影响较大且具代表性的思潮和流派有市场社会主义、后工业社会主义、多元社会主义、经济民主的社会主义和生态社会主义等，这些社会主义流派都提出了与西方传统社会主义不同的理论观点和主张，在回应挑战方面做出了这样或那样的尝试。

　　市场社会主义是目前在欧美较有影响的一种社会主义思潮，其成因和促发因素是多方面的，即包括苏联东欧社会主义模式的垮台对于西方社会主义的直接效应，也包括倡导该思潮的人对西方传统民主社会主义面临的政治经济政策困境进行反思、力求摆脱危机寻求一条新道路的尝试，同时也包括整个世界的市场化趋势产生的直接和间接影响。市场社会主义的基本理论主张可以用下面这一简要程式来概括："社会所有制＋市场＝效率＋公平＋自由＋民主"。围绕这个程式中六个因素的取舍、组合、相互作用和侧重强调点的不同以及对每项因素的不同设计，市场社会主义思潮内又可划分为不同的类型，20 世纪 90 年代以来就出现了大大小小十余种模式，如美国经济学家约翰·罗默的"证券社会主义"、美国经济学家詹姆斯·扬克的"实用的市场社会主义"，美国施韦卡特的"经济民主的市场社会主义"、英国戴维·米勒的"合作制市场社会主义",等等。①
一些倡导者认为市场社会主义是苏东变化后社会主义的未来选择模
式,一些倡导者认为它是苏东社会主义解体后社会转型的最佳出路,
还有一些倡导者认为它是克服现代资本主义不公正现象同时又保持
其经济效率的理想方案,同时也有人认为它是西方民主社会主义摆
脱目前困境的道路。总之,市场社会主义之所以在西方产生很大影
响,就是因为它是同传统社会主义、当代资本主义、民主社会主义、
苏联东欧转型都有密切关联的一种社会主义思潮。

"后工业社会主义"是一个较为宽泛的称谓,实际上主张"后
工业社会主义"的人在欧洲极为分散,且理论观点差异很大,并未
像市场社会主义那样形成许多系统的流派。就其理论主旨而言,它
是以新科技发展引起时代的转换这一宏观视角审视社会主义在未来
的命运和前途。因为它所否定的是整个"工业社会",所以传统的
"工业资本主义"和"工业社会主义"都已不符合时代发展的需要。
对于社会主义而言,"后工业社会的临近要求深刻改变社会主义者的
基本原则"。"现在可以更明确地说,新的时代破坏了工业社会主义
的价值,而使得更一般的、与工业化没有联系的社会主义范式具有
现实意义。"② 从后工业社会主义的基本理论内容来看,第一,在社
会形态特征上,后工业社会主义区别于以往社会形态的主要特征在
于,它的社会生产方式不同于以往的农业或工业生产方式,而是建
立在知识经济的基础之上。知识经济的特殊性决定了后工业社会主
义在所有制方面、人们在社会中的地位和相互关系方面都发生了根
本的改观,从而产生一种全新的社会形态。第二,后工业社会主义
知识所有制的建立将真正克服人的异化。第三,后工业社会主义的

---

① 详见余文烈、姜辉《90年代以来国外市场社会主义八大理论模式》,《经济研究资料》1998年第3、4期。

② 参见〔俄〕萨马尔斯卡娅《从工业社会主义到后工业社会主义》,《当代世界与社会主义》1997年第1期。

经济发展目标是建立一种物质生产和人类整体生活有机统一、自觉行为和自由活动密切结合的经济组织形式。第四，后工业社会主义主张建立适应人类整体生活和集体经济的、非官僚化的自由民主政治。

生态社会主义发展已久，且国内研究和介绍的著述很多，本文不再赘述。值得密切关注的事情是：在德国，由社会民主党和联盟绿党共同组成的"红绿联盟"在1998年赢得大选胜利，组成新一届德国政府。这标志着生态社会主义在西欧社会变革实践中的重大突破进展，这必然导致生态社会主义的理论主张和纲领发生重大变化，也使生态社会主义思潮在西方的影响进一步扩大。

另外，多元社会主义思潮是为了回应后马克思主义和后现代主义对社会主义意识形态发起的挑战而做出的回应；而经济民主的社会主义一方面是为了克服苏联模式中央集权经济的弊端，另一方面也是对资本主义社会经济领域不民主、大型私人企业形成经济专断、"民主在工厂门前止步"的积弊做出的有力抨击，同时设计多种多样的"经济民主"社会主义模式作为替代资本主义经济组织形式的方案。苏联东欧变化之后，经济民主社会主义的倡导者结合新形势，研究新问题，形成许多系统的理论，对西方国家的政治经济决策产生了很大影响。本文由于篇幅所限，对这两种思潮不做具体论述了。

现在对西方各种"新社会主义"思潮和理论模式做一总体评价。

从"新社会主义"理论模式本身来看，它们与西方传统社会主义有很大区别，也不同于西方的新保守主义或新自由主义，更与科学社会主义截然不同。从总体上看，尽管它们对现存的资本主义制度持批判态度，试图运用温和的或激进的方式改造资本主义，在资本主义社会的政治"光谱"中处于左的一极，但是它们在理论上批判资本主义的过程中，不能科学地揭示出资本主义的基本矛盾，不能正确地了解社会主义代替资本主义的客观规律。有的模式重于实用，只是为左翼政党提供更新的选举战略；有的模式偏爱"价值"，把社会主义简单地归结为一种永无止境的价值追求过程，不注重根本的生产方式和经济基础的变更；有的眼界狭窄，把社会主义推翻资本统治的斗争局限于片面的生态问题或女权问题，不去主要解决资本主义的基本矛盾；有的又过于宽泛，仅仅根据宏观的时代转换和科技的发展而抽象地泛谈未来社会主义，不注重在社会主义旧有的历史成果上进行理论和实践的更新。总之，西方"新社会主义"模式不能科学地指出超越和替代发达资本主义的正确方向和道路，达不到科学社会主义的科学境界。

但是，我们应该看到：这些"新社会主义"的代表置身于资本主义社会中，亲身观察和体验资本主义社会出现的种种不平等和不公正的社会问题，对新情况和新问题反应敏锐，并善于在理论上进行深入的探讨和分析。尽管他们提出的解决问题的方法具有非科学性质，但许多具体建议和具体思路却发人深思，具有很强的启示作用。而且他们提出的许多问题也是科学社会主义理论和实践在新的时代条件下力图解答的问题，因而具有重要的参考借鉴意义。我们应该按照马克思和恩格斯在《共产党宣言》中对待各种非科学社会主义思潮和流派所采取的科学立场和方法，对上述各种"新社会主义"在理论上做出客观的评析，剔除其非科学成分，吸收其有益的和创造性的因素为我所用。

21 世纪初国外共产党组织 总体状况及发展前景[*]

提要：20 世纪末的苏东剧变对世界范围内的共产党组织及共产主义力量产生了极大的冲击。但是，坚持下来的共产党组织经过危机、分化、重组和更新，从捍卫生存到谋求新的作为，推动了国际共产主义运动在 21 世纪的发展。

20 世纪末期的苏东剧变，对世界范围内共产党组织及共产主义力量的影响是前所未有的。一方面，共产党组织受到很大冲击，有的解散消亡，有的改名易帜，转变为社会民主主义类型的政党，或转变为在国内政治舞台上无足轻重的边缘激进团体。另一方面，许多共产党组织在逆境中坚持社会主义和共产主义奋斗目标，探索适合本国国情的理论战略和活动方式，取得了不同程度的成绩，为国际共产主义运动延续了存在和发展的基础。苏东剧变至今已经将近20 年，坚持下来的这些共产党组织经历了危机、分化、重组和更新，从捍卫生存到谋求新的作为，推动了国际共产主义运动在 21 世纪的发展。

苏东剧变之后，10 个社会主义国家的共产党丧失了执政地位，广大非执政的共产党力量锐减，其数量从剧变之前的 180 多个下降

---

* 原载于《高校理论战线》2009 年第 2 期。

到剧变之初的 120 多个。经过近 20 年的调整，国外共产党组织的力量有所恢复。目前，约有 100 多个国家存在着共产党或坚持马克思主义性质的政党，大大小小共产党组织的总数约有 130 个（根据维基百科的说法，目前全世界现存的大大小小共产党组织有 180 多个。这里采用国内研究者一般认同的统计数字），国外共产党党员总数约有 1400 多万，越南、朝鲜、古巴、老挝等执政的社会主义国家党员人数约有 730 万，其他国家还有党员 700 多万。执政的共产党 7 个，除越、朝、古、老社会主义国家执政的共产党外，还包括摩尔多瓦共产党人党、塞浦路斯劳动人民进步党和尼泊尔共产党（毛主义）在非社会主义国家执政；参政的共产党有 11 个，包括巴西共产党、保加利亚共产党、圣马力诺重建共产党、南非共产党、斯里兰卡共产党、尼泊尔共产党（联合马列）、尼泊尔共产党（联合阵线）、尼泊尔共产党（联合中心 – Masal）的阵线组织贾纳莫查党、叙利亚共产党（费萨尔派）、叙利亚共产党（巴格达什派）和乌拉圭共产党。

一　国外执政的共产党概况

（一）社会主义国家执政的共产党

越南共产党、朝鲜劳动党、古巴共产党和老挝人民革命党等现存社会主义国家的执政党，经受住了苏东剧变的考验，共产党的执政地位一直较为稳固。20 年来，各党党员数普遍有所增加。越南共产党党员从苏东剧变前的 200 万增加到现在的 240 多万，朝鲜劳动党党员从 300 万增加到 400 万，古巴共产党党员由 70 多万增加到 80 多万，老挝人民革命党党员由 8 万增加到 12 万多。

（二）非社会主义国家执政的共产党

1. 摩尔多瓦共产党人党。该党原为苏联共产党的地方组织。苏联解体后，党的力量受到很大削弱，一度处于地下状态。1994 年，开始进行公开活动并于当年召开代表大会，重新建党。2001 年、2005 年，摩共在议会选举中两次取胜，连续成为执政党。该党以马克思列宁主义作为指导思想，强调自己是工人阶级、劳动人民和一切劳动者的政党。

2. 塞浦路斯劳动人民进步党。该党是塞浦路斯最大和最早成立的政党。2003 年，它作为参政党，与民主党和社会民主运动党一起组建了联合政府。在 2008 年大选中，党的领导人赫里斯托菲亚斯当选为总统。该党党章规定，以马克思列宁主义为指导，是工人阶级和劳动人民的先锋队组织。在现阶段，它支持建立一个独立、非军事化和不结盟的塞浦路斯。它将为建立一个发达的民主社会而斗争。

3. 尼泊尔共产党（毛主义）。尼泊尔共产主义运动中存在两大流派，一是在合法斗争中发展壮大的尼共（联合马列），二是一直坚持武装斗争的尼共（毛主义）。苏东剧变后，尼共（联合马列）依据尼泊尔国情适时调整自身的政策纲领和斗争策略，抓住苏东剧变后尼泊尔进入民主化时期的机遇，多次参与联合政府或者自己单独执政。在 2008 年 4 月的议会选举中，尼共（毛主义）一鸣惊人，成为议会最大党，并成立了由尼共（毛主义）中央主席普拉昌达领导的新政府。尼共（联合马列）随后加入了联合政府。

二　原苏东地区共产党概况

在苏联地区，俄罗斯联邦共产党的实力最强，影响最大。1991 年，这个党曾被取缔，后经艰苦斗争重新争得合法权利。此后，俄共不但积极参加了历届国家杜马选举，而且推举领导人参加了三次总统大选。近年来，俄罗斯政治力量对比发生变化，俄共复兴的势头受阻；其内部思想分歧也日益加剧，多次发生分裂，力量受到很大削弱。党员人数由 2003 年初期的 50 万人下降到目前的不足 20 万人，基层组织由 2003 年年初的 17500 多个减少到 14700 多个，目前有地方分部约 2400 个。

　　除俄共外，乌克兰、白俄罗斯、塔吉克斯坦、吉尔吉斯斯坦等国的共产党也是较有影响的。苏东剧变后，乌克兰共产党与俄共的经历极为相似，也经过了被禁、重建、发展、分裂的历程。目前，曾经作为国内最大政党的乌共力量大为减弱，其党员数从高峰期的 25 万回落到 11 万。虽然在 2007 年的议会选举中，乌共实力有所回升，但要重返政治舞台主角地位，仍然任重道远。在白俄罗斯，原苏共党员在重新建党的过程中发生分裂，结果导致出现了白俄罗斯共产党人党和白俄罗斯共产党同时并存的局面。1993 年春，共产党加入共产党人党。但由于在对政府的态度上存在分歧，仅在三年半之后，这两个党很快分道扬镳。其中白俄罗斯共产党有条件地支持现政权，而白俄罗斯共产党人党则成了不妥协的反对派。中亚地区的塔吉克斯坦共产党是该国登记在册的 8 个政党中人数居第二位的政党，现有党员 7 万余名，在议会下院有 13 个议席，能够对国家的内政外交产生一定影响。在 2007 年的议会选举中，吉尔吉斯斯坦共产党人党获得总共 90 个议席中的 8 个，是议会第三大党。而在苏联地区的其他国家，共产主义运动的力量非常有限：有的共产党状况不佳，有的根本不允许重建共产党，有的共产党始终没有获得合法地位。

　　在前东欧地区，苏东剧变使得共产党受到了毁灭性打击。在波兰、罗马尼亚以及南斯拉夫解体后独立出来的巴尔干诸国，几乎看不到共产党人的踪迹。但也有些国家，如保加利亚、匈牙利、捷克、斯洛伐克、阿尔巴尼亚等国，共产党人重建了自己的组织，只是名称不同，力量不等，影响各异。其中尤其值得关注的是捷克共和国的波西米亚和摩拉维亚共产党。该党由原捷克斯洛伐克共产党演化而来，是后共产主义的东欧地区唯一一个没有在其名称中放弃使用共产党称号的前执政党。步入 21 世纪以来，该党的选举成绩一直相对稳定。

三　发达资本主义国家共产党概况

目前，绝大多数发达国家存在共产党组织。在西欧地区，经过苏东剧变冲击后坚持下来的共产党，到 20 世纪 90 年代中期，组织和力量基本稳定下来。其中较有影响的有法国共产党（13 万多党员）、葡萄牙共产党（13 万多党员）、意大利重建共产党（9.6 万党员）和意大利共产党人党（3.5 万党员）、西班牙共产党（4 万多党员）、希腊共产党（3 万多党员）。另外，其他一些共产党也在低潮中坚持斗争。在北海和波罗的海沿岸，还有一些共产党组织继续存在，在近些年有所发展：芬兰共产党为斯堪的纳维亚地区最大的共产党，在国内有一定影响，虽然在议会中没有代表，但在包括赫尔辛基在内的一些城市拥有地方议员，该党宣称拥有党员 3000 人；芬兰共产主义工人党约有 200 人；瑞典共产党在 1995 年召开重建大会，在 2006 年议会选举中获得 438 张选票；丹麦共产党、丹麦的共产党和共产党（丹麦）（2006 年由丹共—马列与共产主义统一党合并而成），共有约 1000 名党员；挪威共产党约有 500 人。在德国，主要有三个共产主义派别，原西德地区的德国共产党、1982 年成立的德国马列主义党；以及成立于 1990 年的德国的共产党。老英国共产党在苏东剧变时演变为"民主左翼党"，目前在英国主要的共产主义政党，一个是英国共产党（也称"晨星报派"），是英国最大的共产党组织，在 2008 年的党代会上宣称拥有党员 941 人；另一个是 70年代从老英国共产党分裂出来的新英国共产党。

美国共产党是美国左翼政党中人数最多、影响最大的党。同其他发达资本主义国家的共产党一样，美共也因苏东剧变而受到巨大冲击。经过多年的重建努力，美共力量有所恢复。目前，几乎每个州都有美共的分支。登记在册的共产党员约有 5000 名，每月大约都有 160 名民众通过其网站入党。

日本共产党是当今世界最大的非执政共产党之一。由于早在 20 世纪 60 年代日共就同苏共发生了严重的分歧和矛盾，多年来日共与苏共一直呈对抗状态，因此在苏东剧变的冲击下，日共并没有像其他共产党那样遭遇内部危机。目前，日共的党员数从 1994 年的不到 36 万增加到约 40 万，党支部发展到 25000 个，党的基层组织网覆盖全国。但在国会选举中，日共的劣势并未得到明显改善。在 2007 年的日本参众议院中，日共总共只有 16 个议席。针对这种状况，日共及时进行了反思和调整，提出了一些直面日本社会要害问题的务实且大胆的新政策，比如呼吁解决社会差距问题，减免学费、让年轻人受到平等教育，推进老年人医疗制度，保障女性和年轻人就业权利等。日共的廉洁形象也深得民众认可。这使得日共人气飙升。仅在 2007 年 9 月至 2008 年 5 月间，就新增了约 8000 名党员。日本共产党至今仍然是发达资本主义国家最大的共产党组织。

四　国外发展中国家共产党概况

苏东剧变对发展中国家共产党同样造成了深刻而广泛的冲击，但绝大多数共产党并未因此瓦解。相反，亚非拉地区许多共产党的实力和影响甚至有所扩大。在亚洲地区，印度的共产党力量比较强大。印度共产党成立于 1920 年，在 20 世纪 60 年代国际共产主义运动的大争论中，该党分化为印度共产党、印度共产党（马克思主义）、印度共产党（马克思列宁主义）三个党。其中印共（马）的力量最强。截至 2004 年，该党宣称拥有党员约 86 万，群众组织的成员约 4915 万，是全印度最大的左翼政党，也是资本主义国家中人数最多的共产党。目前，印共（马）在西孟加拉邦执政已逾 30 年，与其他民主政党在另外两个邦联合执政也有多年历史。另一共产党派别印度共产党现有党员 60 万左右，下属群众组织的总人数约 600 万。印共（马列）在印度喀拉拉邦具有很强的影响力。自 1957 年以来，以印共（马列）为首的左翼民主阵线和国大党为首的联合民主阵线在该邦轮流执政。此外，这一地区较有影响的共产党还包括叙利亚共产党（费萨尔派）、叙利亚共产党（巴格达什派）、斯里兰卡共产党、黎巴嫩共产党（约有党员5000人）等。其中，前三个共产党在各国议会中拥有一定的议席数，通过执政联盟参与执政。

在非洲地区，南非共产党是最有影响的共产党组织。苏东剧变后，南非共成为国内的合法政党。此后，其组织规模迅速扩大，党员数由1990年的2000人上升到现在的8万人。1994年以来，南非共作为三方执政联盟的重要一方，连续参与执政。目前，南非现政府中有多位部长、副部长来自南非共。其他国家的一些共产党组织，如塞内加尔独立和劳动党、留尼汪共产党、莱索托共产党等，也在本国政治生活中发挥着一定作用。

在拉美地区，至今约有20个共产党活跃在政治舞台上。巴西共产党是其典型代表。苏东剧变发生后，巴共在坚持高举马克思主义旗帜、捍卫无产阶级政党基本原则的基础上，及时调整内外政策，通过积极参与国家改革、加强与左派的团结等方式不断扩大党的力量和影响。巴共的党员数由1992年的1.2万发展到今天的约25万，是仅次于古巴共产党的拉美第二大共产党组织。另外，智利共产党、阿根廷共产党、秘鲁共产党、玻利维亚共产党、哥伦比亚共产党、委内瑞拉共产党等也相对活跃。

五　国外共产党组织发展前景

总的来看，苏东剧变后近20年来，在世界社会主义和共产主义低潮中坚持奋斗的国外共产党组织，经历了从顶住冲击压力到进行理论纲领和实践策略的调整、探求进一步发展的过程。它们根据新阶段世界经济、政治和文化领域等各方面的变化及其挑战，依据本国客观形势和环境的变化，基于自己的理论和实践传统，进行了新的探索，大都取得了一些成果。然而，由于所处国际国内环境的不同，也由于各自力量存在差异，它们的发展很不平衡，面临的问题也纷繁复杂，各有不同。

越、朝、古、老社会主义国家执政的共产党不断强化自身和政权建设，其治国理政能力显著增强，执政地位相对稳固。但这四个党也面临着诸多考验和挑战，如西方始终一贯推行的"和平演变"的压力，在社会主义条件下发展市场经济的巨大考验，经济发展过程中出现的贪污腐败等消极现象的影响，在一党执政条件下如何推进社会主义民主建设的要求，如何实现社会效率与社会公正的统一，等等。

摩尔多瓦共产党等在非社会主义国家通过议会选举合法上台执政，这是 21 世纪出现的、世界社会主义运动史上前所未有的新现象。作为非社会主义国家的执政党，能否长期执政显然是其面临的主要任务。而要实现长期执政，取决于许多因素的影响，其中关键一点是能否把本国经济建设好，能否实现社会公平。此外，从在野党转型为执政党，也对这些党的自身建设提出了新要求。

对于非执政的共产党组织而言，当前的主要任务，一是继续捍卫生存，巩固自己在国内政治舞台上的地位；二是推进适合形势发展和本国人民要求的理论与实践创新，制定适宜的纲领战略，争取越来越多的群众支持，扩大自己的社会基础，增强自己同右翼资本主义势力作斗争的能力。在条件具备的时候，可以谋求参与政府活动，影响政治决策，使之有利于中下层广大群众的利益。同时，要高度重视在议会或政府外进行动员组织广大群众的活动，开展广泛的社会斗争。从实践看，当前坚持下来的各国共产党普遍摆脱了苏东剧变之初极端困难的局面，在国内政治中的影响程度不同地有所回升，有的党甚至能够直接或通过执政联盟参与执政。但是，非执政共产党的整体表现仍然起伏不定、时好时坏。近一段时期来，一些主要共产党的影响甚至呈下降态势，在近年的总统和议会选举中获得的选票数连创新低。同时，党内分裂和理论滞后也是国外非执政共产党面临的主要问题。许多共产党虽然进行了探索和调整，但一些深层次的理论问题并没有得到有效回答。理论上的滞后或含混，制约着它们的长远发展。

总之，国外共产党组织在苏东剧变后的实践活动，对于恢复人们对社会主义和共产主义的信仰和追求，维护和争取广大劳动人民的利益，对于促进社会进步，对于推动国际共产主义运动走出低谷实现振兴，具有重要的意义。它们在新的形势和环境下所进行的调整、探索和创新，为解答资本主义如何过渡到社会主义这一历史性课题，提供了许多新的有益启示。它们的斗争成就也使人们在国际共产主义运动处于低潮条件下看到了社会主义的前途和希望。同时，制约各共产党和世界社会主义运动发展的外部环境依然严峻，各共产党进行的探索也只是初步的，自身建设也面临着许多难题和挑战。国外共产党组织要从整体上实现大的发展，还有很长一段路要走。根据时代变化，制定出适合本国国情的战略与策略，仍是当前国外共产党及其他社会主义力量面临的迫切而艰巨的任务。

资本主义危机与世界社会主义 *

提要： 21 世纪初发生的资本主义危机，实际上是资本主义制度固有的顽疾和"绝症"的新发作，即生产的社会化与生产资料私人占有的矛盾这一无法祛除的"魔咒"。危机更突出地表明资本主义生产方式在逐渐丧失历史合理性，自我调节创新的能力和空间以及发展的多样性，将对资本主义的历史命运产生深远的影响。危机也为世界社会主义的发展提供了新的机遇，同时提出了新的问题和挑战。

当前正在发展的资本主义危机，让人想起列宁曾经说过的一段诙谐而深刻的话："历史喜欢作弄人，喜欢同人们开玩笑。本来要到这个房间，结果却走进了另一个房间。"[1] 20 多年前，东欧剧变、苏联解体的时候，世界处处都在议论"社会主义的危机"，有人兴高采烈地弹冠相庆，有人忙着撰写"社会主义讣告"，有人信心满腹地宣布"历史的终结"。当时是一场多么轰轰烈烈、声嘶力竭的反社会主义"大合唱"！然而在从历史度量看来"瞬间"都还算不上的 20 年之后，历史老人却又"开玩笑"地把"危机"塞进了资本主义这个"房间"。然而历史绝不是这样简单，在"开玩笑"这样的形象比喻

---

* 原载于《中共杭州市委党校学报》2012 年第 4 期。
① 《列宁全集》第 20 卷，人民出版社 1958 年版，第 459 页。

后面，却是历史规律客观地、严格地、严肃地发生作用，历史的必然性总是不可遏制地通过各种偶然性为自己开辟道路。

经济危机是观察和研究资本主义的一个非常重要的途径和方式。今天世界各地和各领域人士都在讨论"资本主义危机"，甚至资本主义的重量级人物，像萨科齐那样的国家首脑，格林斯潘那样的美联储前当家人，索罗斯那样的金融大鳄，威廉森那样的"华盛顿共识"的始作俑者，达沃斯论坛那样的高端会议，《经济学人》《时代周刊》那样的顶级报刊，等等，都在公开谈论资本主义的"危机""拯救""调整"和"改进"，更不用说左翼人士的激烈抨击和愤怒声讨了。这次资本主义发生的危机，有与以往发生的危机同样的表现和机理，同时也有着非常不同的内容、特点和形式，有着不同的意蕴、影响和趋势。正因为如此，现在许多人士，包括资本主义的维护者，都在议论"这一次不一样"。那么，今天资本主义"危"在何处？它还有没有再次逃生的机会？危机中蕴含着怎样的历史逻辑？资本主义危机对世界社会主义发展意味着什么？

一　资本主义危机与固有顽疾新发作

自从 1825 年英国发生第一次全面的经济危机以来，资本主义每隔数年就周期性地发生危机，资本主义人士总是认为资本主义自身能够克服危机，总是把危机说成资本主义正常的"周期调整"。希望人们相信，繁荣、衰退、萧条、复苏，是资本主义经济的必然循环，如同四季交替、潮起潮落，再自然不过。号召人们危机时节衣缩食，忍耐牺牲，放弃一些繁荣时期享受的利益和生活条件，共渡难关，为的是迎来新的繁荣。有的人还甚至宣扬，每一次危机过后都会使资本主义"洗心革面""再造再生"，今天也有一些资本主义的辩护者说这次危机将使资本主义"浴火重生""凤凰涅槃"。比如，英国《金融时报》2012 年 1 月 4 日发表题为"让资本主义与时俱进"的社评认为，对 20 世纪 80 年代在美国罗纳德·里根和英国玛格丽特·撒切尔执政期间出现的再生资本主义必须加以改革，因为事实证明这种资本主义不仅有欠稳定，而且重要的是它还有欠公平，结果造成了灾难性的危机。但该文指出："资本主义将通过改变而得以存续。这是以往的经验，今天同样适用。"

为了减缓危机的冲击和后果，经济学家们发明创造了形形色色的反危机理论和措施，财政政策，货币政策，国家干预，宏观调控，刺激消费，平衡供需，等等。然而，资本主义无法祛除的"魔咒"是：一方面，资本主义总是一次次地在危机中涉险过关，劫后逃生，并改变自己的存在形式，继续肆意扩张；另一方面，资本主义无论怎样改头换面，怎样扩张狂进，却一次次又落入危机的魔网。

其实，透过笼罩在资本主义历史上的迷雾，拨开资本主义的神秘面纱，马克思揭示的资本主义社会的基本矛盾，即生产的社会化与生产资料私人占有的矛盾，便是这无法祛除的"魔咒"。这个基本矛盾，总是通过危机的爆发呈现出来。经济危机对于资本主义来说，有着双重的作用。一方面，解决危机的尝试和调整，可以暂时地恢复生产力并有可能取得比危机前更大的发展；另一方面，由基本矛盾所决定和制约，资本主义必然灭亡的趋势，也就是生来俱带的"绝症"，总是以更严重的病症爆发形式展示其必然灭亡的历史命运。正如马克思指出的那样，在危机中，"资本主义生产总是竭力克服它所固有的这些限制，但是它用来克服这些限制的手段，只是使这些限制以更大的规模重新出现在它面前"[①]。

然而，资本主义经济学家、历史学家和政治家们，总是有意或无意地回避、抹杀资本主义的这一矛盾，就像一些患了癌症的病人或者不愿意直接提起这"绝症"，或者讳疾忌医而不愿意承认自己的病，或者总觉得自己有着继续活下去的希望和机会。他们有的认为危机并非必然，而总是资本主义一次次"失误"所致。这种"失误

---

① 《马克思恩格斯全集》第 46 卷，人民出版社 2003 年版，第 278 页。

论"最为代表性的，莫过于发明"奥肯定理"的美国经济学家阿瑟·奥肯，他在 40 多年前在《繁荣的政治经济学》中这样讲："衰退从根本上说是可以防止的，它们就像飞机失事而不像飓风。但我们从来没有能够从地球上消除飞机失事，当然也不清楚是否有足够的智慧和能力去消灭衰退。危险并未消失，那些可以导致周期性衰退的因素仍然潜伏在飞机的两翼，等待着飞行员的某种失误。"而在表达这次危机的原因时，各色各样的人士又推出了各种理由：监管不力，金融诈骗，过度投机，少数人贪婪，等等。其中最有意思而耐人寻味的，是英国和美国两个国家的元首或名义元首在危机中对资本主义经济学家和政治学家"集体智力"的怀疑。一是 2008 年年底英国女王伊丽莎白二世在伦敦经济学院访问时向一些顶级的经济学家发出疑问：你们为什么没有人注意或预测到危机的到来呢？据报道各位经济学家当场集体沉默失语。过了一些日子，一些顶级经济学家集体署名一封致女王陛下的信，讲道："抱歉，女王陛下，我们没能预测到国际金融危机的到来。""总之，没能预测出这次危机的时间、幅度和严重性是许多智慧人士的集体失误，无论国内还是国际上的学者，人们都没能将系统性风险视作为一个整体。"请看，这正是奥肯 40 多年前表达的"失误论"的绝好翻版。二是美国总统奥巴马的同样"精彩的"怀疑与无奈。他说："我们的经济严重衰退。这来源于部分人的贪婪和不负责任，更由于作为一个整体，我们未能做出面对一个新时代的艰难决策。"

好个"系统性风险"！好个"新时代的艰难决策"！这样的表达具有极大的讽刺性：又是一场资本主义顶级政治家、经济学家在危机大考面前的"集体作弊""整体敷衍"。这是最优秀的"精英们"仍然用狡黠的专业术语愚弄民众和世界。可是，上述两个表达都同时提到的"作为一个整体"，实际上就是整个资本主义制度固有的顽疾和"绝症"的新发作。这样自欺欺人的解释，同时也表明了资本主义辩护者们对资本主义基本矛盾的无奈、回避和掩盖！然而离开了问题的实质和核心，所有化解危机的努力，都无异于塞万提斯笔下的堂吉诃德同风车作战！

二　资本主义危机及其历史命运

可是，历史绝不是简单的往复循环。资本主义制度确立 300 多年来，虽然它似乎总是在繁荣与危机交替中经历着恒定不变的轮回，但历史发展的辩证法总是在人们看来不变的表象中、突发的偶然中、持续的量变中，毫不留情地推动着实质性的变化、必然规律的实现、阶段的质变。资本主义繁荣与危机的交替之所以呈现出周期性，正是马克思所深刻揭示的"必须把世界市场危机看作是资产阶级经济一切矛盾的现实综合和强制解决"①。也正是"因为它在把资本主义生产方式本身炸毁以前不能使矛盾得到解决，所以它就成为周期性的了"②。每一次危机，都向人们对资本主义命运的考察增添新的启示，都对超越资本主义制度本身的历史性解决办法增添新的意义。那么这一次危机中，究竟哪些是"不一样"的？它对于资本主义与社会主义本身，都意味着什么呢？

这场危机已经持续近 5 年了，关于这场危机的原因、表现和趋势，至今也有了数不清的论述。我认为，至少以下三个方面对于我们思考资本主义命运值得深入思考和研究。

1. 危机更突出地表明资本主义生产方式在逐渐丧失历史合理性

资本主义生产方式，说到底，就是其基本矛盾所推动的对资本的无限积累，对利润的无限索取。它的基本特点是：不计一切代价地追求资本增殖，完全脱离社会需求地扩张资本和扩大生产，只要有条件降低工资成本就不顾人的死活。总之这是一种为实现私人利润而不顾一切后果的生产模式。马克思在《资本论》中曾引用英国

---

① 马克思：《剩余价值学说史》第 2 卷，人民出版社 1978 年版，第 569—570 页。
② 《马克思恩格斯选集》第 3 卷，人民出版社 1995 年版，第 749 页。

工会活动家托·约·邓宁的话来形容："资本害怕没有利润或利润太少，就像自然界害怕真空一样。一旦有适当的利润，资本就胆大起来。如果有10%的利润，它就保证到处被使用；有20%的利润，它就活跃起来；有50%的利润，它就铤而走险；为了100%的利润，它就敢践踏一切人间法律；有300%的利润，它就敢犯任何罪行，甚至冒绞首的危险。如果动乱和纷争能带来利润，它就会鼓励动乱和纷争。"① 而今，这种生产方式为了追求更大的利润，用投机赌博代替了组织生产，用虚拟经济摧毁了实体经济，用赤裸裸的掠夺代替了"文明治理"，用"做空"整片民族国家的方式代替对个人或群体的剥削。这种生产方式，已经不仅仅是践踏法律、鼓励纷争，而是1%的人为追求高额利润而要毁灭整个世界！当然，这样也同时要摧毁资本主义制度本身。难怪美国大投资人格兰瑟姆哀叹："资本主义威胁到了我们的生存"，"这种'不计代价求增长'的做法可导致整个制度的毁灭"，"全球化会为资本家提供更多自取灭亡的机会"。② 难怪资本主义老牌谋略家布热津斯基在新著中讲，金融灾难促使美国和许多西方国家突然地认识到自身在不加管制的贪婪面前的系统性弱点。③ 难怪世界经济论坛主席施瓦布说："当前形式的资本主义制度不再适合当今世界。"④

2. 危机更突出地表明资本主义正逐渐失去自我调节创新的能力和空间

纵观资本主义的历史，为了从一次次危机中解脱并谋求新的发

---

① 《马克思恩格斯文集》第5卷，人民出版社2009年版，第871页。

② 《格兰瑟姆不知道马克思有关资本主义的理论是不是正确？》，美国市场观察网站，http://bookmark.people.com.cn/toViewBookmark.do? id = 209520，2012年3月12日。

③ ［美］布热津斯基：《战略远见：美国与全球权力危机》，洪漫等译，新华出版社2012年版，第4页。

④ ［瑞士］克劳斯·施瓦布：《资本主义制度不再适合世界》，《德国金融时报》2012年1月25日。

展，谋求更大的利润，资本家们总是使资本主义制度处于不断变化更新中。正如马克思揭示的："资产阶级除非对生产工具，从而对生产关系，从而对全部社会关系不断地进行革命，否则就不能生存下去。"① 这些拯救和调节手段包括技术创新战略，扩大地理空间战略，产业升级战略等。资本家们也不愧为"优秀的创新家"，可以说每一项战略都在资本和利润驱动下达到极致。技术创新使得资本始终掌握着人类最先进的科学和发明，地理扩张使资本完全掌控着全球化的脉搏而蔓延到世界每一个角落，产业调整使资本总是最快地占据最能获得超额利润的产业领域。正是由于资本趋于达到极限的运动，在历史上总是使资本主义从一次次危机中逃生并迅速发展起来。然而也正是由于这样的资本运动，也同样导致全面、更猛烈的危机发生，使其防止危机的手段越来越少。每一件应对危机的武器，都反过来对准自身。马克思在一个半世纪前讲："这个曾经仿佛用法术创造了如此庞大的生产资料和交换手段的现代资产阶级社会，现在像一个魔术师一样不能再支配自己用法术呼唤出来的魔鬼了。"② 比如，不断的技术创新导致资本有机构成不断提高，利润率下降规律作用更为显著，于是资本被迫通过金融化狂热逐利，虚拟经济严重脱离实体经济而变成难以驾驭的"魔鬼"。这种通过"金融创新"的法术呼唤出来的"魔鬼"，更具"夺命力"，资本主义对此难以支配和驾驭了。随着资本在全球范围内天马行空地扩张，其基本矛盾及各种矛盾也在国际范围内愈演愈烈，发达国家向国外"转嫁危机"的办法现在也遭到全球的抵制，于是矛盾同时又折回国内，遭遇了西方"占领华尔街运动"那样的激烈反抗。由此可见，资本主义自我调节和创新的能力和空间都成了严重问题。

3. 危机更突出地表明资本主义正逐渐失去发展的多样性

综观资本主义几百年的历史，可以说资本主义同其他社会形态

① 《马克思恩格斯选集》第 1 卷，人民出版社 1995 年版，第 275 页。

② 同上书，第 277—278 页。

一样，是多样性的统一。在不同的历史时期，在不同的国家和地区，产生了不同的资本主义模式。比如英美国家以崇尚自由市场为特征的"盎格鲁—撒克逊模式"，德国等欧洲大陆国家以注重社会市场经济为特征的"莱茵模式"，瑞典等北欧国家以注重劳资协调和社会保障为特征的"瑞典模式"，等等。然而经过 30 多年国际垄断资本主义的全球扩张，新自由主义大行其道，整个资本主义总体上又趋归其原始的积累与统治形式。特别是在这场危机中，暴露出资本主义趋向单一发展模式的严重弊端。新自由主义模式已声名狼藉，除了极少数极端辩护者外，其他资产阶级拥护者也都唯恐避之不及，连法国总统萨科齐、曾鼓吹"历史终结"的福山，都认为这种自由至上的资本主义必须改变。而对于其他形式的资本主义模式来说，由于 30 多年来逐渐被新自由主义侵蚀、同化，已经失去了特有的基础、理念和优势。比如社会民主主义模式通过所谓的"第三条道路"革新，逐渐适应、接受并靠拢转向新自由主义模式，并把发展手段和自身命运的赌注都压在了新自由主义道路上，这样在新自由主义于危机中垮台之后，西方主流经济学丧失信誉之后，资本主义究竟向何处去，危机之后整个资本主义朝哪个方向调整，目前仍然是一片茫然纠结。这是长期以来资本主义单一模式盛行、逐渐丧失发展多样性的恶果，多样性的丧失意味生机和活力的泯灭。

在反思资本主义的过程中，许多人，包括反对资本主义的左翼人士，也包括拥护资本主义的右翼人士，对资本主义的未来命运做出判断和预测。下面列举几个代表性的观点。

左翼人士。著名的世界体系分析理论创始人伊曼纽尔·沃勒斯坦认为，资本主义的发展走到了极限，进一步扩张的动力已经衰竭殆尽。他预言，资本主义世界体系还有 40—50 年的寿命，之后将出现分野，有两种可能的发展方向：一种是以更强的等级制、压迫性为特征的世界体系；另一种是更加倾向于平等和正义的世界体系。他表示倾向于后一种。

温和右翼人士。美国资深记者迈克尔·舒曼认为，"大衰退"后的资本主义都将改头换面。从洛杉矶到伦敦，再到雅典，公众爆发的不满情绪是绝对不能忽视的。不过，无论变革的呼声多么响亮，资本主义都不会消失。但面临的挑战是如何改革资本主义。其结果将决定资本主义在今后二三十年的命运。

当然，这类人士中有的人的忧患意识更强烈些。比如美国凯雷投资集团联合创始人兼董事总经理大卫·鲁宾斯坦警告称："我们现在还有 3 年到 4 年的时间来改进我们的经济模式，否则我们的制度会终结。"

保守右翼人士。美联储前主席格林斯潘发表题为"胡乱干预市场者后果自负"的文章，认为无论自由市场资本主义存在什么样的缺陷，在被尝试用作其替代品的制度中——从费边社会主义到苏联模式的共产主义——没有哪一种制度能成功满足所在国人民的需求。现在资本主义需要调整，但不应随意"改进"其模式。

美国哈佛大学教授劳伦斯·萨默斯撰文否认要对资本主义进行改革，他说一旦宏观经济政策调整到位，当前的许多担忧都烟消云散。当代经济中最需要改革的，并非资本主义色彩最浓的部分，而是资本主义色彩最淡的部分。

笔者认为，这次危机，使资本主义作为一种整体的社会制度，自第二次世界大战以来第一次遭到了整个世界范围的、大规模的质疑或反抗；"占领华尔街运动"是半个多世纪以来第一次将资本主义整体作为主要批判目标的大规模群众性运动。这使得资本主义各种矛盾趋于尖锐化，资本主义自身固有的弊端，特别是最深层次的弊端都暴露出来。因而说，列宁在 100 年前所揭示的资本主义的寄生性、腐朽性、垂死性，今天在全球资本主义时代再次集中地显现出来。

这里笔者要突出地强调一下如何科学理解资本主义寄生性、腐朽性和垂死性的问题。这首先要求我们树立的是历史眼光、世界尺度和辩证思维。我们讲资本主义寄生和腐朽并不是简单地理解为它根本不能发展了，而是像列宁 100 年前理解帝国主义一样，是停滞的趋势与快速发展的趋势并存。用世界尺度衡量其腐朽性，也不是像我们在日常生活中对一个濒临死亡病人那样的判断，今天奄奄一息，明天就会死亡。应正确地理解为：资本主义从本质上在逐渐失去其历史合理性和生命的活力，其作为一种社会形态的历史局限性和暂时性经常被全面危机这样的历史现象集中地呈现出来，而其拥护者所鼓吹的完美性和永恒性则一次次在历史考验中破灭。

三　世界社会主义面临新的机遇和挑战

西方世界发生的资本主义危机，为世界社会主义的发展提供了新的机遇。在爆发危机的西方世界，共产党及左翼力量面对的有利条件主要有以下几方面。

一是随着资本主义金融危机和经济危机的发展，西方新自由主义力量占主导和右翼政党强势占据政治舞台的局面开始逐渐扭转，这对于包括西方共产党在内的左翼政党来说无疑是生存和发展环境的有利转变。

二是资本主义金融危机和经济危机的爆发和加剧，使得西方共产党对资本主义批判的观点和主张得到实际的检验与支持，使长期以来政治理念和声音被忽视、被淹没的共产党受到很大鼓舞，因而获得重新树立和整饬自己理论的好的契机。

三是经过苏东剧变后20年的抗争、调整，许多西方共产党组织及左翼在国内舞台上站稳脚跟的同时，力量有所恢复，并开展了许多反对资本主义的斗争及活动。它们经过理论反思和实践磨炼，逐步适应变化了的国际国内环境，总体上由受挫低落转变为积极振作，由被动应付转变为自觉提升，逐步走向新的成熟。这为西方社会主义的发展奠定了一定的组织基础和力量来源。西方共产党及左翼经过多年的调整变革，在理论建构和实践开拓方面都取得了一定成绩，在逐步确立自身的思想基础、组织基础、社会基础上积累了一定的经验和条件。

四是面对国际范围内强大的右翼力量的联合进攻，西方共产党及左翼力量也逐步加强彼此之间的联系与合作，逐步由苏东剧变之后的各个孤立抗争转变为谋求左翼力量的团结合作，形成了西方社会主义发展的一定规模优势。

但同时，世界社会主义运动在21世纪初面临的挑战仍然十分严峻，并出现了新旧问题相互交织的复杂发展态势。

其一，在西方，"资强社弱"的态势没有根本改变，资本主义在总体上处于攻势越来越强烈的时期。在主导新一轮全球化的过程中，资本主义重新获得了力量，尤其是国际金融垄断资本主义变得更富于进攻性和侵略性，只是攻击和掠夺的形式发生了新的改变。

其二，在西方国家，社会"反共疑共恐共"情绪仍然普遍存在，共产党组织及其力量在各国政治舞台上处于受排斥甚至边缘化的地位。相比于其他政党，共产党作为"左翼中的左翼"或"激进左翼"的位置还很难立足。西方共产党组织的阶级基础和社会基础薄弱。在资本主义议会民主制框架下，赢得选民的能力不强，难以与主流政党抗衡。

其三，西方共产党及左翼力量根据形势的变化进行了理论和策略的调整与创新，但一些共产党在调整过程中具有"社会民主党化"倾向，失去过去鲜明的政治立场和主张；还有一些共产党至今仍处于实践自我封闭和理论停滞状态。

其四，西方共产党、工会组织和工人阶级之间的关系，失去了过去那种总体上的一致性和相互支持促进的联系，彼此之间缺乏协调，甚至存在矛盾和悖离，这严重制约着反对资本主义斗争的深入开展。许多国家共产党组织分裂严重，派系斗争不断，严重削弱了整体上的团结斗争能力。

其五，西方社会主义政党及进步力量利用资本主义危机的能力不足，经验不够，难以提出有效克服危机的战略策略。资本主义危机来临的时候，虽然能够深刻揭示出危机的实质，开展对资本主义的批判，但是如何利用危机造成新的斗争形势，如何向民众提出令人信服的克服危机的有效措施，则很难做到。在议会之外的社会斗争中，一些共产党还难以有效地领导、引导各种社会运动。

对于世界社会主义运动而言，危机造成有利于社会主义发展的新形势和新条件，但危机不一定就带来社会主义的复兴。正如 20 世纪 70 年代的资本主义危机过后来临的不是世界社会主义的发展，相反却是世界社会主义运动的衰落；而资本主义经历危机后奋力突围调整，造成了后 30 年的全球扩展。在这次国际金融—经济危机中，社会主义迄今还没有被当作一种可供选择的解决问题的替代方案提上议事日程。世界社会主义的复兴，需要各国各地区社会主义力量制定出自己的符合时代发展、符合各国各地区实际、能够切实代表和维护工人阶级及广大人民群众利益的战略策略。

当前，资本主义进入国际垄断资本主义阶段，国际垄断资产阶级的统治范围、力量都得到巩固和加强，资本主义的自我调节和创新能力还很强，资本主义力量处于绝对优势。世界社会主义运动在相当长的时间内仍将处于低潮。另一方面我们应看到，资本主义在国际金融—经济危机中受到了严重冲击，美国的霸权地位遭到削弱，而社会主义中国以及一些新兴经济体却在迅速发展中壮大，世界格局正在重塑，世界经济政治新秩序正在逐渐形成，这些都将推动世界社会主义运动的深入发展。邓小平曾经说过："我们中国要用本世纪末期的二十年，再加上下个世纪的五十年，共七十年的时间，努力向世界证明社会主义优于资本主义。我们要用发展生产力和科学技术的实践，用精神文明、物质文明建设的实践，证明社会主义制度优于资本主义制度，让发达的资本主义国家的人民认识到，社会主义确实比资本主义好。"[1] 社会主义中国取得的重大发展，充分展示了社会主义的感召力和巨大优越性，必将对世界社会主义的发展

----

① 《邓小平年谱（1975—1997）》（下卷），中央文献出版社 2004 年版，第 1255 页。

产生重大的推动作用。

　　历史的辩证法就是这样：资本主义危机与发展这两种趋势并存，本质上丧失历史合理性与自我调节修复能力仍然很强也并存。哪个时期哪种趋势和力量占优势，取决于各种条件的综合作用。但社会主义最终代替资本主义的历史规律不会改变，我们希望社会主义在这场危机之后会有新的作为和发展，希望社会主义在与资本主义的新一轮历史竞争中占据主动和优势。黑格尔说过，密涅瓦的猫头鹰不是在旭日东升的时候在蓝天里翱翔，而是在薄暮降临时才悄然起飞。但愿社会主义在经过新的历史洗礼和千锤百炼后，以更加有力、更加自信的姿态展翅翱翔于历史的天空！

四　西方国家共产党的
变化与调整

三种评判与三个问题：关于当前
欧洲发达国家共产党的地位与影响*

提要：本文对苏东剧变以来欧洲发达国家共产党的发展历史做了理论总结和反思，论述了目前国外理论界关于这些共产党的地位与作用的三种不同类型的认识；从理论与现实的结合上，提出并分析了正确看待当前欧洲发达国家共产党和社会主义运动应注意的三个主要问题。

从1989年苏东剧变到现在，已经有10多年了。其间，欧洲发达资本主义国家坚持下来的共产党，经历了危机、重组、更新和发展，从捍卫生存转向谋求在欧洲政治舞台上有新的作为。理论与政策的调整是必然的，正如社会主义国家执政的共产党必须进行变革和创新一样。在经济全球化和复杂多变的政治形势下，在欧洲左右翼政治力量之间界限非鲜明化、政治天平向右翼新自由主义倾斜、传统的阶级政治和劳工运动受到削弱的情况下，正确看待和评价共产党的理论政策调整，科学地判断它们的地位、影响及发展走向，是一个十分复杂的问题。

---

* 原载于《马克思主义研究》2003年第3期。

一　国外理论界的三种评判观点

当前在欧美理论界，除了共产党员、或者少数支持共产党的人士外，从整体上看，对社会民主党的关注程度重于对共产党的关注。人们谈起左翼和社会主义，自然首先想到的是社会民主党和社会民主主义。例如，英国左翼学者唐纳德·萨松在 20 世纪 90 年代中期出版的著作《社会主义百年：20 世纪的西欧左翼》①，资料丰富，篇幅达 900 多页，被一些人称为是百科全书式的著作。该著运用大量翔实、令人信服的资料，探讨了西方左翼社会主义运动在 20 世纪的百年历史，以及 20 世纪末期左翼的变化发展情况。但他的笔墨主要泼洒在社会民主党和社会民主主义上，而共产党被置于主流之外。他忽视了共产党与社会民主主义政党的区别。在另一本书中他又认为，几乎所有左翼党派，在 20 世纪末都"以公开的或隐蔽的方式，成了资本主义俱乐部的注册成员"②。再如，前几年，国外论及社会民主主义所谓新型"第三条道路"理论与政策的著述沸沸扬扬，但直到现在，专门论及共产党变革的著述却相对极少。笔者根据自己的资料积累，把国外关于欧洲共产党地位和前途的主要观点，归纳为三种类型。

一是"边缘化"论。这一类型的理论不同于人们经常引用的国外经典右翼言论，像 10 多年前布热津斯基宣扬的共产主义"大失败"论，日裔美国人福山抛出的"历史终结论"。这里论述的，是西方一些严肃学者就西方共产党本身的变化，包括理论政策的变化、国内政治影响力的变化、选民支持情况和社会基础的变化等方面，

① Donald Sassoon, *One Hundred Years of Socialism: the West European Left in the Twentieth Century*, London: I. B. Tauris Publishers, 1996.

② Donald Sassoon ed., *Looking Left*, London: I. B. Tauris Publishers, 1997, p. 2.

所做的严肃认真分析。我们尽管可以不赞同他们的结论,但应尊重和参考他们的研究。这里笔者仅举出认为西方共产党已经衰落并边缘化的一种典型观点,即巴黎政治学院的政治历史和社会学教授马克·拉扎尔(Mark Lazar)在其文章《衰落的西欧共产主义》中,从诸多方面分析了西欧各主要共产党的情况。① 文章主要观点概括如下。

在组织上,现在的西欧共产党已经失去了昔日优势。其一,现在西欧各主要共产党获得的选票在4%和10%之间波动,而在20世纪80年代初期,意共、法共、葡共的选票分别超过了25%、20%和15%,西共的选票也曾接近10%。法共在1978年曾拥有52万名党员,现在只剩下不到15万人。其二,成员和选民构成也发生很大变化。原来共产党主要依靠的人群数量越来越少。其中,传统的工人、农民以及年轻支持者比例减小,而公共领域的非熟练工人、退休者和老年人的比例增加。随着经济结构和社会结构的变化,原来主要围绕无产阶级、集体主义价值和工业社会的阶级冲突构建的共产党,目前已经丧失了传统社会基础,即传统的工人阶级,而且个人主义价值冲击和代替了集体价值。其三,过去,共产党人试图以自身为核心构筑起一个完整的体系,这个体系包括工会、群众组织、党所控制下的各种协会等,这些力量曾经为共产党的发展拓展渠道。但现在,这种特殊的机制现在已经变得松散了,其各个组成部分,尤其是工会,或者去寻求自治,或者完全瓦解。

在政治地位和战略上,现在的共产党很难独立地发挥作用。"在70年代,共产党曾经能够在政治上处于攻势地位,经常迫使其他政党按照与共产党关系的亲疏来界定自己。而现在,他们只能处于守势,并仅依赖其对手或盟友的选择行事。他们日复一日、毫无目的

---

① See Mark Lazar, "Fin-de-si le Communism in Western Europe", *Dissent*, Vol. 47, (Winter200), pp. 62 – 65.

地努力着，试图减缓颓势，维持自己过去曾有力量的最后一丝残余。"① 共产党现在没有什么可行的战略，有时为了显示自己的独立存在，不惜去压制、破坏自己的左翼盟友。如1998年意大利重建共产党迫使中左政府垮台，1989年瑞典共产党同右翼结盟以削弱瑞典社会民主工党等。此外，他们还依靠这种手段试图重新界定自己的意识形态、身份和纲领。

在意识形态上，现在的西欧共产党处于模糊和混乱状态，没有鲜明的理论标识。"共产党实际上是由一片片色彩迥异的意识形态碎片缝合起来的。其中，色彩鲜明的几片格外引人注目，这就是反资本主义、反帝国主义、反法西斯主义和反种族主义。苏联的遗迹愈益模糊甚至被全部抹除。现在，'共产主义'只是意味着人道、民主和替代。马克思主义本身重新被界定为激进主义的乌托邦。"② 在革命与改良、战争与和平等问题上，他们介于传统共产党观点和社会民主党人之间，没有确定的立场。"意识形态不再是形成政党内聚力的要素。相反，它成为分歧的源泉，不同派别间无休止争吵的焦点。"③

马克·拉扎尔虽然承认西欧共产党仍可能继续存在和活动，但无法再进入主流的政治竞争场而有较大作为，其影响已经边缘化。虽然它们仍然希望从"激进乌托邦"热情中获得重构的力量，但这会导致更剧烈的变动和更大的分裂。他指出西欧共产党的调整尝试，无法为"处于暗夜中的共产党"提供多少希望和鼓舞。

二是"过渡"论。相对而言，持这一类观点的人要比前一种乐观一些。他们认为目前的西欧共产党处于过渡期，也就是，旧的西欧共产党已经消失，而新的共产党还没有明确的、标明自己独特身

---

① See Mark Lazar, "Fin-de-si le Communism in Western Europe", *Dissent*, Vol. 47, (Winter200), pp. 62 – 65.

② Ibid..

③ Ibid..

份的纲领、战略和行动。在这一过渡期,它们仍然处于危机之中,独立政治行动能力不强。过去的那种作为整体的欧洲共产主义运动已不复存在,但一些共产党还将继续存在,谋求变化,但前途至今不很明确。美国学者弗兰克·威尔逊的著作《西欧共产主义的失败:对于未来的启示》①,显然代表这种观点。

威尔逊认为,苏联东欧社会主义的失败,使西欧继续存在的共产党遭遇严峻的挑战,但是这也促使它们重新思考自己的政治未来。其实,20世纪70年代中期兴起的欧洲共产主义理论和运动,就是对当时日渐严重的危机做出的回应。他认为当时西欧共产党面临的最大问题是:如何在民主的环境中作为革命性政党存在和行动。欧洲共产主义做了一定程度的尝试,但最后还是失败了。

20世纪80年代,是西欧共产党的困难时期。80年代末期苏联东欧社会主义国家的崩溃,使困难加剧了。但也正是这一变化,为西欧共产党提供了契机:它们可以重新塑造更适合本民族传统的共产党及其未来。但目前西欧现存的共产党尽管各自做出了不同的道路选择但总体上还是处于矛盾、犹豫和混乱状态。他引用另一位西方学者斯坦利·霍夫曼(Stanley Hoffman)的话,描绘过渡时期西欧共产党的两难处境,认为它们的行为"就像是牧师,既担心过多抛弃现已不具吸引力的教条而失去自己的特征,又担心抛弃得不够多而失去自己的吸引力"②。为吸引选民的支持,他们左右摇摆,成效不大。

威尔逊评价了处于过渡时期的西欧共产党的三种前途选择。第一种是作为"抗议党"(protest party)也就是代表那些社会地位低下、受歧视和压迫的人群。这包括仍然保持过去传统的意识,声称党的目的和作用是克服资本主义社会的弊病。但这种选择的难题是:

---

① Frank L. Wilson, *The Failure of West European Communism: Implications for the Future*, New York: Paragon House, 1993.

② Ibid., p. 110.

这些人群组成杂乱，虽然他们共同对社会现实不满，但利益取向和目标各异。而且，这些人是被社会变革抛在后边的，代表这些人，党就可能被认为是过时的和反社会进步的。另一困难是，获得这些人的广泛支持也不是易事，因为另外一些更激进的左翼党、新社会运动组织或极右翼党，也吸引了这一人群中的许多人。第二种是作为"温和的中左政党"（moderateleft-of-center party），这一道路选择与现在的西欧社会民主党类似，接受现存的议会民主政治，寻求对资本主义的有限改良，而不是像过去欧洲共产主义那样，希望通过"议会民主"手段，在将来过渡到取代资本主义社会的共产主义社会。这种选择的最大困难是：它们很难从既有的、势力相对强大的社会民主党那里争夺选票，而只能在社会民主主义政党力量薄弱的国家或地区有些作为。另外它们还必须努力把自己同社会民主主义政党区分开来，否则自己就被湮没，失去独立存在的价值。第三种是作为"左翼的良知"（Conscience of the left）就是处于作为左翼主流的社会民主主义政党的左侧，通过对执政的社会民主党的支持或不支持，来影响其政纲和行动，提醒其不要偏中或偏右太远。这种立场同社会民主党内的左翼有些类似，力图使传统左翼的目标和价值不丧失殆尽。这一道路选择本身，就表明共产党活动的从属性。最后，弗兰克认为上述三种道路选择，都不能使共产党成功地回应危机和挑战。尽管西欧共产党仍然继续存在，但目前的地位和作用都是有限的。虽然他在著作中提出了传统共产党的失败对未来发展前途的启示问题，但他对过渡期共产党的调整和发展前景，感到困惑和迷惘。

三是"复兴"论。这种类型与前面两种的悲观和困惑截然不同，而是对西欧共产党的地位、影响和发展前景持积极乐观的态度。在西方，除共产党人士外，持这一立场观点的人属于少数，但由于他们能够在西欧社会主义运动和共产党活动的低迷期，看到共产党影响的逐渐增长，能够较为冷静地分析共产党的处境和继续发展的条件，认识到共产党与传统社会民主党的区别，所以他们的见解很值得我们参考。这里选取英国学者凯特·赫德森在其著作《1989 年以来的欧洲共产主义：走向新欧洲左翼?》① 一书中的观点，作为这一类型的典型代表。

赫德森不仅驳斥了在西方居主流的社会主义、共产主义失败论，而且认为，苏联东欧变化 10 多年后，西欧一些主要共产党经过危机、调整、变革，在进入 21 世纪的时候，已在国内政治舞台上发挥着越来越积极的作用，逐渐成为对政治经济形势的发展具有重要影响的独立政治力量。他认为，目前资本主义全球矛盾重重，右翼的统治也出现危机，民主社会主义向右转后并非就运途顺畅，"第三条道路"难以为继。这种形势和环境，有利于共产党的重新崛起，重新塑造"左翼中的左翼"的形象。

赫德森列举了一些主要共产党的成绩，指出"在西班牙、意大利、德国东部、法国、瑞典、希腊和葡萄牙，共产党或它们的处于社会民主党左侧的后继者，已经自己树立起可信的群众性的选举政党形象。这使得它们开始成为国内政坛上的因素，能够对组阁的政党产生影响，对社会民主党从外部施加压力，使它们执行比其领导人所期望的更为激进的政策"②。与本文所述第二种类型不同的是，赫德森强调，如果没有共产党的支持，一些国家的社会民主党很难获得多数而执政。

而且，共产党并没有附从社会民主党或像其他政党那样向右转，而是提出自己独立的、较激进的政策主张。如在 1999 年欧洲议会选举期间，共产党呼吁同"新自由主义教条"决裂，主张首先实行有利于经济增长、创造就业的政策，对国际资本流动增税，终止将公共部门私有化，增加而不是减少公共开支，缩短工作周等倡议。他们还提出反对种族主义、取消第三世界国家的债务，认为"冷战"

---

① Kate Hudson, *European Communism Since* 1989： *Towards a New European Left?* London：Macmilian Press, 2000.

② Ibid. , p. 8.

结束后北约不应再发挥作用，反对北约东扩和军事干涉其他地区的事务，等等。所有这些，都显示了西欧共产党越来越重要的作用。西欧共产党在协同、联合行动上，也取得很大进展。如在欧洲议会中组成比社会民主党党团更为激进的独立团体——欧洲联合左翼——北欧绿色左翼（1994 年成立）；还有新欧洲左翼论坛（1991 年成立），其成员党来自该地区 17 个国家。

总之，赫德森认为，研究 21 世纪西欧的左翼运动和劳工运动，如果忽略掉共产党的作用与影响，是不能全面反映客观形势的。他的著作专门关注和研究了被许多西方政治理论家视为无关轻重的共产党和其他较激进的组织，并认为他们已经形成了新的欧洲左翼，其力量和规模也逐渐发展和扩大。"在西欧，新欧洲左翼已经在国际层次上协调其行动和讨论。它们从东方共产主义政权的崩溃中吸取教训，特别重要的是，它们倡导一种称为'民主的社会主义'的战略，它既不同于社会民主主义，也不同于东欧国家社会主义政权的许多理论与实践。它们努力改变自己的政治观点和联盟政策，以求适应和包容在 21 世纪前夕在欧洲兴起的白领就业、女权主义、黑人社会和生态组织的斗争。"① 作者在著作中强调必须关注逐渐成长的"新欧洲左翼"。

以上列举了欧美理论界学者对当前欧洲发达国家共产党的地位和影响的三种不同看法。兼听则明，他们为我们研究这方面的问题提供了多视角、多层次的参考，尽管我们分析问题的方法、得出的结论可能与他们的不同。我们参考借鉴他们的观点，不能折衷，更不能偏执一端，而是应立足于马克思主义的立场、观点和方法，对西欧共产党的地位、作用和发展趋势，做出客观的分析。

---

① Kate Hudson, *European Communism Since 1989: Towards a New European Left?* London: Macmilian Press, 2000, p. 7.

二　国内研究应注意的三个主要问题

对西方共产党的跟踪研究，以及对西方左翼、西方社会主义运动的动态研究，不能停留在就事论事上。跟踪研究不是新闻即时报道，切忌跟随炒作。如 20 世纪 90 年代后期炒作的"第三条道路"热，而后又根据 2002 年法国大选中左翼的失利，炒作的西欧左翼"失败"热。笔者认为，关键是努力根据具体的事件和现象，找出规律性的东西，尽可能得出科学的判断和结论。

目前对西欧共产党的动态研究，至少应注意以下三个方面的问题。

1. 如何正确判断目前欧洲发达国家共产党在政治舞台上的影响力

做出正确判断的前提，是科学确定判断所依据的标准。是根据大选的得票率？还是根据实际的政治活动情况？抑或根据理论纲领的价值取向与效应？这些都是相互联系、相互影响的，不能择其一而不顾其他。比如，1995 年法国总统大选中，法共获得 8.7% 的选票，而在 2002 年的选举中，只获得 3.4% 的选票。这能说明法共的力量已彻底衰退了吗？我们看一下 20 世纪 90 年代以来法共的政治实践活动、党员人数和理论调整情况，都没有突出的变化，所以就很难得出法共"破产"的结论。政党的得票率同选举制度的价值取向、选民的人数和成分结构、选举同盟组成情况、候选人的变化等许多因素都密切相关，得票率的多少并不是共产党力量兴衰的唯一标尺。

在西方，带有强烈意识形态色彩的共产主义"灭亡"论，以及理论界占主流的共产党"衰败"论，影响着人们对苏东剧变后共产党的力量变化做出客观的观察和判断。如前面提到的唐纳德·萨松的著作，在论述西欧社会主义运动时，着墨的重点是社会民主党，

共产党的地位已无足轻重；再如 2002 年法国大选后，一些西方学者
忽略或不顾法共在苏东剧变后 10 年来谋求生存和理论政策调整的努
力和成绩，断言法共在"在成为法国最大的政党 50 年后，目前已濒
临破产的边缘"①。国内也有文章断言 2002 年法国大选的结果，标志
着西欧左翼包括共产党的"历史性失败"。笔者认为，做出这样类似
的结论未免有些武断，应该对当前西欧各共产党的理论、纲领、政
策、实际力量状况进行综合分析，着眼于较长远的发展，以做出更
符合实际情况的判断。

　　首先，我们必须看到，西欧的共产主义和社会主义运动还没有
走出苏东剧变后的低潮，目前西欧共产党的政治影响力还很有限。
断言它们目前已经摆脱低潮的任何结论，都是不符合实际的。"复兴
论"的观点，从局部上讲，有一定道理，但从整体上看，西欧共产
党的复兴还有较长的路要走，并且不排除发生挫折和倒退的可能。
其次，我们还要看到苏东剧变后 10 余年来，在求生存的斗争中坚持
下来的各国共产党，在调整自己的理论政策以适应时代和国内形势
发展方面，取得了程度不同的成绩；在组织民众开展反对资本主义
及右翼统治的斗争方面，在争取左翼和民众的联合，采取现实行动
反对新自由主义政策方面，也有一定的影响。如 20 世纪 90 年代中
期一些共产党在国内参加左翼联合政府，对政治决策加强影响，牵
制社会民主党政府不过分右转。可以说，西欧共产党是在整体低潮
中有局部的胜利。再次，尽管各国共产党之间加强了交流合作，在
一些基本问题和行动上争取协调一致，但还没有形成像 20 世纪 50—
70 年代作为整体的西欧共产主义运动那样的程度和规模。面对全球
化浪潮中国际垄断资本主义的联合力量，共产党的联合还显得非常
弱小。但正如凯特·赫德森指出的那样，共产党联合行动的扩展，
或他所谓的"新欧洲左翼"的初步形成和逐步发展，对 21 世纪初西

---

① Paul Webster etc. , "A new French Revolution", April 28, 2002, http//www.
Guardian. co. uk.

欧社会主义运动具有不可忽视的积极作用。

2. 如何正确看待西欧共产党的理论和策略调整

关于欧洲发达国家共产党在 21 世纪初的理论调整情况,这里不再赘述。国内理论界的评价意见大体可分为两类:一是认为共产党已社会民主党化,甚至已完全改变了性质;二是共产党的理论政策调整是客观形势发展要求使然,对它们的进一步发展具有决定性的积极意义。笔者大体持第二种见解,并认为这些共产党的调整要想对其进一步发展真正产生实效的话,走社会民主党的路是行不通的。暂且不谈社会民主党理论纲领本身的实践效力如何,首先从整体上看,西欧共产党不具备社会民主党那样的施政实践历史和规模因而没有践行类似社会民主主义纲领的社会基础;其次如果共产党向社会民主党"靠拢"过多以至难以区分的话,共产党反而会失去更多的选民支持。目前一些共产党的理论调整尽管在某些内容上与社会民主党理论相近,但断言共产党已经完全社会民主党化,是显得草率的。进入 21 世纪以来,一些共产党在右翼的肆意进攻面前,已开始从温和转向激进,如意大利重建共产党、相对稳健的葡萄牙共产党和意大利共产党等。这些转变表明了这些党开始重新塑造自己"左翼中的左翼"形象,因而具有重要意义。

西欧共产党的调整与革新,是其谋求进一步发展的必然要求,舍此别无他途。这与社会主义国家执政的共产党改革或革新的必然趋势同理。即便是坚持传统纲领较多的欧洲共产党,如希腊共产党和葡萄牙共产党,也不是因循守旧,而是在坚持一些基本性原则的前提下,谋求变革,以适应西欧经济政治形势的变化、国内政治力量对比状况的变化和全球化的发展。自 20 世纪 70 年代中期以来,西欧共产党就努力变革调整,以试图找到一条既不同于苏联共产党、也不同于社会民主主义政党的"第三条道路"。70 年代中期具有全球效应的"欧洲共产主义"理论与运动,就是当时变革的集中体现。但这一变革在实践上没有持久,到 80 年代末期苏东剧变时,从总体上讲已经终结。进入 21 世纪以来,西欧共产党仍然面临着根据新情况、新形势进行进一步变革的任务。

西欧共产党当前的理论政策调整既有积极之处，也有许多局限。核心问题仍然是20世纪70年代奉行"欧洲共产主义"的党所面临的：如何处理革命、激进性质的政党与其身处的议会民主政治环境之间的关系，从一定意义上，这可以说也是如何从"国情"出发的问题。此外，它们还面对一个比过去更为迫切、更为重要的问题，即如何对待全球化和国际垄断资本主义的发展。由这两个问题所决定，它们还必须处理国内理论政策调整取向与对待全球化立场取向之间的协同关系问题。

对待西欧共产党的理论政策调整，一是不能机械地搬用传统的标准去评判是非，因为东西方社会主义运动具有不同的传统和环境，面临着不同的任务和问题。我们在历史上曾经犯过这方面错误，对于党际关系和世界社会主义力量的团结都产生不利影响。二是尊重各党自己的探索和选择求同存异，多样性发展。社会主义运动主要以民族国家为舞台，且没有固定的单一模式。三是贵在取长补短，在面对的一些相同问题上，彼此借鉴，总结经验。但在重大基本理论和问题的看法上，我们自己对社会主义、资本主义、民主、政治斗争、工人阶级、革命道路等重要范畴，要坚持自己的独立看法。求同存异并不意味着不坚持自己的原则，更不是折衷主义。要在严肃的理论探讨基础上阐明自己的看法。

3. 目前西方政治整体上向右转对欧洲共产党来说意味着什么

20世纪90年代，西欧政治总体上向右转，即便在一些人所谓的社会民主主义"神奇回归"和"第三条道路"复兴时期，政治右转的进程也没有中断。西欧社会民主党在90年代中期纷纷执政和参政的同时，它们的纲领、政策吸收进许多新自由主义和右翼的理论、观点。笔者认为，西欧政治的总体右转对共产党来说，既是严峻的挑战，同时也是反思自己10余年的理论政策调整、重塑政治立场和形象的机会。

之所以说是挑战，原因在于：共产党属于传统的左翼阵营，其中主要类型政党的重大变化，会直接影响整体左翼的地位。苏东剧变中东欧国家执政共产党的垮台，对西欧共产党造成巨大冲击。西欧社会民主党本以为共产党的困难是自己夺取选民的契机，实际情况是它们也受到了右翼的猛烈攻击，并一度陷入困难之中。同样，2002 年法国大选中，主要是社会党或社会民主党的失利，也使共产党受到很大冲击。可见，同一战车上的左翼，成败得失密切相关，尽管共产党和社会（民主）党为争夺联盟内部领导权和选票始终存在着矛盾和冲突，但在右翼和极右翼的挑战面前，仍存在着相同的利益。当前西欧右翼力量的膨胀和强势地位，对整个左翼来说，无疑是严峻的挑战和困难。这些左翼政党在挑战面前一味顺从右翼，过多妥协，最终会使自己的力量更受到削弱，使右翼的进攻更加肆无忌惮。

之所以说是机会，因为这也正是总结左翼失利的教训、重新调整发展方向的契机。共产党本来属于激进的、革命性的政党，而一些西欧共产党在近十多年的理论政策调整中，为了同解体的苏联共产党"划清界限"，改变自己在国内选民心目中的"异域党"形象，尽量改变自己激进的面貌。适度的调整是必要的，也收到一定成效，但也有很大的负面效应。共产党向右转的回旋空间并不大，因为在其右存在着力量更强的社会民主党。在右翼的大举进攻面前，共产党如果"矫枉过正"的话，不仅失去了自己独立存在的根基而且会同社会民主党一同"分享"失利的苦果。目前西欧政治的发展证明着这一点。所以，现在也正是共产党吸取社会民主党失利的教训、重新明确目标、树立独立形象的时机。

在当前新自由主义右翼大行其道的情况下，西欧社会已经严重分化和极化，选民要寻找一种更为激进的解决方案。面目不清、纲领含混、缺乏明确目标的政党，是难以获得更多支持的。一些西欧共产党开始认识到这一点，并努力调整自己的理论、纲领和战略。如意重建共、葡共、希共等，在看待全球化问题上持较为激进的立场，揭露、批判新自由主义政策和国际垄断资本主义的统治。再如，意重建共发表了第五次代表大会文件，题目为"开放与革新：为变革社会而改变自己"，标志着党由温和转向激进。[①] 如果说21世纪初欧洲共产党在实际政治生活中要有所作为或努力走向复兴的话，选择独立、激进的目标和道路，重塑自己"左翼中的左翼"形象，在当前不失为一个适宜选择。但必须指出的是，选择激进目标，并不能走理论政策调整前的旧路，而要经过否定之否定，进入一个新的发展阶段。

[①]　该文件详细内容，请参阅姜辉、于海青编写《从温和到激进：意大利重建共产党的开放与革新》，《国外理论动态》2002年第10期。

欧洲发达国家共产党的现状和发展趋势[*]

——影响其发展前途的三种关系

提要：本文深入探讨了 21 世纪初影响欧洲发达国家共产党发展前途的三种主要关系：传统与变革的关系，议会内与议会外活动的关系，国内政策与国际政策的关系。较详细地分析了两种不同变革类型的欧洲共产党在处理这三种关系上的理论和实践抉择，面临的相同和不同的问题，以及对其发展前景的意义。

欧洲发达国家共产党在 21 世纪初的存在和发展，一方面取决于它们所处社会的政治、经济、文化等各方面条件和形势的发展状况，另一方面取决于共产党自身理论与实践战略的调整和组织动员社会力量的能力。影响因素既包括党内国内的，也包括欧洲和世界范围的。分析欧洲发达国家共产党的现状和发展趋势，必须综合考虑这些复杂的因素。对发展前景的瞻望不能简单地主观臆测，不能武断地肯定或否定，而要努力分析这些共产党面临的问题和采取的战略策略。这里着重探讨欧洲发达国家共产党在三种主要战略抉择上对

---

* 原载于《教学与研究》2004 年第 9 期。

其进一步发展所产生的影响和意义。

一　坚持传统与进行变革的关系

如何处理坚持传统与进行变革的关系，是决定共产党的面貌和发展方向的主要问题。苏东剧变后，欧洲发达国家共产党两种不同类型的调整，主要是在处理这一关系上有较大不同。相对来说，希腊共产党、葡萄牙共产党等坚持传统原则较多，而法国共产党、意大利重建共产党、西班牙共产党等则坚持传统原则较少，调整变革的幅度较大。两种类型的调整变化都是共产党寻求进一步发展的探索努力，关键问题在于：是把坚持传统和进行变革看作彼此冲突对立的，还是相互关联促进的。

有的研究者认为，西欧国家共产党在坚持传统和进行变革之间的政治活动空间狭小，没有多大的回旋余地。例如，美国学者弗兰克。威尔逊就这样评价说："在西方，共产党被其他政党锁定在左—右政治谱系中固定的位置上。它们的运作空间被其他长期存在并获得成功的左右翼党派所限定。"① 也认为，尽管共产党试图不使自己的左侧存在对手，但这里仍然有较小的托派组织和无政府主义党派与其竞争，限制了共产党向更为激进、革命的立场转变。在共产党的右侧，存在着具有长期历史传统和大量选民的社会党和社会民主党。如果共产党试图向右转变，持较为温和的立场，那么它们就面对着这些强大的对手。就是在共产党周围的相同位置上，也存在着倡导环境保护、妇女权利、学生权利、公民权利等的各种新社会运动组织和派别。这样，由于政治空间几乎被其他党派全部占据，共产党重新界定自己的能力受到极大的限制。

① Frank L. Wilson, *The Failure of West European Communism*: *Implications for the Future*, New York: Paragon House, 1993, p. 110.

　　但是，苏东剧变后欧洲发达国家共产党调整发展的经历表明，坚持传统较多的一些共产党仍在稳健地恢复发展，并没有沦为边缘化的小集团，像葡共、希共等；进行变革幅度较大的一些共产党也有新的作为，并没有不可避免地蜕变为社会民主主义性质的政党，也不是在任何时候都要看社民党的颜色行事。如法共、意重建共、西共等。而且，前者并不是故步自封、僵化教条，而是在坚持传统原则的基础上探索适合本国实际情况的正确道路；后者也仍然坚持共产党的名称和共产主义的理想信念，尝试探求适合时代发展需要的共产主义运动的新形式。由此可见，把共产党坚持传统与实行变革对立起来的看法，是错误的。历史和现实的经验都表明，只有正确处理二者的关系，使之统一起来，相互促进，共产党才可能有长远的发展。

　　当然，欧洲发达国家共产党在处理传统与变革的关系上，还有许多问题需要在探索中逐步解决。它们要在 21 世纪初的欧洲政治舞台上继续存在和发展，亟须解决的首要问题，就是如何根据发达资本主义的新变化，重新塑造自己"左翼中的左翼"之形象。目前，西方许多左翼人士在积极讨论如何建立"新左派"，以适应形势的变化和挑战，共产党也必须在这一过程中发挥建设性的作用，既要同其他左翼一道构筑同右翼斗争的阵线，又要确立自己的鲜明身份和独立地位。

　　坚持传统原则较多的共产党，其身份特征和定位相对来说较为明确。它们仍然坚持以马克思主义作为指导思想，有的党也坚持列宁主义，意识形态和理论路线都较为稳定、鲜明。它们面临的主要问题，是如何进一步把传统的理论原则与时代变化和本国具体情况结合起来，使自己的意识形态和理论为本国群众所理解和接受，并且转变为对日常实际斗争具有现实指导意义的方针和政策。以葡萄牙共产党为例。葡共在苏东剧变后仍然坚持以马列主义作为自己的理论基础，坚持党的工人阶级和劳动者之先锋队的性质和作用，坚持民主集中制原则。与此同时葡共强调，马列主义要在实践中不断丰富、更新和发展，对新事物、新情况、新进程和新的发展动向做出回答，要同实践和认识的不断进步联系在一起并认为葡共既要同教条主义也要同机会主义划清界限。但葡共目前在实践中仍然存在着许多问题，根本问题是如何进一步适应本国国情和人民的要求，使自己坚持的马列主义原则不流于口号，不失之教条。2002 年，曾在半个世纪多的时间里担任葡共第一领导人、88 岁高龄的阿尔瓦罗·库尼亚尔，呼吁以卡洛斯·卡瓦略斯为总书记的葡共进一步兴起变革之风，主张解决党内存在的理论脱离现实的问题，扩大党内民主，去除僵化、压制性的纪律，正确贯彻执行民主集中制。他认为党要在坚持共产主义原则的同时，根据时代的发展而变革，采取对广大民众有意义、有价值的路线。[①] 葡共当前面临的问题和任务，是欧洲发达国家坚持传统原则较多、力图稳健探索的共产党共同面对的挑战。能否正确处理和解决，对其进一步发展至关重要。

变革幅度较大的共产党当前面临的主要问题则与前者不同。它们"超越"传统原则较多，理论政策变化较大，在探索适应时代变化和发达资本主义国家实际情况的社会主义或共产主义理论和实践的新内容、新模式方面，提出了许多新的主张，如法共的"新共产主义"理论，意重建共的"重建替代性左翼"方案等。它们的探索具有非常积极的意义，但也存在着诸多亟须解决的矛盾和问题，其中最主要的，是如何在打破传统的同时，能够建立起自己的明确指导思想和纲领，而不是成分庞杂、含混不清的理论混合物。它们提出的新的观点和主张，同样面临着被民众认可和接受的问题。实现不了这一点，理论政策的调整不仅不能收到积极成效，而且使党内思想混乱，派别斗争不断，削弱了党的斗争力量。法共、意重建共等在苏东剧变后就一直受党内派别争斗、分裂问题的困扰。在实际政治生活中，它们由于放弃传统原则较多，被部分选民认为是与其

---

① Timothy Bancroft-Hinchey, "Portuguese Communist Party Alvaro Cuiihal hails winds of change", June 6, 2002, http//english. pravda. ru.

他政党没有什么明显的不同，过去的那种"左翼中的左翼"的身份已模糊不清。这样，它们不仅难以从其他政党那里争取来新的选民，而且会失去自己的传统支持者。2002 年法国大选时，法共的一些传统支持者转而投其他政党的票，甚至有的投了极右翼政党的票，以表示对法共含混折衷的纲领和政策的不满。可见，对于变革幅度较大的共产党来说，也必须重新反思坚持传统与进行变革的关系，重新审视既有传统中有哪些是可以作为自己发展变革的资源。

二　议会内竞选与议会外群众运动的关系

通过和平民主的道路走向社会主义，是欧洲发达国家绝大多数共产党的共识。而践行这一路线的最为便捷的途径，就是利用西欧发达的议会民主制度，通过议会竞选，争取参政或执政，逐步推行和实现社会主义的纲领、方针和政策。另外，共产党作为"左翼中的左翼"，停留在议会内的竞选争夺是不够的，只有在议会外充分、广泛地发动和领导群众运动，才能有效地同右翼进行斗争，才能把自己同其他政党区分开来，塑造自己独立的形象和地位。如何正确处理议会内竞选和议会外斗争的关系，是西欧共产党当前面对的又一个重要问题。

可以说西欧共产党在历史上的理论和实践探索中，在处理议会内外活动的关系上，提出过许多富有启示意义的观点和论断，在政治实践中也取得过令人瞩目的成绩。如意共曾经赢得过 30% 多的选票，法共曾赢得过 25% 多的选票，合法后的西共和葡共也各自在国内赢得过 13% 左右的选票。但是我们同时也看到，它们在探索中始终面临着未能有效解决的问题，主要表现是：过多投入议会竞选活动，忽视群众运动的开展；过多认同资本主义国家的政治经济制度，忽视对资本主义政治、经济变化之深层规律的把握；过多为局部的、短期的选举成绩而向社民党，甚至有时向右翼妥协，忽视自身特征和独立地位的维系；过多关注具体、琐细的竞选纲领和方案的实用有效，忽视长远战略和目标的制定等。苏东剧变后，坚持斗争并调整变化的西欧共产党，特别是变化调整幅度较大的共产党，仍需解决这些围绕议会内与议会外活动之关系而存在的诸多问题，这直接关系到它们在 21 世纪初的发展前景。

诸如法共、意重建共等变化幅度较大的共产党，在 20 世纪 90 年代中期以后致力于建立新型的共产党组织，从指导思想、组织原则、党的地位和作用等各方面，都提出了不同于传统的主张。在实际的政治活动中，它们努力以新的形象吸引和赢得民众的支持，在议会内与议会外斗争上都取得了一定的成绩。但这些变化幅度较大的共产党在政治活动中面临的突出问题是：为适应议会选举的需要而淡化了许多标明自己独立身份的东西，使得一些选民认为已经变得同其他政党没有什么区别，"共产党"和"共产主义"的称谓只是符号而已，最终目的都是为了席位，为了参政或执政。为了能够在更广的范围内吸引选民，这些共产党的新纲领包容性很强，但由于在指导思想和目标上失之明确，在一些具体内容上同社会民主主义政党的纲领差别不大，使得原有的选民感到无所适从，在选举中为表示不满，转而投了其他更激进政党的票。现在法共、意重建共等对自己的政治活动进行反思，其中一个突出的问题是：在肯定共产党积极参加国内选举活动重要性的同时，要充分认识和判定共产党的政治实践优势是在议会内还是在议会外。

法共在 2003 年 4 月的三十二大上，对其政治战略优先点做了重新考虑，体现了其处理议会内外活动之关系的新发展动向。会议要求法共在今后把人民运动提高到法共战略的首要地位。会议报告反思了法共近几年的政治活动，认为从 1997 年法共参政以来，与社会党靠得太近，越来越显得是"社会党的左翼"，丧失许多法共自己的特征，这是法共大选失败的主要原因之一。因此法共要汲取教训，在任何时候都要把发展人民运动放在法共工作的首要地位。特别是要反对解雇，保障劳动者的受教育权、住房权、医疗权等，维护劳动者的权益。① 这表明法共希望在维护劳动者的权利和利益上做出更为切实的努力。法共议员代表、党内"重建派"的领导人马克西姆·格里梅茨，在分析法共选举失利的原因时则很激进，他这样说："工人阶级期望在共产党那里获得每一样东西，他们也确实应该如此，因为这是我们采取行动和进行斗争的使命。当共产党把自己完全束缚在参加政府上而其他什么也不说不做时，我们没有做到本应该做的。所以我们缺少有计划的政治前景，与此同时却抛弃了共产党的基本原则，而这些原则本是保证党毫不妥协地捍卫人民的利益，同他们一起进行争取权益的斗争。我认为，党应放下在议会里的议案，而去开辟自己的政治前景，这是问题的核心。"② 在 2003 年 4 月接替罗贝尔·于领导工作的全国书记玛丽－乔治·比费，曾在 2002 年 4 月法国大选第一轮投票后的法共全国委员会上总结说，法共参加政府的战略是正确的，不是导致法共选举失利的根本原因，但法共应积极总结历史上参加政府的经验教训，真正为变革社会做出贡献，真正采取实际行动捍卫广大民众的利益，"我认为诸如某些问题是我们计划的支柱，即增强以下方面的要求：公共服务领域的改革和民主化，争取雇佣劳动者的权利和权力，就业保障和培训，直接参与制民主的发展，承认并给予青年以充分的地位，等等。"③ 这表明法共在确定未来战略时开始强调以实际的社会斗争成效为落脚点。

意重建共在苏东剧变后经历了与中左政府的合作，也经历了与政府的分裂，经过反思，在 2002 年 4 月的第五次代表大会上发表文件指出，党的注意力从议会政治领域转向社会政治领域，从对参加政府的重视转向对社会力量、群众运动和群众斗争的重视。意重建共中央委员保罗·费雷罗在 2003 年 2 月接受世界社会主义网站记者

---

① 曹松豪：《在探索和曲折中前进的法国共产党》，《当代世界》2003 年第 5 期。

② David Walsh, "Interview with French Communist Party Deputy Maxime Greimetz", June 25, 2002, http//www. wsws. org.

③ "Ex tracts of the Report of Marie George Buffet to the National Council of the FCP", April 23, 2002, http//www. pcf. fr/internati onal.

采访时，强调了意重建共以开展捍卫劳动者权利运动为重心，群众斗争和议会活动相结合的策略。他总结意重建共的经验时认为，意重建共在当前以及今后一段时间的策略是，在社会运动和群众组织动员方面，要保持和进一步发挥积极斗争的工会的作用，首先为捍卫劳动者的就业权利而开展活动；在议会政治斗争方面，努力在意重建共周围建立起替代性左翼联盟，加强党同其他左翼力量之间的密切关系，这种联盟与以前由左翼民主党领导的中左联盟是不同的。目前意重建共正以独立的身份在群众中开展活动。[①] 尽管意重建共在实践中面临着许多困难，但经过理论反思，把努力探索正确处理议会内外活动关系策略的任务提上日程，是其在 21 世纪初继续发展的重要条件。

总之，西欧主要的共产党目前正根据本国政治形势和各种政治力量对比的实际情况，对议会内与议会外斗争之关系进行新的反思，并适时调整自己的战略策略。历史表明，共产党如果轻视或抵制议会选举活动，是脱离实际的极端立场。那种远离议会的"激进主义"或"召回主义"，被历史证明是错误和不可行的，会导致共产党的政治边缘化；而一味沉迷于议会席位的争夺，满足于在内阁中担任几个职位，并认为这是共产党政治成绩的主要标志，实际上是忽视了共产党的斗争的长远目标，会导致自己独特身份的丧失。希腊左翼学者斯博德拉克斯对社会主义政党如何处理议会内外活动的关系，提出这样的见解："在解决这一问题时人们极易对革命手段的内涵产生误解。激进的变革和革命的方式并不一定意味着对民主进程的损害，因为民主进程（主要是选举）毕竟是工人阶级和社会主义运动斗争的结果。同样，尊重民主选举也并不一定意味着社会主义运动

---

① Marianne Arens and Peter Schwarz, "Interview with Paolo Ferrero of Italy's Communist Refoundation Party", May 2, 2003, http://www.wsws.org.

的议会外活动必须被取消或放弃。"① 他认为，在 20 世纪的社会主义运动史上，社会主义政党或者过分注重选票，或者过分注重运动，这种缺乏远见的做法，使社会主义运动遭受重大的挫折和失败。这一见解是较为中肯的。

的确，在近一个世纪的时间里，欧洲发达国家共产党在处理议会内和议会外斗争的关系上，有许多经验和教训值得吸取。在具有悠久的议会民主传统的社会环境中，议会无疑是开展斗争的重要舞台。但共产党作为具有悠久革命传统的政党，开展议会斗争的战略和目的，应在很大程度上不同于其他政党，尽管在形式上它们都要适应议会选举的规则。21 世纪初欧洲发达国家共产党面临的主要任务，是在议会内外两个领域真正组织和动员群众，向右翼反人民、反民主的统治开展更有效的斗争，以更好地捍卫广大民众的利益。因此，避免在议会选举和社会运动之间走极端，明确自己的优势所在和目标，是它们谋求进一步发展所要解决的重要问题。

三 国内政策与国际政策的关系

能否把自己的国内政策与国际政策统一起来，形成一种相互促进的合力，在更广阔的空间增强共产党的影响和作用，在更多的领域开展反对右翼统治和资本主义国际联合的斗争，是影响欧洲发达国家共产党在 21 世纪初的发展状况和前景的重要问题之一。

正确处理国内政策和国际政策的关系，是欧洲发达国家共产党树立鲜明的"左翼中的左翼"之形象、独立发挥作用的重要途径。共产党在 21 世纪初的欧洲政治舞台上，努力以"左翼中的左翼"的身份和面貌赢得生存和发展的空间。这一身份的鲜明程度，直接影

---

① ［希］迈克里斯·斯博德拉克斯：《社会主义运动亟待解决的若干问题》，《国外理论动态》2003 年第 6 期。

响到共产党在政治谱系中的地位和在民众中的影响。

苏东剧变后，变化调整中的欧洲共产党，在重塑这种激进变革之左翼身份的过程中，取得了一定的成效，但存在的一些问题制约着共产党鲜明身份和独立地位的确立。从坚持传统原则较多的类型看，如希共、葡共等，尽管一直以激进变革的政党面貌开展活动，但其国内纲领和政策有脱离实际和民众要求的倾向，其影响力和社会支持程度受到限制。从调整变革幅度较大的类型看，如法共、意重建共等，仍然保持的"共产党"名称和采取的一些政策，尽管在一定程度上表明了自己的明确身份和独立立场，但由于选举和参政的需要，在纲领的一些具体内容和政策主张上向社会民主主义政策妥协过多，使得民众难以分清共产党和社会民主党的差别，这不利于共产党独立身份的确立。但不论前种还是后种类型的共产党，在国际政策上都表现出比其他政党更为激进的反新自由主义、反国际垄断资本主义统治的立场，它们在国内和欧洲范围内参与组织和动员的反战运动、反新自由主义全球化运动、支持和声援其他地区的正义斗争活动、保护生态环境运动等方面的决议和主张，能够获得各国内更多民众的支持，从而有利于共产党把这种支持转化为确立自己地位、扩大自己国内政策影响的推动力和重要途径。由此可见，欧洲发达国家共产党如何把自己的国内政策和国外政策很好地结合起来，做到内外政策取向一致，相互促进，从而制定出逻辑一贯、立场鲜明的纲领，是它们谋求进一步发展的重要途径之一。

进入21世纪后，欧洲民众反对各国政府推行新自由主义右翼政策的斗争浪潮此起彼伏，民众不断地开展游行、示威、罢工等抗议活动。例如，2003年上半年，西欧国家民众起来反对欧盟15国政府推行的养老金制度改革方案。这一方案主要通过推迟退休年龄，减少雇佣劳动者的福利，形成以投资为基础的养老金制度，有利于雇主增加利润。许多国家的共产党坚决支持民众的抗议活动，积极参与并领导这场斗争。2003年6月，9个激进左翼政党，包括法国共产党、奥地利共产党、意大利重建共产党、意大利共产党人、葡萄牙共产党、瑞典左翼党、西班牙联合左翼、希腊左翼与进步力量联盟和德国民社党等组织的领导人，联合发表声明支持民众的抗议斗争，谴责各国政府侵犯劳动者利益的右翼政策，揭示养老金制度改革的实质是资本家们试图埋葬欧洲人民在过去的 50 年里通过斗争取得的社会成果，是文明的倒退，是资本家增加利润的手段。声明表示，"我们作为欧洲社会变革之左翼政党的领导人，相信他种选择是可能的。我们向全体欧洲人民提出这种倡议。我们声明要彻底地站在广大雇佣劳动者及其工会组织一边，坚决地反对这些灾难性的措施，提出能够增强雇佣者退休权利的他种方案。我们正在各国家和地区行动起来，以促使欧洲各国政府放弃这种文明退化的行为。我们将把我们的倡议带到 2004 年的欧洲选举中去。这是因为另一个欧洲是可能的"①。共产党在 21 世纪初以反对右翼新自由主义作为自己国内外政策的联结点，突出自己不同于社会民主党的激进特征，从而在一定程度上适应了欧洲民众的要求，有利于改变自己的徘徊、混乱、分裂的局面，从而确立新的生长点和发展空间。

面对全球化过程中资本主义的国际联合，共产党只有把自己的目标同反对新帝国主义的国际性斗争结合起来，确立新的国际主义观和国际性斗争战略，才能促使一切进步力量团结起来，共同推进发达国家乃至世界社会主义运动的发展。从这种意义上说，国际范围的斗争本身就是共产党制定国内政策和纲领的重要内容。

西欧一些共产党认为，进入 21 世纪，特别是"9·11"事件以后，共产党变革社会的斗争具有了新的维度和内容，共产党理论和政策的调整由此进入新的阶段。有的共产党进而认为经过否定之否定，欧洲变革社会的斗争向共产主义运动的本原和核心原则复归。再如，在 2003 年伊拉克战争前夕和初期阶段，法国和德国政府领导人希拉克和施罗德较为激烈地反对美国的单方军事进攻。对此，欧

---

① Pen ions, "A Wind of Protest Is Sweeping Across the Whole Europe Declaration of 9 Progressists Partied", June 16, 2003, http//www. pcf. fr/international.

洲发达国家一些共产党认为，虽然法德的立场对限制美国的恣意妄为起了一定的作用，但这种冲突只是资本主义国家之间矛盾的表现，是它们在共同推进新自由主义全球化过程中的内部利益冲突，是欧洲资产阶级和美国资产阶级的利益斗争，但它们在总的方向和目标上是一致的。如意重建共领导人费雷罗就这样认为："布什和希拉克在立场上的冲突是真实存在的，不仅仅是表面现象。这当然不是以圣母的名义表达出来，但这确确实实是基于物质的利益，并削弱着北约的联系。"① 又如，在 2003 年 6 月的雅典 61 个共产党和工人党会议上，各党一致谴责美国的霸权主义行径。希腊共产党总书记阿莱卡·帕帕莉卡指出，法、德政府之所以反对战争，是为了捍卫它们自己的利益，这是帝国主义国家之间矛盾的表现。会议的许多发言者认为，伊拉克战争事件表明，所谓的全球化不是一个抽象、自然的过程，而是由代表垄断资本主义利益的主导性帝国主义国家所驱使的过程。可见，对全球化的性质和资本主义国家之间矛盾的深刻揭示，在很大程度上影响着共产党理论政策的制定和调整，国际政策的成效会充实、改进国内政策。

总之，每一时期各共产党本身情况的变化、发达资本主义国家政治经济形势以及国际形势的变化等，诸多复杂因素的共同作用，制约着共产党理论政策调整的方向和内容。但如何正确认识和处理上述三种主要的关系，即传统与变革的关系、议会内与议会外活动的关系、国内政策与国际政策的关系，是影响欧洲发达国家共产党在 21 世纪初发展状况和前景的三个主要因素。

---

① Marianne Arens and Peter Schwarz, "Interview with Paolo Ferrero of Italy's Communist Refoundation Party", May 2, 2003, http：//www. wsws. org.

从温和到激进：意大利重建共产党的开放与革新[*]

提要：2002 年 4 月 7 日，意大利重建共产党网站（http：// www. rifondazione. it）国际网页公布了该党第五次代表大会准备文件，题目是"开放与革新：为变革社会而改变自己"。意重建共自1991 年成立后，经历了与中左翼政府的合作和决裂。1998 年中左翼政府下台后，重建共经过激烈的党内争论和分裂，根据国际国内形势的新发展，重新确定党的发展目标和在现阶段的斗争任务。这一准备文件重新阐释了党对一些重大理论和实践问题的看法，标志着它已经从温和走向激进。

当前的世界正朝着这样一种形势发展：我们可以在革命进程中开创新的起点，自觉献身于最高政治任务即战胜现存秩序，战胜资本主义社会本身。

一　党在当前的目标和主要任务

创建一个不同的世界是可能的，但不是必然的。西雅图民众运

＊　原载于《国外理论动态》2002 年第 10 期，为与于海青合译成果。

动是 20 世纪后期第一次真正的运动，它标志着新的工人运动的诞生，而非死亡。但"9·11"事件使局势向截然相反的方向发展。我们不得不重新承诺：为和平而战，为反对恐怖主义和战争这对原教旨主义的孪生子而战。这是一项不能脱离工人运动的斗争、不能脱离对资本主义新自由主义全球化的批判的重要任务。

因此，意大利重建共产党的政治任务是致力于以多种方式、从基层群众出发，为左翼探索出一条道路——一条超越工人运动的无序状态和危机的道路。中左翼在美国和欧洲执政时，传统左翼滑向了相反的方向，这促使我们探索另一条道路：反对资本主义；替代正在强化自己在政府中地位的右翼。意大利重建共产党已经赢得了一场战役，甚至在资本主义复辟占优势的历史时期也仍然坚持抵抗，继续捍卫左翼的事业，这个事业既是替代性的，也是共产主义的。为了把欧洲的替代运动引向成熟，为了重新开启世界的变革进程，意大利重建共产党正选择开放与革新。毫不讳言，我们要把革新与开放作为党代会准备阶段的口号。

二　变革的必要性和内容

对我们党重建历程的回顾，有助于我们完成这项新任务。我们曾采取一些步骤与过去决裂，这些步骤使我们得以捍卫党的存在，同时也捍卫了党在政治上相应的发言权。我们从普罗迪政府的主要支持者队伍中退出，与中左翼决裂，就是上述重建行动之一；这也是与盛行于意共领袖中的文化决裂，与陶里亚蒂的精神遗产决裂。在决裂的同时，我们开始对政府采取政治行动的优先性提出质疑，我们的注意力也从议会政治领域转向社会政治领域。目前经常产生的问题，就是把关注焦点从集中的民族国家政治、制度和组织群体，转向社会力量、群众运动和群众斗争的发展动力的问题：在某种意义上，这是向共产主义运动本源的回归。对新自由主义全球化的分析批判,增强了这一新的发展趋势,同时也导致了另一发展趋势:在国际关系的界定上,在政党关系甚至政党与国家间的关系上,从强调意识形态和阶级背景的亲疏,转向强调对资本主义现代化进行批判的经验和结果,强调对资本主义现代化的替代,并在这一框架内,在全欧洲范围内探索构筑左翼的替代性主体。

就意大利共产主义运动而言,个人权利和民主问题是与斯大林主义彻底决裂的原因和动力。我们与斯大林主义的彻底决裂也是今天我们重树共产主义旗帜的必要条件。

我们正处于变革阶段:一方面,全球资本主义的矛盾与固有的不稳定性暴露无遗;另一方面,单一思想统治(pensée unique)的根基已经动摇,世界范围内一场崭新的持续性抗议运动已经形成。这一全新运动(当然与资本主义发展的新周期相联系),不仅为我们以及为所有反资本主义的力量带来了极大机遇,而且也带来了风险:"反政治"的风险,或者说是否定政治以及将权力、财产和资本主义生产方式等问题边缘化的风险。为应对这一挑战,我们不得不全面革新自己的政治文化、组织文化和行为。一场新兴运动在党内诞生,重建党的关键就是开放。自我变革刻不容缓。

三　全球化环境中的劳动和阶级行动

当今,在新自由主义全球化背景下,劳动对资本的依赖在全球范围增长。但是这一增长是与社会阶级构成的分裂与分散、与个人主义化及社会各要素之独立性的显著增强、与阶级间关系以及企业与工人间关系的重建联系在一起的。它建立在不确定性和不安全性之上,这种不确定性和不安全性正是新的社会条件的突出特征。而且,工人的核心作用从来不是取决于其数量,而是取决于其进行团结的时机和能力;不是取决于其在分配领域中的力量,而是取决于其坚决反对使工人沦为纯粹依赖资本为生的要素的趋势。工人们与这种趋势相对抗，坚持认为自己是活生生的人，由此才打开了工人解放的希望之门。我们再次公开声明：我们坚决地、毫不妥协地拒绝把劳动看成资本主义积累的主要工具；拒绝把劳动看成从属于资本的人类活动。相反我们主张：关键在于实际的批判，在于工厂内外践行这一批判的社会个体。资本主义社会中劳动的模棱两可的二重性，在全球化条件下改变了形式。它对某些工人来说是采取多种变相延长劳动时间的办法，而对另一些工人来说，则是被失业大潮吞没。它意味着一个新的阶级分野的形成。把被异化、受剥削的社会力量团结起来的过程，可以通过主动性的发挥，通过政治渠道来实现，但不能由某种组织从外部强加。

四　重建替代性左翼

确立替代性左翼，可以使运动发生质的飞跃。热那亚会议为我们划定了具有潜在重大意义的行动范围。据此，我们对自己关于替代性左翼和多元左翼的建议，必须进行彻底的反思。我们分析了右翼政府的本质，认为它是资产阶级集团的重新调整（尽管其中存在着全球右翼和地方右翼二者之间的矛盾）；我们分析了中左翼无法克服的危机，它们执政的策略是对资本主义现代化的全面主宰采取温和自由主义的态度，这种策略现在更加走向极端。左翼民主党和意大利工会联盟危机的根本原因就在这里，也在于他们拒绝抛弃导致其持续不断的危机的立场。

在接下来的几年里，不会有上次世界大战以来像意大利，或者说像南欧或北欧那样的政治左翼：既不会有共产主义版本的左翼，也不会有社会民主主义版本的左翼。至少在意大利，在未来的几年里，我们不会拥有一个独立的、民主的、以阶级为基础的联合工会运动。这并不意味着我们不能在意大利和欧洲创造一个多元左翼，但这确实意味着，为实现这一目标，我们将不得不离开传统的单向政治道路，而沿着不同的道路前进。

右翼政府不是不可战胜的。的确，目前存在着自由主义倾向的稳固多数派，但是它们也正处于困难的发展阶段。现在，我们国家正在经历一个重要的破除社会障碍的时期，各种运动正在加速进行；发展中的矛盾日益暴露，使得经济发展处于一个不稳定性和不确定性不断增强的阶段。这两种现象从不同方向向政治联盟施加压力，它们能够引发真正的变革。这样，一个有战斗力的社会和政治反对派就能够成功地推动重要目标的实现，并能对右翼政府在背后达成的共识提出新的质疑。

意大利重建共产党参与了这一进程，这是其进行革新与开放的首要理由。这一进程中的指导思想就是重新探索建立替代性左翼的方式与途径，使其能够应对有效地批判、抗议和反对资本主义全球化和新自由主义政策这一重大问题。

五　党自身是革新开放的决定力量

对开放与革新具有决定性和根本性意义的问题在于党自身。我们在反对意大利第一共和国内部毁灭性的危机浪潮中，在反对由重建资本主义的革命所引发的政治危机中，在反对大众传媒通过煽情、名人崇拜、极度个人主义等手段侵蚀社会的斗争中，以及在反对把包括政治生活在内的全部生活都简化为一系列即时消费的过程中，捍卫了党在当代社会中的作用；我们在反对多数派观念、君子协定和崇尚结盟所造成的破坏性影响的过程中，捍卫了党在代议制度中的作用；我们在东欧集团国家崩溃后，在单一思想占尽上风时期，甚至在反资本主义力量也深刻反省的时期，捍卫了共产党的存在；我们在反对当时占优势的中左翼宣称自己具有唯一合法性的斗争中，捍卫了共产党的现在及未来。

我们曾经进行了一些革新实验，但并未使我们党进行真正的自我变革；我们曾在自己的组织文化中注入了某些革新因素，但并未启动真正向社会开放的进程，而向社会开放正是改革的关键所在。还有，我们虽然在理论研究、政治路线和处理同各种运动的关系问题上，为党的重建做出了巨大努力，但党的功能仍被禁锢于僵化的传统形式中。因此，党仍然处于分裂状态：一方面，党员们无论是在一般政治领域还是在较具体的问题上都采取行动，表明党在整个意大利都有广泛的影响；另一方面，党的不良倾向表现在：拒绝从投身于其中的运动中吸取教训，成为一个自我封闭的团体。党经常表现得过分集权、拒绝实验、僵化到滋生官僚主义的程度，或仍然保持着强烈的制度化倾向。

所有这些倾向都是有害的，这种情形不能再继续下去了。今天，当我们步入运动的新的发展阶段，当运动的性质和党的未来都处于危急关头时，开放和革新绝对必要。我们认为，甚至就在现阶段，对于那些选择加入政治团体以便共同为新社会制定规划的人们来说，党是不可缺少的永久性的组织。在当前的民主和民族国家的危机中，党不仅继续表现为一种参与的工具，而且还为大众提供通往政治舞台的机会。这也是在全球化环境中，党再次赢得国际影响的机会。通过创建替代性左翼的统一政治组织，意大利重建共产党必须至少在欧洲产生影响。

同中左翼所谓的革新相反，我们并不赞同工人运动的历史保守主义，而是走上了另一条革新之路——解放的共产主义。我们反对中左翼革新路线的理由，不是害怕党在与社会——客观上是资本主义社会——进行更广泛的接触中受到污染，也不是害怕党的文化被现时的盛行文化——事实上是统治阶级的文化——所玷污。相反，我们完全赞成把我们的党、党的文化和实践，同当今反抗现存世界的运动紧密联系起来。我们倾注政治生命是要消除权力、财产和资本主义生产方式，但是我们应乐于接受不同经验、不同历史和不同文化。我们的存在方式必须转变为开放的模式，而要做到这一点，就不得不进行彻底的改造，首先必须清除所有的分裂主义。

开放要求我们抛弃党与社会之间的一维关系,建构一种多维关系。开放包括给他人以同等的政治尊重,这既要体现在传统代议政治领域,也要体现在其他一切可能采取政治行动的地方。我们要确立互谅互让的关系,永远抛弃党以革命先锋队自居的态度,叫各种运动开放,向各种斗争经验开放,向不同的抗议文化开放,继续使党扎根于工厂、街邻中,扎根于文化活动和社会中。

向社会开放必须与党自身的开放结合起来。仅仅承认持不同政见者是不够的,我们必须能够进行真正自由的讨论。开放也包括政治争论和立场观点的透明性。意大利重建共产党一方面要独立自主,同时又要投身于运动中,作为运动的一个组成要素。在新共产党和运动之间建立起这样一种新型的、有益的关系,要求我们相互承认和相互尊重。相互尊重就包括彼此间的透明和理解。开放是当今社会的必然趋势,要求我们每个人都准备改变,甚至包括改变自己。

反战反资本主义全球化运动与共产党人[*]

　　提要： www. solidnet. org 网站登载了希腊共产党关于 2003 年雅典世界共产党和工人党国际会议的新闻报道，本文是对会议情况和内容的介绍评析。

　　2003 年 6 月 19—20 日，世界共产党和工人党国际会议在希腊雅典召开。会议的主题是"反对战争和反对资本主义全球化运动与共产党人"，有 59 个共产党和工人党派代表出席。

　　与会代表就国际形势交流了看法，特别讨论了英美等国对伊拉克人民的军事干预和对其国家的占领。与会者一致谴责这种行径所导致的帝国主义侵略和对国际法原则粗暴践踏行为不断升级的危险，认为这使承担捍卫和平、促进和平地解决国家间争端之使命的联合国陷入了更深刻的危机之中。

　　与会代表论述了当代资本主义的发展趋势和特征，强调在当前条件下，新自由主义的经济进攻变本加厉，广大工人群众深受其害。代表们认为，这种进攻是借助国际机构实现的，旨在获得在经济上对发展中世界重新进行殖民统治的权力。这种发展情况表明，所有国家的人民及其开展的群众运动正面临着以美国为领导的垄断资本

---

　　*　原题为《反战反资本主义全球化运动与共产党人——2003 年雅典世界共产党和工人党国际会议》，原载于《国外理论动态》2003 年第 11 期。

进行全球控制的威胁。一些代表担忧当前帝国主义的侵略与法西斯主义的发展趋势密切相连。代表们呼吁，各共产党和工人党及运动需要建立起最广泛和最有力的协调行动，以应对上述危险局面，在国家、地区和国际层次上改变目前的力量对比格局。

会议强调，国际关系的军事化正日益具有更危险的特征，在敌对和干预力量支配下，新的军事冲突威胁正在增长。目前北约受"先发制人的战争"之信条的支配，并继续扩张，它实际上正变成美帝国主义霸权指挥下的全球警察。整个人类都成为现代帝国主义的攻击目标，它威胁着这个星球上许多地区的和平、安全和稳定。

会议同时指出，虽然"9·11"事件后帝国主义的侵略不断加剧，但大规模反对帝国主义战争的民众动员和抗议活动也振奋人心地发展起来。在反对伊拉克战争中出现的新情况是，在帝国主义进行干预之前，全球范围内的民众就已经动员起来了，提出即便联合国通过美国的要求，战争也必须被制止。许多代表还介绍了各自国家的民众运动提出的具体要求，以及民众通过各种方式制止本国政府参战的情况。

许多会议代表指出，要采取步骤促使劳工和工会运动的斗争和抵抗精神的觉醒，加强这一运动中阶级力量的出现和形成，发展反映他们要求的新的斗争。会议还强调，需要在工厂中开展行动，巩固和加强劳工和工会运动中的阶级力量。

会议交流了反对战争和资本主义全球化运动的相关问题，讨论了共产党在运动中应发挥的作用。与会者认为，目前反对资本主义全球化的多种形式运动不断发展，力量增强，但运动内部由于斗争方向和要求目标的不同而产生了冲突。

会议强调要采取更积极的措施加强共产党和工人党之间、加强人民运动间的团结和支持。有的代表认为要大力支持共产党、工人党和运动提出的各种创造性建议。主要包括：（1）开展支持古巴的运动，要求释放被关押在美国的五位古巴爱国者，因为他们反对在迈阿密的恐怖主义团伙；开展支持解除美国对古巴禁运的运动；（2）采取措施反对新自由主义对拉丁美洲和加勒比海地区经济的重构，这种重构表现为一系列计划，旨在消灭每一种社会抵抗力量，孤立和清除哥伦比亚的游击队活动，颠覆那里的合法民主政府；（3）协调行动，共同反对美国和欧盟制定的控制阿拉伯国家经济的计划；（4）开展行动反对帝国主义在"第三世界"实行经济、文化和政治上的重新殖民化企图；（5）采取积极措施协调共产党和工人党的行动，以反对所谓的资本主义全球化，把新的正在发展的反对帝国主义政策和跨国公司的运动纳入进来。

与会者表示，世界共产党和工人党国际会议要继续开下去，并要扩大到国际范围。2004年将在印度孟买召开的"世界社会论坛"会议将为各党就重大国际问题协调立场提供机会。会议认为，共产党和工人党之间的集会、协商和合作，是发展联盟和合作政策的基本因素，这具有积极的推动作用，同更广泛的民主、反帝国主义、反垄断、爱国力量以及反资本主义全球化多种形式运动的协调与共同行动不矛盾。会议强调，在关于现存社会变革、关于当代社会主义发展前景的理论不断发展的情况下，共产党、工人党之间开展广泛的讨论和交流是很有价值的。

从"欧洲共产主义"到"新共产主义"[*]

——欧洲发达资本主义国家共产党的理论嬗变

提要: 从阐释"欧洲共产主义"的理论与实践入手,分析"欧洲共产主义"衰落的原因,全面地梳理 21 世纪以来法国共产党提出的"新共产主义"理论,对"欧洲共产主义"与"新共产主义"的连续性和差异性进行了比较分析,提出要运用马克思主义的立场、观点和方法而不是教条来观察和分析发达资本主义国家共产党的理论政策调整和变化,从宏观上把握科学社会主义基本原理与各国各时期具体实际相结合的不同途径和形式的观点。

20 世纪 70 年代后期,由意大利共产党积极倡导,得到法国共产党、西班牙共产党等许多共产党响应的"欧洲共产主义",吸引了全世界的目光,成为一种强大的政治思潮和力量,把欧洲发达资本主义国家的共产党推向政治舞台的亮处。可是在刚刚进入 80 年代的时候,践行"欧洲共产主义"的共产党就遭遇了不同程度的困难和挫折,风靡一时的"欧洲共产主义"并没有取得明显的实践成效。到了苏东剧变前夕,作为整体力量的"欧洲共产主义"已经不存在了。苏东剧变后,欧洲发达国家坚持下来的共产党在新的形势下又开始

---

* 原载于《马克思主义研究》2001 年第 3 期,为与沈根犬合作成果。

了新的探索，由法国共产党在 90 年代中期提出的"新共产主义"理论又一次得到了世界范围的关注。尽管"新共产主义"没有造成"欧洲共产主义"那样的轰动效应，但二者之间不仅有着时间上的前后相继关系，而且在理论上也存在着一定的逻辑联系。把二者结合起来进行综合考察，我们可以从总体上把握欧洲发达国家共产党理论政策的延续和变革，从而更为清晰地判断苏东剧变后欧洲发达资本主义国家共产党的理论取向和变化趋势。

一　"欧洲共产主义"探索的主题

自 20 世纪 50 年代末起，欧洲发达国家共产党就开始努力寻求既不同于苏联、也不同于社会民主主义的新道路。70 年代末期"欧洲共产主义"的形成[①]是他们多年来理论探索的集中体现。"欧洲共产主义"政党主要围绕以下三个主题进行理论和实践上的努力。

一是尝试摆脱苏联共产党的控制和束缚，争取独立自主决策。欧洲发达国家共产党大多是在列宁主义指导下成立的，并在这一指导思想下领导国内劳动人民开展反对资本主义的斗争，在第二次世界大战反法西斯战争中也发挥了重要作用。但 1947 年"冷战"开始后，苏联共产党在国际共产主义运动中实行大党主义，加强对欧洲共产党的控制，要求它们遵循苏共的路线。60 年代后，资本主义的政治经济各方面发生很大变化，客观环境要求欧洲各国共产党把握资本主义变化的实际情况，探索适合本国国情的道路。60 年代苏共二十大的召开和中苏论战，促使欧洲共产党探索自己的独立发展道路。与此同时，国内群众对欧洲各国共产党长期追随苏联做法的不

---

① 1977 年 3 月，意共、法共和西共领导人贝林格、马歇和卡里略在马德里举行最高级会晤，发表了被称为"欧洲共产主义宣言"的联合声明。人们把这一会晤及联合声明作为"欧洲共产主义"形成的标志。

满情绪也浓厚起来。一些选民甚至认为本国共产党是"外国民族主义"政党，它不是忠诚于自己的祖国和民族，而是忠诚于苏联。这样，为了恢复形象争取选民，各国共产党也看到了摆脱苏联控制而独立决策的必要。所以，"欧洲共产主义"各党在一些重大问题上采取独立立场，甚至批评和责备苏联的做法。如批评苏联国内的"人权"状况，谴责苏联70年代末期派兵进入柬埔寨的行动。在对待欧盟的立场上，也有许多欧洲共产党提出了和苏联不一致的看法，等等。

二是探求过渡到社会主义的和平民主道路。"欧洲共产主义"认为，发达资本主义国家走上社会主义，不能走俄国布尔什维克武装夺取政权的道路，而是要根据发达资本主义国家的历史和现实情况，特别是西方根深蒂固的民主传统，走和平民主式道路。如卡里略在当时就认为，西方发达国家具有深厚的民主传统，可以根据宪法走以民主形式进行社会主义变革的道路。暴力革命不仅不是合理的，也不是现实的。[①] 马歇指出："在法国，民主是通向社会主义的最近道路。"[②] 因而，这些共产党就对资本主义议会民主制进行重新评价。按照列宁的观点，资本主义议会民主制具有虚伪性，是资产阶级实行专政的一种形式。而"欧洲共产主义"各党大多改变自己许多年来遵循的列宁主义观点，对发达资本主义议会民主制持肯定态度，认为共产党可以借助议会民主制，通过普选上台执政。卡里略这样讲："从根本上说，这种制度是有效的，如果它有一个社会主义的而不是资本主义的经济基础的话，它会更加有效。"[③] 同时，他们对资本主义国家也重新认识，认为当代发达资本主义国家具有了新特点。

[①]　参见［西］卡里略《"欧洲共产主义"与国家》，钟琦译，商务印书馆1982年版。

[②]　参见［美］弗兰克·威尔森《西欧共产主义的失败》，纽约paragon出版社1993年版，第69页。

[③]　［西］卡里略：《"欧洲共产主义"与国家》，商务印书馆1982年版，第94—95页。

它不再仅仅是资产阶级镇压被统治阶级的工具，列宁的国家理论不适合用来说明当代发达资本主义国家。现代资本主义国家机构发生了很多变化，国家职能范围扩大。因而国家是中性的阶级斗争场所，是超越于各阶级之上的管理工具。国家尽管还有统治镇压职能，但其管理社会的职能却越来越占主要地位。社会管理职能的发挥，是符合全社会普遍利益的。因而，共产党的任务不是"彻底打碎"国家机器，而是通过"结构改革"等措施对其进行民主改造，使其不断具备新形式。共产党通过普选上台执政，掌握国家政权，从而建设社会主义。

三是探索各具特色的社会主义模式。"欧洲共产主义"认为，社会主义没有固定的模式，发达国家工人阶级在推翻资产阶级政权以后，应根据发达资本主义国家的特点实行"独特民主社会主义模式"，而且各个国家的社会主义道路也是各不相同的。在倡导"欧洲共产主义"时期，各共产党根据自己的国情，提出具有本国特色的社会主义道路和模式。如法共倡导的"建设法国色彩的社会主义"，马歇曾经对此做了鲜明的解释，指出世界上不存在通用的社会主义模式，法国的社会主义不是"舶来品"，不能在国外预制后再涂上蓝红白三色，不能在民族的树干上进行嫁接，法国人民要建立的只能是民主的、具有法国色彩的社会主义。从总体上看，"欧共"倡导的社会主义具有如下特征：在经济体制方面，主张建立以公有制为主的多种所有制并存的"新经济模式"；在政治和政权方面，主张建立高度全面政治民主社会，以"工人阶级领导权"的提法取代"无产阶级专政"提法，建立以工人阶级为主体、以劳动力量和文化力量联盟为领导的、广大群众支持的国家政权；在国家领导体制方面，主张实行多党联盟制，各政党遵守民主宪法规定的民主原则，通过普选实行多数派国际主义的基础，没有各社会主义国家和各共产党之间的差异和独立自主，就不会有真正的国际主义。各党都应做到独立自主、互相尊重、权利平等、互不干涉内部事务，各党一律平等。

　　总之，"欧洲共产主义"在上述方面进行的理论和实践上的积极探索，在世界社会主义运动史册上留下了可贵的一页。尽管从实践效果上看，由于各种原因，"欧洲共产主义"持续的时间很短，成绩淡微，但其提出的主要问题仍然是苏东剧变后发达资本主义国家坚持下来的共产党在新的形势下继续探索的主题。从一定意义上我们可以说，不了解 20 世纪 70—80 年代的"欧洲共产主义"就不能全面和准确地理解 90 年代欧洲发达国家共产党的"新社会主义"，从而分析二者之间的理论逻辑联系，同时也看到二者面临的不同社会形势和环境，并考察其理论内容的差别，对于我们全面把握欧洲发达资本主义国家共产党的历史与现实全貌及其变化发展前景，是大有助益的。

二　"欧洲共产主义"的衰落及其原因

　　在 20 世纪 70 年代末的"欧洲共产主义"高潮时期，其影响力超出了欧洲范围，在全世界形成了一股"欧洲共产主义"热。当时欧洲有 14 个国家的共产党宣布信奉"欧洲共产主义"。其他地区的非欧洲国家共产党，如日本、澳大利亚、墨西哥等国家的共产党，也积极支持并信奉"欧共"理论。在其鼎盛时期，全世界奉行"欧洲共产主义"的发达资本主义国家的党员有 330 万，占整个资本主义国家共产党员人数的 75% 以上；在议会中占有 300 多个席位，一些国家共产党的领导人还担任了本国政府的重要职位。当时有人预期，"欧共"声势浩大的潮流将在整个世界产生巨大的实践效果，从而会极大改变国际共产主义运动的面貌。然而实际情况的发展却不尽如人意，可以说"欧洲共产主义"在正式形成后不久就潜伏着危机。就在标志"欧洲共产主义"形成的意共、法共和西共领导人峰会后 6 个月，法共就没有参加预定在 1977 年 10 月举行的第二次峰会。几年后不久，各国共产党又开始追求自己的路线。从 1982 年起他们纷纷放弃"欧洲共产主义"的提法，认为该名称"已历史地过时了"。整个 80 年代是"欧洲共产主义"衰落直至从整体上消失的时期。党员人数下降，在 80 年代前，意共、法共和西共有党员 271 万，而到了 80 年代末就降为 214 万；议席减少，1978 年欧洲共产党在欧洲议会中有 48 名议员，1984 年降为 43 名，而 1989 年则降为 41 名；欧共各国党内部存在许多矛盾和斗争，组织分裂，党内形成不同的派别，如西共就分裂成三个互相斗争的组织。

为什么造成巨大的轰动效应的"欧洲共产主义"在短暂的几年里就走向衰落呢？原因是多方面的，其中最为重要的原因之一是："欧共"各党未能充分认识到 20 世纪 80 年代以来由新技术革命的发展所引起的发达资本主义经济和阶级结构的变化，其纲领和政策不能适应形势的变化而进行更大的调整。资本主义的变化和调整，缓和了资本主义的矛盾，增强了资产阶级进行经济和政治统治的能力。阶级结构的变化使工人阶级内部多样化和分化，工人阶级的利益和思想意识多元化，整体的阶级意识和政治斗争意识淡化，从而使欧洲共产党和社会主义的社会阶级基础受到严重削弱。而"欧共"各党对自己面临的挑战和困难估计不足，行动不力，没有能够充分、及时地调整自己的战略和策略。

20 世纪 80 年代之后，发达资本主义世界中右翼保守政治势力占上风，使左翼力量受到削弱。这增加了"欧共"生存和斗争的困难程度；左翼党派之间争取选民和议席的斗争也使欧洲共产党在本国内的政治影响力降低，社会民主党和绿党等其他左翼政党也夺取了更多的群众选票，使"欧共"各党在选举上不断失利。国际形势也对"欧共"不利。以美国为首的大资产阶级势力不断对"欧共"进行破坏和施加压力，苏联在 80 年代中期以前也经常对"欧共"进行干涉和破坏，而它在 80 年代末期推行的右倾路线又加强了"欧共"内部思想和组织上的混乱，使欧共丧失许多群众的支持。总之，各方面原因共同造成了"欧洲共产主义"的实践不利。

苏东剧变直接导致了"欧洲共产主义"的解体。苏东剧变后，

"欧共"一些成员党纷纷更姓易名，变为非共产党的左翼党。1991年1月，"欧共"创始党意共宣布放弃共产党的称号，改建为左翼民主党。"欧共"创始人之一卡里略宣称，欧洲发生的事情说明共产主义运动已经消亡。他所领导的西班牙劳动党加入西班牙工人社会党。其他坚持立场的共产党也受到了巨大冲击，遭到严重削弱。这样，"欧洲共产主义"作为一种理论体系和整体力量已不复存在。

人们对"欧洲共产主义"的盛衰过程及理论内容褒贬不一。如美国学者弗兰克·威尔森这样评价说："（欧共首脑）峰会没有促进向一种新的共产主义模式的转变，在其后几个月内的发展，却反而标志着欧洲共产主义终结的开始。"① 国外许多评论，包括多数左翼人士的评论，也持这种观点。笔者认为，这样的评论虽然看到了"欧洲共产主义"的实践困难和矛盾，但对其失败的原因没有做全面详细的分析，从而做出了过于简单化的判断。"欧洲共产主义"的衰落并不否定其理论和实践探索的积极意义，即力求把科学社会主义基本原理同发达资本主义国家的实际结合起来，寻找发达资本主义国家过渡到社会主义的正确道路。20世纪90年代中期，以法共为代表的一些欧洲共产党在经受住苏东剧变的考验后，又继续在新形势下探索适合本国情况的社会主义和共产主义道路，这是对"欧洲共产主义"的积极探索和部分理论内容的承继。当然，二者面临的形势和环境，需要探索解决的具体问题不可同日而语。我们对二者的联系和区别需要结合各自当时的历史社会环境做出具体分析。

三 "新共产主义"的形成及主要理论观点

苏东剧变后，欧洲坚持下来的共产党不仅面对着过去"欧洲共

---

① ［美］弗兰克·威尔森：《西欧共产主义的失败》，纽约 paragon 出版社 1993 年版，第 60 页。

产主义"所面临的问题，而且还必须应对由于苏东剧变而产生的各方面的新挑战。而以法共为代表提出并发展起来的"新共产主义"理论，正是在这种新形势下应运而生的。1995 年 11 月，法共新任全国书记罗贝尔·于在其政治论著《共产主义的变革》中，首次提出并较为全面地论述了"新共产主义"的政治主张。尽管罗贝尔·于在书的前言中声明其目的是"对法共的特性进行一系列深刻的变革"，但书中论述的问题不局限于法共和法国的情况，而是对苏东剧变后发达资本主义国家的社会主义运动所面临的一系列重大理论和实践问题做了阐述。1999 年 1 月，罗贝尔·于又出版了新著《共产主义新规划》，他结合形势的新变化和法共面临的新问题，对"新共产主义"理论又做了补充和进一步说明，同"欧洲共产主义"相比，法共的"新共产主义"还没有造成较大的理论影响和实践效应，但它对欧洲其他国家共产党的理论和政策产生了潜移默化的影响，因而也具有一定的普遍意义。"新共产主义"的理论取向代表着目前欧洲发达资本主义国家共产党理论战略的一个总体变化趋势。

90 年代欧洲左右翼政党的力量对比也为"新共产主义"理论的形成提供了有利的政治氛围。80 年代由于新自由主义右翼在欧洲政治舞台上占了上风，成为"欧洲共产主义"受挫的重要原因之一。而到了 90 年代中后期，曾"扬眉吐气"的欧洲右翼政党纷纷落马，被选民抛弃，重新把属于左翼的社会党、社会民主党推上执政地位。1997 年，法国和英国的右翼政党的相继下台。1998 年 9 月，德国科尔领导的基督教民主同盟在执政 16 年后也最终下台，让位于社会民主党。这样，在欧盟 15 个国家中，左派政府占多数。这种政治氛围也有利于共产党开展理论和实际斗争，从而恢复和壮大自己。例如，法国共产党又一次参加了左翼联合政府，这也是"新共产主义"理论形成和发展的一个重要政治条件。

综合罗贝尔·于在两部著作中提出并论述的观点和主张，参照法共二十八大（1994 年）、二十九大（1996 年）和三十大（2000年）的纲领性文件，"新共产主义"理论的主要观点有以下几点。

1. "新共产主义"的含义和基本特征。"新共产主义"与过去苏联主张的、现已死亡的那种共产主义毫无关系，也不同于马克思的共产主义；在资本主义和共产主义之间不存在一个社会主义的过渡阶段，共产主义就是在资本主义社会框架内实行深刻的社会变革，依靠现有社会的"成果、需求和潜力"，来否定乃至取消资本主义的"剥削、异化和政治"，过渡到新的社会组织；共产主义的奋斗目标是要建立一个"男女自由、联合和平等的社会"，一个"发展和尊重个人的能力，使人类进行合作，分担费用，共享资源、知识、信息和权力的社会"，一个"没有失业，没有压迫，没有就业不稳定，没有不公正，没有暴力和没有武器的社会与世界"；共产主义是社会的进步运动，但不是破坏社会的运动，它完全建立在时代和人道主义基础之上；共产主义的思想，不是 19 世纪的思想，也不是工业革命时代的思想，而是信息时代的思想。共产主义是信息时代的共产主义。

2. 对苏联模式的评价。20 世纪是苏联模式失败的世纪，斯大林主义是"共产主义理想的蜕变"和"共产主义"的悲剧，它所表现出来的是一种集体主义、官僚主义和平均主义的社会组织形式，一种中央高度集权、军队与警察机构拥有无限权力并实行专制与恐怖的国家政权，一种实行一党制的政治生活。共产党应对苏联的历史和模式进行深刻的反思，彻底超越"斯大林主义"和苏联模式。

3. "超越资本主义"战略。现在资本主义制度只有一个目的：经济的赢利。它使所有的不平等加深了，各种各样的统治强化了，它使人们陷入对难以忍受的全球性机制的异化性依附地位。因此它越来越遭到拒绝。所有这一切都表明这个制度处于危机之中，而且还要产生进一步的危机；共产党就是要对资本主义实行"结构性的变革"；"超越资本主义"是一个渐进的"过程"，不是为了"建设"一个在理论上事先设计好的新社会而"消灭"现有社会秩序；这种"超越"工程以全体人民为动力，建立一个"民主第一、人及其社会发展第一"的社会；超越资本主义是一场新型的"个人时代"的革命，要把"每个人的自由发展是一切人的自由发展的条件"作为目标和动力，通过联合个人变革意愿来进行一种改造现实、逐步渐进的全社会的革命。

4. 人民运动。即"在公民干预基础上"建立左翼进步力量新联盟。认为长期以来，工运和共运怀疑"公民"概念，宁可使用"劳动者""人民群众"和"工人阶级"等概念，并且把"阶级斗争"归于"革命者"所有，关于"人"和"公民"的"甜言蜜语"则属于资产阶级所有。这样就把"公民性概念固有的那些'权利'和'自由'拱手送给统治阶级"，"低估法兰西伟大革命传统所做的政治贡献，以致人们在思想上把反对资本主义剥削的斗争同争取公民性和人权的斗争割裂开来"。在现时代，共产党必须努力在公民之间、在公民同左翼政党之间建立"进步联合公约"，开展反对右翼的斗争，向右翼夺取一切可以夺取的东西，并发展人民运动，同各进步政党与力量进行对话和会晤。

5. 共产党的革新。法共强调为了超越资本主义，实现"共产主义新规划"，必须革新共产党，探讨21世纪的共产党组织。具体地说，就是探讨改革法共的组织结构问题，诸如它的联合方式、组织方法、讨论方式、裁决方式，生活方式，等等。2000年3月法共三十大全面修改了党的组织原则，提出把法共建设成为一个"现代的、开放的、充满活力的和民主的"新型共产党。共产党不是第三国际类型的共产党，而应对法国社会、人民和政治实践的新形式持"完全开放"的态度。共产党革新的中心问题是对人民的"有用性"问题。共产党过去让群众跟随自己、团结在自己周围的做法已经不符合人民的期待，因而现在必须同这种"向导党"和"先锋党"的做法决裂。共产党要同全体公民一道，共同思考和探索，共同制订和实现奋斗目标。

6. 共产党同社会民主主义政党的区别。认为革新的共产党并不是转变为社会民主主义政党，二者在性质上和对待资本主义的态度上都是不同的。罗贝尔·于这样讲，社会党等社会民主主义政党只是在现有框架内对资本主义进行"改造"和"塑造",不能提出对付资本主义统治和支配的结构性措施。而共产党是与新资本主义进行斗争,提出了具体的解决方案,来否定它的逻辑必然性,实际上击退它,用另外一种制度来代替它。①

以上方面大体概括了法共倡导的"新共产主义"的基本理论观点和主张:从社会发展的目标到共产党的革新,从反思过去社会主义运动的历史到批判现今的资本主义,从对变革主体的重新认识到重新考虑斗争的方式和手段,它都展示了一种新的姿态和面貌。下面我们总体分析一下这种"新共产主义"与过去的"欧洲共产主义"的理论联系与区别。

四 "新共产主义"和"欧洲共产主义"

现在我们对"新共产主义"和"欧洲共产主义"之间的理论连续性与差异做详细的比较分析还为时过早,因为前者的理论还处在变化发展中,其有效性程度还没有得到实践的充分检验,而"欧洲共产主义"盛衰的历史经验教训也有待于人们进一步充分、系统地加以总结。这里只是根据当前理论的展现程度和实践的开展程度,对它们进行总体特征上的粗浅比较,以求有助于理论界较为清晰地了解和把握欧洲共产党理论调整的变化趋向。

总体上看,我们可以说二者之间的异大于同。换句话说,"新共产主义"在其倡导者所主张的对过去的社会主义之"彻底超越"方面确实走得很远。那么二者的相同之处表现在哪里呢?

这不是字面上或标识符号的问题(尽管二者同在使用"共产主义"的概念),而在于两者理论和实践上的内在连续性。这表现在,

① 参见1999年9月27日法国《人道报》发表的罗贝尔·于同该报记者的谈话录《一支毫不含糊的批判资本主义的力量》。

其一，"新共产主义"继续努力摆脱苏联模式的消极方面的影响。摆脱苏联共产党的控制，走自己的道路，是"欧洲共产主义"的初衷。苏联解体后，过去的那种控制和束缚不存在了。但欧洲发达资本主义国家中的许多选民仍然在脑海中把"共产党"和"苏联"等同，甚至与"集权"或"专制"等同。加上资产阶级右翼政党的推波助澜从而使欧洲发达国家共产党在本国政治舞台上处于被排斥和边缘化的处境。所以，为了走出困境，重新树立自己的形象，赢得选民，大多数在苏东剧变后坚持下来的共产党，一致宣称同已经失败的苏联模式决裂，批判苏联模式和"斯大林主义"确立自己新的独立形象。其二，"新共产主义"继续探索与发达资本主义国家议会民主环境相适应的理论和实践战略。"欧洲共产主义"认为共产党可以通过议会民主制的选举途径上台执政，甚至认同于资本主义的议会民主制。"新共产主义"尽管没有像"欧洲共产主义"那样讲资本主义国家机构和议会民主是"有效的"，但其倡导的"人民运动"战略参加左翼联合政府的行动，说明它对议会民主制的默认。从具体策略上看，法共至少在目前希望利用或改革议会民主制。在罗贝尔·于的《共产主义新规划》中，就提出了建立民主参与制，革新政治，改革国家机构，建议形成另一种更具操作规律的民主机构。[1] 法共三十大也强调"法共参政是一项长期的战略抉择而非权宜之计"[2]。其他共产党，如意大利重建共产党、西班牙共产党等，也积极探索通过左翼联合在现有议会民主制框架下战胜右翼的战略和策略。其三，"新共产主义"继续探索社会主义或共产主义的未来形式。"欧洲共产主义"极力倡导社会主义模式的多样化，并探索适合自己国情的社会主义道路和未来模式，如法共的"具有法国色彩的社会主义"。"新共产主义"理论中对"共产主义新规划"的设计和对其实现途

---

① 参见《法共总书记罗贝尔·于论"21世纪的共产主义"》，《当代世界与社会主义》2000年第1期。

② 参见《变革中的法国共产党》，《当代世界》2000年第5期。

径的探索，是对"具有法国色彩的社会主义"模式的直接扬弃，是结合20—21世纪之交国际国内经济政治形势重新对社会主义或共产主义做历史定位，并以不同以往的思维改造过去理论的具体内容。受"新共产主义"理论的影响的其他欧洲国家共产党，也结合本国实际情况，对社会主义和共产主义的目标重新构建。

"欧洲共产主义"和"新共产主义"之间的"同"是宏观上的。因为，即便是在具有连续性的探索方向下，它们的思维取向和对具体理论内容的诠释角度都是不同的，甚至它们的理论出发点也发生了变化。根据目前的理论展现程度，我们可以看到二者之间的"异"是较为鲜明的。

总体来看，"欧洲共产主义"基本是在马克思列宁主义理论框架内探索发达资本主义国家社会主义革命的道路。在关于社会主义制度认识的各方面，如以公有制为基础的"新经济模式"、人民民主、"工人阶级领导权"和全体劳动者的政权、共产党的地位和作用等方面的主张，都在很大程度上遵循着科学社会主义的基本原理；而"新共产主义"理论对共产主义的诠释、对运动主体、运动进程、共产党的性质和发挥作用的方式等方面的论述，都在很大程度上不同于过去坚持的传统原则。具体来看，其差异表现在以下几方面。

（1）"欧洲共产主义"坚持社会主义社会代替资本主义社会、从而过渡到共产主义的历史进程，而"新共产主义"则认为不存在社会主义阶段，应直接从资本主义过渡到共产主义。

（2）"欧洲共产主义"仍然强调对资本主义进行从经济基础到上层建筑的制度性变革，而"新共产主义"则侧重于人的自由、民主、公正等价值的追求和实现，而且是在"现有社会结构内部"进行逐渐"超越"。

（3）"欧洲共产主义"仍然把社会主义对资本主义的替代看作资本主义社会基本矛盾运动的结果，而"新共产主义"虽然也讲资本和劳动的对抗，但更多是从伦理根源和价值层面揭示资本主义的不合理性，如认为资本主义使社会大多数人"深受异化之苦"，"它的机制违背了社会，引起了痛苦和倒退，造成了野蛮和粗暴，扩大了贫富悬殊"，等等，共产主义取代资本主义的合理性也大多表现在对这些弊端的克服方面，认为共产主义是"时代的人道主义"。

（4）"欧洲共产主义"虽然倡导以"独特民主的道路"走上社会主义，抛弃了"无产阶级专政"的提法，但仍然强调"工人阶级的领导权"和工人阶级在实现社会变革过程中的领导性主体的作用，而"新共产主义"不再谈工人阶级的领导作用，更多倡导"公民干预"和"人民运动"。

（5）"欧洲共产主义"虽然强调共产党的革新，但基本上还是坚持共产党代表工人阶级和广大人民利益的性质和对革命运动的领导作用，坚持民主集中制原则，"新共产主义"则认为共产党不是"先锋党"和"领导党"，也不单独考虑工人阶级的利益。共产党不是"让群众跟随自己，团结在自己周围"，而是和全体公民"共同思考和探索"，共产党的作用被泛化为对社会的"有用性"。

综上所述，"欧洲共产主义"和"新共产主义"之间存在着理论和实践的内在连续性和逻辑联系。不认识到这方面，就割断了欧洲发达资本主义国家共产党的理论和实践历史，不能正确把握其全貌和变化趋势；二者之间又存在着从内容到形式的明显差异，不充分了解它们，就难以正确认识欧洲发达资本主义国家共产党在21世纪面临的新环境，难以对21世纪欧洲共产主义运动的发展前景做出较为科学的判断。随之而来的一个问题是：如何正确评价"新共产主义"？对此，人们会提出更为具体的一些问题："新共产主义"在何种程度上还坚持科学社会主义？"新共产主义"的理论战略调整是否适合发达资本主义变化的实际？"新共产主义"能够带来欧洲共产主义运动的进一步发展吗？等等。笔者还是认为，对这些问题我们不能做出匆忙武断的肯定或否定，而要由这些国家这些共产党的发展实际来检验其正确与否。这种态度不是不置可否的折衷主义，也不是不可知论，而是一种严肃认真的态度。原因在于：第一，每个国家和共产党都有权利根据自己的实际情况选择社会主义革命或建设的道路，彼此应互相尊重，求同存异；第二，东西方社会主义革命和建设的历史背景、文化传统、生产力水平、政治经济环境都有很大差异，不能以一方形成的标准来机械、教条地评判另一方；第三，社会主义本来就是在丰富多彩的实践形式中发展的，由实践来检验真伪，升华真理，淘汰错误。

早在 1980 年，邓小平在同中央负责同志谈处理党际关系的原则时，就谈到如何评价欧洲共产主义问题："欧洲共产主义是对还是错，也不应该由别人来判断，不应该由别人写文章来肯定或者否定，而只能由那里的党、那里的人民，归根到底由他们的实践做出回答。人家根据自己的情况去进行探索，这不能指责。即使错了，也要由他们自己总结经验，重新探索嘛！"① 我们在对待苏东剧变以后发达资本主义国家共产党的理论调整和探索问题上，也应遵循邓小平提出的重要原则。这不等于我们自己不坚持原则，而是因为发达资本主义国家的社会主义运动有自己的特殊情况和规律。社会主义本来就是在丰富多彩的实践中发展的。我们要运用马克思主义的立场、观点和方法而不是教条来观察和分析发达资本主义国家共产党的理论政策调整和变化，从宏观上把握科学社会主义基本原理与各国各时期具体实际相结合的不同途径和形式。

---

① 《邓小平文选》第 2 卷，人民出版社 1994 年版，第 319 页。

欧洲发达国家共产党对
新自由主义全球化的批判[*]

提要： 本文聚焦 20—21 世纪之交轰烈烈的反全球化运动，着重分析和阐释了欧洲共产党对新自由主义全球化的观点和主张。

全球化问题，是 20 世纪 90 年代以来西方左翼关注和探讨的重要问题之一。作为西方左翼运动一支重要力量的共产党，在苏东剧变后求生存、进行战略策略调整以及探索新的发展道路的过程中，把全球化问题纳入了研究和批判的视野。同其他左翼力量相比，欧洲共产党的全球化理论更多侧重于对全球化的新自由主义性质的揭示，并将全球化问题与对国际垄断资本主义的批判紧密联系在一起。对此进行跟踪考察和系统概述分析，不仅有助于我们从整体上把握当前欧洲共产党的现实处境和理论、战略的发展变化，而且对于分析欧洲社会主义运动的未来走向也具有一定的参考价值。

一 对全球化的本质、特征与危机的揭示

尽管欧洲发达国家共产党同其他左翼一样，都认为全球化是伴

---

* 原载于《理论视野》2003 年第 4 期，为与于海青合作成果。

随人类社会生产力发展的历史进程而出现的，但在对全球化本质的揭示上，欧洲共产党比其他左翼表现得更为激进。它们不仅认为全球化是由资本主义大国主导，而且将其直接指斥为新自由主义或帝国主义的全球化。

法国共产党认为，全球化随着信息革命进程而得到了加速发展，但就目前而言，全球化过程是由垄断资本主义统治占主导。当前的资本主义全球化以美国的霸权主义意志为特征，在军事层面则反映了美国和北约两大势力间的竞争。资本主义全球化的发展引发了令人震惊的灾难性后果，它不仅使人类财富和自然资源遭到劫掠，而且也使人类行为更加商品化，使武器、毒品交易以及黑手党行动恶性发展。当前的全球化正面临着来自全球范围抗议行动的冲击。

意大利重建共产党把当前的全球化视为新自由主义主导的全球化，认为现阶段的首要特征就是新自由主义全球化的危机。这一危机主要表现在金融领域。意重建共以 1998 年亚洲地区的金融危机为依据，强调这一危机虽然发生在东方，但对西方金融资本主义也产生了消极影响。金融危机的发生以及随之而来的经济衰退，不仅对工人阶级和劳动群众造成影响，而且也危及中产阶级的利益。在新的千年里，失业、贫困、苦难仍将继续困扰人类。

西班牙共产党承认相对于以前而言，全球化或全球资本主义具有一些新的因素，如随着信息技术的发展所出现的新的生产组织方式、国家权力向私有经济的让渡、国家规模的跨国公司的作用等。但西共仍然认为，当今的全球化是新自由主义垄断的表现形式，带来了一切破坏性后果，如成千上万的人死于饥饿，得不到住房、教育、劳动等最基本的生活资料，第三世界穷国由于鲁莽地引进了新自由主义的资本主义而正在遭受灾难，造成了全球消费者的趣味趋同，文化领域呈现出全球普遍性的贫乏，等等。在这种状况下，全球经济体制开始超越自然资源无力再生的界限，并以这种方式消除了现在和将来全人类发展的物质基础。

作为欧洲共产党中尤为激进的希腊共产党，将全球化直接斥为帝国主义的统治。它认为当今的全球化过程，是人类经历的黑暗时期。在这一时期里，失业、饥馑和穷困四处滋延；伴随着新的军备计划和军备竞赛，新的战争地区和热点地区正在出现；国家间关系变得愈益弱肉强食和不公；工人的权利在世界范围遭受侵害；人权和自由正被废除，新的镇压机制、限制和恐怖主义大行其道。关于上述问题产生的原因，希腊共认为完全是追逐资本利润造成的，是服务于资本利益的政府和国际组织政策选择的结果，是全球化为资本的国际化打开了通道。

德国的共产党领导人海因茨·施特尔对全球化的本质和特征进行了具体分析，指出"全球化"的形成源于跨国垄断资本的利益，是历史性的资本国际化进程中形成的一个新的阶段。施特尔将这一层次上的全球化视为帝国主义的全球化，认为它具有十个方面的特征，如战争和干预成为维持"新世界秩序"的手段；工人阶级以及所有劳动者的工作和生活条件在世界范围内受到侵害；剥夺了工人运动在一个世纪的漫长斗争中从资产阶级那里获得的权利；是一种新殖民主义的表现；危害了国家独立、主权和国际法；使社会军事化，扩大了资产阶级国家的镇压职能；攻击民主和进步文化；极大破坏了自然环境和人类赖以生存的基础；从政治和军事方面限制移民，如欧盟塞维利亚会议决议建立"共同确保边界网络"以及德国最近通过的新移民法；反对各国政府将跨国资本用于社会主义以及所有为了一个更加美好和更加民主的世界而斗争的事业等。

二　全球化背景下国际垄断资本主义的批判

垄断资本主义的全球扩张，既是全球化形成的原因，也是全球化发展的一个重要结果。20世纪末以来，随着全球化的迅猛发展，国际垄断资本主义逐渐构筑起它的全球霸权。利用各种场合深刻揭露其霸权主义、强权政治的反动实质及其野蛮、贪婪的资本主义本性。"9·11"事件发生后，针对国际垄断资本主义表现出的新特点和新发展，欧洲共产党也进行了及时、全面的分析和批判。

（一）所谓"新世界秩序"及跨国垄断资本主义的批判

所谓"新世界秩序"，是在苏东剧变后不久，由当时的布什政府提出的关于未来统治秩序的一种战略构想，其实质无非是谋求建立一个由美国领导的新自由主义"单极世界"，构筑起美国化的全球资本主义。在建立"新世界秩序"的幌子下，以美国为首的资本主义大国及其羽翼下的跨国垄断资本家，通过各种方式和手段在世界范围内扩张其政治经济霸权。欧洲共产党从多个角度和层面对此进行了深入剖析。

法共总书记罗贝尔·于在党的第 31 次代表大会的闭幕讲话中指出，十月革命后的很长一段时期，是以人们反对殖民主义争取自由的斗争为主要标志。而在规模宏大的非殖民化和独立运动之后，美帝国主义接管了落败的殖民统治，并通过各种形式的干预手段在世界各个角落建立其全球化资本主义的新秩序。面对这样一个复杂多变的世界，认为必须对标识法共身份特征的"共产主义国际主义"进行重新定义，强调国际主义意味着反对所有形式的资本主义；认为法共应该扩大其共产主义国际主义的身份特征，在反对新秩序挑战、反对资本主义全球化所带来的灾难性后果以及最大可能地实现新的发展道路的斗争中，表明法共与世界人民团结在一起。

葡共总书记卡洛斯·卡瓦略斯则指出，当前帝国主义和资本主义的逻辑图绘，就是伴随着极大贫困的疯狂财富集中。洋洋自得、夜郎自大的资本主义正在试图将其统治秩序、概念和模式，强加于世界人民之上。卡洛斯认为，在新的世纪，这些资本主义式"自我娱乐"和"自我陶醉"的策略还会继续上演，它们将从帝国主义的利益出发，在所谓"单一思想"框架内铸就人们的观念模式。

希腊共产党把 21 世纪初的国际形势，描述为"野蛮、非人道的帝国主义试图将其'新世界秩序'强加给全球人民"。由于帝国主义在经济、劳动关系、社会政策、政治体系、意识文化等领域实行了一系列侵略政策，当前的人类社会正在经历一段灰暗时期。在这一时期里，帝国主义上层建筑的反动本性日益显现。由科技进步所开启的发展社会福利的潜力，与资本主义剥削的反差愈益明显。在当前条件下，资本主义的野蛮性和侵略性不仅表现在权力运用上，也表现在它对于帝国主义体系发展过程中的突发冲突和矛盾处理上的无能上。因此，帝国主义虽然现在看来强大异常，但它绝不是不可战胜的。

英共认为帝国主义新世界秩序的核心，就是要在全球推进私有化的进程。无论是世贸组织的规定、多边投资协议（MAI），还是国际货币基金的结构调整计划，无不推动所谓"全球化"去使用诸如"国际竞争"之类的概念，宣称民族国家作为政府干预经济的方式已告终结，宣扬政府天生腐败而私有成分天生具有效率。通过对新世界秩序下跨国公司的兼并、合并浪潮的分析，英共指出垄断资本正在为跨国公司的全球扩张而拆除贸易壁垒和地区经济保护。

（二）"9·11"后国际垄断资本主义政治经济上的新变化

"9·11"恐怖袭击事件，在欧洲各共产党内产生了强烈反响。一方面，它们一致谴责恐怖主义对无辜平民造成的伤害；另一方面，欧洲共产党也无情揭露和批判了美国政府利用该事件所聚集、膨胀的民族情绪，扩张其霸权主义势力的野心，以及垄断资本主义提出的新的全球统治策略。

法共认为，"9·11"恐怖袭击不仅仅是美帝国主义与恐怖主义及其意识形态冲突的产物。"9·11"事件以一种全新的形式展现了全球化发展的后果，全球化资本主义比先前更加受到质疑。在这种情况下，反全球化运动愈益成为应对全球化资本主义挑战的运动。当前，法共坚决主张反对恐怖主义，不仅是由于恐怖主义将诸多无辜民众牵涉其中，也由于它与我们的反资本主义斗争关系。恐怖主义通过各种形式融于全球化资本主义之中，这就是为什么反恐战争不能由美国单独领导的原因。法共强调反恐斗争必须通过适当方式展开，呼吁任何形式的反恐战争都必须在联合国的框架内进行。

希腊共产党认为，美国政府对于袭击事件的真相实际上并不真正感兴趣，其目的是要为发动新的袭击和非法行动寻找借口。"9·11"后的国际形势发展将面临极大风险。首先，这使帝国主义内部的相互敌视加剧了。美国试图加强其作为世界警察的角色，而欧盟则宣称除了保持它在欧洲大陆的传统角色外，也要在国际上谋求与其地位相称的角色。其次，美国的目标是指向那些具有特殊战略价值的国家和地区，从而与一些地区性大国的矛盾进一步加剧。希腊共指出，由于大量国家被牵涉进来，由于帝国主义的内部矛盾将以更加公开的形式呈现出来，人类的安全、和平与安定将面临考验，并在这一过程中产生不可预知的结果。

"9·11"袭击发生后，葡萄牙共产党中央委员会旋即发表声明，指出美国及其亲密盟友是在国际关系领域寻求发展一条独裁、侵略的政策，这是对人权和国家主权的蔑视，是对联合国宪章和国际法原则的侵犯，是建立在强权、金融统治和非正义国际秩序基础上的，并与新一轮军备竞赛相适应。葡共主张反对各种形式的恐怖主义，但坚决反对采取侵略行动和严厉的安全措施。认为各国应当清楚界定恐怖主义的概念，应当在联合国框架内按照国际法和联合国宪章的原则进行合作。

英国共产党揭示了美国利用"9·11"事件发动反恐战争的目的和实质。总书记格里弗斯在英共第46次代表大会政治报告中指出，事件使全球笼罩于美国军事力量的阴影之下，布什政府利用了这一事件在全球扩大了美国的霸权势力。事实上，甚至早在"9·11"之前，1997年6月的美国"国防评论"就已把东南亚的石油通道作为美国全球军事政策的最重要的地区目标。现在，2001年的"国防评论"仍然把在全球范围内保持美国军事力量的所谓"全权统治"作为优先发展的目标。"9·11"后，美帝国主义的策略目标比从前更为全面、更为残忍、更富有侵略性。

2002 年 6 月 21—23 日，在希腊雅典召开的国际共产党和工人党大会，就后世界发展出现的新形势展开了广泛讨论。这次大会（意重建共、希腊共、葡共、西共和英共等均有代表出席）一致谴责美国和北约的侵略行径，认为所有民族及其群众运动正在受到以美国为首的全球垄断资本统治的潜在威胁。"9·11"事件为美国发动一场反对各民族人权和自由的战争提供了借口。帝国主义把所有旨在反对资本主义全球化，反对 IMF、WTO、EU 等国际组织所做决策的斗争，反对帝国主义干预和战争的斗争都贴上了恐怖主义的标签。大会强调，在帝国主义体系中心正在孕育经济危机的大背景下，帝国主义在反恐名义下的侵略斗争，将不仅局限在国际关系和军事领域，而且包括社会生活的所有方面。它加快了资本主义在经济领域和工人生活标准上的调整速度。它也影响到政治体系，表现出更加反动的政治和意识形态特征。国际帝国主义正在建立一种新的、更为反动的制度框架，它将践踏民众的根本人权和自由，将重新确立新的镇压机制。

三　回应挑战：欧洲共产党的左翼联盟对策

在新自由主义全球化强势发展的环境中，为有效反对国际垄断资本的霸权扩张，欧洲共产党选择了与其他左翼力量和群众运动进行联盟的斗争策略。在许多国家内，共产党寻求与各种进步力量的联盟，以形成反抗国内右翼势力及其统治的联合斗争；在国际范围内，为反对国际垄断资本的联合统治，欧洲共产党也进一步探索左翼联合的新方式和方法，并着手建立起洲际的共产党联盟或左翼联盟。

法共倡导在国内建立左翼进步力量联盟，认为这应是建立在"尊重分歧、观点明确和有透明度"基础上的联盟，其目的在于联合包括社会党、绿党、左翼激进党和群众运动发起反对右翼的斗争，以建立起一个新的多数派和真正实行改革的政府。法共尤其强调要把建立左翼进步力量联盟与反全球化斗争结合起来。认为当前在诸种合作需求以及真正全球共识发展的基础上，在所有斗争和权力领域进行变革的当务之急，是通过超越资本主义来摆脱资本主义，即在创造与进步的过程中，在坚持斗争和人民意志的过程中，以新规则对所有现存规则进行渐进替代。为实现这种替代，法共提出要建立一种具有崭新内容的全球化，以应对集体安全以及社会、经济发展的挑战。

为有效反对资本主义全球化和新自由主义政治，意大利重建共产党提出了重建"替代性左翼"的目标方案。意重建共根据当前社会运动发展的特点、资本主义代议制民主的危机以及反全球化运动的本质，指出未来行动的核心是建造另一个世界，一个可能的世界。通过确立替代性左翼，就可以使运动发生质的飞跃。而在实践中这就是要求重建共改变传统单向发展的政治道路，重新探索建立替代性左翼的方式和途径。

在当前阶段，希腊共产党反对资本主义重组与帝国主义新世界秩序的斗争策略，是试图建立一个反帝、反垄断的民主阵线（AADF）。希腊共的 AADF 阵线，建立在工人阶级与小资产阶级的社会联盟基础上，其成员包括社会地位、政治观点迥异的各种社会和政治力量。希腊共认为 AADF 的发展不可能一帆风顺，即使在阵线内部也可能产生犹疑不决和斗争危机，阵线必须随着社会和政治形势的演进而不断整饬，阵线必须在所有行动中有效利用各种协调因素。

在积极建立国内左翼力量联盟的同时，欧洲共产党也在努力加强国际范围尤其是欧洲范围的左翼合作或联合。这个由法共、意重建共、西班牙联合左翼以及北欧诸左翼政党参加的著名左派论坛，每两年召开一次会议，由各国主要左翼党派轮流主办，就欧洲工人运动、社会发展以及左翼联合选举等共同关心的问题展开广泛交流和讨论，并通过最终发表共同宣言的形式来表达各左翼组织在相关问题上的共识。

从近几年的发展看，上述左翼联盟的理论主张越来越具有鲜明的反对新自由主义和国际垄断资本主义的倾向。在对待全球化问题上，共产党并没有像社会民主党和其他政党那样向右转，而是提出了许多自己独立的、较激进的政策主张。如在1999年欧洲议会选举期间，共产党呼吁同"新自由主义教条"决裂，主张首先实行有利于经济增长，创造就业的政策，对国际资本流动增税，终止将公共部门私有化，增加公共开支，缩短工作周等倡议。他们还提出反对种族主义、取消第三世界国家的债务，认为冷战结束后北约不应再发挥作用，反对北约东扩和军事干涉其他地区的事务，等等。

总之，欧洲发达国家共产党对新自由主义全球化和国际垄断资本主义的批判，以及它们组织开展的实际斗争，是当前仍处于低潮之中的欧洲社会主义运动的新亮点。欧洲各共产党能否通过积极参与反对新自由主义全球化的斗争实践而推动自身的发展，从而使欧洲社会主义运动在21世纪初有实质性的进展，值得我们继续跟踪研究。

四　几点简评

当前欧洲共产党对全球化和国际垄断资本主义问题的关注，既是各国共产党积极应对时代发展的新挑战、努力探索新环境下党的未来出路的表现，也是共产党重新思考自身社会定位和身份的契机，同时也为各国共产党和其他左翼力量建立国际联合，为开展反对新自由主义全球化和垄断资本全球扩张的共同斗争提供了新的舞台。第一，欧洲共产党对新自由主义全球化和国际垄断资本主义的批判，是当今世界反对新自由主义全球化运动的重要组成部分；第二在反新自由主义全球化斗争中鲜明地表达自己独立的政治立场和主张，也是欧洲共产党重塑自己在政治谱系中身份特征的重要内容；第三，欧洲共产党积极参与反新自由主义全球化运动，对进一步推动各国共产党或左翼的联合斗争，对 21 世纪初欧洲发达资本主义国家社会主义运动的新发展，具有重要意义。

当然，当前欧洲共产党的反新自由主义全球化理论还远未形成一个系统体系，其实践斗争也未能充分实现与争取社会主义斗争的有机结合。反全球化运动的深入推进，要求各共产党必须把这一运动归结到解决资本和雇佣劳动对立的资本主义主要矛盾上来，而事实上欧洲各共产党对这个问题的看法仍然存在分歧。与此同时，国际国内右倾化的政治形势及其自身力量的边缘化，也极大限制了欧洲共产党进行斗争的规模和影响。因此，实践中欧洲各共产党针对反新自由主义全球化运动提出的许多富于战斗性的措施，并没能取得相应的斗争成果。

欧洲发达国家共产党意识形态的变化[*]

提要：苏东剧变以后，欧洲发达国家共产党为适应资本主义的新变化，为捍卫生存和谋求进一步发展，对自己的理论纲领进行调整。其意识形态的变化主要围绕当代世界社会主义运动的一些基本的问题而展开。这种变化调整，是它们适应国际国内形势的需要而做出的，有利于巩固自己的存在和谋求进一步发展，但它们在理论政策的变化调整过程中，尚有许多问题需进一步解决。

对于任何政党来说，思想理论即意识形态的变化都是其实践活动变化的先声，引导政党发展的方向，直接影响政党的前途命运。苏东剧变后，欧洲发达国家非执政的共产党，为适应发达资本主义国家政治、经济和文化的新变化，为捍卫生存和谋求进一步发展，对自己的理论纲领进行调整。其意识形态的变化围绕当代世界社会主义运动的一些最基本的问题而展开。

一　指导思想：是一元还是多元

马克思主义是否还是党的指导思想？对于这个问题的回答，大

---

* 原载于《中国党政干部论坛》2007 年第 10 期。

体有两种类型。

一些共产党，如希腊共产党和葡萄牙共产党，仍然强调以马克思列宁主义为指导思想。希腊共产党认为自己必须以马克思—列宁世界观为指导。马克思主义作为科学理论被证明是超越时空的，作为分析、认识和革命性地变革社会的工具起着不可替代的作用，党要在总结工人运动和人民运动经验的基础上努力掌握并创造性地发展这一理论。葡萄牙共产党仍然坚持自己的理论基础是马列主义，认为马列主义是辩证唯物主义的世界观，是科学分析现实的工具，是行动的指南，认为马列主义是在实践中不断丰富、更新和发展的，并对新事物、新情况、新进展和新的发展动向做出回答。新英国共产党以及芬兰、挪威、瑞典、丹麦等国的共产党，也都强调仍然坚持马克思主义理论为指导，并主张把马克思主义与本国斗争的实际相结合。

另一些共产党，如法国共产党、西班牙共产党和意大利重建共产党等，则一般只提马克思主义或马克思的理论，不认同列宁主义。如西班牙共产党早在1978年第九次全国代表大会上，就以多数票通过了取消"列宁主义"的提法，目前认为马克思主义仍是党的理论来源，是工人运动的指导思想，但不是唯一的，并认为马克思主义要随着形势的发展不断补充新的内容。法共和意重建共则强调指导思想的多元化，马克思主义是党的思想来源之一，认为马克思的早期学说，特别是人文主义思想，是马克思主义的精华。这一类型的共产党存在着把马克思主义归结为抽象人道主义的倾向，用抽象的自由、民主、博爱、人道等概念取代马克思主义的革命性内容。如法国共产党认为自己倡导的"新共产主义"的实质就是人道主义，法共的政策就是人道主义政策，以人为中心。

二　社会主义：是制度建构还是价值追求

对社会主义的内涵和基本特征的认识，是欧洲发达资本主义国家共产党进行社会主义理论新探讨的前提，它决定了对其他问题的认识取向和思考维度。目前欧洲发达国家共产党对这一问题存在两种并存的趋向。

一是认为社会主义或共产主义仍然是代替资本主义的具有明确特征的社会制度，具有政治、经济、文化等实质上的特征。如希腊共产党和葡萄牙共产党等，就侧重强调这方面，认为社会主义在政治上，工人阶级与其同盟军合作夺取政权，建立工人阶级性质的政权；在经济上，实现基本生产资料社会化和计划经济，计划经济为社会主义建设的基本法则服务，实行按劳取酬的社会主义原则；在社会领域，彻底改变资本主义的社会关系；等等。

二是超出传统社会主义理论的框架，更多地强调民主、自由、公正和人道主义等价值要素，并认为社会主义就是这些价值的实现，并强调社会主义是一种运动和过程。比如，尽管法国共产党认为自己倡导的"新共产主义"仍然是"另一种社会组织"，但主要强调实现"新共产主义"是一种"社会变革进程的观念"。法共不赞成那种为了"建设"一个在理论上事先设计好的新社会而"消灭"现有社会秩序的做法。法共主张的超越资本主义是一个"过程"。这些共产党对社会主义和共产主义的认识侧重"过程"和"价值"。同时它们还努力把自己同社会民主主义政党区别开来，声明自己的纲领与社会民主党改良性的价值主张是不同的，以表明自己作为一种独立政治力量的地位。

三　共产党：是阶级的党还是全民的党

在对共产党的性质和作用的认识上，欧洲发达国家共产党也大体上有两种类型。

一种是坚持传统的马列主义政党理论，认为自己是工人阶级的利益代表和先锋组织，但特别强调同时代表其他劳动者以及受资本主义剥削和压迫的所有阶层的利益；许多共产党在党章中直接写入党是工人阶级和全体劳动阶级的党。如葡萄牙共产党新党章中指出，葡萄牙共产党是无产阶级政党，是工人阶级和葡萄牙全体劳动者的政党。希共继续强调它是工人阶级先进的、有觉悟的、有组织的队伍，同时强调社会主义建设不单是执掌政权的革命先锋队的事业，共产党必须依靠工人阶级和全体人民。其他一些欧洲共产党，如芬兰共产党、挪威共产党、新英国共产党也重申自己是马列主义的政党和工人阶级的领导组织。

　　另一种是不再坚持马克思主义关于共产党建设的理论，认为共产党是国内全体"公民"或"恒民"的群众性的党，是反对资本主义的一切进步力量的联合组织。它们不再把自己视为阶级的党，认为党要重新塑造形象，改变过去的存在模式，成为自由开放的政治组织。奉行"新共产主义"的法共是这一类型的代表。它认为，今天应该变革有关党的作用的传统观念，不宜自称是"领导党"。党必须适应新形势的挑战，同所有希望改造现行社会的组织和个人对话，共产党不是"让群众跟随自己，团结在自己周围"，而是和全体公民"共同思考和探索"，共产党的作用泛化为对社会的"有用性"。意大利重建共产党在党的性质和作用问题上，有同法共类似的地方。它宣布自己是一个新的群众性政党，是"意大利工人阶级、劳动者、所有男女青年、知识分子和公民的一个自由的政治组织"。它目前强调党的革新和开放，改变过去党存在和活动的方式。"开放要求我们抛弃党与社会之间的一维关系，建构一种多维关系。""永远抛弃党以革命先锋队自居的态度，向各种运动开放，向各种斗争经验开放，向不同的抗议文化开放。"

　　与这两种类型相应的是，前一种仍然坚持民主集中制原则，而后一种不提或公开放弃民主集中制原则，认为党奉行"民主原则"。

四　变革主体：是工人阶级还是全体公民

工人阶级还是不是实现社会主义变革的主体？如果是，是领导性的，还是多主体中的平等一员？围绕对这些问题的回答，欧洲共产党中有的仍然坚持工人阶级领导性主体论，而变革幅度较大的共产党则倡导广泛多元主体说。

前者在当今条件下坚持工人阶级是实现社会主义变革的领导性主体力量，但大多根据时代和环境的变化，对工人阶级的主体地位做出新的论证，同时把"工人阶级和全体劳动者"并列起来表述社会主义变革主体。这些党基本上坚持马克思列宁主义的理论，强调同其他阶级的结盟，争取团结最大范围内的社会进步力量。如葡共、希共和北欧地区的一些共产党等。

后者则抛弃工人阶级领导性主体论，而认为全社会一切进步力量是实现社会变革的平等广泛的主体。如法国共产党在"新共产主义"理论中，摈弃了"工人运动中心主义"，认为"新共产主义"不是要求优先考虑某一个阶级的利益，而是围绕这一目标，把一切身受资本主义之害的多种多样的人们联合起来。法共提出了"公民干预"的新主张，认为这种干预就不需要有一个第三国际式的党。它认为长期以来，工运和共运怀疑"公民"概念，宁可使用"劳动者""人民群众"和"工人阶级"等概念，并且把"阶级斗争"归于"革命者"所有，关于"人"和"公民"的"甜言蜜语"则属于资产阶级所有。这样就把"公民性概念固有的那些权利"和"自由"拱手送给"统治阶级"。持类似立场的还有意大利重建共产党和西班牙共产党等。这些党已不在传统的阶级分析的范围内讨论问题，其意旨是要根据发达资本主义国家社会结构和阶级结构的变化，扩大共产党和社会主义的社会基础。它们往往具有从阶级的、革命性的党转变为全社会的、议会选举性的党的趋向。

五　变革方式：是议会选举还是群众斗争

如何正确处理议会内竞选和议会外斗争的关系，是西欧共产党面对的一个重要问题。由于共产党在不同时期对二者的偏重程度不同，在很大程度上影响着共产党的路线、政策和实践活动结果。通过议会和平民主的道路走向社会主义，是欧洲发达国家绝大多数共产党的共识。但是，共产党作为"左翼中的左翼"停留在议会内的竞选争夺是不够的，只有在议会外充分、广泛地发动和领导群众运动，才能有效地同右翼进行斗争，才能把自己同其他政党区分开来，塑造自己独立的形象和地位。"欧洲共产主义"时期，多数欧洲共产党仍然认为议会外的群众运动是重要的，强调把议会斗争与议会外群众运动结合起来，这种立场坚持了马列主义的革命策略原则。苏东剧变后，如法共、意重建共等变化幅度较大的共产党，努力以新的形象吸引和赢得民众的支持，可以说在议会内与议会外斗争上都取得了一定的成绩。但它们面临的突出问题是：为适应议会选举的需要而淡化了许多标明自己独立身份的东西，忽视了议会外的群众运动和斗争。同时，这种做法也失去了许多下层选民，他们转而投了其他更激进政党的票。这也是近年来欧洲左翼政党选举失利的一个原因。

目前，法共、意重建共等对苏东剧变十余年来自身的政治活动进行反思。法共在三十二大上，要求法共在今后把人民运动提高到法共战略的首要地位，认为从 1997 年法共参政以来，与社会党靠得太近，越来越显得是"社会党的左翼"，丧失许多法共自己的特征，这是法共大选失败的主要原因之一。因此，法共要吸取教训，在任何时候都要把发展人民运动放在法共工作的首要地位。意重建共发表文章指出，党的注意力从议会政治领域转向社会政治领域，从对参加政府的重视转向对社会力量、群众运动和斗争的重视。

　　欧洲共产党当前意识形态方面的变化调整，是它们适应国际国内形势的需要而做出的，有利于巩固自己的存在和谋求进一步发展。但它们在理论政策的变化调整过程中，尚有许多问题须进一步解决。例如，如何正确处理保持党的独特身份和独立行动与扩大社会支持之间的关系，使党不至于淹没在资本主义主流政治的"游戏规则"中难有作为；如何在实际行动中区分革命性政党和改良性政党，确立和巩固自己"左翼中的左翼"的地位；如何处理好党的具体政治行动策略和党的长远发展战略之间的关系，使党的政治活动和斗争具有原则性和连续性。尽管一些共产党已不再把马克思主义作为自己的主导性指导思想，但马克思和恩格斯在一个多世纪以前告诫当时欧洲工人阶级政党的话，今天仍具有现实意义。他们当时这样强调："工人的政党不应当成为某一个资产阶级政党的尾巴，而应当成为一个独立的政党，它有自己的目的和自己的政治。"① 的确，没有"自己的目的"和"自己的政治"的任何政党，都难以有长远发展。

────────────────

① 《马克思恩格斯选集》第 3 卷，人民出版社 1995 年版，第 9 页。

五 西方国家工人阶级状况与变化

论当代资本主义的阶级问题[*]

提要： 随着当代资本主义的发展和社会结构的变化，阶级问题在不同历史时期具有不同的关系态势和表现形式。在全球资本主义迅速发展的时代，社会变化和发展的客观事实再次凸显出阶级问题的重要性。当前，须从生产关系和权力关系的本质层面，从民族国家视角与全球视角相结合的维度，综合运用阶级分析法与其他社会分析法，深入分析当代资本主义新变化及其社会关系与阶级关系的实质、特征、态势和趋势，深入分析全球资本主义的阶级分化和冲突。

阶级问题是经济学、政治学、社会学、历史学等学科领域共同关注的重要问题。随着时代变迁以及当代资本主义的发展和社会结构的变化，阶级问题在不同历史时期具有不同的关系态势和表现形式。在全球资本主义迅速发展的今天，社会发展的客观事实再次凸显出阶级问题的重要性。我们应怎样认识当代资本主义的阶级结构和阶级关系？怎样认识阶级研究和阶级分析的作用与意义？怎样认识全球资本主义的阶级分化和冲突？本文从当代西方社会的阶级问题所面临的诸种挑战出发，运用马克思主义阶级理论和阶级分析方法，对当代资本主义的阶级问题及阶级关系的实质、状况、态势、

---

* 原载于《中国社会科学》2011 年第 4 期。

特征、演变过程和发展趋势进行客观、深入的分析。

一　阶级问题在当代面临的挑战

20—21 世纪之交，西方理论界围绕阶级问题展开了新的争论，这为 20 世纪晚期资本主义新变化所引发，也为资本主义面临的诸种问题及新的危机所激发。诸如"社会阶级正在死亡吗？""后工业社会中阶级还能够继续存在吗？""阶级还有意义吗？""阶级政治终结了么？""全球化时代的社会关系和阶级关系如何？"等等，不一而足。围绕阶级定义、阶级划分、阶级结构、阶级冲突等问题再次进行的广泛而深刻的讨论，凸显了对阶级和阶级分析本身能否继续存在下去的询问（尽管这种询问和质疑在此以前一直存在[①]），同时也突出地显现了阶级问题在西方面临的主要挑战。

（一）"后工业主义"的挑战

后工业主义对传统社会阶级划分的挑战不是最近的事情。1973年，丹尼尔·贝尔（Daniel Bell）发表了《后工业社会的来临》一书，引发了关于晚期资本主义经济组织、社会结构、阶级结构的讨论。[②] 20 世纪 70 年代中期以后，欧美理论界关于"新阶级"兴起的

[①]　比如美国未来学家奈斯比特在 1959 年就对阶级的衰落及其存在提出了质疑，主张抛弃"社会阶级"的概念。参见 R. Nisbet, "The Decline and Fall of Social Class", *Pacific Sociological Review*, 1959, Vol. 2, No. 1, pp. 11 – 17。

[②]　参见 D. Bell, *The Coming of Postindustrial Society*, New York : Basic Books, 1973。贝尔根据社会经济结构和组织形式的变化，认为不同于以往工业社会的后工业社会已经来临，在后工业社会，是知识而不是私人资本成为社会的轴心原则，成为社会创新和发展的源泉和动力。一种新的、有独特地位的新阶级即"知识阶级"已经形成，他们是社会的潜在统治者。贝尔的著作使得西方理论界重新审视传统的阶级分析，涉及了关于"新中间阶级"的兴起和重要性、"新工人阶级"的形成、知识工人和技术人员的经济社会作用、"新阶级"的经济社会权利等一系列问题。

著述很多。尽管对什么是"新阶级"见仁见智，但毫无疑问的是，其中主要代表人物都认为传统的阶级划分理论特别是马克思主义关于资本主义社会两大阶级对立的理论，已经被社会发展所超越，打破传统阶级划分界限的"新阶级"逐渐发展起来，并可能取代旧的阶级。而 20 世纪 90 年代中期以后发展起来的一些后工业社会理论，则主张抛弃"过时的"阶级概念和阶级分析方法，认为当代社会的重要标志就是阶级解体和社会分层多元化，阶级的概念和话语已不再适用于作为解释社会和学术研究的主要话语与方法了。

比如，美国社会学家特里·克拉克和西摩·利普塞特（T. N. Clark and S. M. Lipset）就认为："阶级分析在最近的几十年里越来越显得不足了，因为传统的等级秩序已经衰落，新的社会差异也出现了。这些变化的累积影响正在从根本上改变社会分层的性质——要求我们对过去的理论加以切实的修正。"[1] 他们认为，随着传统等级秩序的衰落，原来由其所维系的严格的阶级关系也必然衰落。同 19 世纪和 20 世纪初期的情况相比，人们的社会阶级特征在不断淡化，新的社会划分的发展趋势是"社会分层的碎片化"。这主要表现在三个领域：（1）政治领域，政治行为和活动已较少围绕阶级来动员和组织，这集中反映在阶级选举的衰落，即受阶级归属影响的投票行为的消失；（2）经济领域，经济的复杂性要求分散的、对需求反应敏锐的决策，等级制集中决策越来越困难，这样，传统的权威、等级和阶级关系日渐衰微；（3）社会领域，家庭变小，等级制分层也被削弱，传统的家长制家庭越来越不能成为社会分层的模式。从教育和工作方面来看，家庭作为社会分层之基础的重要性越来越降低了。社会流动已较少由家庭决定，而更多地取决于个人的能力和受教育情况。综合上述三个方面的情况，阶级分层变得越来越不明显，尤其是那种有明显阶级区分

---

[1]　T. N. Clark and S. M. Lipset, "Are Social Class Dying ?" in D. J. Lee, B. S. Turner, eds. , *Conflict about Class*, New York：Longman Publishing, 1996, p. 42.

的生活方式已经难以找到了。

有的学者主张要彻底地抛弃关于阶级与阶级分析的全部概念、范畴、范式和方法，认为后工业时代的社会发展和社会结构已使阶级划分与方法失去实际意义和分析价值。最具代表性的是英国社会学家雷·帕尔（Ray Pahl）的观点。他认为，传统的关于阶级结构—阶级意识—阶级行动之间的关联模式（class structure—class con-sciousness —class action，简称 SCA 模型）是一种被社会理论家盲目遵循的教条，"它建立在一种实际上并不存在的行动理论的观念基础之上"。他认为阶级作为一种解释工具，在当代社会分析中已处于弱势地位。首先，阶级分析是在 19 世纪制造业占主导、资产阶级和无产阶级之间的关系非常鲜明的时候产生的，而在 20 世纪后半期制造业地位下降、科技和服务业地位上升的时期，"建立在制造业基础上的阶级模型，必然与以服务业为基础的经济难以适应"。其次，经济关系的全球化"已经使那种无产阶级可以在国家范围内同资产阶级进行斗争的事情成为时代的错误"。再次，阶级概念"已成为了一个过度滥用以至没有意义的术语而被轻蔑地摈弃使用了"，它"在比较和历史社会学的更高层面的分析中不再具有价值"。人们应该停止按照阶级的假设采取行动，而要超出 SCA 主观链式结构的束缚，更多地去研究地域、种族、宗教、性别以及社会边缘群体等实际问题。[①]

（二）"后福特主义"的挑战

后福特主义的挑战同后工业主义的挑战密切相关，但二者侧重点不同。后工业主义的挑战关注经济结构和阶级结构的总体变化与发展趋势，后福特主义的挑战则具体关注资本主义生产方式的变化对阶级关系带来的深刻影响。

20 世纪 70 年代中期以后，发达资本主义国家由于石油危机等因

---

① R. Pahl, "Is the Emperor Naked ?" in D. J. Lee, B. S. Turner, eds. , *Conflict about Class*, New York: Longman Publishing, 1996, pp. 89 – 97.

素的综合作用，经济出现"滞胀"，随之发生了福特主义生产和消费方式的结构性危机。经济全球化的发展使传统的国家干预政策和福利国家制度受到严峻挑战，科技发展和市场化发展使泰勒制、大规模生产和标准化商品消费都难以为继。20 世纪 80 年代，随着里根主义和撒切尔主义在政治上占主导地位，新自由主义取代凯恩斯主义成为资本主义的主流意识形态，为资本主义在全球的扩张提供思想和理论条件。在生产过程和劳动组织方面，以信息技术、微电子技术为先导的新技术革命、产业革命和管理革命，使资本主义的经济结构、劳动市场结构、阶级结构发生了剧烈而深刻的变化。福特主义生产方式被后福特主义生产方式所取代。所谓后福特主义，就是一种适应高度全球化的生产方式，形成了一种更为灵活和适应复杂竞争环境的生产体系。其生产方式的主要特征被人们称为"弹性专业化"。从阶级关系上看，资本家阶级通过组织的弹性增强了资本家对工人的谈判能力。通过"改制"或"重组"，资本主义统治的经济、政治和社会权力都大大增强。而工人阶级则处于分散化状态，工会力量受到严重削弱，工会会员人数减少，工人的集体谈判能力和集体行动能力下降。从劳动力市场看，福特制条件下的充分就业政策已不存在，各国失业率上升。就业方式也发生了很大变化，非全日制就业人数增加，越来越多的女性加入劳动力队伍中，就业女性目前约占主要资本主义国家全部就业人数的 40%—50%，外籍劳工人数也不断增加。工人阶级内部多样化，社会流动和人口流动侵蚀了原来的工人阶级共同体利益。

　　正是在这样的背景下，一些学者认为，在后福特主义时代，"普遍的无产阶级生活方式"已不存在，传统意义上的工人阶级逐渐衰亡。美国学者斯科特·拉什和约翰·尤里（Scott Lash and John Urry）将 20 世纪 70 年代中期以后的资本主义称为"非组织化的资本主义"，其中阶级关系变化的显著特征有：（1）经济中工业生产能力被削减时，核心工人阶级（制造业中的体力劳动者）的绝对人数和相对人数都减少了；（2）劳资关系中集中谈判的地位和重要性下降了，伴随着从泰勒制向工作组织灵活性的转变，公司和企业层级的谈判增加；（3）资本主义生产在许多第三世界国家的扩散，导致许多冶炼、制造等基础行业的竞争加剧，发达国家工人阶级的部分工作被转移到国外，使发达国家的产业结构向服务业转移；（4）政党的特性和阶级属性减弱，选举的阶级性下降，政党代表特定阶级利益的能力和程度降低；（5）文化分裂和多元主义的发展严重销蚀了阶级意识。[①] 英国历史学家唐纳德·萨松（Donald Sassoon）则认为，在后福特主义时代，"那种以工厂为基础的庞大的工人阶级不再是必要的了"，现在资本主义需要的是数量少、高工资、高弹性、熟练的工人。[②] 总之，他们认为，在后福特制时代，传统的阶级划分越来越不适宜了，工人阶级的数量、构成、组织形式、生活方式、行为能力等都发生了很大变化。如果还按照传统的工人阶级定义（工业领域全日制就业的男性体力工人为主体），那么就是"告别工人阶级"的时候了。

（三）"后现代主义"的挑战

后现代主义与后工业主义和后福特主义有很大关联，但就其对阶级和阶级分析的挑战来说，它们之间又有很大的不同。西方的后现代哲学否定和打碎西方传统哲学的理性"建构"，对"结构"进行"解构"，倡导多样性、差异性和无中心性。反映到对阶级和阶级分析的挑战上，其主要观点是：在以往的社会分层领域中，一般都强调经济结构、社会结构和阶级结构的重要性，强调这些结构对人们的日常生活、政治行为等的决定性影响作用。无论是马克思主义的阶级分析理论，还是其他的阶级分析理论，都是如此，甚至后工

---

① Scott Lash and John Urry, *The End of Organized Capitalism*, Wisconsin：The University of Wisconsin Press, 1987, p. 526.

② Donald Sassoon, *One Hundred Years of Socialism*, London ：I. B. Tauris, 1996, pp. 655 – 656.

业主义和后福特主义也是以经济结构、社会结构和阶级结构的变化为理论出发点的。而在后现代社会，阶级的概念没有什么意义，以阶级为基础的社会认同和归属是不存在的，每个个人都有多元、交叉的身份特征，而且个人的身份特征不是外部决定或外生的，而是自己的生活方式、价值标准、消费实践所决定的，这些都销蚀和解构了阶级结构与阶级归属。

　　一些从后现代主义视角研究问题的学者，倾向于从文化角度（而不是经济和政治的角度）来研究社会分层，认为这是后现代社会的主要特征。比如，澳大利亚社会学家马尔科姆·沃特斯（Malcolm Waters）等人在20世纪90年代进行了一项关于"阶级的死亡"的研究课题。他本人重点研究了社会分层模式的历史演替过程，认为社会分层随着时间的变化而变化，在不同的历史时期由不同的社会分层模式占支配地位。沃特斯根据马克斯·韦伯（Max Webber）的社会分层理论，基于占支配地位的社会分层模式在经济、政治和文化三个领域随历史变更的转移，论述了四种依次更替的社会分层模式：（1）在等级社会（an estatist society），经济、政治、文化混合在一起，没有哪个单独占支配地位；（2）在阶级社会（a class society），产生于经济领域的利益群体之间相互斗争，社会分层集中于经济领域的阶级之间的竞争，比如19世纪的资本主义社会，马克思的阶级理论就是这个时代的产物；（3）在命令社会（a command society），社会分层则受政治和国家领域支配，重要的阶层是政治权力集团，这个集团由政治的—官僚的精英构成，它们对一个或多个处于从属地位的集团进行权力控制，精英集团通过强制的政治权力来支配经济和文化领域，阶级则通过确立同政党的联系，基于政治的而不是经济的方式组织起来，20世纪大部分时间里都是这样的社会分层模式占支配地位；（4）在地位—惯习社会（a status-conventional society），社会分层形成于文化领域，社会阶级是基于生活方式或价值的地位共同体，它们之间"形成有差异的价值认同模式、身份、信仰、符号含义、趣味、意见或消费"。由于这些因素短暂和脆弱的本质，

"基于惯习、地位共同体的社会分层体制看起来像移动的马赛克"，破坏了政治、经济领域的稳定。国家因为不能获得大众的支持而被削弱了，经济因为既不能控制工人也不能控制市场也被削弱了。在上面四种模式的演替过程中，并不是旧的模式被完全取代，而是失去支配地位、服从于主导地位的分层模式。在 20 世纪晚期以来的后现代社会，"社会分层明显地表现为文化的而不是社会的，关注生活方式而不是生活机会，关注消费而不是生产，关注价值而不是利益"①。

（四）"新政治"和"新社会运动"的挑战

所谓"新政治"和"新社会运动"，并不是统一的运动和组织形式，它既包括西方在 20 世纪 70 年代以来形成的反战和平运动、生态运动、女权运动、反经济帝国主义运动和反种族主义运动等相对成型与成熟的运动，也包括原教旨主义宗教运动、新生代运动以及日常生活抗议活动。大多数研究者认为，"新政治"和"新社会运动"的产生，主要是由于西方发达国家科技和经济的迅速发展导致了从工业社会向后工业社会的转化，人们的社会价值观念从物质主义和消费主义转向后物质主义，政治观念从传统的阶级、党派的权力政治转向多主体、多主题的群众抗议政治。之所以说"新政治"和"新社会运动"对阶级和阶级划分提出挑战，是因为它们提出了不同于以阶级为基础的传统政治运动的价值观、主题、内容和方式。

比如，美国学者拉什和尤里认为，"这些运动并不是由生产关系直接构成的，它们导致了对社会阶级、政治矛盾和文化经验界限的

---

① Malcolm Waters, "Succession in the Stratification System", in D. J. Lee, B. S. Turner, eds., *Conflict about Class*, New York: Longman Publishing, 1996, pp. 71 - 83.

重新划分"①。美国社会学家克拉克和利普塞特认为，现在西方社会存在两个左翼，但社会基础是完全不同的——传统的左翼以工人阶级为基础，强调阶级政治和与阶级有关的问题；另一个左翼就是"新政治"或"新社会运动"，强调的不是阶级问题和传统政治问题，而是非阶级问题和具体的社会问题。再如，曾以阶级分析的立场进行社会研究的英国社会学家安东尼·吉登斯（Anthony Giddens），在20世纪90年代以后也显示出这样的视角。尽管他还模糊地承认阶级分析的相关性，但他的立场转变是不言而喻的，认为"生活政治"出现并正在取代"解放政治"，而这种"生活政治"显示了个人在政治中的新作用，这暗含着作为集体性政治活动的阶级运动的衰微。他在《现代性的后果》一书中对劳工运动等的评论也表现出这种立场："劳工运动和言论自由/民主运动都很'老'了……其他类型的社会运动更有'朝气'。"② 他还明确表达了阶级政治式微的观点："随着工人阶级队伍的急剧萎缩以及东西方两极对立格局的消失，阶级政治的突出性和'左'与'右'的传统分界也模糊了。"③ 概而言之，"新政治"和"新社会运动"的挑战集中在：在现代社会，政治动员的群体不是阶级成员，政治解决的问题也不再是阶级问题，阶级术语和阶级分析方法都不再适用了。

　　总之，阶级问题在西方遭遇的各种挑战不是孤立存在的，而是彼此交叉渗透，共同反映了当代资本主义经济、政治、文化和社会发生的巨大变化对社会研究和分析方法的挑战，特别是全球资本主义迅速发展提出的新问题新挑战。阶级问题面临的挑战是严峻的，但同时也彰显出作为社会分析主要范畴和范式的阶级概念和阶级分

---

　　① Scott Lash and John Urry, *The End of Organized Capitalism*, Wisconsin：University of Wisconsin Press，1987，p.195.

　　② ［英］安东尼·吉登斯：《现代性的后果》，田禾译，译林出版社2000年版，第141页。

　　③ ［英］安东尼·吉登斯：《左派瘫痪之后》，载俞可平主编《"第三条道路"与新的理论》，社会科学文献出版社2000年版，第25页。

析方法必须获得新的说明，以适应现代社会的发展变化，并重新获得有效的阐释力和说服力。

二　关于当代资本主义社会的阶级分析

　　阶级问题既是复杂深刻的理论问题，也是同经济社会的发展变化密切相关的现实问题。由于研究者的领域、视角和方法的不同，以及立场和价值取向的不同，对阶级问题分析评判所得出的结论必然不同。然而在阶级社会，阶级是一种客观的社会存在，阶级关系不是主观的、偶然的社会分化现象，而是由社会物质生产关系所决定的不以人的意志为转移的、客观的、现实社会关系，是一定时代的生产关系和交换关系的必然产物，"在分工的范围内，私人关系必然地、不可避免地会发展为阶级关系，并作为这样的关系固定下来"①。时代发展和社会变迁，会对社会结构和阶级结构的内容与形式以及人们对它们的认识与意识产生直接的、重要的影响，但这不会改变阶级和阶级关系存在的客观事实，不会使阶级和阶级关系消亡。只有到了以生产力高度发展为前提，社会分工失去了阶级冲突、阶级差别等阶级实质和属性，人类真正实现了自由、平等发展的共产主义社会，阶级和阶级关系才会彻底消亡。那么，我们如何客观地分析评判当代西方社会关于阶级问题的争论呢？如何正确分析当代资本主义的社会关系和阶级关系呢？

　　（一）从生产关系和权力关系的本质层面来认识和理解阶级问题和阶级关系

　　什么是阶级？对这个问题的不同认识和回答，决定了人们对社会结构、社会关系、阶级阶层关系的不同观点、见解及不同的研究

――――――――――

　　①　《马克思恩格斯全集》第 3 卷，人民出版社 1960 年版，第 513 页。

方法。阶级首先体现的是人们在生产中的地位和相互关系，其中最根本的，是对生产资料的占有关系以及由此决定的人们在生产中的权力关系和分配关系。阶级是经济范畴，再严格地说，是政治经济学的概念，它关注的是生产关系，而不是资源和要素配置等生产力问题。阶级概念同政治经济学中的商品、资本、价值等概念一样，是一种抽象的规定，反映的是深层的本质关系。"分析经济形式，既不能用显微镜，也不能用化学试剂。二者都必须用抽象力来代替。"[1]因而，阶级不同于社会学侧重关注的具体职业群体、职业统计的人群分类，也不同于以收入水平差异、性别种族差异、生活习惯方式差异等因素所进行的社会分层。正是因为阶级是一个抽象的规定和范畴，是纷杂的社会现象和表象背后深层的社会地位关系，所以属于一个阶级的人并不必然就自觉地认识到自己的阶级属性。因而，判断特定的人或人群的阶级属性，不能根据其主观爱好和选择，而要根据其在特定经济关系中的客观地位及其所决定的在一定的权力关系中的位置。

　　具体到研究西方资本主义国家的阶级关系，则必须从资本与雇佣劳动的两极对立中来把握当代资本主义阶级关系的性质及变化。马克思主义以生产关系特别是对生产资料的关系为标准划分阶级，揭示了资本家阶级与无产阶级之间对立的根源。资本同劳动的对立，是"资本家和工人作为一种生产关系的两极所具有的性质"[2]，这是资本主义本质关系与经济规律的客观体现。一个人不论从事什么职业，收入多少，是什么性别和种族，只要他不占有生产资料而唯一出卖劳动力，就客观地属于被资本剥削和统治的雇佣劳动这一极。西方发达资本主义国家经过战后30年的"黄金时期"，生产力有了大的发展，生活水平普遍有了提高，由之产生的一种流行观点是，原来的大多数劳动者都步入"中产阶级"的行列了，工人阶级正逐

---

① 《马克思恩格斯全集》第23卷，人民出版社1972年版，第8页。

② 《马克思恩格斯全集》第46卷（上），人民出版社1979年版，第254页。

渐消失。对这种以生活水平和生活方式判别阶级的观点，马克思曾做过分析评判："所谓资本迅速增加对工人有好处的论点，实际上不过是说：工人把他人的财富增殖得愈迅速，落到工人口里的残羹剩饭就愈多，能够获得工作和生活下去的工人就愈多，依附资本的奴隶人数就增加得愈多。""这样我们就看出：即使最有利于工人阶级的情势，即使资本的尽快增加如何改善了工人的物质生活状况，也不能消灭工人的利益和资产者即资本家的利益之间的对立状态。"①至于职业的区分，劳动方式的变化，也不影响或改变劳动从属于资本的客观性质和事实。"'粗俗的'人的理智把阶级差别变成了'钱包大小的差别'，把阶级矛盾变成了'各行业之间的争吵'。"②马克思在论述政治经济学方法的时候说，"如果我抛开构成人口的阶级，人口就是一个抽象。如果我不知道这些阶级所依据的因素，如雇佣劳动、资本等等，阶级又是一句空话"③。

在分析当代西方社会的变化时，西方一些学者也注重从经济关系和权力关系层面论证阶级的客观存在及其重要性。比如英国社会学家理查德·斯凯思（Richard Scase）就对否定阶级和阶级划分的理论观点做了较为系统的批驳，并从资本主义社会结构、职业结构、分配关系、社会机会、权力关系等方面专门论证了阶级的相关性以及阶级在现代社会中存在的客观必然性。他认为，虽然人们一般认为阶级与日常生活中的个人身份和社会关系没有相关性，但阶级确实对于深入理解西方资本主义社会的动力机制是非常关键的，社会阶级是资本主义社会的一种潜在性结构关系，是解释社会过程必不可少的因素。在社会学讨论中，往往把职业划分等同于阶级划分，这种对社会阶级的"经验性"定义通常不过是统计的人为产物，致使在描述社会现实方面，社会阶级比作为其成分的职业类型更加含

---

① 《马克思恩格斯全集》第 6 卷，人民出版社 1961 年版，第 497 页。

② 《马克思恩格斯全集》第 4 卷，人民出版社 1958 年版，第 343 页。

③ 《马克思恩格斯全集》第 46 卷（上），人民出版社 1979 年版，第 37 页。

糊和不重要。任何一种职业的人都不可避免地属于一定的阶级，各种社会组织实际上都是根据社会阶级建构的。不同的职业类型根源于不同的社会生产关系的方式，职业顺序是阶级关系的结果。他认为："社会阶级研究和其变化的动力必须依然位于社会分析的中心。只有参考阶级，阶级是由经济、社会组织中的社会关系决定的才有可能理解职业顺序中不断变迁的成分以及相关的各种形式的特权和劣势地位。"①

当前，经济全球化迅猛发展，资本—雇佣劳动关系在整个世界恣意扩张蔓延，资本主义经历着新的经济社会危机，这正是需要运用阶级分析方法来分析当代资本主义及当代西方社会的时候。然而在西方，甚至一些长期自称为左翼的理论家，采取折衷主义和实用主义的态度，对阶级问题避而不谈。正如西班牙学者卡米洛·卡奇指出的那样："他们害怕利用马克思的理论进行分析……一些知识分子对回避资本—劳动的普遍矛盾，也就是说回避社会主义是对资本主义的选择的第三条道路更有兴趣。""在那里社会阶级、阶级斗争、资本主义、资本的积累、剩余价值、帝国主义、国家和其他的现实都不存在了，因为在简单的关于人、人群和公民的抽象当中它们都被挥发了。"② 在进入 21 世纪后的第一个 10 年，资本主义爆发了新的经济危机，失业率居高不下，社会两极分化严重，跨国资本家阶级对超额利润无限制地贪婪追求和对世界各国工人越发赤裸裸地剥削，以及"中产阶级"的幻象逐步让位于"再无产阶级化"的严酷现实等，都真切而迫切地需要以反映真实的经济关系和权力关系的阶级分析来说明现代资本主义社会，而且不能回避资本与雇佣劳动的关系这个根本的问题。

---

① ［英］理查德·斯凯思：《阶级》，雷玉琼译，吉林人民出版社 2005 年版，第29—30 页。

② ［西］卡米洛·卡奇：《用阶级斗争观点批判"全球化"的意识形态》，魏文编译，环球视野网站，http : //www. globalview. cn/ ReadNews. asp ? NewsID = 8410, 2006 年 7 月 18 日。

（二）从民族国家范围和全球范围相结合的维度来考察当代资本主义阶级关系的变化发展

随着全球化的迅速发展，阶级形成与阶级关系发展的条件、基础、范围、要素等都在发生重大变化，阶级分析的框架和维度也要随之进行调整、变化，必须以当今时代具体的经济、政治、社会环境与条件为现实依据。其中一个迫切的转变，就是阶级研究和分析的视角，要从以往聚焦于民族国家范围转向关注民族国家范围与全球范围的各种因素的交互作用。全球资本主义的发展已经使以往局限于民族国家范围内的阶级分析变得狭隘和不充分，这要求我们必须调整阶级分析的前提和视野，改变仅从民族国家视角研究阶级形成和阶级关系的观点和做法，超越民族国家范围的限制，在整个世界范围和背景中考察全球性阶级关系的形成、发展以及某个具体民族国家阶级关系的形成和发展。

在 20 世纪 80 年代以前，阶级形成和阶级关系的发展主要以民族国家作为地域平台和经济政治空间，阶级形成和阶级关系的发展主要取决于特定民族国家内的历史、经济、政治和文化条件，取决于该国内各利益集团的力量对比关系和斗争状况。人们对阶级关系的分析和研究，也主要集中于特定国家内部的各阶级及其关系状况，对阶级概念的理解也主要以民族国家内的特征和因素为中心。而随着经济全球化的迅速发展，特别是 20 世纪 90 年代以后，国际垄断资本主导的全球化将资本积累、资本流动、市场竞争、逐利争夺的平台和空间，从民族国家的边界限制中挣脱出来，使整个世界成为跨国资本自由畅行的空间和彼此竞争的角斗场。与此相伴随的，是资本主义的生产关系在全球层面的扩张和重构与跨国阶级与阶级关系的形成和发展。在国际垄断资本主义主导的经济全球化时代，我们可以说，整个世界正在日益分裂成全球性的资本家阶级和全球性的雇佣劳动阶级。这也印证了马克思的判断："资本发展到怎样的范围，雇佣劳动也就发展到怎样的范围。"①

在上述背景和进程中，我们考察当代西方社会的阶级关系，就不能仅仅关注美国、英国、德国、法国等各国内部的各种条件和情势及其阶级状况和阶级关系态势，而且要充分考虑国际资本主义的发展及国际阶级关系的形成对各个国家内阶级和阶级关系的深刻而巨大的影响。随着跨国资本超越各民族国家限制而自由流动，全球性资本家阶级超越了民族国家的限制，直接在整个世界范围建立起全球性的资本与雇佣劳动关系，形成了全球性资本家阶级对全球性雇佣劳动阶级的直接控制和统治。具体到考察西方国家的阶级和阶级关系，我们就会看到这样的主要阶级划分的大致轮廓：（1）直接属于全球性跨国资本家阶级集团的成员，包括跨国公司的所有者和高级经理，以及各国各地区经营运作跨国资本的资本家及各类"精英"；（2）主要依靠在民族国家内积累资本和经营的资本家阶级，在经济全球化时代，他们控制的本土资本越来越失去独立性，越来越被卷入跨国资本家阶级的控制范围和全球资本积累和流动的过程中；（3）中上层雇佣劳动阶级，或称为中上层工人阶级，或所谓的"中产阶级"大部分成员，他们受雇于跨国资本家阶级和本国资本家阶级，在全球化条件下形成的新的资本—雇佣关系中，逐渐失去了过去曾拥有的相对"稳定"和"富庶"的生活状态，"中产阶级"的光环逐渐暗淡，又逐渐地"再无产阶级化"，他们实际上已成为雇佣劳动阶级的主体；（4）下层雇佣劳动阶级，或称下层工人阶级，包括低级"白领"、体力劳动者，移民工人和少数族裔工人等，他们从未认为自己属于"中产阶级"，而在全球化形成的新的阶级关系中则越发表现出无产阶级的特征。

以上对西方社会资本家阶级与劳动阶级之大体划分状况，我们可用表 1 描述。

---

① 《马克思恩格斯全集》第 46 卷（上），人民出版社 1979 年版，第 237 页。

表1　　　　　　　　当今西方社会资本家阶级与劳动阶级

两大阶级	阶级内分层	基本特征	发展趋势
资本家阶级	全球性主导	经营运作跨国资本，在全球范围内积累逐利	逐渐占据主导和控制地位
	民族国家性主导	主要在民族国家内积累经营	逐渐失去独立性，受跨国资本控制
劳动阶级	"中产阶级"	曾经相对"稳定"和"富裕"，资本家阶级和下层劳动阶级之间的"脆弱缓冲层"	日渐分化，部分"再无产阶级化"
	下层雇佣劳动者	受资本剥削最重，相对贫困，处于社会底层	日渐"社会边缘化"

注："脆弱缓冲层"，这里借用了美国学者威廉·罗宾逊对"中产阶级"的描述。

总之，如果不从全球范围和民族国家范围相结合的视角来考察，离开这个进程和背景来孤立地考察单个国家的阶级和阶级关系，就无法充分、全面地了解西方社会的阶级结构和阶级关系，就难以看清一个国家内部真实的阶级和阶级关系状况及其变化趋势。

（三）从历史与现实的统一中动态考察资本主义阶级关系的演变及特征

研究资本主义的阶级关系，不能机械、僵化、静止地看问题，而要在把握阶级关系实质的基础上，历史、具体、动态地分析阶级关系的演变以及各阶段阶级关系的主要特征和基本态势。资本主义阶级关系的实质是资本与雇佣劳动之间的剥削与被剥削、统治与被统治的关系，是资本家阶级与雇佣劳动者阶级之间对抗性的矛盾和斗争。马克思在《资本论》中对此做了深刻揭示。在资本主义发展的整个历史进程中，阶级关系的实质不会改变。但在资本主义的不同历史阶段，由于时代背景、社会条件、阶级力量对比、阶级意识程度等方面的不同，资本与雇佣劳动的关系有着不同的表现形式和特征。

纵观资本主义发展的历史，阶级关系的演变大体经历了如表 2 所示的态势及特征。

表 2　　　　　　　　资本主义阶级关系历史演变的态势和特征

阶级关系态势		激烈对抗	协调合作	疏离对立
大体时段		20 世纪 30 年代之前	20 世纪 30—70 年代中期	20 世纪 70 年代中期至今
资本主义阶段		自由放任主导阶级	福利国家主导阶段	新自由主义主导阶级
阶级行动状态	资方	残酷剥削和镇压	缓和矛盾和退让	强势进攻
	劳方	激烈反抗和斗争	集体谈判和抗衡	弱势退守
主导性体制特征		体制外不妥协对抗	体制内妥协合作	体制内疏离对立

从表 2 可以看出，西方资本主义社会两大阶级之间的关系经历了三个不同历史时期，具有特征不同的三种态势。在 20 世纪 30 年代之前，是自由放任主导的资本主义阶段，阶级矛盾十分尖锐，劳资关系呈激烈对抗态势，阶级斗争直接地大规模展开，甚至发生暴力革命，直接威胁到资本主义制度本身。20 世纪 30—70 年代，是所谓资本主义发展的"黄金岁月"。在工人阶级长期斗争的推动下，资本家阶级调整生产关系和统治政策，缓和阶级矛盾，实行福利国家政策，形成资方、劳方和国家的"三方体制"，阶级关系态势由体制外激烈对抗转变为体制内的"妥协合作"。这是所谓的"中产阶级"大发展时期，是西方社会宣告"告别工人阶级"的时期。从 20 世纪 70 年代中期特别是 80 年代以来，是新自由主义主导的资本主义时期。为了应对经济"滞胀"危机，卸除社会福利的包袱，压低劳动成本，提高利润，资本主义再次调整生产关系。资本家阶级不断摧毁之前的福利成果和劳动者获得的权利，剥夺工会权力，劳动者阶级退守并不断遭受挫败和削弱。"中产阶级"神话破灭，出现"再无产阶级化"现象。劳资关系态势从过去的体制内"妥协合作"转变为体制内的"疏离对立"。这一时期也是新自由主义主导的全球化

时期，资本主义生产关系和阶级关系随着资本的全球扩张而在整个世界范围蔓延。

历史地、动态地考察资本主义阶级关系，就可以对关于西方社会阶级关系的争论有全面客观的认识和评价。可以看出，认为"阶级已经死亡""阶级政治终结""阶级分析已没有意义"的观点，实际上是用一个特定时期的资本主义社会结构变化的现象代替资本主义阶级关系的本质，或者仅从西方社会自身范围内孤立地看待社会结构和生活关系的变化，未能着眼于全球范围内资本主义生产关系和阶级关系的扩张。而强调和论述阶级相关性和阶级分析意义的观点，是值得借鉴的，但有的不能从资本主义阶级关系本质上看问题，或者有的虽然深刻揭示了资本主义阶级关系的本质，但是未能充分考察资本主义阶级关系发展演变的历史性和复杂性。身处西方社会的一些有识之士清楚地看到了这一点。如德国学者艾克哈德·利伯拉姆（Ekkehard Lieberam）就认为："资本主义的新自由主义同阶级问题之间存在着紧密的联系。可以清楚地看到，随着社会两极分化和阶级斗争的激化，用阶级视角来看待社会、政治和国家的观念又在增强，甚至资产阶级的报刊也谈论阶级社会、中间阶级的解体、阶级差别等等。"① 据英国国家社会研究中心 2007 年 1 月公布的一项数据显示，在英国，仍有 57% 的人认为自己是工人阶级。该研究中心对这个数字感到非常"令人惊讶"。因为长期以来，政治家和主流媒体告诉大家"我们都是中产阶级"了。而那些长期以来回避"工人阶级"称谓、以"中产阶级"为荣的雇佣劳动者们，在冷酷的社会现实面前，竟然又有高达 57% 的人将自己定位为"工人阶级"，这确实是"令人惊异"的现象，尽管这个数字与 20 世纪 60 年代相

---

① ［德］艾克哈德·利伯拉姆：《阶级分析、社会两极分化和阶级形成》，《国外理论动态》2006 年第 7 期。

比减少了10%。① 2010年2月，《纽约时报》发表文章称，在金融危机后虽然美国经济逐渐回暖，但失业率仍然攀升，金融危机已经将"中产阶级分化"。数百万曾经被贴上"中产标签"的人如今不得不依靠公共救济度日，这些"新穷人"可能"永远都返回不到中产阶级的生活了"。在日本，一本畅销书的名字是《2010年中流阶级消失》。作者田中胜博称，曾经自认为有"一亿总中流（中产阶级）"的日本，在2010年"将出现10%的富人和90%穷人的大分裂，中产阶级将消失"②。总之，进入21世纪以来，在西方社会阶级矛盾再次逐渐激化、各阶级的本性和特征逐渐凸显的时候，关于阶级问题的论述也逐渐增多。比如，"挥之不去的阶级界限"，"无用的'中产阶级'神话"，"中产阶级的挽歌"，"窘迫无奈的中产阶级"，"'中产阶级愤怒'让西方担忧"，等等。但国内的研究还多停留在对20世纪80年代之前资本主义社会结构和阶级关系的状况、态势上，还在侧重研究论证"无产阶级的中产阶级化"以及资本主义国家阶级矛盾的缓和，没有把关注点转移到当前新自由主义全球化主导的资本主义时期阶级关系实质和特征的研究，比如在全球范围内逐渐形成两大阶级的分裂对抗，西方社会"中产阶级的再无产阶级化"趋势，以及劳资关系从过去的"体制内妥协合作"已经转变为目前阶段的"体制内疏离对立"等。不关注这些变化及其新的特征和趋势，就不能正确全面地看待当代资本主义社会的社会结构和阶级关系。

（四）从阶级分析法和其他社会分析法的综合运用上全面地分析当代资本主义的社会关系

必须明确的是，强调用阶级的观点，运用阶级分析的方法考察

---

① ［英］菲尔·赫斯：《"自在"还是"自为"：工人阶级的阶级意识瓦解了吗?》，《马克思主义研究》2009年第10期。

② ［日］木春山、纪双城等：《西方担心中产阶级成"动荡之源"》，《环球时报》2010年3月15日第7版。

现代西方社会阶级结构和阶级关系的变化，并不排斥其他社会分析方法。西方一些学者往往把马克思的阶级理论同其他相关理论对立起来，比如用韦伯主义或新韦伯主义理论、后工业主义理论、后现代主义理论等来否定马克思主义阶级理论，用其他社会分层的方法否定或替代马克思的阶级分析方法等，这些做法实际上过于简单化。实际上，阶级问题和阶级分析方法本身，并不是马克思最先提出的。马克思说："在我以前很久，资产阶级历史编纂学家就已经叙述过阶级斗争的历史发展，资产阶级的经济学家也已经对各个阶级作过经济上的分析。"① 马克思的主要贡献，就是深刻揭示了阶级的社会生产根源、经济根源，资本主义社会阶级状况和阶级斗争发展的历史趋势，为实现无产阶级专政和建立新的社会制度提供理论依据。这种从本质上对社会关系所做的阶级分析，并不排斥从其他层面和维度的社会分析。从政治经济学角度对社会关系的考察，并不排斥从社会学角度对社会关系的考察。马克思的阶级理论和方法主要是定性研究，揭示阶级关系内在的质的规定性和利益根源，特别是经济利益根源，而其他许多方法，则是非本质规定的实证分析，采用定量和模型等研究。在考察当代西方社会关系时，马克思主义阶级理论仍然有其重要意义。比如，当前资本在全球范围内的积累及其对阶级关系的重组；资本主义的劳资两极对立从民族国家内部向世界范围的扩张；当代资本主义社会绝大多数劳动者越来越大规模地"雇佣劳动化"；资本主义经济全球化条件下逐渐分裂为全球性资产阶级和全球性雇佣劳动者阶级的过程；雇佣劳动者阶级包括"中产阶级"遭遇的失业、实际工资增长停滞、相对贫困扩大甚至绝对贫困的存在等，都证明了马克思主义阶级理论的正确性。在西方社会，多种社会分层理论在分析社会结构和社会关系中，都有其独特的角度和意义，提供了观察分析社会的特定范式或方法。社会分层主要研究社会成员及社会群体因为占有社会资源的不同而产生的利益差

---

① 《马克思恩格斯选集》第 4 卷，人民出版社 1995 年版，第 547 页。

别、地位差别，从而形成的具有相对稳定特征的分化和层化现象。美国社会学家戴维·格伦斯基（David B. Grusky）曾列举了西方社会分层的主要类型和标准（见表3）。

表3　　　　　　　　西方社会分层的类别、标准和方法

序号	类别	分层标准	主要代表人物
1	经济类	所有权：对土地、工厂、流动资产、劳动力等的所有权	马克思（Karl Marx） 赖特（Erik Wright）
2	政治类	权威：政治权威、社会权威、工作权威、家庭权威、宗教权威等	韦伯（Max Webber） 达伦多夫（Ralf Dahrendorf）
3	文化类	生活方式：消费行为、生活习惯、生活品味等	布迪厄（Pierre Bourdieu） 蒂马鸠（Paul DiMaggio）
4	社会类	社会关系：对上层社会网络的进入、社团和俱乐部、会员资格等	沃纳（W. Lloyd Warner） 科尔曼（James Coleman）
5	荣誉类	声望：声誉、尊重、种族和宗教的优越性等	希尔斯（Edward Shils） 特雷曼（Donald Treiman）
6	公民类	权利：财产、契约、选举权、资格、结社和言论自由等	马歇尔（T H Marshall） 布鲁巴科（Rosgers Brubaker）
7	个人类	技能、专长、培调、经验、正规教育、知识等	斯瓦拉斯托加（Kaare Svalastoga） 贝克尔（Gary Becker）

研究者的目的、角度和标准不同，得出的社会分层类别及结果也不同。相关研究者或根据一种标准，或两种、多种标准综合使用，由此形成不同的社会分层组合，这些分层涵盖的社会群体常常交叉重叠，在特定的时空条件下有着特定的分析目的。这些社会分层研究分别以生产资料的所有权、财产收入资源、市场资源、职业或就业资源、政治权力资源、文化资源、社会资源、家庭资源或个人禀赋资源等为划分标准，展示了社会群体的丰富性征和复杂多样性。这些分层研究方法，在一定程度上是社会结构和社会关系的一般性

规律的反映，不仅是研究西方社会的分析方法，而且对于研究各种类型社会都是有借鉴意义的。

需要指出的是，西方研究者往往把马克思主义的阶级分析方法同其他社会分层方法等同看待，把生产资料所有权标准同其他资源标准在同样层次上使用，这样就把反映社会关系本质的阶级划分同描述非本质社会关系现象的阶层划分混淆起来。实际上，在分析复杂的社会现象和社会关系时，离开了阶级分析方法，就难以正确把握社会关系的本质和深层规律性的东西；而机械教条地对待和使用阶级分析方法，盲目排斥多种多样的社会分层方法，就难以全面系统地了解当代复杂多样且不断变化的社会。

三 全球资本主义的阶级分化与冲突

20 世纪 80 年代以来，经济全球化迅猛发展，与之伴随的是资本主义生产方式在全球的迅速扩张。经济全球化一方面是社会生产力和社会分工高度发展的必然产物，另一方面其本身又是国际垄断资本主义主导的全球化，是资本主义生产方式和社会关系在全球范围的拓展和扩张。这是由资本及资本主义生产方式的固有本性决定的。马克思恩格斯在《共产党宣言》中对资本的无止境扩张和增殖本性以及资本主义的世界性发展做过深刻论述："资产阶级除非对生产工具，从而对生产关系，从而对全部社会关系不断地进行革命，否则就不能生存下去。""不断扩大产品销路的需要，驱使资产阶级奔走于全球各地。它必须到处落户，到处开发，到处建立联系。"① 资本追逐利润的无限制冲动和要求，需要它不断地冲破各种限制和界限，推广以资本主义生产方式为主导的生产。今天，资产阶级及其追逐利润的资本借助信息技术革命的先

---

① 《马克思恩格斯选集》第 1 卷，人民出版社 1995 年版，第 275、276 页。

进手段，"奔走"的速度是即时的，转瞬即离，行踪难测。它所追求的不再局限于"产品销路"，而是市场、原材料、劳动力、投资环境、赢利环境等的全方位选择，而且越来越多地追求脱离于商品及实体经济的金融资本的超额投机利润。跨国资本从一个国家转移到另外一个国家，从一个地区转移到另外一个地区，天马行空地寻求所谓的"竞争优势"。它要冲破的界限，是其在历史上曾赖以形成的各个民族国家的"空间"，它把全球作为其恣肆穿梭、疯狂赢利的自由天地。随着资本的全球自由流动，资本主义生产关系和阶级关系在全球范围大肆扩张。

当前的资本主义全球扩张又不同于以往的资本主义世界性发展。认识到这个差异，对于理解当代资本主义至关重要。20世纪80年代以前资本主义的发展，主要以在各自民族国家范围内进行资本积累和生产为基础，并通过商品交换和资本流动，同其他国家和地区发生经济联系。而80年代以后特别是90年代以后，资本主义的发展则是跨国性的，每个民族国家内部的资本积累和生产都不再能够采用以往方式保持自己的独立性，而是程度不断加深地融入全球性资本积累和生产中去。资本主义跨国资本积累和生产在全球范围内形成了一体化的经济循环，资本主义正逐渐把整个世界作为自己的"自由王国"，进入国际资本主义垄断阶段。其核心特征就是资本流动的全球化、生产和积累的一体化全球循环、跨国公司的统治以及跨国阶级的形成。当前的资本主义全球化扩张，同马克思所论述的资本主义世界性发展在表现形式上已有很大不同。马克思揭示的资本积累规律和资本主义生产方式发展变化的基本规律被实践证明是正确的，但在资本主义发展的不同阶段有着不同的作用范围、实现内容和表现形式。

资本主义经济进入跨国一体化全球阶段，并不意味着以民族国家资本积累和生产为基础的发展形式已经被完全取代，而是表明当前资本主义正在经历一场深刻的全球化重构和扩张，这是由资本主义生产方式的本性所决定的。在资本主义发展的早期阶段，它首先使一个民族国家范围内的生产资料、市场统一起来，财富聚集在少数人手中，又由经济集中带来政治集中，"各自独立的、几乎只有同盟关系的、各有不同利益、不同法律、不同政府、不同关税的各个地区，现在已经结合为一个拥有统一的政府、统一的法律、统一的民族阶级利益和统一的关税的统一的民族"①。而今在资本主义生产方式全球扩张阶段，它要在整个世界范围内"重新进行"自己发展早期在一个民族国家范围内经历的扩张和统一运动，要在全球范围内塑造统一的资本循环、统一的生产、统一的市场、统一的规则、统一的全球资本家利益。民族国家的限制成了过去要打破的一国内的地区限制，整个世界要成为一个单一的"资本王国"。

伴随着全球资本主义的发展，全球资本家阶级逐渐形成。"现代资产阶级本身是一个长期发展过程的产物，是生产方式和交换方式的一系列变革的产物。"② 我们研究当代资本主义和资本家阶级，必须超越以前研究阶级问题及资本家阶级的那种仅局限于民族国家范围内的分析框架，必须从全球资本主义生产方式的不断扩张这个事实出发，更清楚地把握当代资本主义及资本家阶级的演变趋势。

经济全球化不仅改变着全世界的生产进程，也重构着全世界的阶级结构。一个跨国的全球资本家阶级正在形成之中，这表明资产阶级历经数百年的发展后进入了一个新的阶段。跨国资本家阶级是诸多资本家阶级集团中的一种，它虽然没有完全取代在民族国家范围内形成和发展的资产阶级，但后者中有一部分正在逐渐转变为前者，且后者越来越不具备过去曾拥有的相对优势，其独立性也日渐难以维持。在全球化浪潮中，虽然跨国资本、国家资本、地区资本等不同层次的资本家群体也在分化重组中交叉融合，但是我们现在越来越分明地看到跨国资本家阶级集团的兴起，并在资本家阶级集

---

① 《马克思恩格斯选集》第 1 卷，人民出版社 1995 年版，第 277 页。
② 同上书，第 274 页。

团中越来越占据主导和控制地位，具有不断增强的优越性。国外有的学者已经断言："跨国资本家阶级是新的世界性统治阶级。""跨国资本家阶级的内部循环已经日渐被组织起来……并开始去寻求获取整个跨国资本家阶级的根本性阶级利益。在代理人层面，跨国资本家阶级已经具备了阶级意识……它已经意识到了自身的跨国性。它一直在寻求一项资本主义全球化的阶级计划。"[①] 总之，一个跨国资本家阶级业已在自觉谋求全球统治阶级的角色，控制着形成中的跨国国家机构和全球决策。

可以看到，现有对资本主义社会阶级结构和资本家阶级的研究，有的已经开始关注全球性资本家阶级的形成和发展，但大部分还围于传统民族国家范围内的阶级形成和发展的研究维度与方法。第二次世界大战以后对资本家阶级新变化的研究，最集中的主题有两个：一是所谓的"经理革命"，即随着股份公司的发展、资本的所有权和经营权的分离，造成的资本家阶级构成的新变化。一个作为特殊资本家阶层的高级经理阶层日益成为资本家队伍中的重要部分，而原来的资本家一部分转变为专门"剪息票"的食利资本家。前者从后者手中接过了企业的经营管理权，实际上行使着企业决策权、生产权，发挥着"行动的资本家"的作用。二是国家垄断资本主义的发展，资本和生产高度集中、垄断，大型公司不断发展，垄断资产阶级迅速壮大。同时由于资产阶级与国家政权的密切结合，出现了所谓的"政治精英""技术官僚"阶层，他们中多数人成为资产阶级政党的上层人物和政府高级官员，成为垄断资产阶级的政治代理人，因而这个阶层也成为资本家阶级的一部分。而随着资本主义经济的全球扩张和进入新阶段，对资本主义和资本家阶级发展演变的研究需要增加新的维度，即全球性维度。在全球资本主义阶段，大资本所有者特别是金融寡头与"高级管理者"日益紧密地结合起来，彼

---

① ［美］威廉·罗宾逊：《全球资本主义论》，高明秀译，社会科学文献出版社2009 年版，第 60、61 页。

此相互利用和渗透。金融寡头绝不是简单地靠"剪息票"谋求利润，而是越来越拥有历史上任何类型的资本家都无法相比的统治整个世界的权力。而所谓的"高级管理者"，曾经被认为是"接管"了资本主义的人群，或自身通过将巨额收入变为垄断资本而融入大资本家集团，或绝对地服务和屈从于垄断寡头的利益和统治。国外有的研究者已开始研究这种新的发展趋势。如法国学者热拉尔·迪蒙（Gérard Dumont）和多米尼克·莱维（Dominique Lévy）就认为，"资本所有权与高级管理者趋于结合，形成一个混生阶级。在这个阶级中，资本所有者参与高层管理；高级管理者，如果以前未进入这一集团，可以通过巨额薪酬，变成所有者"①。这种明显的转变，也是由于国际金融垄断资本占据主导地位的结果。列宁在一个世纪前曾分析过，"典型的世界'主宰'已经是金融资本。金融资本特别机动灵活，在国内和国际上都特别错综复杂地交织在一起，它特别没有个性而且脱离直接生产，特别容易集中而且已经特别高度地集中，因此整个世界的命运简直就掌握在几百个亿万富翁和百万富翁的手中"②。而在国际金融垄断资本主义阶段，一个整体的跨国资本家集团正在形成，其经济、政治及意识形态代理人也逐渐在全球层面发展起来。

那么，这个形成中的全球跨国资本家阶级同以往的资本家阶级相比，具有哪些显著特征？它是由哪些人群或阶层构成的呢？概言之，全球资本家阶级就是20世纪80年代以来经济全球化迅速发展时期逐渐形成的，以经营跨国资本为主要活动，以追求全球超额垄断利润为目标，以跨国公司为主要依托和平台，以大型国际经济组织和金融机构为主要控制工具，以剥削和统治整个世界为目的的新的资本家集团。就其构成来说，它由掌控着跨国公司、跨国金融机

---

① ［法］热拉尔·迪蒙、多米尼克·莱维：《新自由主义与当代资本主义阶级结构的变迁》，《国外理论动态》2007年第10期。

② 《列宁全集》第27卷，人民出版社1990年版，第142页。

构和国际经济组织的资本寡头和高级"管理精英"，服务于跨国资本统治的各国内部经济代理人、政治代理人和意识形态代理人等所组成。这样界定和划分全球资本家阶级，还要明确以下几点。其一，全球资本家阶级超越民族国家范围进行资本积累和生产，力图在全球体系中超越民族国家或地区政治实体的控制，但这一阶级集团仍然利用世界上最强势的资本主义国家机器作为杠杆实现自己的全球目的。跨国公司的母公司大多设在发达的资本主义国家或地区，以此向全球辐射。与此同时，它还越来越多地利用国际货币基金组织、世界银行这样的大型国际性机构作为自己的工具。其二，全球资本家阶级集团的成员不仅仅是发达资本主义国家的资本家及各种代理人，也包括其他国家中服务于全球资本积累和生产的资本家及各种代理人。他们身处世界各个国家和地区，包括最贫穷的国家和地区，彼此联合又彼此竞争，而在整体上追求和实现着跨国资本家阶级的整体利益。其三，从根本上说，全球资本家阶级是从追求经济超额利润和全球性经济利益出发形成和发展的。但为了实现这样的目标，这一阶级不仅要掌握全球经济的制高点和命脉，规定全世界生产的方向，还要追求主宰世界政治、文化和社会的力量及各领域。这就像以往资本家阶级在民族国家范围内追求掌握经济、政治、文化和社会各领域统治权一样，又在全球范围内逐渐演变为"自为的全球资本家阶级"。

　　资本主义生产方式的发展，总是同时带来资本主义两大主要社会阶级的发展变化。与全球资本家阶级逐渐形成相随而行的，是全球工人阶级（或称全球雇佣劳动者阶级、全球无产阶级）的逐渐形成，这正如资本主义发展初期工人阶级在民族国家范围内随着资本家阶级发展而发展的情况（当然，时代和社会条件不同，阶级形成的内容和方法也不同，因而不能做简单类比）。从现有研究当代资本主义条件下工人阶级的文献来看，关注工人阶级在各个民族国家范围内的变化、分化、重组的论著较多，而对全球工人阶级逐渐形成问题的系统研究还不多。就研究角度和思维取向而言，许多研究者着重从社会学角度关注工人阶级的"中产阶级化"以及以"中间阶层"为主体的所谓"橄榄形社会"的形成,而运用阶级分析方法从全球性维度考察工人阶级变化发展的文献还不多。目前,对工人阶级的研究也需要增加新的维度,即全球性维度;需要根据时代和社会条件的变化,正确运用阶级分析方法分析考察全球工人阶级逐渐形成的过程和实质。

全球工人阶级是国际垄断资本主义阶段全球性阶级分化的必然产物。随着全球资本家阶级集团的逐渐形成及其在全球经济、政治和意识形态领域日益占据统治和主宰地位,随着全球劳动力市场的形成,全球性资本—劳动关系越来越明显地表现出两大阶级对立的特征,更为清晰地反映了资本与雇佣劳动两极对立的性质,即马克思揭示的资本家和工人作为一种生产关系的两极所具有的性质。但相对于全球资本家阶级的逐渐形成和强势地位而言,全球工人阶级的形成可以说是被动的、不自觉的过程。

国际垄断资本寡头主导的经济全球化,将数以几十亿计的各国雇佣劳动者卷入统一的世界劳动力市场中,尽管所处国度不同,文化背景不同,性别、肤色、年龄等不同,但他们逐渐不可避免地共同遭受全球资本家阶级的剥削和控制。如果说全球资本家阶级正逐渐地由"自在阶级"向"自为阶级"转变,那么相对而言,全球工人阶级的这一转变过程则缓慢得多、复杂得多。国外一些研究工人阶级的学者已关注到这个问题。比如美国学者威廉·泰伯(William K. Tabb)认为:"随着不断发展的国际经济扩张而进行的资本家阶级的重组和重构,工人阶级也有必要进行重组和重构。尽管工人阶级有着纷杂不同的居住地点和文化认同,而现在比以往任何时候都需要团结起来。到目前为止,资本家们通过诸如世界经济论坛和国际货币基金组织等协调工具,意识到自己的阶级利益并为此而行动起来,以重构经济、政治和社会领域的运作方式。在这些方面,资本家们做得已比工人们要好得很多。"① 然而，尽管各国各地区的工人阶级还处于分散状态，全球工人阶级处于"自在"状态，尚未明确形成全球性的工人阶级意识，但这不能否认一个规模庞大的全球工人阶级的逐渐形成和发展。

全球工人阶级形成过程主要受以下一些因素的影响和制约。其一，经济全球化条件下资本"强势"与劳动"弱势"的力量对比不均衡更加突出，资本通过国际贸易和对外直接投资等方式，形成全球性自由流动。跨国公司在全球范围内整合资源，包括各国各地区的劳动力资源，越来越摆脱民族国家的政府、工会等的限制，打破20世纪60—70年代曾经制度化的资方、政府和工会之间的集体谈判这一"缓冲层"的制约，不断强化对劳动力的自由选择和直接控制；而各国工人越来越失去政府、工会的保护，对全球资本进攻无法形成有效的抵制和抗争力量。其二，各国工人之间的矛盾和冲突增多，面对全球资本的联合，处于分散状态，为了各自的利益相互竞争排斥，难以形成统一力量。比如，发达国家与发展中国家的工人的矛盾就非常突出，发达国家的工人和工会组织为了维护就业和工资水平，支持贸易保护主义政策，他们认为许多生产转移到发展中国家，造成本国内工人大量失业，反对跨国公司到其他国家经营生产，反对别国劳动力进入本国的劳动力市场，排斥移民工人。其三，工人阶级的主体性和阶级意识的缺失。从历史上看，在工人阶级形成的早期阶段，工人阶级缺少阶级意识，仅仅进行一些反抗资本剥削的自发的经济斗争；到了19世纪中后期和20世纪上半期，工人阶级在科学理论指导下和工人阶级政党领导下，形成强烈的阶级意识，进行有组织的、自觉的经济、政治和社会斗争，以至进行以推翻资本主义制度为目的的社会主义革命斗争；第二次世界大战以后至今，

---

① William K. Tabb, "Neoliberalism and Anticorporate, Globalization as Class Struggle", in Michael Zweig ed. , *What's Class Got to Do with It? American Society in the 21th Century*, Ithaca, New York : Cornell University Press, 2004, p. 63.

在西方资本主义发展的"黄金时代"，随着资本主义发展和统治方式的调整变化，工人阶级又在一定程度上逐渐丧失了阶级意识，主要在资本主义体制内进行经济斗争。而在国际资本统治的全球化时期，虽然跨国资本的剥削更加直接和严酷，贫富差距和各种不平等现象更加严重，全球范围内劳资对立和冲突更加明显，但各国工人阶级尚未充分认识到自己的阶级地位和阶级利益，特别是没有形成作为全球工人阶级的意识，缺失对抗全球资本统治的主体性和自觉性，仍然处于"自在阶级"状态。其四，缺少有力的工会组织和工人阶级政党的领导。在新自由主义经济社会政策下，工会力量遭到极大破坏，至今孱弱无力，各自为战，缺少走出困境的战略策略，难以组织起工人阶级进行大规模的经济政治斗争。而包括共产党和社会民主党在内的左翼政党，在历史上曾经是代表工人阶级的政党组织，而今大多声称不再是一个阶级的政党，或者变成为议会选举目的而争取各阶层的支持，其纲领和政见与资产阶级政党趋同，或者沦为无足轻重的政治边缘化党派，除了言辞激进而实际影响力微小。可见，缺乏代表自己利益的政党组织的推动，是工人阶级处于"自在阶级"状态的一个重要因素。

上述因素的存在制约着全球工人阶级的形成，但这个阶级的产生和发展以及全球范围内的阶级冲突，是全球资本主义时代不以人的意志为转移的客观事实，是资本主义基本矛盾及各种矛盾全球扩张的必然结果。在全球化时代，阶级和阶级冲突与斗争不但没有消失，而且在更大的范围内（全球范围）以更加尖锐、更加明晰的形式表现和扩展出来。笔者赞同美国学者伯奇·波勃罗格鲁（Berch Berberoglu）在其论述全球化时代阶级和阶级冲突时的一段表述："在我们的时代，在全球化时代，也就是全球资本主义时代，阶级和阶级冲突变得更加鲜明了，而不是淡弱。它在世界的每一个地方都流行起来，因而成为全球资本主义体系的显而易见的特征。今天，随着阶级分化的扩大，阶级越来越发生极化并持续地冲突，阶级斗争越来越成为整个世界范围内全球资本主义之社会风景的不可或缺的部分。"① 总之，离开阶级话语和阶级分析，就无法正确认识当代资本主义社会；不从全球视角研究当代资本主义的阶级问题，就无法正确分析当代资本主义的社会关系和阶级关系。

---

① Berch Berberoglu, *Class and Class Conflict in the Age of Globalization*, Lanham, MD：Lexington Books, 2009, p. 129.

西方社会的阶级不平等[*]

——西方左翼学者的视角

提要：与主流观点不同，西方左翼学者强调"阶级问题具有持续的重要性"，"后工业社会"中阶级不平等仍然存在，"阶级社会还未消亡，而真正的无阶级社会还没有诞生"，而事实上，西方之阶级关系和阶级不平等是一种被掩盖的真相，应更多关注如何改善由阶级状况决定的经济分配和社会机会方面的不公平。

在西方，否定阶级存在和阶级不平等的理论观点长期存在，在一定程度上成为主流观点。而一些坚持和强调阶级相关性和阶级不平等仍然存在的左翼学者，从诸多方面进行反驳和论证，他们坚持认为阶级不平等是西方社会不公正的主要原因，甚至是决定性的原因。本文主要介绍评析三位代表性左翼学者的观点，这对于我们理解西方国家的社会不平等，洞察西方资本主义社会结构的"真相"，了解左翼学者对于公平、公正、平等的诉求，具有一定启示意义。

一 阶级问题具有持续的重要性

英国社会学家理查德·斯凯思（Richard Scase）在 20 世纪 90 年

---

* 原载于《科学社会主义》2013 年第 3 期。

代发表了一本题为"阶级"的小册子，对当时盛行的否定阶级和阶级划分的理论观点做了较为系统的批驳，并从资本主义社会结构、职业结构、分配关系、社会机会、权力关系等方面专门论证了阶级相关性，以及阶级在现代社会中存在的客观必然性。[①] 在某种程度上，斯凯思赞同马克思的阶级理论和阶级分析方法，基本上从经济方面理解和界定阶级关系存在的客观性。他认为，虽然人们一般认为阶级与日常生活中的个人身份和社会关系没有相关性，但阶级确实对于深入理解西方资本主义社会的不平等和不公正是非常关键的，社会阶级是资本主义社会的一种潜在性结构关系，是解释社会过程必不可少的因素。在社会学讨论中，往往把职业划分等同于阶级划分，这种对社会阶级的"经验性"定义通常不过是统计的人为产物，致使在描述社会现实方面，社会阶级比作为其成分的职业类型更加含糊和不重要。任何一种职业的人都不可避免地属于一定的阶级，各种社会组织实际上都是根据社会阶级建构的。不同的职业类型根源于不同的社会生产关系的方式，职业顺序是阶级关系的结果。不是职业决定了社会阶级的本质，而是阶级关系决定了职业的具体内容和职业顺序。斯凯思用以下图式描述了生产关系、阶级结构和职业类型的决定与被决定的关系：

关于资本和劳动的职能、阶级和阶级类型
社会阶级关系—阶级结构—职业类型

与资本职能有关的是：
（a）所有权　　　　　　　（a）股东和财产所有者
（b）控制和协调中产阶级　（b）董事、管理人员、高级专业人员
（c）研究和技术发展　　　（c）科学家、工程师和技术专家
与劳动职能有关的是：
（d）生产经济剩余工人阶级（d）生产性工人
（e）完成必要的但非生产性（e）勤杂、秘书、日常"非体力"工的任务人、
　　　　　　　　　　　　　　　"支持性"和维修工人

资料来源：［英］理查德·斯凯思：《阶级》，雷玉琼译，吉林人民出版社 2005 年版，第 29 页。

[①] 参见 Richard Scase, *Class*, Buckingham: Open University Press, 1992；中文版参见［英］理查德·斯凯思《阶级》，雷玉琼译，吉林人民出版社 2005 年版。

斯凯思认为，上述图式体现了马克思所说的那种阶级关系，他的结论是："社会阶级研究和其变化的动力必须依然位于社会分析的中心。只有参考阶级，阶级是由经济、社会组织中的社会关系决定的，才有可能理解职业顺序中不断变迁的成分以及相关的各种形式的特权和劣势地位。"尽管从事各种职业的人一般不考虑阶级中主要的动力机制是其职业的决定因素，也是其处于控制或被控制地位的决定性因素，但是"人们普遍对组织中的阶级关系的重要性缺乏理解这一点并不表明阶级不具有持续的重要性"①。

斯凯思在一定程度上赞同马克思的阶级理论，他的阶级概念和阶级划分图式也具有一定的合理之处，比如从经济方面特别是所有权方面来界定阶级，从劳资对立及其特征来划分阶级等。他坚决反对阶级消亡论，认为"阶级分析是内生于资本主义社会研究中的。西方工业社会是资本主义社会，因此，它们的经济发展是由这种或者那种阶级力量的相互作用决定的"。社会阶级将仍然是社会学分析的中心。"将社会阶级排除在外就是阻碍社会学家分析存在于资本主义社会中的社会经济变迁的核心力量。"②但另一方面，斯凯思却认为，不论人们是否意识到自己的阶级地位，但这"不一定要导致政治上的激进主义或者个人参与到激进的社会经济变革中"，工人们的抗议活动"只是寻求资本主义秩序内的变革而不是资本主义秩序主导地位的变化"。③而且他认为，随着苏联东欧等社会主义国家的解体，那种寻求推翻资本主义的政治运动是不现实的。他看好"混合经济""第三条道路"和"福利资本主义"等的发展，认为瑞典那样的国家"所追求的那种改革主义或补偿性战略有可能是工人运动的主导战略"。这样，他既认为社会阶级是资本主义社会固有现实的

---

① ［英］理查德·斯凯思：《阶级》，雷玉琼译，吉林人民出版社 2005 年版，第29—30 页。

② 同上书，第 93 页。

③ 同上书，第 94 页。

一部分，对于社会学家来说，也是理解社会结构和过程的分析框架的必要组成部分，但他又认为"20世纪末期分享马克思关于废除阶级的观点已经被视为乌托邦了"，西方资本主义国家尽管客观存在着阶级关系和剥削关系，但是为公民提供福利和机会这方面也是突出的，于是他主张"社会学家将他们的研究重点从看上去毫无实践和政治意义的抽象范式转移开来"，更多关注如何改善由阶级状况决定的经济分配和社会机会方面的不公平。可见，斯凯思的立场和观点是社会民主主义的，而不是马克思主义的。

二 "后工业社会"中阶级不平等仍然存在

美国社会学者迈克·霍特（Mike Hout）、科莱姆·布鲁克斯（Clem Brooks）和杰弗·曼扎（Jeff Manza）针对否定阶级相关性的观点，做出了直接回击，肯定地得出结论，在当代社会，阶级并没有死亡，否定阶级存在和阶级不平等存在的观点是主观的、片面的，没有充分的证据来证明。他们共同撰写了一篇标题为"后工业社会中阶级的继续存在"的文章，对自己坚持阶级存在和阶级分析重要性的观点做了论证。他们认为，在最近几十年里，随着后工业社会的兴起，发达资本主义社会的阶级结构确实发生了很大变化，但这并不等于说或证明了社会阶级正在死亡，阶级不平等就消失了。在新的社会条件下，新的不平等源泉产生，也并不意味着原来的不平等源泉已经消失。在绝大多数国家，近几十年来体力工人减少了，但服务业的劳动力人数比例却增加了。"这些变化告诉我们，19世纪的阶级模式已不再充分了，然而向更加复杂和多元的阶级模式的转变，并不意味着阶级正在死亡。资本主义社会里以阶级为基础的不平等的继续存在，意味着在可见的未来，阶级的概念必将也应该在社会学研究中发挥重要的作用。"① 霍特等人对否定阶级相关性的论点逐一驳斥，指出这样的观点把社会阶级同社会分层概念混淆起来，用其他因素的变化否定阶级的存在。他们理解的阶级定义与马克思的阶级定义有一致之处，认为阶级是指同生产资料之间的关系，这是个人收入、财富和社会地位的重要决定因素。阶级之所以是社会学研究不可缺少的概念，是因为：其一，阶级是物质利益的关键决定因素；其二，结构上定义的阶级导致或影响寻求变化的集体行动者的形成；其三，阶级成员身份影响生活机遇和个人行为。

从自己理解和界定的阶级定义出发，霍特等人论证了在新的社会条件下阶级继续存在的理由，认为当代资本主义社会中仍然存在许多表明阶级不平等的方面。第一，资本主义社会中仍由资产阶级占据并控制着绝大多数社会财富，不同资本主义国家中占人口百分之一的最富有的人掌握着巨额社会财富。第二，财富占有者通过资金捐赠、阶级内组织网络、利用政府权力、间接控制投资决定等渠道，在很大程度上影响着国家政治进程。第三，统治阶级通过教育优先权把这种优势一代一代传下去。

霍特等人深刻意识到"私有财产仍以生产资料的所有权为基础"。资本主义财富和收入不平等的加剧"几乎在所有的情况下都是通过生产资料所有权建立的"。② 高科技冠军比尔·盖茨，商业巨头沃尔顿等，他们之所以致富，主要是因为他们拥有生产资料。从事套利活动的银行家收取高额费用，大经理们从拥有股票中获取的远比他们的工资高很多。实际证明，收入方面由生产资料所有权决定的阶级之间的差异是非常显著的。通过各种统计数据分析，阶级结构的变化并没有改变阶级对收入的重要影响。霍特等人还对中产阶

---

① Mike Hout, Clem Brooks and Jeff Manza, The Per-sistence of Classes in Post-industrial Societies, in D. J. Lee and B. S. Turner, *Conflict about Class*, New York: Longman publishing, 1996, pp. 58–59.

② Ibid. , p. 52.

级扩大造成的影响进行了分析，认为这也不能否定阶级之间不平等的存在。在资本主义社会，有越来越多的人口更加贫困化，而且出现了"新贫穷"。长期失业或从事边缘化职业的人口不断增多，由于对居民多种收入来源的剥夺而造成的低收入地区也很多。总的来说，当代阶级结构中始终存在的上层阶级的财富和权力，底层阶级不断增长的贫穷和退步，都表明那种认为"阶级已经死亡"的观点是站不住的。他们在文章结尾不无警示地说，"作为公民和社会学家，我们非常愿意生活在阶级不平等已消失的世界里，但是，我们还是援引葛兰西的一段话来表明，即'阶级社会还未消亡，而真正的无阶级社会还没有诞生'"①。可见，霍特等人的观点更加接近马克思主义的阶级分析和对资本主义的批判，但也认为马克思主义的阶级分析在解释现代社会方面是不充分的，他们的阶级概念和方法旨在把新马克思主义和新韦伯主义的阶级理论结合起来。

三 阶级关系和阶级不平等的掩盖与真相

按照马克思主义的观点，阶级问题从根本上说是经济问题，是经济地位和经济关系所决定的，因而阶级关系问题不仅是社会学领域的重要问题，对于经济学来说也是如此。现在，西方主流经济学一般不谈阶级，只谈生产要素、稀缺资源的配置、边际效益和市场运作，用物的关系取代人的关系，用产品关系取代现实的社会经济关系，因而作为经济学领域重要概念和范畴的"阶级"被淡出，阶级变得与现代经济学没有关联了，也就是说，在西方主流经济学领域，阶级问题本身就不存在。然而，也有一些"非主流"经济学家

① Mike Hout, Clem Brooks and Jeff Manza, The Per-sistence of Classes in Post-indus-trial Societies, in D. J. Lee and B. S. Turner, *Conflict about Class*, New York: Longman pub-lishing, 1996, p. 59.

从经济学角度为阶级存在和阶级划分辩护，对阶级关系和阶级不平等的存在做出新的论证。其中的一位典型代表人物，是美国经济学家迈克尔·茨威格（Michael Zweig）。[①] 他的文章《作为一个经济学问题的阶级》，对西方主流经济学怎样把阶级话语逐渐排除出去，用其他话语和关系将其淹没，从而掩饰客观存在的阶级关系和阶级不平等，做了深刻的揭示和批判。

茨威格从西方经济学发展史上分析，指出阶级本来就是经济生活的一个重要特征，从18世纪的亚当·斯密到20世纪的凯恩斯，都高度重视阶级在经济中的地位和作用。特别是到了20世纪后期，由于西方经济学关注的范围和主题发生了转换，阶级在经济学领域变得似乎不再重要，并被逐渐淡出。茨威格主要分析了西方经济学的两次概念、范畴和方法的转换，对阶级关系问题产生了明显的影响。其一，市场在经济学中占据核心地位并简化了复杂的经济关系。研究市场运作，只是把它作为组织和配置稀缺资源的一种单纯机制，并将其作为经济学关注的专属领域，只是注重市场的技术性特征，形式化的数学模型占据了支配地位。这样，市场机制脱离了复杂的社会关系，经济学的领域被大大缩减了，并掩饰了权力关系，也就是掩盖了阶级关系。"当我们重新明确经济学的传统领域是对支配生产、交换和分配的社会过程的研究，阶级就变得具有相关性了。在我们把阶级理解为主要是权力而不是收入或生活方式的时候，尤其如此。权力在经济关系中的运作经常是阶级动力的标志，而且经常

---

① 迈克尔·茨威格（Michael Zweig），是美国纽约州立大学经济学教授，研究领域主要是政治经济学和劳动经济学，近些年来主要致力于阶级问题和工人阶级研究，任该大学工人阶级生活研究中心主任。该方面的主要代表作是《工人阶级多数：美国保守最好的秘密》（*The Working Class Majority：America's Best Kept Secret*, 2000.）；主编《阶级与其有何相关？21世纪的美国社会》（*What's Class Got to Do with it? American Society in the Twenty-first Century*, 2004.），还有诸多关于阶级问题的论文发表。

经过很长的过程才决定市场结果。"① 其二，边际主义革命及其分析
方法替代了经济关系中的阶级区分，掩盖了阶级剥削的实质。20 世
纪以来，边际主义在经济学中逐渐占据统治地位。它简单地变换了
经济学主题，挑战古典经济学的理论和方法，也包括挑战马克思的
剩余价值理论和剥削理论。边际主义经济学奉行这样的原则，如何
使用给定的可用资源使利润或快乐最大化。人们采取的经济行为，
要使所增加的边际收益等于所增加的边际费用，主要研究更好地配
置稀缺资源，以实现利润等的最大化目标。茨威格认为，边际革命
不讨论阶级关系及其蕴含的权力关系，特别是资本家阶级与工人阶
级之间的权力关系，"边际主义者取代那些人与人的关系，倡导人与
产品之间的关系，或简单的产品与产品之间的关系"②。它只是关注
多用一个工人或多用一件资本设备，最终要增加多少产出。边际主
义论者否定劳动价值论和剥削理论，认为工人的工资相当于工人所
生产产品的边际价值，因为包括劳动、资本和土地在内的所有生产
要素都要得到补偿，它们作为生产投入的最后单位产生了边际价值，
这样工人、资本家和地主都在总的价值中得到应有的份额。茨威格
认为，边际主义者就是通过所谓的边际分析，掩盖和抹杀了阶级区
别，他们把每一个人都视为相同的经济主体，唯一的区别是名称或
特定的功能不同，每一生产要素都与其他要素一样，都要在市场上
获得最好的回报。他援引约瑟夫·熊彼特的话来评价边际主义经济
学："社会阶级不是活生生的、斗争着的实体，而是附属于经济功能
（或功能范畴）的符号而已。每个人本身也不是活生生的、斗争着的
存在，他们仅仅是继续充当晾衣绳，在其上面挂晒着各种经济逻辑
的命题。"③

---

① Michael Zweig, "Class as a Question in Economics", in John Russo and Sherry Lee
Linkon, ed., *New Working-Class Studies*, Cornell University Press, 2005, p. 99.

② Ibid., p. 101.

③ Ibid., p. 102.

从上面看到，茨威格从西方主流经济学的演变过程中，看到了代表资产阶级利益的统治阶级经济学对客观存在的阶级关系的掩盖和抹杀，强调要从权力关系这个角度重新理解社会阶级的区分，他的见解无疑是深刻的，是对否定阶级存在的观点的有力驳斥，是对阶级相关性的捍卫，对阶级不平等现象存在的深刻论证。他的一些见解同马克思的阶级理论有相同之处，在某种程度上是对马克思阶级分析方法的辩护，但他并不完全服膺马克思的理论。他这样说："阶级在承载着经济学解释力量的同时，也承载着意识形态的重荷。但是，承认阶级在经济学中的重要性，并不一定要接受马克思赋予工人阶级的那种先验的革命意义。"①

然而可以看到，茨威格在美国这样所谓"没有阶级的社会"，在新自由主义经济学流行的时代，坚持阶级不平等存在的客观性，为阶级在经济学和社会学等领域的相关性做激烈而严肃的辩护，对西方主流经济学和社会学的观点进行有说服力的批判，颇有启示意义和典型性。他的著作《工人阶级多数：美国保守最好的秘密》和《阶级与其有何相关？21 世纪的美国社会》等，对于揭穿美国社会是"无阶级社会"或"中产阶级占大多数"的神话，是非常有价值的。他在一些著作中强调，要彻底改变对美国社会中阶级的理解，应从"富人与穷人"这一笼统的划分转变为"工人与资本家"的划分；不能从收入、财富或生活方式来划分阶级，而必须从权力（统治和被统治）的角度来理解阶级；民族、性别等的划分不能代替阶级划分；等等。他通过调查得出的结论是：在美国，占劳动力绝大多数的是工人阶级，比例是 62%；资本家阶级仅占 2%；这两个阶级之间的中间阶级约占劳动力的 36%。② 这意味着，美国实际上是

---

① Michael Zweig, "Class as a Question in Economics", in John Russo and Sherry Lee Linkon, ed., *New Working-Class Studies*, Cornell University Press, 2005, p. 108.

② Michael Zweig, *What's Class Got to Do with it? American Society in the Twenty-first Century*, Cornell University Press, 2004, pp. 1 – 17.

一个阶级界限鲜明的社会，而且仍然是少数特权阶级控制和支配着占人口大多数的工人阶级。他分析了 21 世纪初期美国的社会状况："在八年或十年以前，以权力术语表述的阶级范畴，工人阶级、资本家阶级，似乎如此地远离政治对话，以至于它们对于建设性的政治争论是无用的。但今天甚至主流的评论员也正日益频繁地提到工人阶级、阶级斗争，而在总体上以阶级术语贯穿其文章。……严肃的阶级话语再次成为可能，并充满生机、奥妙和信心。"①

　　以上列举的几个代表性人物及其观点，从不同领域和角度对阶级相关性、阶级不平等和阶级分析方法做了严肃而有力的论证。在西方主流意识形态及其社会学、政治学和经济学等理论长期以来否定阶级的存在，否认阶级对立和阶级不平等，为资本家阶级做辩护，缓和阶级矛盾和维护既定社会秩序的环境下，上述观点和立场在西方发达国家一般被视为"另类"或"非主流"。他们中有的赞同马克思主义的阶级理论，有的接近或采用马克思主义的理论和方法，有的不赞同甚至反对马克思的阶级观点和方法，但不论如何，它们都对"阶级死亡论""阶级融合论""阶级趋同论""中产阶级化"等否定阶级不平等存在的理论观点进行了有力的驳斥，对统治阶级及其意识形态掩盖客观阶级矛盾、冲突和对立进行了深刻的揭露和批判。尽管他们对阶级的定义、特征、具体划分和表现形式有着不同的理解，但对于我们正确认识西方资本主义国家的社会结构真相和阶级不平等的真相，认清其基本的社会矛盾和变化发展规律，更自觉地运用马克思主义阶级理论和方法观察和分析问题，是具有启示价值的。

---

　　① ［美］迈克尔·茨威格：《有关阶级问题的六点看法》，孙寿涛译，人大经济论坛，http：//bhs. pinggu. org/thread - 15378 - 1 - 1. htm，2007 年 3 月 18 日。

西方国家工人阶级的现实境况和社会地位[*]

提要： 20 世纪 70 年代以来，资本主义经济结构和社会结构发生了深刻变化，工人阶级仍然是当代发达资本主义社会的客观存在，仍然是社会中的绝大多数群体，仍然具有潜在的社会变革主体地位。西方国家工人阶级经历着新一轮的"无产阶级化"：一是被纳入"中产阶级"范围的广大雇佣劳动者，在劳动方式上越来越"去技能化"；二是被纳入"中产阶级"的广大白领雇员的"蓝领化"趋势。当然，西方工人阶级的社会变革主体地位也遭遇严峻挑战，特别是工人阶级的阶级认同感、政治行动意识和能力、组织动员程度等发生了很大变化，难以形成明确的阶级认同和阶级意识，难以形成强大的集体组织和行动能力。

战后数十年来，关于西方资本主义国家工人阶级状况、地位及其变化的讨论与争论一直延续着。随着资本主义社会结构与阶级结构的变化以及其他诸种变迁，这样的讨论与争论有时凸显激烈些，有时又平静沉寂些。曾出现过工人阶级"消失"论、"被同化"论、"被替代"论以及工人阶级"中产阶级化"论，也出现过为工人阶

---
* 原载于《教学与研究》2014 年第 7 期。

级的存在和地位辩护的诸种观点。21 世纪初资本主义危机发生后，由于西方社会各领域和各阶层生活状况发生的新变化，诸如"占领运动"及各种社会抗议活动的发生发展，对工人阶级状况和地位的讨论再次复苏起来，比如出现了关于"中产阶级的再无产阶级化"的观点，工人阶级运动呈现"激进化"趋势的观点等。关于西方工人阶级还是不是社会变革主体的讨论也逐渐热烈起来，特别是在左翼理论家的著述中。根据西方国家政治经济形势新变化，运用马克思主义立场和方法正确分析工人阶级的现实境况和社会地位，成为当前研究西方资本主义和世界社会主义运动的重要课题。

一　工人阶级究竟到哪里去了？

在西方资本主义社会，如果工人阶级没有消失，工人阶级还是作为独立的社会阶级存在并发挥作用，那么这个阶级的成员都是哪些社会群体呢？其分布又是怎样的呢？长期以来被认为是所谓"中产阶级"占绝大多数的社会，工人阶级又到哪里去了？这是必须首先要回答的问题。

必须明确的一个前提是，在当代社会如何界定工人阶级？如果将工人阶级仍然看作过去的那种在大型工厂内从事体力劳动的群体，即蓝领工人，那么可以说"工人阶级消失"就是事实，因为这一群体的人数一直在减少，现在仅占劳动力的很小部分。所以这里要明确的是，现代社会的工人阶级就是现代资本主义社会中广大的雇佣劳动者群体，"'无产者'在经济学上只能理解为生产和增殖'资本'的雇佣工人"①。工人阶级的界定根本标准，从马克思主义来看就是对生产资料的占有关系和在生产中的地位。恩格斯曾经指出："无产阶级是指没有自己的生产资料，因而不得不靠出卖劳动力来维

———————————
① 《马克思恩格斯文集》第 5 卷，人民出版社 2009 年版，第 709 页。

持生活的现代雇佣工人阶级。"① 根据马克思主义关于工人阶级的界定标准，虽然存在着生产劳动和服务劳动、体力劳动和脑力劳动、熟练劳动和非熟练劳动、核心工人和边缘工人等的分工和区别，但无论如何，在当代资本主义社会中存在的庞大的雇佣劳动者群体，就是现代意义上的工人阶级。由此可以得出一个确切的结论：在发达资本主义社会，工人阶级不但没有消失，而且人数不断增多，日益成为社会的绝大多数。

根据上面界定划分的工人阶级的标准和范围，工人阶级作为广大雇佣劳动者，他们客观上"一直存在着"，"哪里也没有去"。同时我们必须看到，在资本主义经济结构、社会结构和阶级结构发生复杂变化的情况下，工人阶级的构成也发生了复杂深刻的变化，工人阶级不是那种片面、表象上理解的整齐划一、利益相同、完全均质化的社会群体，而是成员复杂、内部分层、具体个人利益复杂甚至冲突的庞杂的社会群体。

在当代发达资本主义社会，阻碍人们认清社会的阶级结构，从而对工人阶级群体在社会中占绝大多数的客观事实难以判明和认同，从而提出"工人阶级到哪里去了"等这类问题的原因，主要有以下三个方面。

一是"中产阶级占绝大多数"表象的遮蔽。数十年来，西方政治家、媒体和一些理论家不遗余力地渲染西方社会是"无阶级的社会"，同时又宣扬这个社会"中产阶级占绝大多数"。比如1996年时任英国首相的约翰·梅杰就宣称："我们现在都是中产阶级了。"西方社会长期普遍流行的说法，就是中产阶级覆盖了这个社会绝大多数人。而在这个社会的上层，是人数很少的富有群体，比如像福布斯、洛克菲勒、盖茨、特朗普那样的企业大亨和超级富豪，也有像乔丹、杰克逊那样的体育明星或歌星；而在下层，也是人数极少的"边缘化群体"，被称为"底层阶级"（underclass），媒体渲染他们另

---

① 《马克思恩格斯文集》第2卷，人民出版社2009年版，第31页。

类、懒惰、受伤害、不正常、扭曲，与社会格格不入。这样的话，大多数人口享受着"中产阶级安逸舒适的生活"，上层阶级或下层阶级只是人口的少数，中产阶级成员只要辛勤奋斗和打拼，维持舒适富足生活不成问题，少数可以跻身上层，特殊情况才跌落下层。总之，这就是西方的"中产阶级梦"或"中产阶级社会"神话。这个神话的存在，遮蔽了社会的真实阶级划分，造成"工人阶级已经消失"的假象。

二是全球化条件下工人全球流动和全球分工的影响。在全球化条件下，资本主义生产关系在全球范围内扩展，工人阶级也逐渐超越民族国家的界限而在全球范围内形成。随着全球产业的转移，特别是劳动密集型、附加值低的产业从发达国家转移到发展中国家，发达国家与发展中国家的工人阶级出现了巨大差异与分化，甚至对立。在发达资本主义国家，从 20 世纪 70 年代以来，随着产业结构的变化，白领工人人数迅速增加，从事服务业的工人人数不断增加，经历着所谓的工人阶级"白领化"和"服务化""中产阶级化"的过程。而在发展中国家，随着工业化进程的加快以及传统制造业的广泛移入，则经历着工人阶级再形成的过程，劳动密集型产业的移入，造就了人数众多的工人阶级。在发达国家，雇佣劳动者的"白领化"被认为是工人阶级的转移和消失，一些人甚至认为发达资本主义国家的传统工人阶级已经转移到了发展中国家，发达国家"不存在整体的工人阶级了"，而大多数是生活富足、体面的中产阶级成员。

三是工人阶级构成和工作方式变化的影响。在当今发达资本主义国家，工人阶级的存在不再像 19 世纪和 20 世纪早期那样，以在工厂中组织起来进行群体性生产的男性体力工人为主，其内部构成和工作方式发生了巨大变化。在工人阶级内部出现了分层差异和分化，出现了核心工人和边缘工人的分化。核心工人一般是核心大企业的雇员，他们的技术水平高，收入比较高，福利比较好，就业比较稳定。而就业于边缘部门的工人，其技术水平较低，收入水平低，就业不稳定。再如工人阶级内部还有标准化工作工人和非标准化工

作工人，前者一般从事全日制工作，薪资收入、经济福利与就业有
保障和稳定，而后者从事兼职工作或是临时工、合同工，流动性强，
工作不稳定，收入和福利没有保障。再如从工人阶级内部构成看，
女性工人的人数越来越多，在发达资本主义国家占了劳动力总数的
一半，有的国家甚至达到60%左右。同时，外籍移民工人的数量也
不断增加，他们大多从事繁重的非技术的体力工作或低级的服务性
工作，工资低，失业率高，生活条件差，成为发达国家工人阶级的
下层群体。总之，工人阶级构成和工作方式的分化和分裂，使得工
人阶级出现很大的异质性和分散化，这种分化和分散曾被描述为
"组织化工人阶级的终结"，这不利于人们认清和认同一个整体性工
人阶级的存在。

二　"再无产阶级化"趋势及具体表现

　　美国皮尤研究中心2012年8月22日发布的一项研究结果显示，
自2000年以来，美国中产阶级规模呈缩小趋势，个人收入和资产也
相应缩水，其中85%中产阶级人士认为想要维持一定生活水平比起
10年前更难。皮尤研究中心将家庭收入在全国中位数三分之二至两
倍区间内的成年人定义为中产阶级。根据这一标准，美国2011年
51%的成年人属于中产阶级，而1971年这一比例为61%。变化的情
况是人数向两端分散，高收入阶层从1971年的14%升至2011年的
20%，低收入阶层占比也从25%提高至29%。研究显示，国际金融
危机的爆发给美国中产阶级带来一定冲击。目前有49%的美国成年
人认为自己属于中产阶级，比2008年危机爆发前53%的比例有所下
滑。① 美国"中产阶级"的规模不是像主流媒体一直渲染的那样不

---

① "研究显示美国中产阶级规模和资产减缩"，新华网，http：//news. xinhua-
net. com/2012－08/23/c 123617980. htm，2012年8月23日。

断扩大，而是逐渐缩小，中产阶级的生活水平也不是逐渐提高，而是不断恶化，在经济危机中甚至难以维系正常水平。"中产阶级的工资现在不再能维持其生活了，而一个新的全球超富阶层在离岸避税区却领取 11 万亿多的收入……40 年前，一个熟练工的工资足以维持他自己、妻子和家庭的生活。现在，即使是一对中产夫妇的双份工资也难以保障家庭收支平衡了"；"对经合组织（OECD）成员国的工薪阶层来说，1945—1973 年是他们的黄金时代。那时候，普通工人的工资占 GDP 总额的最高份额。但自那时起，中产阶层和工人阶级的实际工资就再未见涨，甚至是有所下跌了，而富人的收入则直线上涨，超富阶层也同样如此。"①

　　与关于"中产阶级神话"相反，一些学者认为近 30 年来，西方社会的所谓"中产阶级"正在经历着"再无产阶级化"（re-proletarianization）的过程。从 20 世纪 70 年代以来，雇佣劳动者的数量在持续上涨，这实际上就是工人阶级数量的绝对增长。与此同时，工人阶级在经历了所谓的"中产阶级化"过程后，又经历着新一轮的"无产阶级化"。这主要表现为两个方面。

　　第一，被纳入"中产阶级"范围的广大雇佣劳动者，在劳动方式上越来越"去技能化"（de-skilling）。也就是说，随着资本主义生产方式的变化，特别是生产自动化和所谓"精益化"的发展，广大白领雇员的劳动经历着昔日工厂工人经历的"去技能化"过程，变得更加机械、单调、紧张、乏味，没有什么技能水平和创新而言。大多数白领工人被关在无数的办公大厦或写字楼中，他们的工作内容和节奏像过去工厂流水线的工人那样被严格地限定和监视，计算机或其他机器工具决定其工作方式和程序，这方面他们同体力工人从事的机械劳动越来越一致，比如整天机械地敲打键盘，履行着一成不变的电脑设定的程序，没有任何的工作自主性和创造性。昔日

---

① ［英］菲尔·赫斯：《"自在"还是"自为"工人阶级的阶级意识瓦解了吗?》，《马克思主义研究》2009 年第 10 期。

"白领工作的优越感"荡然无存。早在 20 世纪 70 年代，哈里·布雷弗曼在《劳动与垄断资本》中就揭示过白领工人的这种"去技能化"。"留给工人的只是一种经过重新解释的非常不完全的技能概念：'特别纯熟灵巧，有限而重复的动作，速度即技能'，等等。随着资本主义生产方式的发展，这种技能概念也跟着劳动的退化而退化。而且用以衡量技能的尺度也缩短到这种程度，因而只要男女工人的工作需要几天或几个星期的训练，他或她就被认为掌握了一种'技能'，几个月的训练期被认为是非常高的要求；需要学习半年或一年的工作——如使用计算机——就会引起人们敬畏之感。"布雷弗曼认为，随着机械化、自动化水平的提高，工人的劳动技能在退化，工人丧失对劳动过程的控制，沦为生产过程中的一个零件，越来越多的从事简单乏味，精确到秒的机械动作，资本机器代机器控制工人，物化劳动控制活劳动。他驳斥了资本主义经济学家关于白领工作"技能提升"的谎言，指出资本主义越是发展，越是"依照资本的简单要求来训练工人：在经理们的心目中，现代工业社会学年鉴中大肆宣扬的技能升级，其秘密就在于此。工人可能仍然是一个既无知识也无能力的动物，只不过是资本用以做它的工作的一个'人手'，可是，只要他或她能够适应资本的需要，这个工人就不再被看作或被称为无技能的"。[①]

布雷夫曼在 30 多年前揭示的白领工人"去技能化"趋势，在当今资本主义社会可以说是更加普遍和严重。随着科技的发展，自动化和信息化的发展，极大地增强了资本对劳动的控制和支配。计算机的广泛应用，使办公室的工作越来越变成机械、半机械的工作，雇员的工作变成重复的、程式化的操作，不需要太多的技能，许多计算机数据处理工作也是不需多少技能的工种。办公室的工作又被进行细化分工管理，大部分中下等的脑力劳动被程序化和常规化，

---

① 参见［美］哈里·布雷弗曼《劳动与垄断资本》，方生等译，商务印书馆1978 年版。

成为完全被严格控制的机械性操作，大多数办公室白领雇员变成被动地按照自动化机器程序而进行机械操作的"流水线"工人。从这个意义上说，大多数白领工人变成了与传统体力工人从事性质相同的工作，同样没有工作自主性，完全受资本和机器控制的雇佣劳动者。美国学者朱迪·考克斯（Judy Cox）描述了这种变化："直到20世纪50年代和60年代前，政府雇员和银行工人在所在社区中还是有些突出的人。……今天，银行工人和政府雇员多是由年轻人、妇女和黑人担当，而不是过去那种刻板拘谨、高傲自满的人了。这一过程可以被描述为白领工人的'无产阶级化'。""他们大多数是报酬低的办事员和行政性职员，还有服务性领域。……大多数的白领工人同矿工和码头工一样，都是工人阶级。"考克斯甚至做出这样的判断："白领工人，他们同体力工人一样，失去的只是锁链。"[1] 当然，白领工人"无产阶级化"的现象，是复杂的问题，不是简单的"回归"，而是深刻的社会变化和阶级结构变化的产物，需要我们认真考察和研究。

第二，被纳入"中产阶级"的广大雇佣劳动者，发生了白领雇员"蓝领化"趋势。这种趋势，与第二次世界大战后发生的蓝领工人数量不断减少、白领工人数量不断增多的变化趋势逆向而行。我们这里说的白领雇员"蓝领化"并不是指现在的白领雇员重新变为过去从事体力劳动的蓝领工人；从绝对数量上看，蓝领工人的不断减少是资本主义生产发展的必然结果。白领雇员"蓝领化"，是指"中产阶级"的成员，也就是越来越多的白领雇员，其劳动条件、技能水平和工资待遇等越来越接近传统的蓝领工人。

从工资水平看，1973年经济危机后，从事各种职业的工人的工资就呈下降趋势。但直到20世纪90年代中期，实际工资停滞和下降的工人群体主要是蓝领工人、服务工人、年轻工人和低学历雇员。

---

① Judy Cox, "Haven't the Working Class Disappeared?", http://www.socialist worker.co.uk/1788/swl78815.htm.

而 90 年代中期以后，除了所谓一段"新经济繁荣"期，无论蓝领雇员还是白领雇员的实际工资，大部分时间里是停滞和下降的。据统计，在美国，"包括工厂工人、建筑工人、各种服务人员在内的生产和非监督工人，1979—1989 年间小时实际工资年均下降 0.6%，1989—1995 年间，年均下降 0.1%；之后到 2000 年间则转为每年增长 1.4%；2000—2003 年生产和非监督工人的实际小时报酬年均增长 0.9%，这一比率大大低于 1995—2000 年间的 1.4%，从 1979—2003 年的长时间来看，小时工资从 14.86 美元上升到 15.35 美元，年均增长仅仅 0.1%"。在 1973 年 7 月以前，美国私人部门普通生产性工人和非管理类雇员的实际工资是不断上升的，当月达到每小时 9.37 美元。此后则不断下降（中间曾出现波动），直到 1994 年 8 月降到每小时 7.75 美元。90 年代后期经济扩张，劳动力市场相对紧张，工人实际工资才得到了一定程度的恢复。但美国工人的实际工资仍未恢复到 1973 年的水平。[①] 从就业情况和失业率情况来看，因为白领工人已经成为雇佣工人的主体，所以其失业率总体上看低于蓝领体力工人，但其下层人群，比如日常销售人员、辅助性管理人员（办公室职员等）的失业率基本上和蓝领工人持平，在经济危机时期，前者还高于后者。20 世纪 70 年代末以前，在历次经济危机期间，失业者中的绝大多数是蓝领体力工人，主要是黑人和非熟练工人。而从 80 年代开始，白领工人失业人数不断增加。随着制造业规模的减小和服务业规模的扩张，越来越多的白领工人进入失业大军行列，一些中层白领雇员也遭遇了失业的命运。到了 90 年代中期，美国官方统计的失业人数中，白领工人的失业人数比蓝领工人多出数万人至 10 余万人。有学者指出这是美国劳工历史上"破天荒的事件"。20 世纪 80 年代以来，美国工人阶级的就业出现的一个重要趋势，是从高薪领域向低薪领域转移，越来越多的白领工人被迫从事

① 孙寿涛：《20 世纪 70 年代以来发达国家工人阶级的"白领化"特征》，《教学与研究》2011 年第 2 期。

工资低、福利待遇差的工作,大量专业人员和大学生难以就业。① 白领雇员的失业人数占失业总人数的大多数。

综上所述,从工人阶级构成来看,大多数中下层白领工人在实际工资、就业情况、福利待遇、工作条件和生活水平等各方面,与蓝领体力工人越来越接近。在经济危机时期,中产阶级"再无产阶级化"的现象更加突出,进一步说明了西方工人阶级均质化趋势的加剧,也表明工人阶级社会地位和整体阶级利益在经历淡化和分散化的同时,也存在着另一种走向均质化的趋势。这有利于工人阶级意识的复苏和整合,也有利于工人阶级作为社会变革主体地位的逐渐觉醒和显性化。

三 西方工人阶级现实地位及面临的挑战

美国研究阶级和工人阶级问题的左翼学者茨威格(Michael Zweig)深刻揭露了"美国是无阶级社会"神话的虚伪,认为这是政治家们、媒体和大资本所有者欺骗广大民众的毫无根据的断言,是掩饰和遮蔽美国严重社会不平等和阶级分化的一句口号而已。实际上,工人阶级在美国社会仍然占人口的大多数,这是美国统治者和权力精英、资本精英长期来"藏得最好的秘密"。"一旦我们透过阶级的棱镜去观察,我们会立即对一系列重要问题产生完全不同的认识。"阶级对政治有着巨大深刻的影响,特别是对选举政治和整个社会中的权力竞争影响深远。在 21 世纪开始的时候,"我们仍然可以清楚地看到政治力量是按照阶级来划分的"。②

---

① 朱安东:《世界资本主义危机的根源和发展》,《马克思主义与现实》2012 年第 4 期。

② Michael Zweig, *The Working Class Majority*: *America's Best Kept Secret*, Ithaca, New York: Cornell University Press, 2000.

　　茨威格基于人们在工作场所的权力和权威来界定阶级。他认为，在资本主义社会，第一阶级是资本家阶级，第二阶级就是工人阶级。"美国人的绝大多数形成了工人阶级。他们是熟练的和非熟练的工人，在制造业和服务业领域，是各个种族、民族、宗教的男男女女。他们开卡车，写日常电脑程序，操控机器，侍候进餐，分拣寄送信件，在生产线上忙碌，像银行出纳员那样地整日站立奔走，在经济的每个领域从事着成千上万种工作。尽管他们千差万别，工人阶级成员却拥有相同的生产地位，即他们对自己工作的节奏和内容几乎没有任何控制权，他们不是任何人的老板。……我们将他们的人数加起来，他们占劳动力总数的60%多。他们就是工人阶级大多数。"茨威格还揭示了当前美国社会不平等的阶级根源："我们会看到，当前不平等的增长不仅仅是媒体经常渲染的那样富者变得愈富、穷者变得愈穷的情况。我们的社会收入和财富越来越不平等，反映的是这样的事实，即资本家权力的增强和工人权力的减弱。"①茨威格关于阶级划分的标准基于工作场所的权力和权威，反映了不同阶级在生产过程中的地位，虽然与马克思恩格斯从经济关系特别是对生产资料的占有关系上来划分阶级有所不同，但他的基本取向和判断是正确的，揭示了美国社会的阶级关系，也有力证明了工人阶级仍然是人口中占大多数的客观事实。

　　可见，当代西方国家的工人阶级并未消失，而且仍然是人口的大多数。工人阶级内部构成发生了重大变化，出现了差异化、层级化和多样化。这种状况表明：一方面，工人阶级仍然是西方国家推动社会变革的决定力量，仍然是实现社会主义的革命主体，其历史地位和历史使命没有改变；另一方面，工人阶级潜在的社会变革主体地位要转化为积极作为的现实主体力量，从自在阶级转变为具有

----

　　①　Michael Zweig, "Class as a Question in Economics", in John Russo and Sherry Lee Linkon, ed., *New Working-Class Studies*, New York: Cornell University Press, 2005, p. 99.

明确阶级意识的自为阶级，仍然面临着许多复杂问题和巨大挑战。这种挑战主要有来自两个方面：一是数量上的问题；二是革命性和组织行动能力问题。

从数量上看，一方面发达资本主义国家传统体力工人数量相对减少是客观的事实，另一方面广大雇佣劳动者的不断增多，使得整个工人阶级的队伍规模随之扩大。正确认识这个问题的关键，在于不能把视野局限于传统的体力工人，不能凭"思维定势"将社会主义运动主体等同于传统的体力工人，而是着眼于西方国家数量庞大且持续增多的雇佣劳动者。这支庞大的雇佣工人阶级队伍，仍然是西方社会主义运动的潜在基础，是变革社会的主要力量。西方社会主义运动面临的重要问题，不是工人阶级是否存在和人数多少问题，而是在于工人阶级如何形成明确的阶级意识，从当前的自在阶级转变为自为阶级，开展有效的政治行动和阶级斗争。

从革命性和组织能力来看，当前西方工人的阶级认同感、政治行动意识和能力、组织动员程度等，同过去工人阶级开展大规模政治斗争时期相比，发生了很大变化。

一是难以形成明确的阶级认同和阶级意识。客观上，因为工人阶级在资本主义社会中有共同的经济、政治地位，所以他们可能产生共同的阶级意识和阶级归属感，这是他们采取阶级行动、开展阶级斗争的前提。但是形成共同阶级意识和阶级归属的可能是否变成现实，则取决于当时的经济社会情况和工人阶级本身的情况。当前，由于西方社会经济结构和阶级结构的复杂而迅速的变化，工人阶级内部发生了利益多样化、分层化和分散化，西方有的学者认为这种变化瓦解了"普遍的无产阶级生活方式"。加上工人阶级构成的多样化和复杂化，工人阶级过去曾经形成过的相对稳定的共同体利益受到严重侵蚀，工人阶级内部利益多样化，且彼此相互竞争和冲突。全球资本主义的发展，使得各国工人阶级之间也产生竞争和冲突。在这种情况下，受资本雇佣和剥削这一划定工人阶级的根本标准，难以被工人阶级明确认同且作为判断自己社会地位和阶级地位的依据，他们更多的是依据自己的职业，所属的社区、企业和行业以及国家，还有收入水平、生活方式等确定自己的集体归属。一些西方学者也不把大部分雇佣劳动者归属到工人阶级队伍中去。比如美国学者斯科特·拉什（Scott Lash）和约翰·尤里（John Urry）认为："我们提到'组织化资本主义'的一个特点是存在于劳资之间的一个巨大职业群体的迅速增长。因此，尽管这些社会普遍存在阶级对立的社会关系结构，但这一不断增长的受雇群体很少属于工人或属于资本家。"这样，尽管工人阶级中许多人对自己的社会地位和生活条件不满意，但他们还是倾向于认同和归属于既存的资本主义社会制度，自认为资本主义体制内的成员，其不满、冲突甚至大规模的抗争也基本上局限于资本主义体制之内，难以形成反对和彻底改变现存资本主义制度的整体阶级革命意识和行动。如何使在阶级地位上客观上属于工人阶级的广大雇佣劳动者形成较强的共同阶级意识、阶级归属感和政治主动性，是目前发达国家共产党与社会主义运动面临的最为艰巨的任务。

二是难以形成强大的集体组织和行动能力。马克思主义认为，伴随着现代大工业产生和发展的工人阶级，是最有组织、最有纪律的阶级，也是革命最坚决、最彻底、最有集体行动能力的阶级。在19世纪，西方工人阶级在自己的政党的领导下，开展了有组织、大规模的集体性政治斗争，推动西方社会主义运动深入开展。而到了第二次世界大战后资本主义和平发展时期，随着资本主义经济、政治形势发生的变化，特别是由于工人收入水平、就业方式和生活方式的变化，集体主义价值观逐渐被个人主义价值观所侵蚀，工人参加工会的比例不断下降，工人阶级政党在动员工人开展集体性政治斗争方面遇到了很大的困难。20世纪下半叶，西方资本主义发展到新的阶段，以大工厂、大规模生产为基础的工人阶级不再占据主导地位，而这经常被认为是社会主义运动赖以开展的基础。而新的工人阶级，其中大部分自认为是"中产阶级"成员，自认为成为"消费资本主义"中"分享"富庶的成员。他们需要更多的是本行业工会组织的经济性保护，而对那种政治性的群众性工会特别是与共产党或其他左翼政党有密切联系的工会组织失去了兴趣。工人内部的分裂和冲突也很普遍，民族国家范围内的有规模的工人运动难以动员和组织起来。

可见，在工人阶级与社会主义事业之间原来被认为恒定不变的联系发生了"断裂"，工人阶级的主体地位难以在现实中确立和体现出来，而"没有主体的社会主义"将何去何从呢？21世纪世界社会主义运动要有新的作为和发展，必须首先在工人阶级与社会主义之间建立起历史的、必然的联系，否则，社会主义运动的发展和振兴就可能沦为空谈。重建工人阶级的主体地位，成为无产阶级政党和社会主义运动的一项最为紧迫最为重要的任务。

工人阶级还是不是社会主义
运动的主体*

——对西方工人阶级与社会主义运动之关系的研究

提要： 当今时代，西方社会的工人阶级还是不是推动社会变革的主要力量，还是不是社会主义运动的主体？一方面，工人阶级"主体危机论"观点已成为西方社会占主流的思想观念；另一方面，资本主义危机的发展促使阶级冲突与斗争尖锐化和激化。在这种社会环境和形势下，重塑工人阶级主体地位，成为历史转折时期西方社会主义者的关键性历史任务。工人阶级主体地位重新确立的必要前提是工人阶级阶级意识的重新形成和塑造，这是从"自在阶级"走向"自为阶级"的必然环节。而全球工人阶级的形成和团结，是在全球化条件下社会主义运动发展的必要基础和前提。

马克思主义认为，工人阶级（无产阶级）是社会主义运动的领导性主体。由客观的历史地位所决定，工人阶级的这种历史主体地位是其他社会阶级和群体所不可代替的。然而在当代西方社会，随着资本主义的发展变化，不但工人阶级的历史地位受到质疑和挑战，

---

* 原载于《马克思主义研究》2013 年第 12 期。

甚至工人阶级本身的存在也遭到怀疑和否定。这就是所谓的"工人阶级主体性危机"。那么,在当前经济全球化快速发展的条件下,西方是否还存在工人阶级?如果工人阶级不存在了,推动社会变革的主体,社会主义运动的主体又是由什么力量来承担呢?如果还存在,这个工人阶级是什么样的?它只是消极被动的底层阶级,还是仍然承担着重要的历史使命?如果历史使命仍在存续,西方工人阶级在新的时代和社会条件下应怎样克服"主体性危机"、重新担当起社会主义主体的历史角色呢?

一 工人阶级"主体性危机"的挑战

在西方国家,关于工人阶级"主体性危机"的观点和理论并不是什么新鲜的东西,早在 20 世纪 60 年代就开始出现和逐渐形成,并在不同时期具有不同的表现。所谓的工人阶级"主体性危机",有两种代表性观点:一种认为,随着时代和社会的发展以及西方社会结构与阶级结构的变化,工人阶级逐渐丧失了革命性,逐渐同化于资本主义社会制度和体制,由原来的那种变革资本主义、建设新世界、承担全人类解放历史使命的革命主体,转变为认同和融合于现有制度和体制、只维系和争取自身利益、丧失阶级意识和历史主动性的一般性社会群体;一种则认为工人阶级的历史地位、历史使命和主体角色本来就是不存在的,是马克思等社会主义经典理论家"主观虚幻和设想"出来的,是为了达到自己的理论目的而"创造"出来、"人为赋予"工人阶级的,认为历史和实践的发展证实了马克思主义关于工人阶级(无产阶级)的历史主体说。这两种代表性观点,究其实质,前一种是"马克思主义过时论"的表现,后一种是"马克思主义错误论"的表现。具体地看,在西方社会,工人阶级"主体性危机"论主要有以下三种典型观点。

1. 工人阶级消失论

这种观点的立论根据，是将工人阶级划定为传统的体力工人阶级，也就是随着资本主义的发展和产业结构、阶级结构的变化，传统的体力工人阶级人数越来越少，而其他工作人群，则被划入"中间阶级""新阶级""新小资产阶级""白领阶层"等范围，他们被排除在工人阶级范围之外。这样的划分界定，也就自然地认为"工人阶级消失了"，一些理论家宣称"工人阶级前进的脚步停止了"。从20世纪60年代中期到现在，"工人阶级衰退论""工人阶级死亡论""告别工人阶级"论此起彼伏。尽管在不同时期不同的人有不同的表达，但其观点的主旨就是，一个曾经非常激进、非常革命，在其政党的领导下形成庞大的整体阶级力量向资产阶级挑战和斗争的工人阶级，现在已经不存在了。有的西方学者认为，工人阶级已经不是一个严格意义上的"阶级"，而蜕变为一般性"劳动人群""雇员阶层"了。这种观点至少认为，即便工人阶级还存在，但作为社会主义革命的主体、被马克思赋予推动历史前进的历史使命的那种工人阶级，已经丧失了这种政治和社会功能。

工人阶级消失论在20世纪70年代末期和整个80年代的西方盛行，当时最为典型的思想代表就是安德烈·高兹的《告别工人阶级》。他认为，资本主义的新变化已经使传统形式的社会革命成为不可能，马克思主义寄托于无产阶级而成为社会主义革命主体的断言与第二次世界大战后发达资本主义社会的实际情况不符合了。高兹认为，马克思在19世纪提出的工人阶级革命变革作用的观点，已经不合时宜了。他认为，在当代资本主义社会，与其说是工人阶级推翻资本主义体系，倒不如说是资本主义的成熟不断限制而后缩小工人阶级的作用。他断言，资本主义发展方式产生的工人阶级，最终"无法控制这种生产方式，其兴趣与社会主义目标已经背道而驰"。"社会主义的危机首先是无产阶级的危机"，"传统的工人阶级现在已不再是具有特权的少数，资本主义的发展创造了这样的工人阶级，总体来看他们不能支配生产资料，他们的直接利益也与社会主义的合理性不相符合"。①

"后马克思主义者"恩斯特·拉克劳和查特尔·墨菲（E. Laclau and C. Mouffe）则否定马克思主义工人阶级主体理论，认为马克思主义从"经济决定主义"和"本质主义"出发，推导出资本主义生产的发展会自然造成一个同质化的工人阶级。他们认为，马克思主义错误地把社会主义政治与工人阶级利益结合起来，假设了工人阶级的团结和作为一种统一力量的"革命主力军的优先性"。"这里的抉择是很明确的，或者是彼此冲突的矛盾多元性被完全清除，一个绝对统一的工人阶级将在千禧年拯救时刻出现——这种情况下工人阶级的'客观利益'从一开始就被决定了；或者是抛弃掉这样的理论，即认为在关于作为一个整体主力军的'客观利益'问题上，要为赋予某些主体较之于其他主体的优先地位提供基础——在这种情况下，整体主力军的提法变得毫无意义。"② 他们认为，必须完全放弃绝对统一和完全同质的正统话语中的"工人阶级"概念。

工人阶级"消失论""衰退论"在20世纪90年代西方关于阶级问题的再次争论中得以持续。在"晚期资本主义"的社会情境中，工人阶级的"死亡"还是被主旨基调不变地叙说。比如美国学者克拉克（T. N. Clark）和利普塞特（S. M. Lipset）就认为："死亡的主要是旧的工业阶级。旧的社会—经济划分，代表这些划分的旧的制度性主体，以及反映这些旧的区分认同形式。于是在这些过程中，马克思主义的理论和分析大厦就失去了许多基础。"③ 卢森堡学者安·霍夫曼在《告别社会主义模式》一文中认为，当今时代要"重新寻找主体"，因为"这个'工人阶级'已不存在。工薪者的人数

① A. Gons, *Farewell to the Working Class: An Essay on Post-Industrial Socialism*, London: Pluto, 1982. pp. 66, 69.

② E. Laclau and C. Mouffe, *Hegemony and Socialist Strategy: Towards a Radical Democratic Politics*, London: Verso, 1985, p. 84.

③ ［英］戴维·李、布赖恩·特纳主编：《关于阶级的冲突：晚期工业主义不平等之辩论》，姜辉译，重庆出版社2005年版，第88页。

固然增长了，但传统产业工人的人数却急剧萎缩。劳动条件、生活方式、'雇员'的需求都发生了分化和个体化"。他呼吁要重新思考"谁是社会解放的承担者"的问题。① 戴维·马昆德（D. Marquand）在苏联解体东欧剧变之后写了《社会主义之后》的文章，他明确断言，随着传统社会主义工程的崩溃和消失，"传统工人阶级……几乎销声匿迹了"，"目前在最为发达的社会中……工人阶级已经成为障碍，而不再是源泉。由于各种现实的目的，[工人阶级]绝大多数已经被吸收转变为庞大的、几乎没有边界的中间阶级。其余的则沦为下层阶级，实际上被排除在全资格的公民之外了"。② 一些西方政治家和理论家在苏联解体后声称，马克思赋予工人阶级担当资本主义社会"掘墓人"的角色，然后实际情况却是社会主义先进入坟墓，资本主义仍然生机勃勃地活着，工人阶级则作为社会主义的陪葬品彻底死亡了，"掘墓人"首先进入坟墓。

2. 工人阶级被同化论

工人阶级被同化论与工人阶级消失论密切相连，但它们侧重强调的工人阶级的变化方式和特征又有所不同。工人阶级消失论强调工人阶级作为一个政治群体，其政治功能和社会地位的丧失；工人阶级被同化论则强调工人阶级不仅丧失了其作为否定和对抗资本主义的革命性力量，而且随着生活水平的提高和各项权利的获得，其革命的激情和目标已经消失，逐渐认同资本主义的社会制度和体制，内在地被同化、被融合到资本主义社会中，从而变成顺从资本主义统治、维护资本主义既定秩序的消极保守力量。这种工人阶级被同化论、融合论认为，随着资本主义的发展，以往资本主义社会中两大阶级之间的矛盾和对抗，被资本主义经济文化的强大力量所"整合""融合"而逐渐消弭，工人阶级由过去受剥削受压迫而旨在推

---

① ［卢］安·霍夫曼：《告别社会主义模式》，载《当代国外社会主义：理论与模式》，中央编译出版社1998年版。

② D. Marquand, *After Socialism*, Political Studies, 1993（61），p. 55.

翻资本主义社会的革命阶级，变成在经济上享受资本主义的繁荣舒适生活、在政治上肯定和维护资本主义秩序、在思想上完全被"主流的"思想文化所主宰和操纵的消极保守的阶级。

工人阶级被同化论的典型代表是 20 世纪中后期西方马克思主义者马尔库塞，他当时发表的一系列著作，集中论述了工人阶级被同化和融合的现象。他认为，在资本主义危机时期，资本主义社会的阶级矛盾尖锐化，工人阶级的生活条件恶化，那么情况可能按照马克思主义所预期的，工人阶级就会将自己组织成为革命阶级，实现社会变革的历史使命，成为资本主义的"掘墓人"。然而，随着资本主义的变化和发展，其各种社会矛盾缓和，在其稳定和繁荣时期，工人阶级的生活水平得到提高的情况下，工人阶级就会从过去资本主义的"否定"力量变为资本主义制度的"肯定意义上的"部分，其直接的经济利益淹没和代替了它的历史使命。他的著作《单向度的人：发达工业社会意识形态研究》论述了发达资本主义社会的各种社会对立面和矛盾的同化融合作用，即"对立面的一体化"。在政治领域，资产阶级和无产阶级这两大对立的阶级，则由于这种"对立一体化"作用，"资本主义的发展已经改变了这两大阶级的结构和功能，使他们不再成为历史变革的动因。维持和改善现制度这个凌驾于一切之上的利益，在当代社会最发达的地区把先前的敌手联合起来了"①。而在生活领域，发达工业社会使对立阶级人群的生活方式也同化起来，"如果工人和他的老板享受同样的电视节目并漫游同样的游乐胜地，如果打字员打扮得同她雇主的女儿一样漂亮，如果黑人也拥有凯迪拉克牌高级轿车，如果他们阅读同样的报纸，这种相似并不表明阶级的消失，而是表明现存制度下的各种人在多大程

---

① ［美］马尔库塞：《单向度的人：发达工业社会意识形态研究》，刘继译，上海世纪出版集团 2008 年版，第 4 页。

度上分享着用以维持这种制度的需要和满足"①。他在《论解放》一文中做出这样更明确的论断，从客观的生产关系地位和人数上说，"工人阶级仍然是革命的历史代理人"，但是"从其参与到这个制度的稳定化的需要来说，它已变成一个保守的、甚至反革命的力量"；"在客观上，从'自在'来说，劳工仍然是潜在的革命阶级；在主观上，从'自为'来说，它并不是革命阶级"。②他在《反革命和造反》一文中说："在大多数工人阶级身上，我们看到的是不革命的、甚至是反对革命的意识占着统治地位。当然革命的意识只有在革命的形势下才会显示出来；但是和以前相反，工人阶级的绝大多数被资本主义社会所同化，这并不是一种表面现象，而是扎根于基础，扎根于垄断的政治经济之中的……工人阶级在社会中的一般地位和革命意识的发展是相对立的。"③另一位长期研究资本主义社会阶级和阶级冲突的德国理论家拉尔夫·达伦多夫（Ralf Dahren-dorf）则用"阶级冲突制度化"来阐释。发达资本主义社会为什么没有发生马克思早期预想的暴力革命呢？关键在于资本主义社会已经形成了一种化解阶级冲突的制度化结构。资本与劳动之间的对抗和斗争已经被制度化缓解并合法化，过去激烈的阶级斗争变成了相互平衡的权力之间的合法斗争，资本主义和劳动之间的冲突，由资本主义早期的那种政治和社会冲突，变成了对于劳动时间长短、工资水平高低、工作条件好坏的谈判和协商了。因而在这种"阶级冲突制度化"的社会条件下，阶级冲突虽然还存在，但冲突的阶级都能够与资本主义社会和平共处。在这种条件下，工人阶级也同样被同化到资本主义制度体系中，其过去的革命性已经瓦解。他指出，发达资本主义社会中工人阶级已发生重大变化，他们不再是马克思所处时代的

---

①　[美]马尔库塞：《单向度的人：发达工业社会意识形态研究》，刘继译，上海世纪出版集团2008年版，第8页。

②　徐崇温：《当代资本主义新变化》，重庆出版社2005年版，第625页。

③　[美]马尔库塞等：《工业社会和新左派》，任立编译，商务印书馆1982年版，第84页。

那种无技术的、贫困的、同质化的群体，在工人阶级内部也形成了层级差别结构，出现了熟练技术工人、半技术工人、无技术工人的差异，他们在工资水平、生活条件、社会地位和声望方面都不同，利益要求也不同，而且经常地相互冲突和对立，这样，如果要求工人阶级为了一个共同的目标而团结起来，已经是十分困难的事情了。① 达伦多夫的"阶级冲突制度化"理论，实际上认为工人阶级失去了过去那种有明确政治目的的作用和使命，以推翻资本主义制度为宗旨的阶级斗争，被融入和同化到资本主义制度中并受其规范，蜕变为争取自身经济利益的阶级冲突了。在达伦多夫那里，甚至"阶级"概念本身也发生了变化，不是马克思所界定的那种阶级，他认为："'阶级'表示的是这样的冲突群体，它们产生于那种必须加以协调之群体中的有差别的权力分配。"②

　　这些观点至今仍然主导着西方许多学者对发达资本主义国家工人阶级变化和地位的解释。20 世纪中后期资本主义的变化，使西方学者根据资本主义的新情况重新论述工人阶级被同化和被融合的现象。美国学者克拉克和利普塞特就认为："政治问题会随着富庶而发生变化：随着财富的增长，人们把基本的东西看作是理所当然的，他们更加关注生活方式和舒适程度。那些青年人在更为富庶的和等级程度较小的社会里成长，他们受到良好的教育，拥有更多的财富，所以他们应是更远离传统的阶级政治的。"③ 一些学者还认为，20 世纪资本主义发展起来的"联合治理"，极大地缓和了阶级冲突。

　　总之，"工人阶级被同化论"认为，在发达资本主义社会，富裕、舒适和"文明"销蚀了工人阶级的革命性和斗争性，使之丧失了社会变革主体的地位，而且工人阶级从体制外抗争者变为体制内

---

① Ralf Dahrendorf, *Class and Class Conflict in Industrial Society*, Stanford University Press, 1959.

② Ibid. , p. 204.

③ ［英］戴维·李、布赖恩·特纳主编：《关于阶级的冲突：晚期工业主义不平等之辩论》，姜辉译，重庆出版社 2005 年版，第 57 页。

的顺从者，从资本主义社会的否定力量变为肯定力量，实现了与资本主义社会的"一体化"。

3. 工人阶级主体地位替代论

在"工人阶级消失论""工人阶级被同化论"中，还包含着一个非常关键的问题：如果说工人阶级消失了，或已经融入资本主义制度和体制中，那么推动社会历史变革的主体应该由什么群体来承担呢？是哪种或哪些社会力量取代了昔日活生生的、威风凛凛的革命主体工人阶级呢？国外一些学者和左翼政党，都提出了各种各样的观点。

这些观点大都认为，如今推动社会变革的主体是多元的，马克思关于工人阶级是社会主义革命唯一主体的思想是完全错误的或者说已经过时了。比如，西班牙左翼学者、工人社会党成员特扎诺什在苏联解体东欧剧变之际，撰文讨论社会主义及其主体是什么的问题时，基于资本主义的发展和社会阶级结构的变化以及社会主义的变化，提出"21 世纪的社会主义的社会主体就是 19 世纪的伟大理论家们设想的那种社会主体吗"的质问。他认为，传统的单纯的工人阶级没有像马克思预言的那样成为最大的社会群体，所以社会主义必须克服"革命只有一个主体"的观念。"凭借今天对历史的观察，可以不无意义地肯定，许多社会主义者和共产主义者长年深信不疑的关于唯有一个革命主体的理论是多么站不住脚。"由于社会的复杂性日益增强，"这一切都要求思想不能停留在把唯一的社会主体当作社会主义动力的层次上。更确切地说，我们必须设想各种不同的主体"。必须用新的观点理解未来的社会主义及其主体，"从唯一的革命主体的理论到社会主义主体的多元性"。① 在西方，许多左翼政党（包括一些共产党）都认为工人阶级不再是社会变革的唯一主体而倡导多元主体理论，认为一切进步力量都是实现社会变革的平

---

① ［西］霍赛·特扎诺什：《社会主义和社会进步》，载《未来的社会主义》，中央编译出版社 1994 年版，第 180—200 页。

等广泛的主体。比如现在的法国共产党就认为，应摈弃"工人运动中心主义"，代之以"公民干预"，建立一种没有领导权和富有多样化的新联盟的主体。意大利重建共产党的立场是，工人阶级作为唯一社会变革主体的理论已经不适应当代社会的变化，社会变革必须联合一切替代力量。西班牙共产党认为，社会主义是通过大多数社会成员的真正革命、自觉自愿行动的结果，社会变革主体是不同的社会解放运动的力量。[1]

　　有人认为，在传统的工人阶级主体瓦解之后，参加各种新社会运动的人群就成了多元的社会变革主体。美国学者克拉克等就这样认为："是什么在取代阶级呢？传统的左—右维度已经发生了彻底的改变，虽然人们还提及左的和右的，但它们的含义却不同了。现在存在两个左翼，但其社会基础各不相同。传统的左翼以蓝领工人为基础，强调与阶级有关的问题；另一个左翼出现在西方社会（有时称为新政治、新左翼），他们越来越强调社会问题，而不是传统的政治问题。他们集中讨论的问题不再是有关私有制和生产资料由谁控制的问题，新问题的支持者正在取代旧的。"[2] 这种新社会运动，就是第二次世界大战后在西方逐渐发展起来的各种有别于传统工人运动的社会抗议运动，包括反战和平运动、争取民众权利运动、女权运动、生态保护运动，等等，这些运动规模大小不等，利益诉求各异，参加的人多样复杂。在传统工人运动在西方逐渐式微的情况下，新社会运动的兴起似乎成为社会抗议的主流，一些人便认为，这些参加各式各样抗议的人群代替了工人阶级而成为社会变革的主体。他们认为，这些激进的社会抗议运动所动员的并不是阶级成员，它们的主体、抗议主题以及类型，都不能再用传统的阶级话语来述说

---

　　[1] 姜辉：《欧洲发达国家共产党的变革》，学习出版社 2004 年版，第 172—173 页。

　　[2] ［英］戴维·李、布赖恩·特纳主编：《关于阶级的冲突：晚期工业主义不平等之辩论》，姜辉译，重庆出版社 2005 年版，第 57 页。

和分析了。

工人阶级受资产阶级的剥削和压迫，这是其阶级地位的主要体现，也是其成为反抗资本主义制度、成为社会变革主体的重要原因。一些国外学者认为，传统工人阶级消失或被替代后，各种社会变革的主体之所以反抗资本主义制度，经济原因不再是主要的，最主要原因是他们深受资本主义异化之苦，这种异化已经从经济领域转向全部日常生活领域，这种反抗具有浓厚的"后工业社会""后现代社会"的特征，因而被异化的人群就是代替传统工人阶级的变革主体。这种被资本主义异化的主体一般也被现代西方左翼定位于发达资本主义社会的"底层阶级"。西班牙左翼学者阿丰索·盖拉认为："与传统的支柱相比，未来的社会主义将会得到更广泛的、更加多种多样的社会支持。所以，它应当特别重视巩固与自称为'底层阶级'和'新社会运动'的那些不属于工人阶级的集团的联系。"① 现在的法国共产党认为，现代资本主义使所有的不平等加深了，各种各样的统治强化了，它使人们陷入难以忍受的全球性机制的异化性依附地位。而"新共产主义"不是要求优先考虑某一个阶级的利益，而是把一切深受资本主义之害的多种多样的人们联合起来，实行所谓的"公民干预"，建立新的"左翼力量变革同盟"。② 这样，原来的工人阶级主体地位就被这些受各种异化和统治、因而抗议资本主义制度和体制的各种人群所替代了。

由上可以看到，由于资本主义生产方式以及社会地位结构和阶级结构发生巨大变化，工人阶级"主体性危机"论的观点就成为西方社会长期以来占主导的思想意识。20世纪末苏联解体东欧剧变使世界社会主义运动陷入空前低潮，很少有人谈论工人阶级与社会主义运动还有怎样的关系。甚至一些左翼理论家也对"阶级""工人

---

① ［西］阿丰索·盖拉：《旧的和新的社会主义》，载《未来的社会主义》，中央编译出版社1994年版，第52页。

② 姜辉：《欧洲发达国家共产党的变革》，学习出版社2004年版，第146页。

阶级""革命"等被认为是"过时的概念"避而不谈，而是倾向或热衷于讨论所谓"后现代"的"激进民主""克服异化""公民运动"等。"在那里，社会阶级、阶级斗争、资本主义、资本积累、剩余价值、帝国主义、国家和其他的现实都不存在了，因为在简单的关于人、人群和公民的抽象当中，它们都被挥发了。"① 然而，21 世纪初资本主义危机的大规模爆发，资本主义各种矛盾的尖锐化，阶级冲突和斗争的激进化，使西方左翼在理论上的准备严重不足，在实践上无法提出任何有效方案。当前西方社会主义运动面临的最大挑战和危机，就是"主体缺失"的挑战和危机。西方社会主义运动要在新的环境和形势下有所作为，首要的也是最重要的，就是重塑工人阶级主体地位，这是重要历史转折时期的关键性历史任务。

二　重塑工人阶级主体：从"自在阶级"到"自为阶级"

世界社会主义运动在 21 世纪要有大的发展，首先必须重新塑造工人阶级主体地位。这对于西方工人阶级本身来说，是从当前的"自在阶级"转变为真正的"自为阶级"，从潜在的客观历史主体走向历史和时代的前台，再度成为改造社会、推动历史变革的现实的活生生的力量。这是一个长期、复杂的过程，必须通过社会主义政党、社会主义者和工人阶级自身长期不懈的努力才能实现。

重新确立工人阶级意识，重新塑造工人阶级主体地位，尽管在当前西方社会是一项无比复杂和困难的事业，但有事实表明，这在实际生活中具有实现的可能性。西方一些严肃的学者看到了这一点。比如英国学者菲尔·赫斯就认为："在西方国家，阶级意识可能已经

---

① ［西］卡米洛·卡奇：《用阶级斗争观点批判"全球化"的意识形态》，《环球视野》摘译自西班牙《起义报》2006 年 6 月 11 日，http：//www.globalview.cn。

下降，但下降并不表示已经消亡。要真正成为一个'自为阶级'，英国和其他各地的工人阶级不仅要为眼前的利益奋斗，而且也要为另外寻找一个解决问题的办法而斗争。这项工作正在进行。只有工人阶级才能提高觉悟和组织能力去实现社会主义。这肯定仍将是社会主义战略和策略的中心任务。"他分析说，当前的西方工人阶级，至少在英国，工人阶级仍是一个客观存在的阶级，并且许多人都认为他们属于工人阶级。"但这能说工人阶级已经是'自为阶级'了吗？显然，意识到自己属于那个阶级不过是接近认识到那个阶级有它自身的利益，而离他们要想找到的、为自身利益而进行奋斗的方法还相距甚远。"但是他同时也看到了重塑工人阶级主体地位的必要性和一些现实的条件，比如21世纪初的资本主义经济危机，对工人阶级的生活水平和生活条件是一个沉重的打击，加上社会贫富悬殊，差距越来越大，这些都必然有利于增强工人阶级的阶级意识。但是工人阶级的愤怒和抗争，也不一定必然是"自为阶级"的作为，因而"必须作出巨大的努力加强工人阶级的斗争性和重建它的组织。这项工作要贯穿整个历史时期"[1]。他认为，新自由主义全球化催生了一支新型的全球性的工人阶级队伍。在世界范围内为工人阶级力量上升为真正全球规模的新型阶级政治奠定了基础。一种新的阶级意识的出现将是非常漫长而复杂的，但是工人阶级阶级意识和组织化水平在缓慢地发展。阶级意识在西方国家也许是弱化了，但弱化并不意味着阶级意识的"缺席"。无论是英国，还是其他任何国家和地区的工人阶级，要真正成为一个"自为阶级"，就不能仅仅为了当前的利益而战，更要为长期的历史性目标而战。"只有工人阶级不断发展和强化阶级意识、提高组织化水平，才有可能实现社会主义，社会主义才是必然的。因而，这必须成为社会主义者的当前战略和策略

---

[1]　［英］菲尔·赫斯：《全球化与工人阶级主体危机》，徐孝千译，《国外理论动态》2011年第5期。

的核心工作。"①

　　有学者分析了资本主义的发展变化对当代西方工人阶级的影响，从而深刻说明工人阶级仍然是实现历史变革的主体。比如，德国学者维尔纳·泽普曼撰写了题为"工人阶级还是否是社会主义变革的主体"的文章，他指出，尽管资本主义生产方式发生了很大变化，对工人阶级的数量、阶级意识和行动能力造成了很大影响，但是工人阶级的潜在变革能力和主体地位并没有消失。他认为，今天什么是工人阶级，已不再是一目了然的事情，因为在几十年里，由于资本积累和使用条件的改变，导致了资本主义劳动分工体制内部出现结构重组，劳动市场的国际化也更加有利于加强剥削和重新构建劳动世界，所有这些都对工人阶级造成了严重的不利影响及后果。尽管如此，随着雇佣劳动的普遍化，工人阶级在数量上仍然占人口的大多数。他认为，凡是其社会存在是与资本对立、其社会地位从根本上说是以雇佣劳动关系为特征的人都属于工人阶级。在德国，工人阶级占全部就业者的88.9%。尽管这些雇佣劳动者从事不同的劳动，但是他们都从属于当代资本主义的劳动世界。当然，当前这个劳动世界是分裂的，这个阶级的成员有可能被任意挑动去相互争斗。比如，在跨国集团的研发领域和生产中心形成了高素质的核心雇佣劳动者，他们领取相当丰厚的工资，并且享有虽然受到威胁，但是仍然存在的战后资本主义繁荣时期实行的社会保障。而其他各层级的雇佣劳动者的收入则逐级减少，其劳动条件和劳动保障不断恶化，他们在没有得到保护的就业条件下，往往领不到核心工人收入的一半，他们长期遭受失业、非正规就业和社会福利待遇下降的痛苦。但无论如何，工人阶级仍然是社会变革的主体，"雇佣劳动者的阶级特征并没有因为这些状况而消失。相反，阶级斗争在社会意识中留下明显的轨迹"。"阶级对立和阶级斗争的一切旧形式都似乎又越来

────────────

　　① ［英］菲尔·赫斯：《"自在"还是"自为"：工人阶级的阶级意识瓦解了吗?》，罗丽平译，《马克思主义研究》2009年第10期。

越适合用于说明当今的社会和经济现实。"尽管工人阶级内部存在着各种分裂和冲突，但是工人阶级还是掌握着作为基本变革力量的最好条件，劳动世界是资本与劳动之间直接对立的场所和社会矛盾的中心。"在高科技的资本主义时代，那些靠出卖自己的劳动力而活命、处于与资本对立之中、每天经受资本的进攻并且起码客观上有共同利益的人群的运动，是推动根本性变革的最理想的力量。"工人阶级仍然组成一个大的社会集团并在企业里掌握着关键因素。从阶级分析的角度看，革命性变革进程还未得到足够的理解，因为仍存在尚未解决的理论和实践问题。比如，工人阶级是否能够克服分裂而团结一致？而且在劳动市场国际化的背景下，"虽然工人阶级和阶级斗争仍然具有民族国家的基础，但是因为出卖劳动力者超越国界相互竞争，阶级斗争的前景将改变，许多斗争只有在国际联合的情况下才能取得成果"①。

美国学者安东尼·阿诺夫（Anthony Amove）在题为"告别工人阶级了么？"一文中表达了同样的观点。他认为，长期以来，许多评论家将资本主义社会的诸种变化都作为"有组织工人运动死亡""工人阶级消失"的证据，实际上这是把工人的一种就业方式，也就是蓝领体力工人，等同于整个工人阶级了。在现实中，工人阶级包括所有出卖自己的劳动力而遭受资本家剥削的劳动者，占世界人口的绝大多数，尽管他们从事着各种各样的职业。"工人阶级中唯一不能包括进去的群体，就是占有和控制着生产资料的人，他们直接从资本主义剥削中获得利益。"他认为，随着资本主义不平等的发展，财富在少数人手里积聚，而越来越多的人也就是工人阶级生活水平的下降，阶级斗争又趋激化，工人阶级的斗争又重新开展起来。他认为，在许多左翼人士还迷茫不清和悲观的时候，一些资本主义主流报刊和精英们却敏锐地意识到这一点。"尽管许多左翼人士还迷惑

---

① 黄汝接：《工人阶级是否还是历史性变革的主体?》，《国外理论动态》2008 年第 5 期。

不解，美国的主流报纸和国际金融精英们最近已经关注到，阶级斗争不是过往不来的事情了。而且，20 世纪 70 年代和 80 年代的那种单向的阶级斗争（从上层发起、对工人阶级展开进攻的阶级斗争），现在再也不是单向进行的了。""到了 20 世纪 90 年代，看来呈现出工人阶级开始回击和开展从下面进行抗争的状况。"一些左翼知识分子尽管还承认阶级划分的存在，但是他们很快就会解释说，当然不能再赋予工人阶级以革命主体的特权地位了，因为现在我们已经进入"后工业社会"或"晚期资本主义"了。但是，他认为："不管左翼是否意识到这一点，阶级斗争是这个世界上数十亿人的每天的现实情况。他们每天都为经济生计所迫用工作换得工资，经常在野蛮非人的、完全异化的条件下生活——不管是在巴西矿井还是在纽约和洛杉矶血汗工厂的奴隶工人。"他认为，在今天，"左翼应当继续把工人阶级看作实行革命性社会变革的最可行的主体"，主要原因：一是在任何社会中生产关系的中心性；二是工人阶级具有使资本主义生产停止下来的集体力量（工人阶级在生产场所的力量）；三是工人阶级具有按照民主方式重新组织生产关系的能力。[1] 然而，工人阶级的斗争和主体地位作用的发挥，还面临着很大的困难和障碍。其中最大的障碍，就是工人阶级之间的分化，包括国家的、民族的、种族的、地区的或其他方面的分化。因而必须克服这些分化和对立，使工人阶级团结和凝聚起来。

三　工人阶级主体重塑与社会主义运动

工人阶级的历史地位和历史任务，不是人为主观"给予"的，而是资本主义社会的经济社会结构和工人阶级在生产关系中的地位

---

[1] Anthony Amove, "Farewell to the Working Class?" *Bad Subjects*, Issue 21, Oct. 1995.

与状况所决定的。"问题不在于某个无产者或者甚至整个无产阶级暂时提出什么样的目标，问题在于无产阶级究竟是什么，无产阶级由于其身为无产阶级而不得不在历史上有什么作为。它的目标和它的历史使命已经在它自己的生活状况和现代资产阶级社会的整个组织中明显地、无可更改地预示出来了。"① 马克思认为，工人阶级（无产阶级）是资本主义社会中唯一能够改造资本主义旧世界的彻底的革命力量，是变革旧社会的历史主体。"要使社会的新生力量很好地发挥作用，就只能由新生的人来掌握它们，而这些新生的人就是工人……历史本身就是审判官，而无产阶级就是执刑者。"② 马克思主义所阐明的社会主义和共产主义运动，其实质就是工人阶级的解放事业及其历史运动，二者是同一的运动进程。

关于当前西方工人阶级主体地位重塑与社会主义的关系，以下几个方面是至关重要的。

第一，21 世纪世界社会主义要有新的发展，工人阶级的再形成是绝对的必要的条件。社会主义变革的主体必然还是工人阶级，舍此以外，社会主义的振兴和发展必将流于"主体缺位"，这样也就谈不上真正意义上的社会主义运动。长期以来，西方一些左翼政党和人士，在研究和关注"社会主义主体危机"的过程中，努力寻找工人阶级之外的其他变革力量和替代性主体，其中各种"新社会运动"的主体最受推崇，有的认为主体是"所有受资本主义异化之苦的人"，有的则认为主体是"全体国民"，还有的将"知识分子阶级"看成主体，等等。我们不否认这种为克服主体危机所做的尝试和努力，也不否认上述种种力量在变革资本主义过程中的作用，但是他们替代不了工人阶级的主体地位。比如生态运动、和平运动、反战运动、民主运动等西方的"新社会运动"，尽管在抗议资本主义统治、促进社会改造和变革上有积极的作用，但由于其目标狭隘单一，

---

① 《马克思恩格斯文集》第 1 卷，人民出版社 2009 年版，第 262 页。

② 《马克思恩格斯文集》第 2 卷，人民出版社 2009 年版，第 580—581 页。

主体庞杂多元，没有统一的指导思想，而且用脱离资本主义生产方式和经济关系，脱离资本和雇佣劳动的根本对立的阶级关系来追求社会变革，所以它们成不了对资本主义的主要变革力量，也完不成根本性改造。

马克思主义认为，人民群众是历史的创造者和最终决定力量，社会主义的发展必然依靠最广大的人民群众，但这不等于说社会主义的发展不需要一个领导阶级和主导性的变革主体。工人阶级的社会变革主体地位，不是自封的，也不是强加的，而是历史发展规律所决定的，工人阶级必将承担起自己解放自己从而解放全人类的历史使命。在历史上，工人真正团结起来在自己政党的领导下变革和改造资本主义社会，在一些国度夺取政权，建设社会主义社会，充分证明了工人阶级是变革和建设的主体力量。在西方，资本主义的变化调整以及第二次世界大战后30余年的"和平发展"时期（也就是所谓的"黄金时代"），对工人阶级的阶级意识和革命性、集体行动能力造成了巨大影响，而且主要是消极的不利影响，造成了所谓"工人阶级消失""社会主义主体缺失""整个社会中产阶级化"的局面，但这些阶段性的历史现象和表象，改变不了资本主义社会阶级结构的本质，改变不了劳资对立的根本社会结构以及资本主义基本矛盾，改变不了工人阶级承担历史使命的必然性。随着21世纪初资本主义危机的大规模发生和发展，资本主义基本矛盾尖锐化，工人阶级的斗争也呈现激进化趋势，这些都有利于工人阶级主体地位的重新塑造和确立。

第二，工人阶级主体地位重新确立的必要前提是工人阶级意识的重新形成和塑造，这是从"自在阶级"走向"自为阶级"的必然环节。工人阶级是社会主义变革的主体，但这种主体地位和变革力量不是自发形成的，客观上存在的"自为"的工人阶级只是变革社会的潜在力量，只有那种在主观上充分认识到自身的阶级利益、在现实中采取阶级行动并具有明确阶级斗争目标的"自为"的工人阶级，才能真正发挥社会变革主体的作用。因而，工人阶级阶级意识的形成和塑造，是工人阶级从"自在阶级"转变为"自为阶级"的关键环节。工人阶级阶级意识的形成和发展，直接关系到工人运动和阶级斗争的状况和水平。正如列宁所说的，如果工人阶级及其政党不能在科学理论指导下保持阶级意识的自觉性和独立性，那么"它在事实上并不独立，并没有力量对事变的进程刻上自己的无产阶级独立性的标记，而且非常软弱，以致总的来说，归根结底，最后，它'溶化'在资产阶级民主派之中终将成为一个历史事实"①。

　　当前，随着资本主义经济危机的发展，西方工人和群众的抗议态势运动可谓是此起彼伏。20 世纪 90 年代后，随着新自由主义的统治加深，西方工人抗议运动又呈现高涨态势，比如美国 1997 年的邮政快递工人罢工，2005 年年末的纽约公交工人大罢工，2011 年秋的"占领华尔街"运动；法国 1995 年的运输、邮政及电信员工大罢工，2005 年岁末的群众街头抗议活动，2006 年年初的青年学生抗议运动；英国 2006 年 3 月的百万市政工人大罢工，2011 年 11 月的 200 多万公务员大罢工；希腊、西班牙、葡萄牙、意大利等遭受债务危机影响严重的国家，广大工人和群众针对政府的"紧缩政策"与支持大资本、剥夺广大中下层群众的措施而举行的一波又一波街头抗议和示威运动；等等。这些运动不能不说是广泛的工人运动和群众运动。西方资本主义在 20 世纪 60 年代末发生大规模群众抗议运动后进入数十年"和平发展"时期，而 20 世纪末和 21 世纪初西方各国工人和群众的抗议运动，可以说是西方资本主义和平发展时期终结的标志，是西方工人阶级和群众运动重新复兴的标志。但总的来看，这一轮新的工人和群众运动，基本上是停留于资本主义体制内的抗争，仍然局限于经济斗争，难以与世界社会主义运动形成密切的关系，难以形成推动西方社会主义运动发展的主要力量。之所以如此，最为关键的是工人阶级还没有树立起明确的阶级意识。而缺失形成阶级意识这一必要环节，工人阶级就仍然处于"自在阶级"

---

① 《列宁选集》第 1 卷，人民出版社 1995 年版，第 561 页。

状态，工人运动就仍然是停留于资本主义体制内的改良运动。

工人阶级阶级意识不是每个工人意识的简单汇集，也不是一般性的集体意识，也不等同于工人对资本主义的不满情绪和愤怒，而是工人阶级充分认识到自己的阶级利益和阶级地位，形成明确的阶级目标，从而在工人阶级政党领导下开展自觉的变革资本主义的阶级斗争。匈牙利马克思主义者卢卡奇在 20 世纪初就认识到并充分论述了无产阶级（工人阶级）阶级意识的科学内涵和性质。他认为："面对在思想、组织等等方面都占优势的资产阶级，无产阶级的优势仅仅在于，它有能力从核心出发来观察社会，并把它看作互相联系的整体，并因而能从核心上，从改变现实上来采取行动；就在于对它的阶级意识来说，理论与实践是互相吻合的；就在于它因此能自觉地把它自己的行动作为决定性的因素投放到历史发展的天平上。"[1]他深刻认识到，在资本主义危机发生时期，工人阶级阶级意识的成熟对于促进社会主义事业的重要性，"当最后的经济危机击中资本主义时，革命的命运（以及与此相关联的是人类的命运）要取决于无产阶级在意识形态上的成熟程度，即取决于它的阶级意识"[2]。只要工人阶级阶级意识没有真正确立起来，资本主义危机就不会成为促进社会主义运动发展的必要条件。"只有无产阶级的意识才能指出摆脱资本主义危机的出路。只要这一意识还不存在，危机就是固有的，就会回归到它的起点，就会重复以往的状况，直至最后在经历了无数的痛苦，走了可怕的弯路后，历史的直观教育使无产阶级完成它的意识过程并因而把历史的领导权交到它的手里。"[3]卢卡奇的这一思想，对于今天我们认识资本主义危机、工人运动与社会主义运动之间的关系，具有启示意义。当前的资本主义危机，客观上造成了

---

[1]　［匈］卢卡奇：《历史与阶级意识》，杜章智、任立、燕宏远译，商务印书馆1992 年版，第 127—128 页。

[2]　同上书，第 129 页。

[3]　同上书，第 136 页。

有利于世界社会主义运动发展的形势，但这种客观的社会状况能否转化为推动社会主义发展的有利条件，从而推动社会主义的新发展，关键在于工人阶级是否形成明确的阶级意识，在于能否把经济斗争上升为政治斗争，不仅仅反对资本剥削和掠夺，而且把对资本家阶级的不满和愤怒提升为自觉地改造资本主义制度的阶级意识，开展有组织、有目的的阶级斗争，真正成为"自为阶级"，成为社会主义运动的现实主体力量。

第三，全球工人阶级的形成和团结，是全球化条件下社会主义发展振兴的必要基础和前提。马克思主义认为，社会主义和共产主义运动在形式上是民族的，而在内容上则是国际性的，而作为社会主义变革主体的工人阶级，"只有在世界历史意义上才能存在"，即"只有作为'世界历史性的'存在才有可能实现一样"。① "忽视在各国工人间应当存在的兄弟团结，忽视那应该鼓励他们在解放斗争中坚定地并肩作战的兄弟团结，就会使他们受到惩罚，——使他们分散的努力遭到共同的失败。"② 在全球化条件下，面对强大的国际垄断资产阶级目标一致的肆意进攻，强调全球工人阶级的团结合作，真正形成整体的工人阶级，是绝对必要的。当前，各国工人阶级之间的分散和分化，是阻碍其形成整体性斗争力量的最大障碍。西方发达国家各国工人阶级之间、本国工人同移民工人之间、发达国家工人同发展中国家工人之间，都存在着激烈的竞争和冲突。工人阶级成员彼此之间的矛盾和分歧会冲击在客观上已经形成的全球性的工人阶级，削弱其应对全球性资产阶级的可能性。

在全球化时代，重塑工人阶级主体地位还要靠各国各地区工人阶级的共同努力和联合行动，形成全球工人阶级的阶级意识。全球性工人阶级的形成包含客观与主观两个方面，当工人阶级只是作为资本主义全球化的被动因素时，它只是一种客观存在，而当它在主

---

① 《马克思恩格斯文集》第 1 卷，人民出版社 2009 年版，第 539 页。
② 《马克思恩格斯文集》第 3 卷，人民出版社 2009 年版，第 14 页。

观上尚未充分认识到自身阶级意识和共同的阶级利益时，工人阶级就不可能成为抗衡全球资产阶级的主体力量，也就不可能实现时代赋予它的历史使命。21 世纪社会主义的发展，离不开全球工人阶级的团结与联合。从这个意义上讲，马克思恩格斯在 160 多年前提出的"全世界无产者，联合起来"的口号，具有新的内涵和价值。

六 社会主义思潮与流派

西方市场社会主义理论面临的
挑战与发展前景 *

提要：苏东剧变以后，在欧美理论界重新兴起的市场社会主义思潮引起了人们的广泛关注，市场社会主义者举起的"公有制＋市场"的旗帜为自己在西方确立了理论地位的同时，也引来左右翼向其发起新的挑战。本文试图论述和分析西方市场社会主义、传统社会主义和新自由主义围绕市场问题展开的激烈论争，展示市场社会主义思潮目前在西方所处的理论境况及其未来的发展前景，以求对中国社会主义市场经济的建立和发展提供一点参考借鉴。

在 20 世纪 80—90 年代形成的西方新型市场社会主义思潮，无疑是当代国外诸多社会主义新流派中影响较大、地位也颇为重要的一支。正如民主社会主义曾以"民主"的光环吸引世人一样，当代西方市场社会主义，无论是侧重"公有制＋市场＝公平＋效率"的狭义市场社会主义，还是强调"混合所有制＋市场＝效率＋公平＋民主＋自由"的广义市场社会主义，都把"市场"作为自己独树一帜之旌麾，以在当代诸多社会主义流派中确立自己的一席之地。市场社会主义对市场的钟情使这一流派声誉鹊起，但在另一方面也给

---

* 原载于《国外社会科学》1999 年第 5 期。

西方理论界，甚至包括市场社会主义者本身，带来了疑虑和困惑。导致这种情况发生的一个根本原因是：市场社会主义者把对市场的诉求作为区别于传统社会主义的标志，同时也声称自己与新自由主义走的不是同一条道路，因此他们就招致了来自传统社会主义者和新自由主义者两个方面的挑战和攻击。这两者运用自己武器库中最锐利的武器向市场社会主义者发起了新一轮讨伐，致使一些市场社会主义的代表人物也在面对自己的"市场情结"时茫然无措了。正如英国诺丁汉大学政治学教授克里斯托弗·皮尔逊（Christopher Pierson）所描绘的那样："这样，市场社会主义便同时遭到来自两个方面的攻击：那些认为市场是一种与'真正的社会主义'不相容的具有危害性的制度的人，将市场社会主义说成是'非社会主义'；而那些坚持认为'真正的'市场与社会主义的前提无法协调的自由主义和新自由主义右翼人士，又将市场社会主义说成是'非真正的市场秩序'。"①市场社会主义者只有成功地回答了这两方面的挑战，才能解释自己所造成的"市场情结"困惑。本文较为详细地论述和分析市场社会主义者、传统社会主义者和新自由主义者关于市场问题论争的是是非非，以求全面理解和把握当代市场社会主义这一理论流派的地位和发展前景，并对其做出正确的理论评价。

一　市场社会主义与传统社会主义

　　传统社会主义者对市场的批判已为人熟知。随着苏联中央集权计划经济的失败，在全球市场化浪潮汹涌迭起的年代，曾经对市场所做的令人信服的尖锐批判似乎都成了"明日黄花"。然而市场也不是解决一切问题的灵丹妙药。经过一番非理智的、矫枉过正式的

---

① ［英］克里斯托弗·皮尔逊：《共产主义之后的社会主义》，英国政体出版社1995 年版，第 111 页。

"市场崇拜热"后，人们面对复杂的经济现实，不得不重新思考一下传统社会主义者曾经提出的市场批判理论。例如皮尔逊就这样讲："这种较为正统的社会主义观点仍然是对市场局限性的最为系统、最有见地的说明。考虑到那些为市场编造的种种神话，即便传统社会主义对市场的批判不曾存在过，我们现在也不得不提出这种批判。"①就是在这样的背景下，西方当代市场社会主义仍然面临着传统社会主义者的有力挑战。不能正确回答这些挑战，市场社会主义者就无法有效证明自己将市场作为其理论核心的合理性。我们下面从几个方面看一看市场社会主义者是如何面对挑战的，他们真的拿出了令人信服的证据以解释人们对其"市场情结"产生的困惑吗？

二　对传统社会主义者"市场产生不平等"观点的回应

"平等"是传统社会主义理论的核心。西方传统社会主义者对市场的第一个批判就是：市场会引发资源和机会分配过程中的严重不平等现象，这严重违背了社会主义的平等目标。但是平等问题本身就是一个十分复杂的问题，不仅各种各样的社会主义者追求平等，大多数现代政治和社会思想，甚至包括新自由主义的变种理论，也都承认和倡导平等。因而问题并不在于要不要平等，而是要达到什么样的平等，诸如条件平等、机会平等或地位平等，等等。市场究竟产生了哪些为社会主义者不能接受的不平等呢？传统社会主义者对此也很难达成共识，但他们几乎一致肯定下述结论：平等不是一种抽象原则，而要体现在现实生活中，正是使财富、地位和机会的分配相差悬殊的市场产生了社会主义所不能接受的各种程度的和各

---

① ［英］克里斯托弗·皮尔逊：《共产主义之后的社会主义》，英国政体出版社1995年版，第112页。

种形式的不平等。传统社会主义者也不再把平等看作绝对的或将其与"平均"等同起来，他们在这个问题上对市场社会主义提出诘责时，也充分考虑了平等的复杂性和限定性，因而他们现在对市场社会主义者发起的挑战也就更有力量。

激进的市场社会主义者和温和的市场社会主义者对这一挑战的反应是不同的。激进的市场社会主义者认为，社会主义追求的平等应是起点的平等，而不是结果状态的平等，市场之所以还必须与社会主义结合，正是为了使出发点或起点更为公正和自由，而不是顾及市场交换和交易的结果。这种回应实际上并没有多少说服力，因为在现实生活中，人们很难判定出哪些不平等是基于起点不平等产生的，哪些是在平等基础上产生的、可以被人接受的结果状态的不平等。而且，在西方，人们借以区分社会主义者和自由主义者的一个基本的标准就是是否考虑了"结果状态"的平等。由此可见，激进的市场社会主义者对传统社会主义者的回应如果不是无意识的矫枉过正的话，那么他们就是有意地投入了新自由主义的怀抱。这样的观点是否能够称得上"社会主义"，就是在西方也令人怀疑。

较为温和的市场社会主义者尽管不会赞同传统社会主义者的观点，但他们却同意后者的下面这种说法：当代资本主义市场中的财富和机会的分配是严重不平等的，是社会主义者无法接受的。但是他们认为，一旦实行了市场社会主义，随着大规模私人资本的废除，不平等的程度可以迅速降至能够保证整个社会福利分配的最优化可以被人接受的程度。合作制市场社会主义的倡导者戴维·米勒（David Miller）就说，现存的合作企业的经验证明，尽管存在着一定程度的不平等（这种不平等已不是源于对私有资本占有上的差异），但它可以被大大削弱，并且可以运用法律手段加以限制。① 以米勒为代表的这种市场社会主义观点确实顺应了传统社会主义者的口味，也冲淡了对阵的火药味，但是对市场的限制和规范需要国家和法律干

----

① 参见［英］戴维·米勒《市场、国家和社会》，英国牛津出版社 1989 年版。

预的观点，也正是西方传统社会主义（例如民主社会主义）的观点。这样的回应实际上是向传统社会主义者投了降。

由此可见，市场社会主义者对"市场产生不平等"的回应是含混的，他们没有自己独立的平等理念。他们在新自由主义和传统社会主义之间左右摇摆，而这最终导致自己陷入更大的"市场情结"困惑中。

三　对传统社会主义者"市场产生不公平"观点的回应

公平问题与平等问题密切相关，但二者的侧重点还是不同的。市场社会主义区别于资本主义的主要之处就在于它要比资本主义公平得多。但是它更借助于市场实现社会公平，或者在市场经济条件下达到社会公平的设想和努力引起了西方传统社会主义者的质疑。更为左倾的传统社会主义者认为，在市场上，没有生产资料的工人被迫将自己的劳动力出卖给雇主，为雇主所得的市场利润的源泉是工人的无偿劳动，在雇主和工人的劳动合同中就潜藏着剥削，这是典型的马克思劳动价值论和剩余价值论的观点。而温和的传统社会主义者则认为，市场根本不能准确反映人们的需求，市场分配也不能公平地反映每个人的社会贡献和努力程度。市场社会主义者是如何应付这一挑战的呢？

对于激进的前者，市场社会主义者给予了确定的答复。各种市场社会主义者，无论是米勒（Miller）、施韦卡特（Schweikart）、还是罗默（Roemer）、韦斯科夫（Weisskopf）和扬克（Yunker），在他们倡导的各种各样的市场社会主义流派理论中，他们都认为，市场社会主义只要消除了资本的私人所有制，实行某种社会所有制，产生于制度剥削中的社会不公平现象也一定会随之消除。① 所以他们解释说，是资本主义本身不公正，不是市场不公正，只要消灭了资本主义社会中资本剥削劳动的关系，市场就会正常运作，达到人们预期的公平。米勒认为，如果在市场社会主义条件下存在剥削的话，它也不是在资本主义社会里产生的那种长期的制度性剥削，而是破坏市场均衡条件的剥削（例如垄断），而这是市场社会主义者能够克服的。② 市场社会主义者做出的上述回答是基于市场和社会制度能够分离和结合的理念，这种理念也是现实社会主义国家的经济改革所遵循的，因而这在某种意义上说具有重要的参考借鉴意义。

对于较为温和的传统社会主义者的挑战，问题就显得十分复杂了。传统社会主义者的观点是：市场对人们的需求（特别是基本需求）的反应不是灵敏的，它也不能成功地回报人们所做的贡献和努力。市场只对具有市场能力的资源要素反应灵敏，而不是对需求做出反应，所以那些百万富翁们才能到法国南部去打发温暖的冬日，而靠领取补助金度日的人却因为缺钱取暖而死于寒病。对这样的苛责，市场社会主义者煞费苦心：有的求助于资本社会所有制的实行（如扬克），有的依靠工人自治合作社（如米勒），有的设想借助使社会成员拥有相同起点资本的"证券社会主义"以达到消灭贫富悬殊现象（如罗默），但这些主张无不要在市场之外求助国家行政的干预。如米勒就这样讲："我们必须通过一项能确保每个人都有足够的资源满足自己需求的分配政策。这些资源的提供要优先于为满足非基本需求所需的资源的提供。同时，某些基本需求（例如医疗和教育）应该在市场之外得到满足。"③ 从这段话中，我们又看到市场社会主义者自觉或不自觉地投入了传统社会主义的怀抱。因为这些倡

---

①　关于这些模式中消除私人所有制的观点，详见余文烈、姜辉《90 年代西方市场社会主义理论八大模式》，《经济研究资料》1998 年第 3、4 期。

②　［英］戴维·米勒：《市场、国家和社会》，英国牛津出版社 1989 年版，第 115—116 页。

③　同上书，第 148—149 页。

议正是构设了和西方福利国家极为类似的组织模式，而这正是民主社会主义的理论和实践的核心。它意味着任何一种符合市场社会主义者愿望的市场都必须有国家的干预。可见，在社会公平方面，市场社会主义者也没有脱出传统社会主义（特别是民主社会主义）的理论框架，这就使其独树一帜的"市场情结"又大打折扣了。

四　对传统社会主义者"市场造成无效率"观点的回应

效率问题是市场社会主义和自由主义一直争论不休的问题，但它也成为传统社会主义者对市场社会主义进行谴责的一个主要之点。从历史上看，市场无效率的观点在传统社会主义者反对资本主义的理论中占据着重要位置，他们认为应该用计划经济来代替和克服市场经济的无政府、无效率状态。随着苏联高度集权计划经济的失败，传统社会主义者反对市场、倡导计划经济的言论采取了低姿态，并且在新的社会形势和环境下对经济的计划性做出了新的诠释，然后运用它对市场社会主义进行批判。自 20 世纪 80 年代中期以来，随着市场社会主义的重新崛起，传统社会主义者也开始展开对计划合理性的新论证，主要的代表人物有曼德尔（Mandel）、埃尔逊（Elson）和戴维恩（Devine）等人。如戴维恩在书中指出："计划机制能够自觉地塑造经济行为，与个人的和集体的需求相一致，而且它能够治愈市场经济染患的普遍不稳定之疾。"社会主义计划经济的巨大力量在于"它以事先的自觉决策和计划调节代替盲目调节，即市场机制的事后盲目调节"。① 而这种计划经济的"巨大力量"正是市场社会主义者宣称要抛弃的。

---

① See Devine, P. J. , *Democracy and Economic Planning: The Political Economy of A Self-Governing Society*, Cambridge: Polity Press, 1988.

　　传统社会主义者谴责市场对资源和机会的盲目配置是经济无效率的主要论据是：短缺资源的过度滥用，某种商品的过度生产，市场主体的过度消费以及资本和劳动的周期性利用不足。市场社会主义者对传统社会主义者观点的反驳是迂回间接性的，它也模仿自由主义，首先论述计划经济是否可行的问题。市场社会主义者承认，在相当合适的条件下，如社会需求一目了然，信息流失很少，有一个合理运转的民主计划系统，等等，在这种情况下计划生产当然要优越于市场调节。但他们又论证说，上述条件在现实经济生活中是不可能达到的，因此就必须采取市场调节方法。市场社会主义者之所以倡导市场，并不是因为市场能够提供最为合理的商品和劳务配置，而是仅仅在于市场比集中计划更有效率。苏联计划经济模式的垮台似乎证明了这个结论的正确性，因此传统社会主义者似乎在这个问题上处于下风。然而市场在经济生活中也不总是呈现出优越性，市场也经常产生资源配置失调问题，"而且人们完全有理由认为，市场对短缺资源的过分掠夺倾向为经济决策的普遍重新政治化开辟了先道"①。因而市场社会主义者要想根据实际经济生活经验驳倒传统社会主义者，这也绝非易事。

　　更为重要的是，市场社会主义承认市场只能在给定的规范框架内运作。在某种意义上说，这种观点在当代已经成为西方各种经济流派的共识，只是竭力主张无政府状态的新自由主义者除外。所以问题的关键是这个规范框架的大小。对于新自由主义者来说当然是越小越好，而对于市场社会主义者来说，他们一般都为自己设计的市场经济制定了严格的规范标准。因而各种模式的市场社会主义倡导者，如诺夫（Nove）、米勒（Miller）、埃斯特林（Estrin）和温特（Winter）等人都在自己的模式中提出诸多国家干预市场的承诺和建议：如充分就业政策、最低工资额的规定、广泛的政府经济计划，等等，而这些也恰恰正是传统社会主义者（如民主社会主义者）所

---

　　① ［英］皮尔逊：《超越福利国家?》，剑桥政体出版社1991年版，第218页。

追求的。因而我们必须对市场社会主义提出以下质疑：在何种程度上市场社会主义者的设计可以恰恰称为市场社会主义，而不是国家社会主义或是民主社会主义；当前民主社会主义的福利国家政策日益显示出弊端和无能为力而转向市场，而市场社会主义的上述设计能否为人们提供一套有效的对西方民主社会主义的替代方案，这实在是令人担心的。市场社会主义者会不会走向比凯恩斯主义福利国家政策付出更大代价的计划规范框架？如果真是这样，那么市场社会主义在经济效率方面真的无法说明自己的"市场情结"了。所以，市场社会主义者亟须确立自己独立的令人信服的市场效率理论。

五　市场社会主义和新自由主义

我们知道，市场社会主义是在和自由主义的争论和冲突中产生和发展起来的。在早期，市场社会主义者只是力求在计划体制的框架内引入市场机制，以求达到社会主义经济的资源合理配置。所以那时的自由主义者，诸如哈耶克（Hayek）等人，他们攻击市场社会主义的关键之处在于试图论证社会主义合理经济计划的不可行性，而且这一辩论主题一直持续到 20 世纪 80 年代中期。随着苏联计划经济体制的崩溃，市场社会主义似乎在理论上不攻自破了。但苏联和东欧的变化并未使市场社会主义销声匿迹，新一代市场社会主义者却拿起了本来属于自由主义的法宝——市场，来重新塑造未来的社会主义模式。那么在这种情况下自由主义者是不是不再对市场社会主义者发难了呢？事情绝不是这样简单。随着市场社会主义者改变自己的理论形态，自由主义者也改变了自己的理论攻击点，转而论证当代市场社会主义倡导的市场的"不真实"和在社会所有制条件下运转的不力。例如新自由主义者德·加塞（De Jasay）就认为，市场社会主义的缺陷丝毫不逊色于它的传统前辈，"它错误地将自己置于市场面纱和笼罩之下，可这却使自己比真正的社会主义处于更为不利的地位"①。下面我们就看一看新一番挑战是如何进行的。

新自由主义者提出的最重要的一点是：尽管市场社会主义者不遗余力地诉求于市场，但是他们根本没有理解什么才是真正的"市场秩序"。他们认为，社会主义者对市场的倡导是笨拙无谋的，只是出于实用和功利的考虑，根本不可能建构起令人信服的社会主义市场理论。在以前的东欧，以市场为取向的改革只是在不松懈一党统治的前提下试图提高经济效益，而不是出于对"市场秩序"的真正理解，他们的"市场情结"是虚假的和粗鄙的。即便一些社会主义者诚心诚意，市场逻辑终究不能与任何社会主义的政治实践追求相容。即便市场社会主义者与其正统前辈比较起来赋予市场以更多的自由，但是他们仍然歪曲篡改了市场秩序，而这最终会抵消掉市场的一切优点。

那么什么是新自由主义者倡导的"市场秩序"呢？用哈耶克的话说，这种秩序就是"Catallaxy"，意思是"普遍的市场秩序"。哈耶克在 20 世纪 80 年代以后的著作中特别强调"普遍的市场秩序"，并借此对新型市场社会主义进行批判。"普遍的市场秩序"就是那种"人们在所有权侵权和契约的法则限制规范下自发进行市场活动而产生的一种特殊的自然秩序"②。一个自由和公正的社会只能建立在这种"普遍的市场秩序"的基础之上，而市场社会主义者却认为市场秩序可以人为地进行限制和改造，这是严重的歪曲和背离，市场社会主义者的折衷方法是根本不现实的，因为"通过竞争市场上的产品分配，能使人们懂得他们应该朝什么方向努力以求对社会总产品贡献最大。除此以外，还没有发现别的方法"③。市场社会主义者无论是用市场的商品交换机制取代中央计划，还是将市场运用于特殊

---

① ［匈］德·加塞：《市场社会主义》，伦敦 IEA 出版社 1990 年版，第 33 页。

② ［英］哈耶克：《法律、立法和自由》第 2 卷，伦敦路特雷支和基根·保罗出版社 1982 年版，第 109 页。

③ ［英］哈耶克：《致命性的自负》，伦敦路特雷支和基根·保罗出版社 1990 年版，第 7 页。

的社会经济生活领域以求获得最有效的经济结果，所有这些做法都是远远不够的。"普遍的市场秩序"的核心要求并不是指市场被运用于这个或那个场合，而是整个的社会道德秩序都应建立在这种自发的自然秩序之上。新自由主义者认为，一些市场社会主义者试图利用国家力量尝试改进市场交易的自发秩序，但这种尝试却经常导致消极后果，降低了整体的社会福利水平。市场社会主义者试图干预市场结果以求社会公平，而公平或公正只是一种严格的程序化的东西。市场社会主义者关于国家干预市场以求社会公平的设想不仅是对"普遍的市场秩序"的无知，而且还造成灾难性的社会后果。这种设想和做法本身就是不公正，它将瓦解市场本身的公正，剥夺成功者的财富，维护贪婪者的依附，加强利益集团的特权以及侵犯个人自由。相对于传统社会主义者的挑战来说，新自由主义者的攻击要集中得多，因而也猛烈得多。市场社会主义的"市场情结"在新自由主义者面前更是困惑不已，甚至尴尬难堪。究其原因，笔者认为一个重要原因在于，当代市场社会主义者在确立自己的理论时，对传统社会主义理论抨击过多，而对新自由主义则妥协过多，这反而造成自己的理论在新自由主义者面前没有多少说服力，因而也在新自由主义的挑战面前无能为力。例如，许多市场社会主义者差不多完全接受自由主义者对传统社会主义者的批判，也极端指责中央计划经济的无效率，并且接受了许多新自由主义者关于市场的经济功用和社会功能的见解。难怪一些西方左翼理论家讥讽市场社会主义变成了"哈耶克思想的荧光"，也难怪新自由主义者对其持极端鄙视的态度。这样市场社会主义者的"市场情结"困惑和尴尬也就不是偶然的了。

我们再从另一个角度进一步分析一下市场社会主义者在新自由主义挑战面前的"市场情结"困惑。

全球市场化趋势使市场社会主义者敏锐地察觉到市场对于重新塑造社会主义未来所能发挥的巨大作用，因而他们以市场为核心构建新型社会主义模式的努力具有积极意义。但是要成功地做到这一点，西方市场社会主义者必须小心谨慎地把自己对市场的诉求与自己的"宿敌"——新自由主义的市场理论区别开来。实际上，一些市场社会主义者通过倡导社会所有制并在此基础上引进许多新自由主义关于市场的观点的做法，巧妙地与新自由主义分离开来。但不论如何，市场社会主义者倡导的以社会所有制为基础的市场不再是新自由主义原来意义上的市场了。我们在前面已经提到，大多数新自由主义者认为最好的社会秩序是保证自由约定的个人进行市场自由交易的完整性，而不是顾及某种特殊的交易后果。除了少数激进的市场社会主义者外，大多数市场社会主义者都是反对新自由主义的上述见解的。他们把市场看作一种其后果可以进行人为干预和调整的程序，这样他们倡导的市场就与新自由主义者理解的市场大不相同了，这致使一些新自由主义者也认为，市场社会主义者对市场的认同成果却被自己不断将市场和社会主义目标连接起来的努力颠覆了。

　　然而所有这些并不意味着将社会主义和市场结合在一起是不可行的。市场社会主义者本来应该公开声称自己倡导的市场不同于新自由主义理解的市场秩序，而不是在新自由主义的攻击面前一再妥协，呈现出一种拾人衣钵又羞于承认的形象。但市场社会主义的折衷性质使它缺乏自己的、与新自由主义完全不同的市场理论。况且在现实的经济实践中，即便是最为"自发的"市场秩序也是在既定的法律和制度框架内运作的，市场社会主义者在实际的经济生活中应该是处于有利地位的，但他们没有摆脱新自由主义市场观念的影响，在回答其挑战时自己却站在对手的理论立足点上，这是市场社会主义者在新自由主义者面前表现出"市场情结"困惑的真正原因。所以市场社会主义者倘若要继续前进的话，确立一种新颖和独立的市场理论则是当务之急。

　　概而言之，市场社会主义者只有建立起自己的以市场为基础的平等、公平和效率的系统理论，而不是重复西方民主社会主义的福利国家政策，才能真正回应西方传统社会主义者的挑战；而市场社会主义者只有真正挣脱了新自由主义市场理念的束缚，确立起自己独立的真正符合现实经济生活的市场理论，才能打退新自由主义者的攻击。也只有同时完成这两项任务，他们才能真正以自己的"市场情结"为荣。可是作为一种折衷主义和改良主义思潮，当代西方市场社会主义能够走出多远呢？我们正拭目以待。

西方市场社会主义经济效率
理论系统探析[*]

提要： 经济效率理论是西方市场社会主义的基本内容，是其为社会主义公有制经济辩护的理论支柱。对这一内容的阐释程度如何，决定了市场社会主义在西方理论界的地位和价值。本文第一部分探讨了西方当代市场社会主义者对 20 世纪 20—30 年代经济大论战潜存理论探索主题的承继，主要是经济激励、监督和企业家作用问题；第二部分较为详细地探讨和分析了当代西方市场社会主义者在新的时代条件下对承继问题的尝试解答，概括和评析了四种典型模式；最后提出几点结论性的启示意见，以求为我国社会主义市场经济体制的确立和完善提供借鉴。

市场社会主义理论酝酿产生于 20 世纪 20—30 年代。当时在西方经济学界发生了一场意义深远的关于社会主义经济计算的大论战，其理论探讨范围之广，辩论主题之重要，争论程度之激烈，至今仍为人们追述和反思。今天来看，这场论战虽时过境迁，但当时提出的诸多规范性和实证性的命题，几十年来一直敲打着人们的思维，有些虽经苦苦探索，至今尚未有令人满意的诠释或答案。20 世纪 80

---

* 原载于《当代世界社会主义问题》2000 年第 3 期。

年代以来，西方一些经济学家和政治哲学家，在新的社会环境下，依据发展了的政治和经济学理论，基于社会主义和资本主义几十年来实践发展的经验教训，又复兴了关于市场社会主义的讨论，并把这一理论推向新的发展阶段。[①] 那么，几十年前关于社会主义公有制经济效率的辩论留下了哪些须解答的具体问题呢? 新一代市场社会主义者在回应新挑战的过程中又有哪些理论建树呢? 我们从其理论探索之中应获得哪些启示，尤其是对社会主义市场经济建设的启示和借鉴呢? 本文试图就这几个问题做一些尝试性的探讨和分析。

一　当代西方市场社会主义承继的理论探索主题和面临的新挑战

本文不再过多叙述几十年前大辩论中双方对垒的过程和主要代表人物及其观点，因为它们已经为人熟知。但我们可以结合理论和实践的新发展，从为人熟知的材料和事实中重新解读问题，找到当代关于市场社会主义的讨论与这场大辩论之间的理论连续性及主客观上的不同之处，这是理解当代国外市场社会主义理论发展的重要前提。

（一）在对经济效率和市场功用的理解方面，奥地利学派代表人物的挑战是全面有力的

他们在计算（calculation）功能、激励（motivation）功能和发现（discovery）功能三个密切相关的方面说明了市场在经济活动过程中的综合整体作用。以兰格为代表的支持社会主义的一方在新古典经济学框架内较为成功地回答了计算问题，而在激励和发现问题上并

---

① 新阶段产生的标志是英国经济学家诺夫的著作《可行社会主义的经济》，参见 A. Nove, *The Economics of Feasible Socialism*, London: George Allen and Unwin, 1983。

未成功回应挑战。这为当代国外市场社会主义者留下了一个广阔但复杂的探索空间。

20 世纪 20—30 年代的辩论主要是围绕社会主义能否进行合理配置资源问题而展开的，也就是说，主要是围绕经济计算问题进行的。1920 年，奥地利经济学家路得维希·冯·米塞斯发表的《社会主义共同体的经济计算》一文，提出了"米塞斯论据"（Mises's argument）：经济计算只有在以私有制为基础的自由市场经济中才是可能的，只有这样才能确立起商品和服务的交换价值，为经济主体提供必要的以价格形式表现出来的经济信息，以引导他们的经济活动。而社会主义缺乏生产要素市场，生产资料完全公有制的计划经济体制无法通过物品的交换关系形成价格信息，因而根本不可能进行合理的经济计算。回应挑战的新古典派运用瓦尔拉均衡论和边际效用价值论，运用"数学解决法"和"竞争解决法"，论证了在既定的各种条件均适宜的情况下，中央计划当局完全可以通过求解巴罗内式联立方程式（或齐次方程），来确定生产资料的均衡价格，这样就可以达到与资本主义同样的经济资源配置效率。其典型代表就是兰格的"试错法"。

以兰格为代表的新古典派至少在理论上能以优雅的数学方程式和逻辑推导较为成功地回应了关于计算问题的挑战，甚至其主要对手哈耶克也承认，如果社会主义中央计划当局能够搜集到绝大部分必要信息，并在能够及时有效地确定生产要素价格的情况下，兰格等人的解决法是成立的。但是这种纯粹的静态均衡理论分析根本不适合于现实经济世界：产品的庞杂性、异质性，决定均衡价格参数的持续变化，使中央计划当局在实践中根本无法确定准确的价格信息。更重要的是，没有企业的自由市场进入，或没有真正的价格竞争，企业家就缺乏足够的动力去发现最节约成本的生产方法。这样，哈耶克就已经把强调重点由起初的生产资料价格的合理计算问题，转向现实中的市场运用具体的知识和信息来组织不断变化的生产要素的能力问题，其中潜含着兰格等人没有能够回答的激励和发现问题。①

实际上，米塞斯本人就已经在文章中提出了三项挑战：计算问题、责任心和进取心问题（激励问题）和信息问题（发现问题），只是他在辩论中集中探讨了计算问题。② 这三个问题是对市场功能的完整理解。而哈耶克正是基于同样的理解回应兰格模式的，实际上他强调的是所有制、激励机制和经济效率的关系。不能成功地回答这个问题，就没有真正回应挑战。

由于当时资本主义处于经济危机时期，而社会主义苏联经济增长率很高，二者的对比使奥地利学派处于不利地位，提出的问题也没有得到足够的重视。直到 20 世纪 80 年代初，新奥地利学派才重提问题，激励和发现问题转变为委托—代理和企业家问题。新一代市场社会主义者在经济效率方面力图解决的正是这两个问题。当代市场社会主义倡导者 P. K. 巴德汉讲，"在古典的兰格市场社会主义模式中，在价格信号指导下追求利润最大化的公有企业经理，能够摹仿竞争市场中的那种资源配置。但它基本上没有回答关于决策的激励和惩罚这样的关键问题，特别是，正如奥地利学派强调的，在关于更为有效的生产方法的知识结构处于不断变化的情况下，企业家的发现过程"问题。③ 罗默也承认："并不否认资本主义的市场机制为竞争的企业家创业过程提供了……生产和投资决策中激励、约

---

① 我们并不否认兰格也涉及了激励问题，如公有企业经理以追求利润最大化为目标，以平均成本最小的要素组合进行生产。但是他们只是被动地接受中央计划当局提供的假定价格信息，这与奥地利学派理解的在真正市场上的企业家是不同的。所以兰格并未真正回答激励问题。

② 详细资料请参阅 Mises，"Economic Calculation in the Socialist Commonwealth 1920" in Hayek，*Collectivist Economic Planning*，London：George Rontledge & Sons，1935。

③ P. K. Bardhan，"On Tackling the Soft Budget Constraint in Market Socialism" in P. K. Bardhan and J. Roemer，eds.，*Market Socialism. the Current Debate*，Oxford University Press 1993，p. 145.

束和责任心这些关键力量，而这是高度集权的公有制度不能产生的。"①

可见，当代国外市场社会主义者主要回答的不再是计算问题，而是激励和发现问题，这正是 20 世纪 20—30 年代辩论中市场社会主义的理论前辈没有过多涉及的领域。我们下面简单看一看这两个问题是如何在当今环境下出现的，以及当代市场社会主义者在回应新奥地利学派挑战过程中有哪些困难和机遇。

（二）关于委托—代理问题（the Principal - Agent Problem）

委托—代理问题的正式讨论始于 20 世纪 80 年代，是西方一些经济学家在新古典经济学范畴内对企业动力/激励问题（motivation/incentive problem）的思考。这时市场社会主义理论面临着新奥地利学派和新自由主义的挑战，当代西方市场社会主义者就运用关于委托—代理问题的理论方法试图找到回应挑战的新途径。罗默讲道："资本主义的现代认识昭示社会主义未来的一个特殊途径在于其把企业理解成一个委托—代理关系的纽结。"② 如何激励公有企业的经理追求企业利润最大化，使其参与企业家行为的竞争过程，成为当代市场社会主义经济理论必须回答的问题。这是 20—30 年代大辩论中的激励问题在新条件下的再现。

简而言之，委托—代理问题就是：一个"代理人"（agent）代表其"委托人"（principal）的利益进行管理经营，同时获得报酬。代理人一般是企业的经理或其他管理人员，而委托人可以是股东或国家（当然从严格意义上讲国家又是"社会"这个委托者的代理）。在不完全信息条件下，委托人不能拥有代理人可用的全部信息，委托人不能保证代理人最有效地代表自己进行管理经营，代理人可能

---

① P. K. Bardhan and J. Roemer, *Market Socialism. the Current Debate*, Oxford University Press, 1993, p. 16.

② J. Roemer, *Equal Shares*, London: Verso, 1996, pp. 9 - 10.

利用这种信息的不确定性追求自己的利益，这样就产生了监督问题。很明显，当代市场社会主义经济理论也面临着这个问题。由于国家或中央不能完全监督公有企业的运营，在这种情况下就要考虑激励问题。关键在于国家和中央在自己和企业之间制定一个适宜的契约关系，或为企业创造一个参数环境，引导企业在追求自身利益的同时，也最大限度地为社会经济效率做贡献。

新奥地利学派承袭其前辈的观点，认为在缺乏资本的完全私有制和完全竞争的条件下，公有制的社会主义经济不可能很好地解决这一问题。晚年的哈耶克就重新论证了这一命题，而匈牙利经济学家科尔奈则由过去的市场社会主义代表人物变为反市场社会主义的新自由主义者，认为在社会主义"软预算约束"条件下，不可能完全解决企业的委托—代理问题。①

面对这样的新挑战，当代国外市场社会主义者承认问题的存在，但他们敏锐指出，当代资本主义也面临着同样的问题。巴德汉为此区分了所有者管理的资本主义和现在的公司资本主义，认为前者确实不存在代理问题，但对于后者，在所有者和管理者分离的情况下，企业经理同样也有可能不以追求所有者（股东）的最大利益行事而追求自己的利益，而作为集体性委托人的大部分股东由于既没有能力也没有动力监督企业管理者，如何监督问题也同样存在。"正如国有企业一样，虽然归每个人所有但实际上不属于任何人（因为没有人承担责任），一个由成千或上百万投资者所有的资本主义企业也很难保证合理的责任承担安排。……这显然是软预算综合症病例。"②如果法人资本主义能够解决这个问题，市场社会主义也能够解决。

---

① 新奥地利学派和新自由主义这方面的观点，可参见 F. Hayek, *The Fatal Conceit*, London: Routledge and Kegan Paul, 1990; J. Kornai, *The Road to a Free Economy*, New York: W. W. Norton & Company, 1990。

② P. K. Bardhan, "On Tackling the Soft Budget Constraint in Market Socialism", in P. K. Bardhan and J. Roemer, eds., *Market Socialism the Current Debate*, Oxford University Press, 1993, p. 146.

在资本主义经济中，一个可能的解决方法是通过中介金融机构发挥积极的作用，监督经理按股东的利益行事。当代市场社会主义者认为市场社会主义经济也可以建立相应的金融中介机构或其他机制解决代理问题。因而他们设计了多种方案，以有效实现公有企业经理的激励和监督，至少保持同资本主义一样的经济效率（关于几种激励监督模式，详见本文第二部分）。

（三）关于信息发现及企业家作用问题

这个问题实际上超出了新古典学派的范式，而成为奥地利学派在论战中的最有力武器。从认识论和方法论上说，新古典经济学派将信息看作客观的、完全的、既定的，经济学的任务就是研究如何使既定的有限资源利用最大化。而奥地利学派则认为个人为满足主观需要据以采取行动的"知识"是主观的、隐秘的、分散的和不完全的，任何中央当局都无法收集到合理配置资源的知识，而只有通过企业家的行为来收集、协调和利用这些不完全的和相互矛盾的知识，企业家行为就是知识的发现和领悟过程。这样，经济问题就不是最优化利用既有可用资源问题，而是如何最优化利用知识问题，经济生活的手段——目的关系不是事先注定的，而是要服从于市场主体的创造行为。奥地利学派的上述认识说明，社会主义经济问题并不单纯归结为计算问题，更不是理想化的瓦尔拉斯理论在现实中的简单套用和优雅的数学方程式的求解，而是在复杂的经济世界中如何准确地获得必要的信息并加以充分利用的动态过程。

在 20 世纪 20—30 年代的大辩论中，奥地利学派侧重强调计算和激励问题，但在其代表人物的论述中，对信息和企业家问题的关注是显而易见的[①]。然而真正对信息的发现过程做出明晰完整表述的，还是 80 年代现代奥地利学派在新的辩论中阐发的。如经济学家

---

① 这方面内容可以参阅 F. Hayek, "the Uses of Knowledge in Society", in Hayek, *Individualism and Economic Order*, Chicago: University of Chicago Press, 1948。

D. 拉维就在新一轮辩论中重新阐述了奥地利学派这方面的观点。他认为，市场的认知发现过程就如人类语言对话过程一样，在本质上是社会过程。企业家在私人动机的激励下，努力去获得可能的利润，但为了实现这一点，他们利用自己的分散的知识去发现新机会："利润的作用并不主要是激励人们去做正确的事情，而是激励人们通过相互作用去发现什么是应该做的正确事情。"① 私人所有权不仅仅诱导企业家的努力，而更为重要的是信息发现的必要条件。这样，正是市场过程的发现—领悟功能才真正将奥地利学派和新古典学派区别开来，它暗含着现代奥地利学派的最有力挑战：新古典经济学框架内的市场社会主义，如同兰格的新古典中央计划模式一样，既是不可能的，也是不合理的，因为有效的信息发现和协调要求一个以生产资料私人所有制为基础的市场过程。

依照科尔奈现在的观点，私人所有领域必须完全真正地得到解放，私人所有权必须真正建立起来，这是企业家发挥作用的绝对前提。他重新限定了企业家的概念："在我看来，'企业家'一词的使用应该被严格限制。没有一个使用国家资本并让国家高额偿付亏损的人能够胜任该称号。企业家是那些且只是那些愿意冒自己资本之亏损风险的人。"② 如果依据这一标准，主张公有制和市场结合的当代市场社会主义就无从谈起解决企业家的发现问题了。

现代奥地利学派真的彻底赢得了理论胜利吗？

面对新的严峻挑战，当代国外市场社会主义者还是能够找到对手的理论弱点和不完全之处。其一，只有在私人企业家运用自己的资本或借贷资本为自己所用时，现代奥地利学派的观点才有意义。而在当代公司资本主义所有权和管理权分离的情况下，它就没有实践价值，资本主义也同样面临着解决企业家的信息发现问题。其二，

---

① D. Lavoie，"Computation，Incentives and Discovery：The Cognitive Function of Markets in Market Socialism"，*New Left Review*，No. 7 - 8，1997，p. 60.

② J. Kornai，*The Road to a Free Economy*，New York：W. W. Norton，1990，p. 49.

知识的不完全性来源于两个方面：一是源于知识本身的主观性和隐含性，二是由市场的原子化形式带来的。现代奥地利学派强调发现和协调隐含知识的过程需要市场主体独立自由行动，这就排除了事先协调的可能性，这样就无法解决第二种信息不完全问题。

可见，现代市场社会主义者一方面接受和承认了奥地利学派提出的信息利用和企业家发现问题，另一方面又揭示了奥地利学派理论的不完全性，并以此作为自己理论的发展点。通过分析我们还看到，要解决这一问题，现代市场社会主义者还必须超出其前辈的新古典方法范围。一些现代市场社会主义倡导者正努力这样做。

二　当代国外市场社会主义者在新的环境下对问题的尝试解答

我们从前面的分析中看到，当代市场社会主义者需要首先回答的问题仍然是"公有制经济能否实现经济效率"的问题，但他们探讨问题的社会背景、时代环境和理论基础与20世纪20—30年代其前辈兰格等人所处的情况迥然不同了，问题的广度和深度也不能同日而语，绝不是单纯的经济计算所能包容的。在20—30年代，苏联社会主义经济的惊人增长与资本主义世界的危机和萧条形成强烈对比，兰格等市场社会主义者处于有利的攻势地位，而以哈耶克为代表的奥地利学派处于守势。而在80—90年代，情况恰恰反转过来，苏联和东欧社会主义经济发展的停滞和崩溃，似乎表明市场社会主义是行不通的。这样，现代奥地利学派和新自由主义处于攻势，而现代市场社会主义者则处于守势和辩护的地位。

从理论基础和实践经验方面看，现代经济理论的发展既对市场社会主义者提出了新问题和新挑战，同时又为他们提供了解决问题的新机遇和新方法。他们结合苏联和东欧经济失败的教训，结合现代资本主义经济运行的实践材料，努力寻求自己的理论发展点和回应挑战的新手段。他们既要克服其理论前辈新古典方法的理论不足和弱点，又要在回应新挑战的基础上使市场社会主义理论发展到新阶段。

下面，我们较为具体地分析一下当代市场社会主义者是如何解决其承继的理论主题——公有制经济的效率问题的。

我们已经看到，他们在很大程度上不再把经济效率问题归结为静态的计算和既定经济资源的配置，而是注重动态的激励和信息发现及运用，其具体表现形式就是现代经济学的委托—代理问题和企业家行为问题。首先，他们认为这些问题不是公有制经济单独存在的，以私有制为基础的现代资本主义经济面临着同样的问题，如果资本主义经济能够解决它们，社会主义公有制经济至少同样可以解决。以此为前提，他们设计了公有制经济解决这些问题的几种模式。

现代市场社会主义的主要倡导者罗默在委托—代理问题上，对苏联经济和现代资本主义经济做了对比。他认为，苏联模式的集权计划经济之所以失败，是因为没有解决好三个方面的委托—代理问题：（1）企业经理—工人关系层面的代理问题；（2）计划者—企业经理关系层面的代理问题；（3）公众—计划者关系层面的代理问题。然而现代资本主义经济也同样存在这三方面的问题：（1）也是企业经理和工人之间的关系问题；（2）表现为股东—经理关系的代理问题；（3）表现为公众—股东关系的代理问题。① 罗默认为，这种情况表明，单纯实行私有制本身并不能解决问题，公有制经济如果体制设计得当，是有能力解决它们的。"这样问题就转变为，是否能够设计一种经济机制，其中技术创新能够实现，而资本主义特征的收入分配不会发生呢？更具体地说，在没有企业内部私有权的条件下，能否引导出企业之间的竞争呢？"② 罗默的提问意味着，私有制并不是解决经济效率和激励问题的唯一绝对前提。那么，现代市场社会

---

① J. Roemer, *Equal Shares*, London: Verso, 1996, pp. 15 – 18.

② Ibid. , p. 18.

主义的倡导者是怎样设计公有制经济的激励监督模式和企业家作用的呢？本文将其概括为四种类型①。

（一）以银行为中心的激励监督模式

该模式主要是美国经济学家 P. 巴德汉倡导的，得到 J. 罗默的响应和支持。它主要是模仿日本战后形成的簇系（keiretsu）内私人公司共同控股、以主银行为中心的公司群组模式。概括起来，巴德汉的具体方案如下②：企业为公共所有，每个企业都采取联合股份公司的形式；几个公司围绕一家主银行形成一簇，由银行向本簇内的公司提供资金；国家不直接拥有一个公共企业；一个公司的股票一部分由自己内部的工人持有，但大部分由其所属簇群内的其他公共企业（包括其工人）和主投资银行及分支机构持有；企业内拥有股票的工人有动力和手段（通过其经理）督促簇群内其他企业追求利润最大化；还有一些股票可由簇外公司、其他金融机构、退休基金和地方政府等机构持有。

在这种体制设计中，主银行的基本作用是"受委托的监督者"，它通过对簇群内各公司履行义务，与其他投资者和借贷者发生联系，通报企业的信用情况。大公司的股票可以卖给主银行。如果某一公司的股票有被其他公司抛售的明显迹象时，主银行就要采取措施督促和约束该公司的管理事宜，必要时重新谈判贷款合同，制定金融拯救策略，通过允许延期偿付利息或紧急贷款措施帮助企业，安排簇群内的其他企业提供技术支持等。主银行甚至可以通过自己的控股，在必要的情况下暂时接管经营不力的企业。在破产不可避免的情况下，破产企业的资产由银行处置。

----

① 这里概括的只是与经济效率和激励问题相关的设计，并不是当代国外市场社会主义理论模式的全部内容。较为详细的材料请参阅余文烈、姜辉《90 年代西方市场社会主义理论八大模式》，《经济研究资料》1998 年第 3 、4 期。

② 详细资料可参阅 P. Badhan, "On Tackling the Soft Budget Constraint in Market Socialism", in *Market Socialism：the Current Debate*, Oxford University Press, 1993 。

　　巴德汉还考虑了簇群的规模问题。每个簇群不能太大,这是基于主银行的监控能力以及技术和金融状况承受能力的考虑;另一方面它也不能太小,这至少是为了使风险分散和多样化。簇群规模大小应保持在使内部企业在技术上有效相互联系的程度。

　　主银行在簇群内担当公有企业主要监督者的角色,随之产生的问题是:谁来监督监督者呢?如果主银行基本是依靠国家提供资金,过去一直困扰着社会主义经济效率的国家软预算约束问题是不是会重新发生呢?巴德汉认为,虽然很难完全避免这一问题的发生,但他设计的这种内部监督体制具有合理的防护措施。他列举了以下理由:(1)在国家财政和一个企业之间存在着一个缓冲层,它是由持股的、技术上相互联系的隶属企业(或共同基金)和一个主银行组成的交互监督,这个缓冲层对企业形成了金融约束并避免直接的政治干预;(2)主银行经理对自己的信誉考虑也是防止其屈从政治压力的因素。如果银行经理频繁原谅效益差的贷款者或经营不佳的企业,劳动市场也会惩罚他的;(3)建立稳定的主银行管理者报酬激励机制;(4)向国际竞争开放,以制止银行监督者们的松弛,同时也有助于保证生产和投资决策的非政治化;(5)存在着企业清算和破产约束;(6)虽然国家直接拥有主银行的大部分股份,但其中一些重要股份将由退休基金、保险公司和其他银行持有,这使主银行的贷款运作过程涉及多样化利益会受到专业性控制。

　　总之,以银行为中心的激励监督模式的设计,是以资本主义国家的实践经验为依据的,具有可操作性和优越之处。斯蒂格利茨曾经对这种体制表示认可,认为"银行可以发挥比股东或债权人更为有效的控制作用","我认为日本的主要银行制度结合了政府拥有大量股份和控股公司的重要作用,这样做具有明显的优势。对银行的高负债率为银行实施监督提供了激励,也为银行的控制提供了一种手段——收回贷款的威胁是一种有效的控制手段"。① 巴德汉认为，在已经具备一整套公共投资银行和金融机构的发展中国家，以银行为中心的激励监督机制不难实施。笔者认为这个建议应引起我们的重视。

（二）以模拟证券市场为中心的激励监督模式

这个模式是 J. 罗默和 P. 巴德汉共同倡导的。② 他们认为，在一个缺乏充分发展的证券市场及金融机构或它们未能提供重要金融约束的经济中，可以建立上述以银行为中心的激励监督模式。如果证券市场能够发挥较为重要的作用，这样的经济若实行以公有制为基础的市场社会主义，就最好建立以证券市场为中心的激励监督机制。当然，这种证券市场的形式改变了，应是一种模拟性的证券市场，其具体设计如下。第一步就是将一种凭单或息票平均分配给所有成年公民，赋予每个人基本上平等的向每一个规模较大的企业要求分享利润的权利。更为现实的，还应建立起共同基金。起初每一共同基金拥有相同的关于所有较大规模企业的投资组合，分配给公民的凭单赋予他们对每一共同基金之收入的平等分享权利。公民购买共同基金的股票，而共同基金购买企业的股票，但这只能用凭单或息票购买。公民拥有的凭单或息票只能用于购买股票，不能兑换为现金货币。凭单获息成为公民在有生之年的收入来源之一，但凭单或息票在公民死后要被收回国库，不能作为遗产留给后代（这是基于平等方面的考虑，本文不详细论述平等问题）。

设计这种体制的目的就是模拟真实的股票市场，同时又不使资本所有权收入集中在少数人手中。公民运用凭单或息票作为媒介，

---

① ［美］J. 斯蒂格利茨：《社会主义向何处去》（*Whither Socialism?*），周立群等译，吉林人民出版社 1998 年版，第 219 页。

② 关于该模式的详细设计可参阅 P. Badhan and J. Roemer, "Market Socialism : A Case for Rejuvenat", *Journal of Economic Perspectives*（*Summer*）6, pp. 101 – 116; J. Roemer, *A Future for Socialism*, Cambridge Mass: Harvard University Press, 1994。

可以自由进行股票交易，但他们不能将股票兑换成现金，现金也不能购买股票。巴德汉认为这可以被称为"蛤壳经济"（clamshell e-conomy）。这意味着，如果不是出于交易方便的考虑，凭单和息票实际上也可以用蛤壳来替换的。而这种模拟真实股票市场的蛤壳证券市场的首要作用，就是同样提供资本主义债券市场所能提供的企业经营状况信号：如果企业经营状况不佳，持有其股票的共同基金就出售这些股票，这样企业股票价格（当然是"蛤壳"价格，不是现金价格）就要下降，企业就要改善自己的经营，否则就会被接管或倒闭。可见，这种设计就是为了实现模拟股票市场对企业的约束作用。

至于这种设计的现实可操作性如何，经济实践中还没有切实的例子提供证明，但我们不能不看到设计者在兼顾公有制经济的平等和效率方面具有的创意。另一方面，设计者是在刻意模仿资本主义经济中的证券市场，并希望获得同样的约束监督功效，但我们也不能不看到，即便是真实的股票市场，它们对经济的激励作用也是有限的。所以我们在考察这种模式时，既要看到其积极的意义，又要注意股票市场在激励方面的实际效果。正如斯蒂格利茨所说："有一些人强调股票市场在提供激励中的作用。正如我所阐释的那样，无论是经理们通过股票期权来获得报酬，还是股票市场来提供信息，都不可能有效地评价经理的业绩。"[①] 他指出了三个原因：一是股票价格受多种因素的影响，这些影响因素中只有一部分与经理行为直接有关；二是大多数公司并未在股票市场上市，没有证据说明这些公司在经理激励的设计方面不力；三是股票信息至多只与大公司中顶尖位置上的经理人员的报酬有关，而大多数经理人员的价值并不通过股票市场表现出来。笔者认为，这种意见对于我们评价上述模拟证券市场激励监督模式具有重要的参考价值。

---

① ［美］J. 斯蒂格利茨：《社会主义向何处去》（Whither Socialism?），周立群等译，吉林人民出版社 1998 年版，第 91 页。

（三）公共机构激励监督模式

由政府机构监督企业的运作，一直为多数新自由主义经济人士所诟病。苏联及东欧中央集权经济的失败，似乎证明了这种做法的无效性。然而一些当代市场社会主义者却认为，如果公有制企业在充分的市场经济中运作，如果政府激励监督机构合理设计，摆脱了政治性评价标准，真正以经济约束手段衡量公有企业经理的绩效，公有制经济仍然能够保证经济效率。

美国经济学家、"实用的市场社会主义"倡导者 J. 扬克（J. Yunker）就设计了以特定公共机构为主要监督主体的机制。[①] 在其理论设计中，有一个被命名为公共所有局（简称 BPO）的主要机构，还有两个补充机构：一是国家投资银行系统（简称 NIBS），二是国家企业家投资委员会（简称 NEIB）。在公有企业激励监督方面，公共所有局承担着主要任务，执行与资本主义企业董事会一样的功能。[②] 具体运作方案是：公共所有局设两级机构，第一级是中央机构，其责任之一就是收集公有企业的各种统计信息，用于估计企业经营运作情况的好坏，以此来决定企业经理的任免。公共所有局的第二级机构则由一批代理人组成，他们分散在 200—300 个地方机构中，每一个地方机构由 10—15 个代理人组成。代理人从具有 5—7年丰富企业管理经验的人员中选出，每个代理人负责监督几个公共企业，代理人的主要职责是研究和监督所管企业经营状况的好坏，但不能对企业进行具体的业务指导。通过上述机制，中央机构得以从宏观上调控、监督和激励企业按照利润最大化原则运作，而公共所有局通过半独立的、分散的地方代理人来行使自己的职能。企业

---

① 关于 J. 扬克"实用的市场社会主义"模式的详细内容，请参阅姜辉《一个"替代"资本主义的谨慎方案》，《马克思主义研究》1998 年第 1 期。

② 在扬克的模式中，当然这不是公共所有局的唯一功能，它还负责接收公有企业上缴利润、分配社会红利等事宜。本文着重论述其经济激励监督功能。

经理的任免权不是直接由公共所有局中央机构来行使，而是由其分散的地方代理人来行使，这有利于企业的充分竞争，不受中央的过多干预。一个地方的代理人在任职期限内不允许与其他地方的代理人联系，代理人负责监督的企业一般也是相对没有联系的企业。这种安排是为了严格限制公共所有局成员在竞争的企业间组织或鼓励串通共谋行为。另外，中央机构还制定和实施合理的规范来监督其代理人的行为，以保证代理人严格执行自己的职能。

在扬克的设计中，国家投资银行系统和企业家投资委员会是公共所有局的补充机构，但它们承担着重要的职能。一方面，它们负责将政府的投资预算款项拨付给企业领域；另一方面，特别是企业家投资委员会，还负责建立企业家经营的企业，以保证经济创新机制发挥作用。这两个方面，是从保证公有企业有充足的投资资金和发挥企业家作用的角度，来考虑公有经济的效率问题的。

由此可见，在这种模式中，政府机构在投资、监督和激励方面都发挥着重要作用，它明显有别于前两种模式。如果说前两种模式是对资本主义银行监督和证券市场监督机制加以模仿改造的话，那么这种模式则独创性较强，它从另一个角度，既重塑政府机构的经济功能方面，说明政府机构在市场经济中的作用如果发挥得当，是能够克服高度集权的国家计划经济的弊端，从而保证公有企业的效率的。但是，在扬克的模式中具体细节设计较多，其现实可行性及可操作性需要认真论证，否则就会流于空想，同时扬克的模式还面临着许多需要进一步解决的问题，如公共所有局如何保证不会蜕变为集权的官僚机构，如何区分开自己正常的经济职能和过分的干预行为，如何保证自己投资决策的正确，如何准确制定衡量企业经理工作绩效的标准，等等。这些问题都是十分复杂的，决不像单纯的理论设计那样简单。

（四）国有制和"真正企业家地位"结合模式

该模式是由波兰经济学家 W. 布鲁斯和 K. 拉斯基倡导的。他们在其合著的《从马克思到市场：社会主义对经济体制的求索》中，通过对苏联模式和东欧改革过程的反思，重新探讨了几十年来市场社会主义理论与实践的经验教训，提出现实社会主义国家经济改革的趋向应是完全的市场经济，建立"完全的市场社会主义"。这种市场社会主义与以往模式的区别在于：以往模式排斥资本市场，而"完全的市场社会主义"则是"包括资本市场连同产品和劳动市场在内的、连贯的改革体制"①，这种市场社会主义是生产资料公有制和完全独立的企业以及真正的企业家的结合。因而他们探讨了国有制企业和完全的市场经济与"真正企业家地位"能否结合的问题，其中主要是围绕企业家作用问题来讨论公有制经济的效率。

他们理解的"企业家"概念与新奥地利学派大体一致，即企业家不仅仅是经营管理企业的人，更为重要的是具有敏锐抓住新机会、并敢于承担风险的人，是收集、协调和利用信息的人。他们认为过去社会主义的命令体制把所有制、经理人员和企业家身份合而为一，彼此没有区分，因而谈不上有真正的企业家。企业听命于国家行政机关，管理人员没有自主地位，只是受托经营管理国家财产的人，不具备企业家的功能。

这里就存在着一个关键性的问题，新奥地利学派的"企业家"是以私人产权为基础的，"企业的完全独立与国有制或者任何有关的其他外部所有制都是不相容的"，在社会主义生产资料公有制、特别是国有制条件下，"真正的企业家"如何存在呢？为了解决这个矛盾，布鲁斯和拉斯基认为"唯一值得考虑的就是分享所有权这一折衷解决方案的可行性问题"。那么，国家和企业又怎样能够具体分享所有权呢？他们给出的答案一是国家职能的分离，二是企业之间的分离。

国家职能的分离就是"要求作为所有者的国家同作为权威机关、

① W. Brus and K. Laski, *From Marx to the Market：Socialism in Search of an Economic System*, Clarendon Press, 1989, p. 105.

管理机构以及非企业部门管理者的国家分离开来"①。以往的社会主义国家是无所不包的，其承担的各种各样的职能一直被人们理解为是不可分割的。而真正的市场社会主义则要求它们坚决分离开来，也就是说，国家作为生产资料所有者的角色要同作为负责行政、国防、政治秩序的角色区分开来。国家作为所有者，作为一种经济主体，其发挥的经济作用和其他经济主体一样，都要遵循经济运行规则，除了资产收益和资产增加外，国家要放弃在企业活动中的任何利益和参与。而作为权威机关，国家的责任在于维持市场社会主义所需要的经济活动权利，并防止这些权利被滥用。但布鲁斯认为，这种分离不应被理解为在任何条件下都禁止国家进行直接干预，因为在现代经济中，政府干预是不可或缺的，但干预必须遵循规则。

企业分离意味着：国有企业不仅必须与具有更广泛作用的国家分离开来，它们相互之间也必须分离，企业必须作为单独的经济实体来运转。这不像在命令体制下那样，完全由中央代替企业做出投资决策，规定企业的活动范围，企业作为单独实体，仅仅是由于核算上和组织上的原因。而在市场社会主义条件下，企业的成立和运作纯粹是经济上的原因，企业之间的关系必须是竞争性的，要根据具体条件决定是对手还是联盟，是合并还是接管。这样，就要求国有企业重组，以便建立企业家制度，由企业家运营国有资产。另外，要使国有企业真正成为企业，就需要国内存在非国有的环境。

布鲁斯承认，在国有制条件下建立有利于企业家制度的基础，无疑面临着很大困难。因为在这种条件下，国家是财产的终极所有者，而所谓的企业家，根本无法以自己的资产去寻找机会或冒险。在国有企业中，不难做到建立对管理人员的动力激励机制，难于做到的是让企业家以自己的名义行动并承担风险责任。"如果不把损失责任同个人利益挂钩的话，企业家身份的问题可能仍然得不到解决。完全的市

---

① W. Brus and K. Laski, *From Marx to the Market: Socialism in Search of an Economic System*, Clarendon Press, 1989, p. 138.

场条件类似于纸牌游戏,不拿自己的赌注冒险几乎就无法玩下去。"①
完全的市场机制的逻辑是把非国有企业看作市场社会主义企业部门
中更自然的成分,但国有企业也不能销声匿迹。从国家岁入的获得、
经济宏观调控、收入和财富的公平分配等方面考虑,国有企业有存
在的必要性。"市场社会主义可能并不要求放弃公有制,但它一定要
求放弃任何形式的所有制教条主义。经济体制是没有最终模式的。"②

布鲁斯和拉斯基的理论设计,实际上是在奥地利学派的研究方
法框架内讨论问题,区别仅在于他们仍然还保留国有制。但由于国
有制和"完全的市场社会主义"存在着极大的冲突,所以国有制的
保留已经不是基于经济原因的考虑,而主要是政治和社会方面的原
因,非国有成分才自然符合市场经济的逻辑。所以在他们的模式中,
从严格意义上讲,国有制和"真正企业家"之间的结合只是妥协关
系。这与中国国企改革的思路和逻辑完全不同。然而,他们关于真
正企业家身份的确立、国家的经济作用与行政及其他作用的区分、
企业自主地位及相互间竞争关系的确立等一系列问题的思考和探讨,
对于我们的改革颇有参考价值,再加上他们的分析和理论设计是对
苏联和东欧国家经济改革教训的总结,一些具体意见对我们更有直
接的现实借鉴意义。

三　几点结论和启示

前面对 20 世纪 20—30 年代经济大论战涉及的实质性问题、当
代市场社会主义者对问题的承继及其在新环境下面临的挑战、发展
市场社会主义理论的机遇及其倡导设计的几种典型的激励和监督模

---

① W. Brus and K. Laski, *From Marx to the Market*：*Socialism in Search of an Economic System*, Clarendon Press, 1989, p. 142.

② Ibid. , p. 149。

式等，进行了详细的探讨、概括和分析，从而大体展现了当代市场社会主义者尝试解答公有制经济如何实现效率问题的理论构想。为集中、明确起见，笔者对一些具有结论性和启示性的意见总结如下。

1. 在当代资本主义经济中，同样存在着委托—代理问题，可见私人所有权并不是解决经济效率问题的充分条件，新自由主义者提供的私有化方案并不是万能良药。

2. 公有制本身并不是原来苏东社会主义国家经济失败的根本原因，关键在于它们把公有制（特别是国有制）经济变成了高度集权的官僚命令经济，从而导致效率低下，最后崩溃。

3. 社会主义公有制经济要保证效率，必须解决好激励、监督和企业家作用问题，这方面可以参考现代资本主义经济解决这些问题的方法和成功经验。

4. 现代市场社会主义者提供的几种主要模式各有利弊。在实际的经济生活中，几种方案都不会单独存在。在社会主义市场经济中，银行监督、证券市场监督、国家机构监督和企业家本身作用的发挥要有机结合。

5. 实际经济生活本身远比任何理论和模式都重要。理论和模式只能提供一些认识和方法论上的启示，并不等于实际的经济战略和政策，经济改革必须从本国实际经济结构和条件出发。

一个"替代"资本主义的谨慎方案[*]

提要：詹姆斯·A. 扬克（James A. Yunker），是美国西伊利诺斯大学经济学教授，西方市场主义理论的著名代表人物之一。早在 20 世纪 60 年代中期，扬克就开始酝酿"实用的市场社会主义"（pragmatic market socialism）理论的基本构架和观点。从那时起到现在，他一直潜心地多方探究和系统建构其倡导的理论。1992 年他出版了新作《修正的现代化社会主义：实用的市场社会主义方案》（*Socialism Revised and Modernized：the Case for Pragmatic Market Socialism*），该书较为系统详细地阐释了实用的市场社会主义理论的基本观点和主张，是作者在 20 多年的时间里所耗心血之结晶。扬克把这本著作献给市场社会主义的理论开创者奥斯卡·兰格。在目前西方繁多纷杂的市场社会主义理论观点中，扬克的理论主张可谓独树一帜，推出了一个独具特色的替代资本主义的方案。本文对其实用市场社会主义理论的基本观点和主张加以分析，以资国内研究者参考。

＊ 原题为《一个"替代"资本主义的谨慎方案——詹姆斯·扬克实用的市场社会主义理论评析》，原载于《马克思主义研究》1998 年第 1 期。

一　实用的市场社会主义的基本理论主张

西方的市场社会主义者一般都主张把公有制和市场结合起来，以实现一种既具公平又有效率的新型社会经济制度。但就其具体设计而言，他们所倡导的公有制具有不同的表现形式，公有制与市场具有不同的结合方式，因而它们要达到的经济效果和社会目标也有不同程度的区别。在西方市场社会主义的诸多流派中，大体上有下面几种方案：计划型的市场社会主义（Planning Market Socialism）、服务型的市场社会主义（Service Market Socialism）、合作制型的市场社会主义（Cooperative Market Socialism）、区域所有制型的市场社会主义（Regional Ownship Market Socialism）以及我们下面要讲的实用主义的市场社会主义（Pragmatic Market Socialism）。

扬克的实用市场社会主义的基本理论主张大体有以下几个方面：（1）将当代资本主义国家中大规模经营的私人所有制企业转为公共所有，公有的目的是消除资本财产收入分配的不平等现象；（2）公有企业仍然像当代资本主义私人企业那样的方式经营运作，借以保持经济效率；（3）公有企业的利润将以社会红利（social dividend）的形式分配给社会成员。

这种主张的市场社会主义之所以是"实用的"，是就它与其他形式的市场社会主义相比较而言。这表现在，其一，就其与当代资本主义的关系而言，它比其他类型的市场社会主义更为类似资本主义。它除了要改变资本主义的资本财产收入分配的不平等现象外，其他方面（诸如追求个人利益、竞争等）都仿效资本主义。其二，就其与"传统的"社会主义的关系而言，它的目的较为单一，仅限于经济方面的私人资本所有制的转变，并不涉及其他社会改造问题。因而它对资本主义的批判（如果可以说成是批判的话）要缓和得多。其三，将资本私人所有转变为公共所有的方式是保守和谨慎的，扬克小心地将其称为"做实验"。他在书中这样写道："这些建议只能被视为保守的实验，而不是要一劳永逸的成为确定的社会现实。任何一种明智的对实用的市场社会主义的拥护都必须懂得，所有的赞同它的建议都不是科学意义上的结论。这里所论证的仅仅是：实用的市场社会主义的建议能足以承担起实验的风险。"① 总而言之，实用的市场社会主义是因为接近资本主义现实而"实用"，也因为其所倡建议的保守谨慎而"实用"。

下面进一步讨论实用的市场社会主义的基本理论主张及其运作。

（一）关于资本个人所有制向公有制的转变

实用的市场社会主义对当代资本主义的最主要谴责是：绝大部分资本财富掌握在私人手中，结果造成了严重的社会分配不公正现象的产生和发展。所以其理论倡议的核心是将资本的个人所有转化为公共所有。这个转化（也称社会化）应界定为：消除当代资本主义大规模经营企业中的个人所有财产权利的不平等分配，"使将来的财产收入流动反映企业生产的非人力因素（资本和自然资源）的生产效率，反映各式各样的社会成员对经济生产所做的独自贡献"②。

这样的社会化有其固定的参照标准：改造的对象是为个人所有的、能够给人带来非劳动收入的投资资本诸如股票、证券等。将这些资金转为公有，同时就消灭了个人对资本所得收入的获取。根据这个参照标准，公有改造有严格的范围：联合股票和证券、政府债券均属被改造之列，因为它们会带来非劳动挣得的收入。同时其他资本的利息性收入，例如银行的定期储蓄利息也应取消。实用的市场社会主义特别强调，应转为公有的是个人资本财富，而不是一般意义上的财富（wealth）。富有的人仍然可以拥有地产、大厦、游艇、飞机等财富，也可以存有大量的钱，只不过是不再获得利息。

---

① ［美］詹姆斯·扬克：《修正的现代化社会主义》，纽约1992年版，第281页。
② 同上书，第29页。

概而言之，实用的市场社会主义消除的不是富有的生活方式，而是能够带来富有生活方式的非劳动挣得的资本财产收入。

然而，并不是各种形式的个人资本财产收入都转为公有，还存在一些例外的情况。例如，小型私人企业（我们应注意到前面所提的是大规模经营企业）和企业家（不是资本家）自己经营的企业就不在被改造之列，因为历史和现实都证明，它们对活跃经济有重大的积极作用。只要这样的企业由企业家自己拥有和经营（这里所有权和经营权合而为一），而不存在单纯地靠货币资本收入赢得利润的资本家，无论其发展到多大的规模，也都允许其存在。当然，如果经营这些企业的人自愿让渡，将其卖给公有企业，社会也是乐于接受的。

还有一个特例是，银行和其他储蓄机构付给存款人特别的利息，这种特别利息的利率应与通货膨胀率持平，以使存款人的存款保值。还有一些金融中介机构，像保险公司和退休基金会等，它们也要向投资人给付一定的利息。

此外，一些非营利性的组织和合作性企业，如果它们不为企业外的个人带去生息资本收入，也不要求其转为公有。

扬克强调，这种社会化的公有制转变绝不等同于当代资本主义国家里实行的"国有化"。这种国有化是把企业的单一赢利动机强制转变为服从广泛的社会目标，而不是考虑资本财富收入的不平等分配问题。而实用的市场社会主义的公有制转变则仍然使企业保持利润最大化目标，同时充分考虑资本财产收入的平等分配。

（二）公有企业的利润如何以社会红利的形式分配给社会成员

实用的市场社会主义必须采取一种适宜的方式，将公有企业的部分利润公平地分配给社会劳动成员。对此扬克做了如下设计。

首先，要成立一个名称为公共所有局（the Bureau of Public Ownership）的机构。公共所有局要接管当代资本主义社会中私人所得的生息资本投资收入，包括购买私人企业的股票、债券所得的收入和购买政府债券所得的收入。同时，公共所有局也接受非公有的小型企业所上缴的资本利用税。至于公有企业的利润，则将一部分留作企业的自用资金，一部分交给公共所有局掌管。

那么，公共所有局掌握的收入该怎样分配？它要将收入的绝大部分以社会红利的形式分配给社会成员。这部分份额至少要占全部收入的95%，余下不足5%的份额留给公共所有局作为运作经费。

分配社会红利的决定性依据是社会成员个人的劳动收入（工资和薪金）。也就是说，个人所得的社会红利份额是和他挣得的劳动收入成正比。退休的人则根据他们的退休金额或其他形式的补偿薪金额获得社会红利。从量上来看，社会红利的最大估计额是扣去工资和薪金后的国民收入量。按照较为恰当的计算，社会红利额应占企业利润的25%左右，其余部分是税金和企业自留资金。

依照上述方式进行分配，是不是完全反映了社会成员对社会所做的贡献呢？还不是。一些资本主义经济学家批评实用的市场社会主义是过于平均分配。于是实用的市场社会主义又有一些相应的措施来弥补上述分配方式的不足。例如，在社会红利基金中拨出一定的款项作为奖励基金，这部分金额最多不超过社会红利总额的10%。受奖励的人是在科学、文化等领域做出突出贡献的人。奖金可采用具体确定的年金形式，足以保证受奖人过着舒适的生活，而且终身领取奖金。还有一些经济学家批评说，实用的市场社会主义消除了个人资本投资收入。

这也就排除了个人投资收入具有的激励作用。如在资本主义社会中，有一些人期望有一天会从整日劳作中解放出来，靠一笔积累资金的利息收入生活。这样的期望会对人们产生很大的激励作用。实用的市场社会主义也做了这方面的弥补。例如，为了不使上述的激励作用被消除掉，便设计一种抽彩奖励法（lottery）。社会成员可用得到的部分红利购买彩票，这样便会有许多人从幸运的想法中得到激励，即他们中某些人也能有一天幸运中奖，因而从靠劳动谋生的生活方式中解脱出来，获得终身享用的中奖金。可见实用的市场社会主义的设计方案真是用心良苦。这也是其保守谨慎的"实用性"的一个反映吧。

（三）公共所有局如何组成和发挥作用

上面已经讲过，公共所有局负责资本财产收入的接收和社会红利的分配工作。但这不是它的唯一工作，它还要从事一项相对来说更加重要的工作：保证公有企业的经理实现利润最大化目标，从而保证较高的经济效率。

这样，公共所有局便发挥了当代资本主义社会中资本所有者的作用，使公有资本也能像私人资本那样活跃。公共所有局的主要责任表现在对企业总经理的激励和监督上。这是从下面的方式实现的。公共所有局设两级机构。第一级是中央机构，设在首都。它的责任之一是负责接受公有企业上缴的收入和分配社会红利，另一责任便是在公有企业中收集各种统计信息，用来估计企业经营运作情况的好坏，以此来决定企业经理的任免。企业经理的任免决定依照下面两个重要规则：其一，和预期的目标相比较，如果一个企业的经营状况在某一预定的最高水平标准之上，那么企业的经理无论如何不能被免职；其二，如果一个企业的经营状况低于某一预定的最低标准水平，那么企业的经理就一定要被免职。如果企业的经营状况在上述两种情况之间，那么企业经理的任免就由公共所有局的代理人来决定。

公共所有局的第二级机构则由一批代理人组成。与第一级机构不同的是，第二级机构分散在地方，大约设有 200—300 个地方机构。每一个地方机构由 10—15 个代理人组成。代理人和中央机构负责人不同的是，他们是有限期任职的工作人员。代理人从有 5—7 年丰富的企业管理经验的人员中选出。每个代理人分别负责监督几个公有企业，他们的工作报酬来源于他们负责监督的企业向公共所有局中央机构上缴的企业收入。代理人的主要职责是研究和监督所管企业的经营状况的好坏，但不能对企业进行具体的业务经营指导。

如果企业的经营情况处于预定的最高与最低标准水平之间，则代理人有权决定企业经理的任免，并上报中央机构。

公共所有局是一种政府机构。因而有一些经济学家批评说，设置这样的机构会导致像苏联那样的政治和经济权力合而为一现象的产生，使经济民主和经济效率受到破坏。实用的市场社会主义为避免上述现象的产生，便对公共所有局的权力做了严格限定，同时对公共所有局的工作规则、代理人和企业的关系、代理人和企业经理的关系进行了详细严格的规定。总之，实用的市场社会主义为解决公有企业的激励机制和效率问题做了多方考虑和设计。

二　实用的市场社会主义理论的
积极意义和局限性

从实用的市场社会主义的基本理论主张中可以看出，扬克的理论目标无疑是构建一种公平和效率密切结合的新型的社会主义模式。结合其设计的详细具体方案，我们看到这一理论至少有以下两方面的积极意义。

第一，它以特有的方式论证了在公有制的基础上会实现较大程度的社会分配公平。

实用的市场社会主义理论的核心是将当代资本主义大规模经营的企业转为公有，借以消除当代资本主义社会中因为资本为私人资本家控制所带来的严重的社会贫富分化现象。这种主张表示了在所有制关系层面探求获得社会公平的途径的理论努力，尽管其倡导的公有制与我们理解的公有制不同。

苏联模式的失败，使一些资产阶级的经济理论家重新对社会主义公有制发难，偏激地认为实行公有制只能导致严重的平均主义和官僚政治，从而使社会分配公平难以实现。而实用的市场社会主义蕴含着这样的理论立场：如果公有制采取了恰当合理的方式，它在消除资本主义私有制带来的贫富分化现象、实现社会分配公平方面是会获得成功的。扬克结合当代资本主义的现实情况对此做了进一步的论证。

首先，扬克运用具体的数字比较论证了实用的市场社会主义采取的资本公有制能带来更大程度的社会分配公平。他指出，在现今美国的财产收入分配中，资本所有权收入分配的严重不平等现象如果用基尼系数表示，大约是 0.90，而表示劳动收入分配的基尼系数值是 0.35。

如果按照实用的市场社会主义理论设计操作，在资本公有制的基础上实行资本性收入分配和劳动收入分配成正比的原则，那么上面 0.90 的数值就降至 0.35 左右。如果资本所有权收入占全部收入的 20%，劳动收入占 80%，那么对于整个社会收入分配来说，基尼系数会从目前的 0.46 降为 0.35。① 从实现收入分配平等这一点来说，实用的市场社会主义理论是很有吸引力的。

其次，扬克反驳了一些资产阶级经济理论家提出的下述诘难：实行资本公有制，人们不再获得纯粹的资本利息收入和其他形式的所有权收入，这实际上是对人们拥有财产的剥夺，是严重的社会不公行为。扬克指出：在资本主义社会中，大部分的资本性收入被少数人攫取，相较而言，社会大多数人从股票、储蓄中获得的资本收入是微不足道的，这实际上是少数人对大多数人的严重剥夺。如果实行资本公有，那么大多数人按照其劳动收入量获得的社会红利将比在当今资本主义社会里得到的小额利息要多得多。扬克强调，当今资本主义社会中的大多数人只是一味担心资本所有制的变革会给自己带来损失，却没有仔细思忖一下自己在目前的处境下失去的东西更多。扬克的这个见解的确不乏合理之处。

扬克反驳的另一个对实用的市场社会主义的批评观点是：实行资本公有制，会使资本家应得到的合理收入也被剥夺，因为资本家

---

① ［美］詹姆斯·扬克：《修正的现代化社会主义》，纽约1992年版，第71页。

在资金管理、风险投资、企业经营管理等方面对社会生产做出了巨大贡献。如果剥夺他们的资本及其所有权收入，就会造成另一种严重的社会分配不公。扬克指出，这种观点已是资本主义辩护士们的陈词滥调了。只要看一看当代资本主义社会里的资本家们便会知道：他们拥有的资本不是来源于遗产的继承，就是来源于在资本市场上的幸运投机。大部分资产根本不是他们自己劳动的积累。而且，在资本所有权和经营权日益分离的今天，能够努力从事企业经营管理的资本家能有几个呢？因此，实行社会的公有改造，根本不会带来资本主义辩护士们臆想出来的社会分配不公，反而能带来更多的社会公平。

第二，它论证了实行资本公有制也能带来较资本主义生产更高的经济效率。

在实行公有制的条件下能否还有较高的经济效率，是赞成和反对市场社会主义的派别展开激烈争论的焦点之一。实际上，在市场社会主义理论发展的历史上出现的几次辩论，基本上都是围绕这个问题展开的。扬克对资本主义生产的经济效率是极为欣赏的，但他进一步指出，如果资本公有制实行得恰到好处，公共所有局运作合理，实用的市场社会主义甚至能取得比资本主义生产更高的经济效率。扬克对此也进行了详细的论证。

首先，扬克从整体上分析了当代大工业企业的经济效率机制问题。他认为主要有4个机制发挥作用：（1）无力清偿债务和破产的威胁；（2）企业间在市场和利润方面的激烈竞争；（3）资本市场上借贷机构的压力；（4）企业董事会的压力。扬克指出，在以公有制为基础的实用的市场社会主义条件下，这4个效率机制都以新的方式存在着：公有企业如果资不抵债，仍然要按严格的程序被宣告破产；仍然存在众多的为公共所有的、但分别以各自利益为中心的企业之间的激烈竞争；虽然私人资本已被排除在资金市场之外，但相互间竞争的企业仍然承担着来自各种金融中介机构的压力；公共所有局发挥了资本主义企业中董事会的作用，对企业经理实行严格监督。总体上说，这些方面会保证公有企业至少保持和资本主义企业同样的经济效率。

其次，扬克进一步论证了公共所有局在发挥经济效率机制作用方面比资本主义企业的董事会更为有效。扬克指出，资本主义企业中的董事会法定权利很大，但实际权利很小。这是因为：其一，董事会组成人员只代表全部投票股中的极小部分；其二，董事会组成人员大多由在职经理提名，这些经理很有可能提名一些不懂业务而对己有利的人；其三，董事会召开会议次数有限，即便召开，也得由企业经理安排议程。总之，董事会对企业经理的监督激励作用是难以充分发挥的。而在实用的市场社会主义条件下，公共所有局的代理人将按严格的工作程序对企业进行监督，有权决定免除经营状况不善的公有企业的经理。如果公共所有局及其代理人发挥正常作用的话，将能保持整个企业生产的经济效率。

再有，在实用的市场社会主义条件下，由于社会红利的分配与劳动收入成正比，因而极为有效地鼓励了社会成员的劳动；由于在经济决策方面取消了富有资本家阶级的特权，这就更有利于经济民主的发展，使决策更为合理有效，从而使经济效率大为提高。

当然，扬克对实用的市场社会主义在资本公有制基础上实现经济效率的论证中，许多地方属于主观逻辑推论，也有许多地方未免牵强。但他对公有企业如何在市场竞争中提高经济效益的探索是具有启发意义的，对现实社会主义国家公有企业的改革不乏参考之处。

综上所述，扬克对自己倡导的新型社会主义模式在公平和效率两个方面的论证，在某种程度上捍卫了公有制原则，反驳了资产阶级思想家在如今社会条件下对社会主义的全面诋毁，否定了资本主义的生产方式是目前为止最好的创造社会物质财富的武断之说，同时鲜明地提出并详细思考了社会分配公平问题。这些实用的市场社会主义的理论设计有其不可忽视的积极意义和参考价值。

另外，我们也应注意到扬克的实用的市场社会主义理论也有其自身难以克服的局限性。

其一，扬克倡导的新型社会主义模式没有跳出西方诸多改良主义的理论窠臼。扬克认为自己的理论设计超越了传统的苏联模式和至今西方流行的民主社会主义模式。他这样写道："必须一刻不停地强调，实用的市场社会主义并不包含苏联模式的中央计划；它不意指一个庞大的、家长制作风的福利国家；它不意图实行激进的重新分配和平均主义；它本身不存在共产主义的狂热激情；它不标志官僚政治的同质化对个人唯利主义的胜利。"① 然而我们结合实际进行分析就会看到，扬克理论的"超越"只是其实用性的反映：在 20 世纪末，西方人大多对社会主义抱有反感情绪，而扬克的理论无疑是力图避开当前的社会舆论对社会主义的批评。另外，由于这种理论设计声称替代资本主义却又在许多方面接近资本主义，这也适合了西方资本主义国家中产阶级的渐近改良心理。所以说实用的市场社会主义仍然是一种左翼社会改良理论。

其二，实用的市场社会主义的理论和其他流派的市场社会主义理论一样，存在着一个致命的弱点：即把公有制的建立看作是脱离历史前提和条件的简单事情，而不了解每一种所有制的产生和灭亡都有其历史的必然性。马克思曾经指出，一种所有制关系的建立和废除"绝不是由一种从一定的理论原则即自己的核心出发，并从此进一步做出结论的学说中产生出来的"②。

如此看来，扬克的理论显然带有空想的色彩。而且，他所倡导的公有制越是设想得详细周密，其空想色彩也就越加浓厚。

其三，扬克的理论虽然对资本主义私有制提出了否定，同时也指出了当代资本主义的一些弊病，但由于其改良性质，它不可能直指资本主义生产方式的症结，因而也不可能设计出科学替代资本主义的方案。恩格斯说过："经济科学的任务在于：证明现在开始显露出来的社会弊病是现存生产方式的必然结果，同时也是这一生产方

---

① [美]詹姆斯·扬克：《修正的现代化社会主义》，纽约 1992 年版，第 281 页。

② 《马克思恩格斯选集》第 1 卷，人民出版社 1972 年版，第 191 页。

式快要瓦解的征兆，并且在正在瓦解的经济运动形式内部发现未来的、能够消除这些弊病的、新的生产组织和交换组织的因素。"① 如果实用的市场社会主义理论不在当代资本主义经济运动形式内部找寻症结的话，它就始终被空想的迷雾所笼罩。

其四，扬克的理论设计把社会改造仅仅归为生息资本的废除，这也是其理论狭隘性和空想性的反映。马克思早在批判蒲鲁东小资产阶级政治经济学观点时就讲过："想把生息资本看作资本的主要形式，想把信贷制度的特殊应用，利息的表面上的废除，变为社会改造的基础，这就完全是小市民的幻想了。"② 要想真正实现对资本主义的改造，就要对全部资本主义社会关系认真研究和批判。这是实用的市场社会主义作为一种改良思潮难以达到的。

实用的市场社会主义理论也在随着资本主义的变化而不断变更其内容。运用马克思主义的原则和方法对其跟踪研究，是具有重要的现实意义的。

---

① 《马克思恩格斯选集》第 3 卷，人民出版社 1995 年版，第 492 页。
② 《马克思恩格斯选集》第 2 卷，人民出版社 1995 年版，第 619—620 页。

"后工业社会主义"述评[*]

提要： "后工业社会主义"是 20 世纪 90 年代国外兴起的社会主义思潮。梳理这一思潮的主要观点，运用马克思主义的立场、观点和方法来研究和把握其理论价值及其局限性。

"后工业社会主义"是目前国外正在兴起的一种社会主义思潮。它以新科技革命和社会主义前途之间的关系为理论主题，从时代变换的宏观视角探讨苏东剧变后世界社会主义的命运和未来。其基本理论主张是：新科技革命已经使世界由工业社会时代向后工业社会时代过渡，工业社会时代产生的工业资本主义和工业社会主义都已经发展到自己的极限，两者都将被一种适应后工业社会的新型社会制度所取代，这种新型社会制度就是与工业化没有联系的、以后工业社会思维重新塑造的新型社会主义范式。后工业社会主义的倡导者把新科技革命带来的社会发展的质的变化引入社会主义，力图在新科技革命造成的工业社会危机中重新诠释社会主义的历史必然性。所以总体来讲，这种思潮具有深刻的现实意义和进步意义，对科学社会主义理论在新科技革命条件下的更新与发展具有重要的参考借鉴意义。与此同时，这种思潮提出的一些关于重新审视人与人的关

---

* 原题为《"后工业社会主义"述评——一种酝酿中的社会主义思潮》，原载于《当代世界社会主义问题》1998 年第 3 期。

系，人与自然的关系、人的价值和解放等一系列具体主张，也不乏独到之处。当然，由于其倡导者的世界观和方法论局限，其中一些见解和结论是非科学的。运用马克思主义唯物史观的立场、观点和方法分析研究这种方兴未艾的社会主义思潮，在科技革命日益发展的今天具有现实意义。

一　后工业社会主义对"工业社会主义"的否定

后工业社会主义对"工业社会主义"否定的前提是对后工业社会制度取向的确定，即后工业社会应该是什么性质的社会？是工业资本主义社会的自然发展和延续，还是超越目前两大社会制度意识形态对立的社会，或者还是社会主义性质的社会？后工业社会主义者明确指出，这种由科技革命发展导致的后工业社会在社会制度取向上应该是社会主义的，既不是工业资本主义的延续，也不是意识形态的终结。当然，新型社会主义不是传统的工业社会主义，而是适应后工业时代的具有新的内容和价值的社会主义。后工业社会主义结合苏东剧变后世界社会主义运动的形势，明确指出苏联等国家的"现实社会主义"不再是当今世界的基本力量，苏联东欧社会主义解体的原因从根本上说是这种社会主义已经不符合后工业时代的需要，所以对工业社会主义的否定是后工业社会主义的主要理论内容。

后工业社会主义认为，无论是马克思列宁主义还是西方社会民主主义，都是适合工业时代的社会主义模式，科学技术的发展所否定的是整个工业文明。工业文明是以充分利用科学技术为基础，以经济效益为中心，以工厂化生产为主要形式的物质文明以及与之相适应的精神文明，以获取最大的物质利益为基本的价值目标对科学技术的重视是为了服务于高效益的工业化生产。而从进步的内容来看，全人类的价值观，保护人权，保护自己环境使之免受工业技术扩张后果的危害，消除"工业主义"意识形态，正在上升到首要地位。而"工业社会主义"未能摆脱从工业资本主义时代继承下来的那些观念的重负，不惜任何代价地扩大物质利益。正是"工业资本主义"和"工业社会主义"的这种价值追求使人类面临着越来越严重的全球化的问题，同时使人类自身的异化不断加深。

俄罗斯学者叶莲娜·萨马尔斯卡娅在俄罗斯《自由思想》杂志1995年第4期上指出了"工业社会主义"的四个基本特征：（1）信仰工业进步，把工业进步理解为生产的不断扩大和克服社会不平等、贫困、失业的必要条件，越来越多的新的生产部门的增加都被看作走向普遍物质富裕和充分就业的道路；（2）把无产阶级看作负有特殊历史使命的阶级、社会进步的体现者和社会主义政党的基础；（3）承认国家在组织与调控生产和分配、实行涉及广大社会阶层的保护主义方面的重大作用，在欧洲，形成许多"福利国家"，在苏联，也曾建立发达的社会保障体制；（4）相信社会主义是替代资本主义并同它相对立的特殊社会形态。总之，尽管西方社会民主党同马克思列宁主义及苏联的社会主义实践之间存在着意识形态和政治的对立，但这种对立的后面却掩盖着巨大的共同之处，"甚至在整个苏联社会和西方资本主义社会之间也可以说存在着类似的共同之处，因为它们都是工业型的社会而西方社会民主主义和马克思列宁主义都是工业社会主义的不同形式，它们虽然都否定资本主义，但是都同资本主义的工业基础紧密相连"。①

随着科技进步和后工业社会时代的来临，工业社会主义作为一种运动和形态都受到严峻的挑战。这主要表现在以下几方面。

第一，关于生产不断增长的观点受到挑战。这种观点认为，一切服从于生产，生产是无止境的推动社会前进的决定性力量。然而，随着工业进步，它却与人的生活利益之间出现了突出的矛盾。工业的进步对地球生存本身和地球上的人类生活构成了严重的威胁。必

---

① ［俄］萨马尔斯卡娅：《从工业社会主义到后工业社会主义》，《当代世界与社会主义》1997年第1期。

须以质量的发展、对生态环境的考虑、对信息技术和自动化的广泛利用，而不是以数量的增长作为生产存在的必要的新形式。

第二，工业社会主义关于传统工人阶级的历史使命受到挑战。随着科技的进步，传统工人阶级的数量在不断减少，新的生产只需要人数不多的高度熟练的工人，而大多数的工人只能从事非创造性的、低熟练程度的、不稳定的劳动。从事这种劳动的人既不可能在其中获得自己的社会统一性，也不可能获得领导社会进步的历史使命。也就是说，马克思主义认为的工人阶级是先进生产力的体现者和代表者的观点已经过时。

第三，工业社会主义能够取代工业资本主义的观点也受到挑战。这首先是因为资本主义劳动条件的消失。新的科技革命不是一般的科技革命，而是包括整个人类再生产过程的革命。它将加速劳动过程的民主化，削弱资本对劳动的控制和监督，提高劳动者在生产过程中的作用，这将最终使雇佣劳动和资本的关系发生质变，彻底地改变人们的生产关系和社会关系。而工业社会主义理论是建立在消灭雇佣劳动基础上的，雇佣劳动的消失也就使工业社会主义过时。由资本主义向后工业社会主义或共产主义的过渡是非线性的过程，并非要经过工业资本主义阶段。俄国的后工业社会主义者——布兹加林这样讲："我们应当放弃这样的公式：资本主义—过渡时期—作为共产主义初级阶段的社会主义。由资本主义向共产主义过渡是一个统一的、整体性的世界历史过程。"①

第四，结构性失业对工业社会主义的挑战。结构性失业不仅对工业资本主义造成巨大影响，也对工业社会主义提出严峻的挑战。随着科技的发展和进步，失业成为大规模的现象，成为整个工业社会的真正灾难。工业社会主义试图通过国家解决这个问题，但是无能为力。借助缩短工时并把由此获得的富余就业机会在工人之间重

---

① 参见［俄］布兹加林《社会主义：危机的教训》，载李会滨等编《走向21世纪的社会主义》，中央编译出版社1996年版。

新分配的方法，只是一种治标之策，无法治本。福利国家实行的不管工作与否保证一份基本收入的措施，也无法解决问题。苏联实行的社会保障体制也不能维持下去。

第五，工业社会主义政治的官僚主义制度也受到了挑战。在各个工业社会主义国家，社会关系不是作为自己的经济、政治生活的主人的人们的自愿与自由的联合，而是一种官僚主义的极权制度。这种制度是阶级矛盾极端尖锐的结果，是国家对人们的剥削和压迫，是一种超经济的强制。而后工业社会需要广泛推行政治和社会管理非集中化和非官僚化，使人们能够自己发挥自己的创造性潜能和价值。工业社会主义的政治体制则与此格格不入。

总之，后工业社会主义者认为，传统的工业社会主义自身无法解决上述挑战带来的问题，"后工业社会的临近要求深刻改变社会主义者的基本原则。它使社会主义者关于工业进步是人类走向物质丰富和普遍幸福的道路、关于社会保障政策、关于无产阶级的历史使命的信仰成为问题"。"现在可以更明确地说，新的时代破坏了工业社会主义的价值，而使得更一般的、与工业化没有联系的社会主义范式具有现实意义。"①

二　后工业社会主义的基本理论主张

后工业社会主义还没有形成完整、系统的理论体系，其基本观点散见于一些关注后工业社会发展走向的西方马克思主义者和左翼人士的文章著述中，在目前也缺乏突出的理论代表人物。再有，人们对"后工业社会主义"概念的内涵和外延的界定也不尽一致。有的人认为可以把所有关注和研究后工业社会问题的理论都归结为后

---

① ［俄］萨马尔斯卡娅：《从工业社会主义到后工业社会主义》，《当代世界与社会主义》1997年第1期。

工业社会主义，这就包括了西方新社会运动的生态主义、女权主义等诸流派；有的人认为后工业社会主义是一种不同于上述流派的新兴社会主义思潮，具有自己的理论特征和独到之处。本文取后一种解释，因为后工业社会主义的出发点和理论目标是与其他社会主义流派不同的。大体上归纳起来，后工业社会主义包括以下基本理论观点。

（一）消除工业社会的异化，努力为人的全面发展和解放创造条件

后工业社会主义的倡导者一致认为，各种全球性问题的尖锐化以及信息技术的发展，使经济领域中的工业资本主义市场模式和苏联官僚主义的工业社会主义模式都已经过时。在向后工业文明转变的道路上，社会进步的基础是创造性劳动，这就必须克服工业文明造成的劳动主体的异化状态，克服功利主义的价值观念，把人的全面解放和发展放在首位。这样在后工业社会主义社会，"人类必须使自己的社会成为从事创造性活动的自由人联合体，实行对社会——经济生活的自觉控制，使劳动摆脱其异化形式，变为人的创造性的内在需要"[①]。

俄罗斯学者萨马尔斯卡娅认为，在工业时代，社会问题可以归结为劳动与资本的对抗，确定了把人从资本下解放出来的任务。而在后工业时代，由于"产品文明"的终结是重要标志，工业时代必需的体力劳动大大减少，社会主义的特征应该是勒菲弗尔所说的"闲暇文明"或者是"空闲时间文明"。而科技革命的发展已经使人的物质需求不再是社会进步的主要动力，自动化和信息化也正在消除资本和雇佣劳动对抗的关系，因此，后工业社会主义的主要任务已经变成把人从工业文明的异化状态下解放出来。波兰的沙夫指出，劳动不再是"雇佣劳动的劳动，而且要把劳动理解为于社会有益的

---

① 参见［俄］布兹加林《社会主义：危机的教训》，载李会滨等编《走向21世纪的社会主义》，中央编译出版社1996年版。

就业的问题"①。他强调，未来社会主义应该保障不再从事雇佣劳动的人们具有适当的生存手段，为人们提供有益的社会职业以取代传统的雇佣劳动。

俄罗斯的布兹加林则把后工业社会主义的人的解放要求同马克思的共产主义学说结合起来，认为这个目标就是马克思所说的共产主义自由人联合体。为此他提出了实现后工业社会主义理论目标的要求和途径。（1）后工业社会主义的进步，在于它使社会成为从事创造性活动的自由人联合体的程度，这也就是社会在内容上而不是在形式上向共产主义发展的程度。（2）社会运动的首要任务是培养人的社会创造能力，为此应当千方百计支持任何形式的群众性民主运动，应当努力克服人的异化，应当致力于提高人的文化素质。（3）为消除一切形式的异化而斗争。在经济领域，既反对私有化，也反对官僚主义的国家所有制，反对剥削，促进对全部经济生活的民主控制和计划管理；在社会政治领域，坚决彻底地为民主而斗争，促进一切形式的自我管理和自我组织，努力实现全体民众的自由联合；在社会文化领域，反对极权官僚"社会主义"制度下整齐划一的生活方式，也反对基于市场经济的消费社会的商品拜物教。（4）促进人的社会创造性的积累和利用。布兹加林还认为：后工业社会主义"是非线性地取消异化关系的时期，它将随着在经济生活中全民核算与控制、民主调节与实行计划管理的发展而逐渐取代市场关系与官僚主义指挥。这一过程是后经典资本主义的内部演化，各种异化形式将与共产主义因素混合存在，逐渐消亡"。②

---

① 参见［苏］戈尔巴乔夫《未来的社会主义》，中央编译局国际发展与合作研究所译，中央编译出版社1994年版，第87页。

② 参见李会滨等编《走向21世纪的社会主义》，中央编译出版社1996年版，第157—158页。

（二）实行物质生产和人类整体生活有机统一、自觉行为和自由活动密切结合的经济组织形式

后工业社会主义的经济发展目标是为人类社会的持续发展提供各种保障。在这种社会中，在有可能达到最大限度物质丰富的基础上，不会对社会的或自然的基本平衡构成威胁，或危害人类的基本价值权利。经济生产是与人类生活的各个方面息息相关的，它不单纯是物质生产，而且还包括人类生活的安全和和谐、人的尊严和价值、人的自由和创造等一系列内容，以社会的整体需要为核心是后工业社会主义的首要标志。

首先，经济生产应该充分考虑自然界这个人类生活的基石。这个观点与生态社会主义的理论主张一致。"自然界——这就是今后生产应当不断地与之相适应的价值和质量。"①

而工业时代是鼓励生产的抽象增长：在工业资本主义社会，生产是单纯为了增加资本的利润、规模和运动速度；在工业社会主义社会，只是单纯为了增加生产和消费的规模。二者都是在抽象的统治下转动着生产和消费的齿轮。虽然工业社会主义否定资本主义的市场抽象和追求质量价值，但还没有达到包括整个自然界的程度。它否定的仅仅是市场抽象，揭露了在市场条件下生产和消费受制于抽象物的规律，但具体劳动和具体产品的质量价值追求还是处于第二位的。而后工业时代的新社会主义应"展开对市场经济与质量的绝对命令的最佳结合的寻求，寻求那包括人类生活、劳动、自然界在内的价值群"②。西班牙政治学教授、新技术社会学研究所所长曼努埃尔·卡斯特尔斯从另一角度提出了新的社会组织形式——后工业社会主义一定要使人类生产和自然协调起来，他指出："按生态学和经济学之间的动态关系使物质进步和环境保护协调起来，这样做

---

① ［俄］萨马尔斯卡娅：《从工业社会主义到后工业社会主义》，《当代世界与社会主义》1997年第1期。
② 同上。

能够消除两个方面之间的史前的对立,一方面是人类几千年来屈服于敌对的自然,另一方面是工业化社会的复仇——它从生产力能够遵循其内在逻辑发展的那一时刻开始毁灭它自己的生存基础,即毁灭它的客观环境。科学地认识宇宙间的相互作用链,战胜必然王国,承袭社会的方方面面和个人之间保持平衡的价值,所有这些过程都将为确保新的社会组织形式,在人的一切行动领域都能重视基本的生态平衡而创造前提条件。"①

其次,后工业社会主义认为,物质生产不应该是盲目的自发的行为,也不是由绝对的市场规律来完全决定。随着科技的发展,生产越来越成为人类自觉的创造性的行为,受人类自觉的有计划的行为支配,是一种自觉和自由密切结合的创造劳动。由科技发展导致的后工业社会主义的劳动应该是创造性的,不是谋生性的。这种主张与马克思关于"劳动成为人类生活第一需要"的观点一致。如沙夫指出,今天威胁人类的,是不正确的组织人际关系、实行消费主义和把自然界当作剥削对象的结果。为了克服新科技革命发展引起的结构性失业,社会应当重新分配国民收入,社会经济在某些集体性原则之上运行,解决问题的必要条件是改变经济制度。在后工业社会主义社会,为了保证经济自由,市场经济仍然存在,但是为了保证劳动者不再受资本和市场的奴役,保证社会经济按照全人类的整体需要运行,社会必须对经济进行自觉的控制。市场"不是虚构的'自由市场',而是社会市场,国家以及其他社会机构将在其中起重要作用,它们是市场的控制者、计划者,在一定程度上还是它的管理中心"。"在我看来,处于当前的世界局势之下,我们正走向社会机制的不可避免的改变。这条道路将把我们引向一个什么样的制度?我想,是在引向社会主义制度,当然,是重新理解了的社会主

---

① 参见〔西〕卡斯特尔斯《历史的开始》,载〔苏〕戈尔巴乔夫《未来的社会主义》,中央编译局国际发展与合作研究所译,中央编译出版社1994年版,第366页。

义。"① 沙夫也曾经在《当代社会主义的空白领域》一文中讲道：未来社会"将为我们提供一个从某种意义上说是集体经济的因而在实质上也是社会主义经济社会。这一点已被日益加速的当代工业革命所指明"②。"这将引起劳动的性质和社会分配制度的变化，传统意义上的劳动逐渐消亡，社会要为那些被自动化和计算机化排挤出传统劳动的整个社会边缘大军提供资金保障，这些劳动者从事的是产生社会公益的新式劳动。当然，计划并不是'被错误理解的计划'，也不是那种控制国家经济并试图全面干预整个经济生活的垄断力量。计划是建立在掌握和了解社会各种需求而且是国际范围内需求的广泛前景基础上的计划。随着科技的发展，信息的全球化和共享使这种计划完全可能。"沙夫肯定地讲道："从这种意义上，我们可以充满信心地说：从技术的角度看，实行经济计划也是可能的，即使在全球范围内。同时，我们坚信，在向未来前进的过程中，计划经济正在更加符合实际并趋于完善。这对于未来的社会主义社会无疑是个极其重要的启示。"③

（三）建立适应人类整体生活和集体经济的、非官僚化的自由民主政治

后工业社会主义认为，工业社会主义关于民主国家等政治范畴在后工业社会仍然具有意义，只是不能像现实国家那样在实践中把它们推向极端。虽然各种各样的工业社会主义的具体政治方案已经过时，但"社会主义对于国家管理方面现代情况的思考在现代仍然具有理性潜力"。这种"现代思考"包括马克思和列宁关于"国家消亡"的思想，这种思想预测了未来社会（后工业社会）的政治实

---

① ［波］亚当·沙夫：《我的 20 世纪》，《自由思想》1994 年第 4 期。

② ［苏］戈尔巴乔夫：《未来的社会主义》，中央编译局国际发展与合作研究所译，中央编译出版社 1994 年版，第 97 页。

③ 同上书，第 104 页。

践形式。马克思和列宁认为，在未来社会，国家将失去其阶级统治性质，而变成管理公共事务的机关，无产阶级的国家是正在消亡的国家，无产阶级的政权不应该是代议制的民主制，而是无产阶级和全体人民的直接的自我管理，这将导致国家作为凌驾于人民之上的特殊机关的消亡。后工业社会主义者认为，这种思想对后工业社会的政治管理形式有很大的启发，遗憾的是列宁在实践中感到在一个大国的条件下人民自我管理形式的政权将没有行为能力，因此他在自己提出的"无产阶级专家"体系中引入了一个新角色——党，赋予党以整个无产阶级专政体系领导地位。这样，他就为把苏维埃变成极权主义的意识形态开辟了道路，这条道路在后来俄罗斯历史中成了现实。后工业社会主义需要国家，但不是这种极权统治的国家，而是对社会进行自觉管理、保证人在生活整体需要得到满足的非官僚极权化的国家。在后工业社会主义社会，国家不会消亡，也不会没有必要。"经验表明，国家是非常重要的工具，只有幻想家才认为政权可以不需要国家存在。"① 国家正是适应人类整体生活和集体经济需要的政治制度。

后工业社会主义的政治也不是工业资本主义的代议制民主。工业社会主义对资本主义代议制民主的否定也是正确的。在这种代议制民主里，公民被置于千篇一律的选民地位，国家决定根据机械计算选票结果通过，它所推行的"共同意志"与具体公民的意愿格格不入，实际上人们根本没有自由可言，如果用自我管理的机构补充它，就有可能建立自由和自觉相统一的政治管理。

布兹加林提出了建立后工业社会主义民主、保证人民各种权利的几点结论，这包括：（1）彻底地捍卫普遍的民主是走向社会主义的条件。极权官僚主义是当今社会主义危机的基本原因，因此社会主义就是要彻底发展资产阶级的形式上的民主，使之变为普通公民在

① ［苏］戈尔巴乔夫：《未来的社会主义》，中央编译局国际发展与合作研究所译，中央编译出版社 1994 年版，第 111 页。

经济、社会、政治生活中的自我管理，逐步实现国家的消亡；（2）必须克服社会主义运动中的国家强权倾向，为避免极权官僚主义政权的出现，应积极支持劳动人民的各种自我组织形式；（3）应当积极维护社会主义的各种萌芽，如对经济的自觉控制，集体主义，互相帮助，克服由市场经济带来的异化的其他各种途径及社会公正、平等、无私等。

在后工业社会主义社会，科技的发展对政治管理提出了新的要求，但同时也要注意另一种倾向。沙夫指出，随着科技的发展，传统社会阶级（首先是工业阶级）逐渐消亡，有可能产生新的有产阶级（它掌握着信息这种新的生产资料）。这个由科学家、工程师、技术人员和经理人员等组成的新阶级有可能依靠部分官僚体制和旧的有产阶级的残余变为统治阶级，从而有出现社会斗争的危险并由此导致权力统治。在这种情况下，如果社会是以集体经济为基础，那么就有可能产生新型共产法西斯制度。

（四）后工业社会主义的实现主体

由于后工业社会劳动性质发生变化，原来工业社会主义的主体——无产阶级——逐渐失去了它的传统地位。后工业社会主义者认为，劳动曾经是无产阶级追求在生产、政治、社会精神生活中起主导作用的基础，但是它们理解和依赖的劳动只是工业社会的劳动，甚至仅仅是体力劳动。而后工业社会主义的劳动与马克思所理解的共产主义劳动一致，是人的生命活动的外在表现形式，是创造性的劳动。新科技革命的发展，已经促使劳动由传统性质向创造性质转变。再有，传统工人阶级发挥作用的社会——经济条件是雇佣劳动和劳资关系，而在后工业社会，这种关系逐渐消亡，社会主义实现主体的社会任务已经发生根本变化，即不再是使劳动从资本的统治下解放出来，而是使人类从工业社会异化状态下解放出来。因此，在后工业社会，社会主义需要新的实现主体。

萨马尔斯卡娅认为，只有"精英劳动"才能成为社会主导者发

挥作用的基础。劳动者的基本群众主要从事服务行业，他所从事的
是非创造性的、低熟练程度的、不稳定的劳动，"从事这种劳动的人
既不可能在其中获得自己的社会同一性，也不可能获得领导社会的
使命"。

　　布兹加林提出："社会主义和共产主义运动的社会基础，在今
天，是最大程度地经受异化之苦并有能力从事联合起来的创造性劳
动的人。"① 由此他认为，新的社会主义实现主体不再是工业无产阶
级，而是工程师、教师、医生等"下层"知识分子及受过专门训练
的具有社会积极性的工人。他们不是要求重新分配财富，而是要求
实现劳动解放，保证其创造性传统的工业无产阶级已经丧失了从事
大规模积极社会革命的能力，决定当今社会面貌的是从事后工业社
会创造性劳动的人，工业社会中作为机器附属物的雇佣工人的劳动
已经过时。必须放弃依靠穷人搞社会主义的想法，依靠经济上、社
会上被压迫的穷人是旧社会主义的特点。

　　那么后工业社会主义的实现主体怎样产生呢？主要有两个途径。
一是培养和联合新型的人。改造那些来自原有社会主义、共产主义
运动的人。这就要求努力使专业工人及下层知识分子由从事经济斗
争提高到为消除一切异化、实现人及劳动的解放而奋斗。二是联合
各种新社会运动的人。布兹加林认为，首先要使群众性的民主运动
（工会运动生态运动等）的代表人物联合起来，使一切意识到不能局
限于要求提高工资、反对污染河流而应当消除产生异化的基础的人
联合起来。沙夫指出："我们必须扩大基础，以便把新社会运动的活
动者包容起来（如革命的宗教运动、生态运动和妇女运动等），必须
倾听登上社会转变舞台的新生力量的观点，重视他们关于旨在实现

---

　　① 李会滨等编：《走向 21 世纪的社会主义》，中央编译出版社 1996 年版，第
156 页。

共同目标的共同行动的看法。"① 由此可见，后工业社会主义者结合苏东剧变后世界社会主义运动的形势，也正努力为他们支持的新左派扩大政治基础和社会基础。

三　后工业社会主义的思想来源

大体上说，后工业社会主义来源于西方关于科学技术的社会发展理论、西方马克思主义的人道社会主义理论和生态社会主义理论。关于科学技术的社会发展理论对于后工业社会主义关于"工业社会主义"和"后工业社会主义"的宏观划分起了主要的影响；西方马克思主义的人道社会主义理论对于后工业社会主义理论的价值目标取向具有重要的作用；生态社会主义是后工业社会主义最为直接的思想理论来源，它们的许多具体观点和主张都是一致的，但二者的理论出发点和侧重点却有很大区别。此外，马克思主义的共产主义理论也对后工业社会主义有一定的影响。

（一）关于科学技术的社会发展理论

在当代西方社会，一方面新科技革命促进了生产力的迅猛发展，另一方面也带来了社会生活领域各个方面的急剧变化。这迫切需要及时研究这些变化所造成的一切社会后果，并预测它对社会未来发展方向的影响。在这样的历史条件下，便产生了各式各样的与科技革命密切相关的社会发展理论。无论是其中的"技术统治论"还是"科技未来主义"，都对后工业社会主义的产生起了重要作用。

"技术统治论"的共同主张是，科学技术已经成为社会发展的主要推动力量，社会的统治权应该从资本家手中转移到科技阶层即科

---

① 参见［波］亚当·沙夫《沙夫论新左派的必要性》，《国外理论动态》1997年9月20日。

技精英或企业家手中。这些理论主张对于后工业社会主义者关于工业资本主义极限的认识和关于未来社会主义实现主体的认识具有启迪作用。如加尔布雷思的"技术结构阶层论"认为，在人类社会发展的不同历史时期，各有不同的起最重要作用的生产要素，谁拥有了最重要的生产要素，谁就掌握了权力。到了现代社会，生产技术专门知识取代了过去的土地和资本成为最为重要的生产要素，这样社会权力就将逐步转向"技术结构阶层"，随着技术的不断进步，社会就会从本质上发生变化。他在这里提出了产生新质社会制度的可能。在未来社会，社会的冲突不是阶级之间的冲突，而是有知识者和无知识者之间的冲突；新社会的人的品质和追求目标也发生了变化；技术结构阶层是一个由共同目标联合起来的统一的决策集团，集团成员的收入主要是薪水与奖金，而不是股息；他们谋求生产的稳定与增长而不是谋取最大利润。他倡导实行权力均等化的"新社会主义"，而实现这一社会革新主要依靠科学教育。这些见解对于后工业社会主义者反对"物质中心主义"、倡导实现人的价值和全面发展具有认识上的导向作用。

明确提出和界定"后工业社会"概念的是丹尼尔·贝尔。他把人类历史划分为三个阶段：前工业社会、工业社会和后工业社会。不同的社会是依据不同的中轴建立起来的。前工业社会以传统主义为轴心，意图是同自然界竞争，土地是资源，地主和军人拥有统治权。工业社会以经济增长为轴心，同经过加工的自然界竞争，机器是资源，企业主是社会的统治人物。而后工业社会以理论知识为中轴，意图是人与人之间知识的竞争，科技精英成为社会的统治人物。科技专家之所以拥有权力，全凭他们受的专业教育与技术专长。[1] 这些见解对于后工业社会主义者反对人类像在前工业社会那样再把自然界当作盲目征服的对象，否定像在工业社会那样再把经济增长当

---

① 参见［美］丹尼尔·贝尔《后工业社会的来临》，高铦等译，商务印书馆1986 年版。

作唯一的追求目标，具有直接的启示。

尽管"技术统治论"者根据科技发展和资本主义社会的变化提出上述许多发人深省的见解，但是他们把对现实社会的解释仅仅建立在技术统治的基础之上，是有失偏颇的。特别是他们在解释越来越复杂的社会变化时感到无能为力，于是不断修正自己的理论，从多方面考察社会。这样，技术统治论就演变为"科技未来主义"。贝尔首先修正了自己的理论，他放弃了单从技术统治解释社会的方法，把政治、文化历史、精神价值等因素加入自己的理论之中，以多维的系统方法取代了原来的单维技术决定论。他指出，当代资本主义已经出现经济、政治和文化三大系统的分裂，它们各自围绕自身的中轴运转，彼此冲突。在技术经济领域，一切由效益原则主宰，谋求最大利润；在政治领域围绕"平等原则"运转；在文化领域中起主要作用的是"自我满足"与"自我表现"，这与经济领域中的高效益原则相互冲突，也与政治原则冲突。这样资本主义就面临着持久的文化危机。于是贝尔预言，最终社会制度的区别将不在于结构而在于社会精神气质。后工业社会的政治精神是社会化而不是经济化，最大利润的原则服从于社会和团体的利益。① 再有，80 年代法国的施赖贝尔出版了《世界面临挑战》一书，指出信息社会是一个走向世界大同的社会，是一个按"指数曲线"发展的社会，摆脱了经济停滞的现象，没有能源危机，是一个能够实现充分就业的社会，实现的是"智力就业"而不是"体力就业"，个人的全部才能都能够充分就业。人类将进入平等的大同世界，这种思想对后工业社会主义有重要的启发意义，使其能够直接将后工业社会同社会主义结合起来，甚至与马克思的共产主义理论结合起来。

---

① 参见［美］丹尼尔·贝尔《资本主义文化矛盾》，赵一凡等译，生活·读书·新知三联书店 1989 年版。

（二）西方马克思主义者的人道社会主义理论

后工业社会主义关于人的价值和尊严以及人的解放思想与西方马克思主义的人道社会主义理论密切相关，诸如列斐弗尔、马尔库塞和弗洛姆等人的理论。马尔库塞曾经区分"现存社会主义"和"自由社会主义"，认为现存的社会主义也是一种工业社会的社会主义，虽然科技进步和经济发展使人的物质需求得到一定的满足，但不会带来人的解放，人仍然受控制、奴役和压抑，人同自身、人同人、人同自然相异化；而在未来的"自由社会主义"中，人同自然、社会，人与他人和自己本质的异化得到克服，处于一种统一的、和谐的关系之中，人性得以恢复和发展，人的潜能得到充分的发挥，人获得真正的自由和解放。① 马尔库塞的这一社会区分方法和后工业社会主义区分"工业社会主义"和"后工业社会主义"一样具有显明的借鉴意义。

弗洛姆的理论也是如此，他认为，"现存的社会主义"与资本主义并没有本质的区别。马克思主义的社会主义才是真正超越资本主义的社会主义，它既不同于西方资本主义社会，又不同于"现存社会主义"。在这种未来社会中，人始终占中心地位，是最高的价值，人是目的，"任何社会主义的概念和实践都必须依据它们是否有益于人们之间的关系这个标准加以检验"。② 人最终摆脱了经济决定论，人的精神得到完全的解放，人与自然和谐发展共存这种思想直接被后工业社会主义吸收。

苏东剧变以后，西方一些左翼人士和所谓的"新马克思主义者"对苏联过去的"独裁压制和非人性"的社会主义进行了猛烈抨击，倡导建立"人道主义的社会主义"。后工业社会主义的倡导者也同样

---

① 参见［美］马尔库塞《爱欲与文明》，黄勇等译，上海译文出版社 1987 年版，第 157 页。

② 《人的呼唤——弗洛姆人道主义文集》，王泽应等译，上海三联书店 1991 年版，第 114 页。

具有这种理论倾向。例如，波兰的沙夫认为，社会主义应当把人作为出发点，应该从热爱人和对人的非人化贬低、不幸的忧伤意识开始；弗兰尼茨基把人的自由当作社会主义的基本目标，认为不应把社会主义仅仅理解为生产力的发展和财富的积累，而是在发展生产力的同时发展和扩大人的自由。

(三) 生态社会主义

生态社会主义是在西方生态运动和绿色运动发展过程中分化出来的一种社会主义思潮，它的独立存在只是 20 世纪 90 年代的事情。苏东剧变后，一些人士把社会主义的前途和生态运动结合起来，使生态运动的政治性色彩越加浓厚，在理论上形成了"红绿交融"的生态社会主义，其基本理论主旨是从人与自然关系的角度构建未来社会蓝图。这种理论认为，当代发达工业社会的生态危机已经代替了经济危机成为社会的基本矛盾，社会主义社会将由生态环境的有限承受能力与工业的无限生产能力之间的矛盾引起，应该是消除生态危机、实现人与自然和谐共存的社会。由此生态社会主义者批判资本主义的"异化生产"和"异化消费"，主张实行"稳态经济"发展模式，即一种新型的需要和新型的人与自然的关系，实行分散的放慢经济增长速度的社会经济组织形式，建立起一个分散化、非官僚化和工人自治管理相结合的稳态经济的社会主义。

新兴的后工业社会主义直接吸收了生态社会主义的许多理论观点和主张。后工业社会主义关于重新考虑人与自然的关系、关于工业文明终结的具体见解没有超出生态社会主义的理论范畴。二者不同的地方是：生态社会主义是从生态危机问题出发建构理论，而后工业社会主义是从科技革命导致整个社会时代发生质的变化这一结论出发提出自己的理论见解。因此，后工业社会主义的理论立意较为宏观，它不仅关注生态问题，还更多关注"后工业文明"中的社会主义生产、社会主义的人的解放和自由、新社会主义的实现主体等重要问题。但是这些问题仅是刚刚提出，还没有形成系统的理论。

此外，生态社会主义着重对资本主义提出批判，而后工业社会主义着重对"工业社会主义"进行否定。

　　总之，后工业社会主义从科技革命发展的角度重新观察和思考社会主义的未来，在工业社会的危机中理解社会主义的新的必然性，把后工业社会导向社会主义，并且从人类整体生活的需要出发，对社会主义进行了独到的诠释。它对工业资本主义和工业社会主义否定的某些见解是深刻的，具有重要的启发意义。但是这种思潮把科技进步看作社会发展的决定力量，否定阶级矛盾和斗争的推动作用，把工业社会主义（包括现实社会主义）与工业资本主义等同，否定工业社会主义是对工业资本主义的否定；把人的解放作为社会主义的目标尽管正确，但没有正确理解和处理目的和手段、现在和未来的关系，没有超出抽象人道主义的范围。它对现实社会主义批判中的某些观点也是不科学的。目前，对这种方兴未艾的社会主义思潮，我们要运用马克思主义的立场、观点和方法进行认真的分析和进一步跟踪研究。

国外共产党与左翼学者的社会主义观[*]

提要： 国外主要共产党以及市场社会主义、"后工业社会主义"等思潮在社会主义问题上的基本看法，及其对未来社会主义模式的诸多设计，展现了 20 世纪末，即苏东剧变后国外共产党和左翼学者对社会主义问题的认识和主张。

社会主义制度在实践中经历了 80 年探索。这期间历经磨难，尤其是经历了像苏东剧变这样的挫折后，有些共产党组织把"马克思列宁主义"的字眼从其党纲中取消了，但是马克思主义奠基人描述的社会主义对今天大多数共产党人和人民群众仍具有很强的吸引力。当然，各国共产党依据变化了的社会历史状况进行了新的思考。拒绝单一的苏联模式，强调搞社会主义要有各国的民族特色，这是各国共产党的一致看法。于是，各国共产党对社会主义有各自的描述。此外，一些左翼知识分子还围绕计划与市场、效率与公平等主题，重新设计了各种各样的社会主义新模式。

一 各国共产党论社会主义的基本特征

总的来说，各国共产党谈论的社会主义基本特征大体上可分为

---

* 原载于《科学社会主义》1998 年第 5 期，为与余文烈合作成果。

两种类型：现行社会主义国家和俄共所论述的"完全的社会主义"，基本上比较接近经典作家的描述；而西欧发达国家的共产党，从其国情、文化特征和斗争策略考虑，则更多地强调社会主义的民主、公正和人道主义等要素。

1. 越南认为社会主义应该人民当家作主、生产资料公有制和消灭阶级剥削。越共八大政治报告提出，社会主义应该具有以下六个特征：（1）劳动人民当家作主；（2）国民经济以公有制为基础，生产力高度现代化；（3）具有先进的文化，又充分体现民族特色；（4）人民摆脱了压迫、剥削和不公正，实现各尽所能、按劳分配，人民生活富裕幸福，个人有全面发展的条件；（5）国内各民族平等、团结、相互帮助、共同进步；（6）同世界各国人民保持友好和合作关系。根据越共中央委员、越中央马列主义研究院院长郑春奇的解释，在社会主义上述六个特征中，最重要的是人民当家作主的政治制度和国民经济以公有制为基础两条。所谓公有制经济指的依然是过去所理解的国有经济和集体经济。与这种"完全社会主义"的标准相对照，越共认为越南现在仍处在过渡时期，是发展"社会主义定向"的经济与政治的时期，尚不是社会主义社会。

2. 朝鲜强调"主体哲学"，主张建设"主体的社会主义"。朝鲜把社会主义划分为"不完全的社会主义"和"完全胜利了的社会主义"两个阶段。不完全的社会主义是指"社会主义制度已经建立，但社会主义建设还没有完成"的社会。完全胜利了的社会主义则是"从资本主义到社会主义的过渡时期已结束，完全实现了共产主义低级阶段的社会，是逐步向共产主义高级阶段过渡的社会"。金日成1986 年 12 月在《争取社会主义的完全胜利》中专门对其社会主义理论做了阐释。他说："完全胜利了的社会主义社会，就是全社会实现了工人阶级化、全体人民作为国家和社会的平等的主人过上自主的创造性生活的完善的社会主义社会。完全胜利了的社会主义社会是无阶级社会，是所有社会成员完全的社会政治平等和丰富的物质文化生活得到保障的发达的社会。"

在朝鲜的社会主义观中，有两条十分突出的特征。第一是强调"人的自主性"，坚持"主体的社会主义"。他们认为，搞社会主义就是为了实现人的自主性，使人们摆脱种种奴役，做自然和社会的主人，过自主的创造性的生活。金正日在1992年4月发表的《维护和发展社会主义平壤宣言》中说："当今时代是自主性的时代。社会主义事业是为实现人民群众的自主性的神圣事业。"在朝鲜领导人看来，马克思主义"有历史局限性"，是"以物质条件为主，以自然史过程来观察社会发展过程"的；只有金日成创立的"主体思想"，即"以人为中心来观察社会，才能回答建设社会主义和共产主义这些马克思主义没能做出正确解答"的问题，从而开辟了人类历史发展的新时代——"主体时代"。第二是坚持高度集中的计划经济管理体制。他们认为，社会主义经济不是市场经济，而是计划经济；计划经济是实现人的自主性的崭新的经济，搞市场经济就是复辟资本主义。因此，朝鲜党的领导人虽然在公开场合肯定我国建设有中国特色的社会主义，但在内部对我国的改革开放政策则持否定态度，认为我国已是"戴着社会主义帽子的国家"，所进行的改革开放是"走资本主义道路"。

3. 俄共纲领认为完全的社会主义是生产资料公有、按劳分配、科学计划管理、民主自治的社会。1995年1月俄共三大通过的《俄罗斯联邦共产党纲领》指出，俄共奋斗的目标是：民权、公正、平等、爱国主义、人的权利与义务统一，以及生态安全。纲领宣称，为了实现这些目标，俄共将"遵循发展的马克思列宁主义学说、唯物主义辩证法，依靠本国和世界科学文化的经验和成就"。

俄共纲领指出，在"最终形成的社会主义关系"中，生产资料的公有制形式将占优势，"随着劳动的实际社会化水平的提高，这些公有制形式在经济中的统治地位将逐步确立"。俄共党纲认为"完全的社会主义"的定义是："没有人剥削人的，按劳动数量、质量和成果分配生活资料的无阶级社会。这是在科学计划和管理、采用节约劳动力和节约资源的后工业化工艺的基础上达到的具有高度劳动生产率和生产效益的社会。这是具有真正民主和发达的精神文明、鼓励个人的创造积极性和劳动者自治的社会。"俄共坚持认为，在社会主义制度下，"未来共产主义联合体"的必要前提逐步形成并得到发展；而在共产主义联合体里，"每个人的自由发展是所有人自由发展的条件"。

4. 欧美共产党的社会主义观突出政治的民主、自由、公正和人道。葡萄牙共产党 1996 年 12 月召开的十五大重申，葡共的理论基础是"在实践中不断丰富和发展的马列主义"。葡共认为，社会主义就是深化民主。大会重申该党十二大提出的建立"先进民主"的纲领，即政治民主、经济民主、文化民主和社会民主；强调实现"先进民主"纲领提出的目标就是实现以社会主义为方向的社会变革方案的组成部分，最终将实现社会主义。

美国共产党主席霍尔在《美国通向社会主义的道路》一文中指出，美国社会主义的目标是：（1）消灭剥削，安定社会，保障生活，消除失业、饥饿和无家可归；（2）消灭种族主义、民族压迫，反对亲犹太人主义以及各种形式的歧视和偏见，结束妇女的不平等地位；（3）重建和扩大民主，废除大公司的统治和国家财富私有制，建立一个真正人道和合理规划的社会，以充分施展个人特点、创造力和才能。美共的这种社会主义观是以美国建立社会主义所具有的经济、科技、国防的实力和人民的民主、法制传统等独特条件为基础的。

法国共产党用"新共产主义"取代原先坚持的"法国色彩的社会主义"。这是 1996 年举行的法共二十九大通过的最后文件《法国共产党的政策》所确定的。其理由有二：第一，认为马克思设想的共产主义最终实现之前并无一个社会主义的过渡阶段，共产党人的奋斗目标就是"共产主义"；第二，认为苏东剧变后再提"社会主义"，容易使人想起苏联失败的"社会主义"，这对法共的发展不利。法共所说的"新共产主义"含义是："一个男女自由、联合和平等的社会"；"一个发展和尊重每个人能力、在合作的人文氛围中共同努力、共享资源、知识、信息和权力的社会"；"一个没有失业和统治、没有就业不稳定和不公正、没有暴力和武器的社会"。法共全国书记罗贝尔·于的《共产主义的变革》一书是"新共产主义"的理论基础。在这本论著中，罗贝尔·于认为，共产主义一词表达了一种向往，"即对一个更加人道、更加正直、更加公正、更加自由的社会的憧憬"；共产主义摆脱了资本主义的倒退、对抗，是对资本主义的超越，与当代的人道主义相一致；没有"被社会排斥"现象，实现"参与民主"，人民当家作主；将社会的全部资本（私有资本和国家资本）优先用于有利于就业、公正、环保和满足人们需要的新的混合经济。

可以看出，法共所说的"共产主义"并非马克思主义严格意义上的共产主义。但是，政治上强调民主、自由、公正、人道；经济上不实行中央集权的计划经济，而采用多种经济成分并存的体制，这是西欧各国共产党对社会主义（"共产主义"）看法的共同点。例如德国学者考普夫谈德国共产党关于未来社会主义的构想时，就认为它的本质特征是：社会公正、机会均等、自由与自决、平等、团结、国际主义、为后代对环境与资源负责等九条。当然，公有制也包括在内。

二　左翼知识分子重新建构的社会主义

在苏联模式处于鼎盛时期时，西方就有一些左翼知识分子激烈批评这种模式的缺陷，苏东剧变后，这些知识分子又深深地感到，社会主义是对资本主义的辩证否定，社会主义追求的价值目标不应该由于苏联模式的崩溃而被一起葬送。于是从20世纪90年代初开始，在世界社会主义运动的低潮时期，掀起了关于未来社会主义的讨论热潮，由此产生了种种"新社会主义"的理论和模式。这些理论和模式可以归纳为两种类型：一类是围绕计划与市场的取舍探求效率与公平的有机结合；另一类称为"后工业新社会主义"，它企图超越"工业时代",追求社会的"稳态"发展和人类生活质量的提高。

1. 围绕计划和市场的取舍设计的社会主义。这种类型因其强调市场与强调经济计划的不同,又可分为以下三类。

(1)市场型社会主义。"市场社会主义"是目前世界性理论热点之一。它以某种形式的公有制为基础,让生产者合作社、企业或个人参与市场竞争,以提高经济效益,利用市场来实现传统社会主义的价值目标,如平等、公正、效率、自由和民主等。倡导市场社会主义的人认为,市场社会主义是"实现彻底的社会主义"之前超越资本主义的"过渡性阶段",是在苏东剧变、人们对社会主义的长远目标普遍产生怀疑的情况下,向"完全的社会主义"过渡的可行的中期方案。它既被看作替代现行资本主义的"实用的"方案,又被看作苏东社会主义解体后社会转型的最佳出路,认为这些国家转向市场社会主义比转向资本主义自由经济要优越得多。20世纪90年代以来新建构的比较有影响的市场社会主义模式有十余种,如美国著名经济学家罗默的"证券社会主义"、英国政治哲学家米勒的"合作制市场社会主义"、施韦卡特的"经济民主的市场社会主义",等等。

(2)民主计划型社会主义。这种模式的理论依据是:苏联崩溃的原因主要不在于计划经济和公有制经济的效率水平低下,而在于没有合理地实行社会主义计划,在发生危机时又盲目求助于市场。因此,社会主义不应该走市场社会主义的道路,而应该建立合理计划的社会主义。如美国马萨诸塞大学经济学教授戴维·柯茨设计的"民主计划社会主义"模式,强调社会主义是计划的,但这种计划不是由"党国精英"制定,而是由所有受决策影响的人通过包括参与、讨论、谈判和妥协在内的过程形成。

(3)"二元结构"或"三元结构"的社会主义。"二元结构的社会主义"倡导者认为,计划和市场对于社会主义来说同等重要,只是二者在不同时间和场合发挥作用的程度不同,所以计划的社会主义和市场社会主义的提法都是不正确的。日本学者碓井敏正论述了市场合理性与计划合理性相结合的"新型社会主义体制的优越性"，指出，计划能够保证社会生产体制整体的合理性、宏观的合理性；而市场能够保证微观层次的各个经济单位内部的合理性，二者有机结合起来，就能保证社会主义生产的最优合理运行。"三元结构的社会主义"认为，社会主义不是唯一计划或市场的单元结构，而是计划、市场和直接合作这种三元性结构概念。社会主义是建立在"生产资料社会化"基础上，通过澄清计划、市场以及直接合作之间的合理关系来实现的。社会主义首先应该运用直接合作，在直接合作不公正的时候运用计划，在直接合作和计划都不公正时才运用市场。社会主义的目标不是去取消市场和计划，而是去取消它们所产生的阶级关系。法国学者雅克·比岱是这种模式的倡导者。

2. "后工业时代的新社会主义"。这种类型包括生态社会主义者对未来社会的构想和"后工业时代"论者的"新社会主义"模式。

生态社会主义批判资本主义社会"过度生产"和"过度消费"引发生态危机，认为只有生态社会主义才是社会发展的未来。他们设计的未来社会模式是：政治上追求社会正义、基层民主和精神文明；经济上建立"稳态"的社会主义经济模式，包括节制增长、平等分配财富、小规模技术与分散化生产、注重绿色工作道德、大力发展"供选择"项目等内容。

"后工业时代的新社会主义"论者认为现代科技的发展已经使社会由工业时代变成后工业时代。无论是"工业资本主义"还是"工业社会主义"，都只是"在抽象的统治下转动着生产和消费的飞轮"；但从"后工业时代的新社会主义"角度看，对这种经济抽象和"产品文明"已经提出"抗议"并指出"追求质量价值"的方向。科技革命的发展已经使人的物质需求不再成为社会进步的象征和动力。

"闲暇文明"是后工业主义的标志，人们有更多的时间用于个人的自由发展，社会的口号是：消费少些，使生活（质量）和工作好些。这些论者还认为，后工业社会的自动化和信息化逐渐消除资本和雇佣劳动的对抗关系，劳动、生产和无产阶级逐渐丧失主导作用，这些都使原来的"工业社会主义"的基本理论成为问题。俄国学者萨尔马斯卡娅和一些"西方马克思主义者"都论述过这种理论。这种理论与生态社会主义的共同点是，两者都强调人与自然的和谐发展，追求生活质量，反对"异化消费"。

　　"后工业时代的新社会主义"和其他一些理论形态都断言信息时代将带来知识财产，消除劳资对抗。但从现实的发展趋势看，在资本主义社会中不管是谁掌握了生产资料，劳资对抗不仅没有消除，而且由于如前所分析的原因，反而更加尖锐。

国外独立左翼人士的
"新社会主义"观[*]

提要： 20—21世纪之交国外一些独立于传统政治活动和派别之外的左翼人士对社会主义几个主要理论问题的思索和探讨，其中包括社会主义的定义和价值目标、社会主义的经济制度和体制、社会主义和民主的关系、社会主义的实现主体、后工业时代社会主义的发展前景预测等内容，反映了国外社会主义理论探索的情况和趋势。

在世界社会主义思想和运动的发展历史中，始终存在着一些独立于政党活动之外的左翼人士。他们以自己独特的学理和逻辑分析，大多以"精神批判"的方式揭示他们所处时代的资本主义的弊端，憧憬和设计各种各样的关于社会主义的理论和模式。在20世纪90年代世界社会主义的深刻反思和积极探索阶段，除了各国共产党和社会民主党这些传统社会主义力量的理论和实践活动之外，独立左翼人士的思想开拓和理论探究活动又出现了一个新高潮。他们在苏东剧变之后，声称仍以社会主义为价值取向和目标，仍以否定和"替代"资本主义为己任。尽管这些左翼代表人物存在着各种各样的立场和理论局限，但他们大多不受传统政党派别纲领的拘囿和限制，

---

* 原载于《教学与研究》2000年第5期。

关注问题视野广阔，思考主题热点前沿，构建模式新颖独特，甚至形成了颇具特点的新理论流派，如市场社会主义、生态社会主义、经济民主的社会主义、后工业社会主义和自由社会主义等。本文旨在按照理论主题的划分，对独立左翼人士在世纪之交的"新社会主义"观进行较为系统的总结和分析。

一　对社会主义的核心价值和基本目标的认识

"社会主义"一词的多义性在历次关于社会主义的大讨论中都表现了出来，而在目前这场世纪之交的社会主义大讨论中，各个流派和各种思潮的代表人物更是提出了纷繁多样的关于社会主义的内涵、价值和追求目标的观点。各种流派和思潮根据不同的标准理解和界定社会主义，目前很难找到两个完全一致的社会主义定义。但根据其主要价值和目标取向，大体有以下几种情况。

（1）社会主义仍然是一种制度或体制。如奥塔·锡克认为，必须把社会主义限定为一种社会体制。社会主义这一术语是指刚刚脱胎于资本主义的共产主义的第一阶段和低级阶段。社会主义意味着通过生产资料的社会所有制代替私有制，从而防止作为其基本对立面的"资本主义"。① 这是较为正统的马克思主义理解。牛津大学经济学教授布鲁斯的社会主义定义也与之类似，他认为社会主义是资本主义失去其经济社会进步作用这一历史进程的合法结果。因此，社会主义是资本主义的继承者，无论从经济基础即生产关系，还是从政治、法律和文化即上层建筑的意义上说，社会主义都是一种不同的、独立的和更高的社会组织形式。②

① Ota Sik ed. , *Socialism Today—The Changing Meaning of Socialism*, N. Y：Macmillan, 1991, p. 2.

② Ibid. , p. 48.

（2）社会主义是一种改革或超越资本主义的历史过程。如英国政治学家拉尔夫·米利班德认为："从现实主义的角度看，必须把社会主义看作既是对资本主义统治的社会秩序的延伸，又是对它的超越。它必须建立在许多年来凭借坚韧不拔的斗争而取得的社会政治进步的基础之上，它力图进一步推动这一进程，以便实现社会主义的基本目标。"① 英国生态社会主义者劳伦斯·怀尔德认为，社会主义不是一种制度，不是科学设计的结果，而是对资本主义的积极扬弃。左翼人士克劳丁说得更为直截了当："我认为，社会主义不外乎是一个在更多的自由和社会公正的意义上改变现存社会的实在的运动。"

（3）社会主义是价值综合体。它代表着诸如平等、自由、人道、民主、共有、互助、合作等一系列人类追求的价值。俄罗斯左翼学者尤·克拉辛认为，社会主义不是一种实现历史设定的目标的社会经济形态，而是向往建立平等、公正的社会制度而产生的思想政治潮流，是人类探索和谐关系的永恒主题。美国学者保罗·考克厦特和艾林·考特里尔认为，社会主义的主要价值是克服收入、权利和机会的全面不平等。还有其他流派，如经济民主的社会主义强调经济生活的民主决策和民主管理，而人道的社会主义强调人性的自由发展等。

（4）社会主义是对人类基本生活权利的捍卫和保护。如美国学者弗里德里克·詹姆逊讲道："社会主义始终意味着对人类从出生到死亡的全方位保护：彻底的保障体系，它为每个人提供自由地存在和发展真实个性所必需的基本条件，使得人们能够无忧无虑地生活。"②

科学社会主义认为，社会主义既应是指导工人阶级和全人类争

---

① Antonio Callari, Stephen Cullenderg and Carole Biewener, eds., *Marxism in the Postmodern Age*, N. Y: Guilford, 1995, p. 221.

② Saree Makdis ed., *Marxism Beyond Marxism*, London: Routledge, 1996, p. 30.

取解放斗争的科学的理论武器，也是变革和代替资本主义社会的伟大的社会运动和实践，同时它还体现着人类亘古以来就孜孜以求的各种美好的社会愿望和价值追求，而它在现实社会和历史过程中必然要表现为一种社会制度，即现实的物质存在。几个方面应是相承相生、有机统一的。上述国外独立左翼人士的诠释和界定，可以说对这几个方面都有程度不同的反映，但他们大多片面地强调某一方面而舍弃其余，割裂或片面理解社会主义各侧面和层面的有机统一关系。这样就有可能使社会主义流于价值说教，失去基本根基陷入改良泥沼，淡弱其改革和推动社会的效力。

二　对未来社会主义经济制度方案的设计

　　思考和设计社会主义的经济制度，是国外许多社会主义思潮和流派的理论主题，如市场社会主义、经济民主的社会主义等。它们在设计经济制度方案时，主要为了解决经济公平和经济效率的问题，而设计的具体对象是所有制方案、经济运行机制和经济分配方案。

　　在所有制问题上，各流派的社会主义者大体都认为社会主义要实现某种程度的社会所有制（公有制），但在社会所有制的形式、成分和实现方式上，他们的观点又是各有千秋。一种观点认为社会所有制是生产资料方面的某种社会所有形式；另一种观点则认为它应该是资本和利润的社会化，而不是对物质资料的社会占有或拥有。

　　前者认为，生产资料的社会所有制有多种形式和成分，它不是单一的国有制，而包括国有、集体所有和合作制等，同时它又是一种混合经济，其中也包括一些非公有成分，大体上每种设计都为私人所有留下了一定空间。市场社会主义主要代表人物诺夫和布鲁斯就持这种见解。他们认为，基于传统国家社会主义的教训，生产资料的国有制不是公有制的唯一形式，社会主义的社会所有制应该容纳多种经济成分，私有的、合作的、集体所有的和国有的企业将相互竞争，直接的国家调节和控制要受到严格限制。但是，国有和社会成分要占支配地位。诺夫就指出，国家、社会和合作财产起支配作用，消除任何形式的生产资料大规模私人所有制。

关注生产资本和利润的社会化的人，也提出了不同的设计方案。如美国经济学家约翰·罗默设想，在生产资本方面，由公有的投资银行为企业提供资本，国家通过利率决定投资方向和投资构成。在利润社会化方面，设定一种不同于日常货币的证券货币，它只能用于购买企业股票。政府把证券货币平等分配给每个 21 岁的年轻成年人，并允许他们在有生之年对其购买的股票进行交易。他们收取持有的有价证券给他们带来的股息，但不允许他们把股票兑换成现金。公民死后，证券货币交归公有。另一位市场社会主义者詹姆斯·扬克则别出心裁地设计了"公共所有局"负责社会资本的管理、投资和社会红利在全体公民间的公平分配。总之，他们认为通过资本和利润的社会化，就能消灭资本主义社会中大规模私人资本对利润的独占，使资本所有权收入普遍化和社会化。这是社会所有制的首要体现。

在经济运行机制上，大多数西方左翼人士围绕计划和市场的关系进行了种种设计。大体上有三种情况。一是市场社会主义者认为，市场应在配置资源方面起主导作用，只有在市场无效和公共服务提供领域由国家或其他权威机构进行调整或干预。市场社会主义者的目的是在某种形式公有制的基础上通过市场来实现传统社会主义的价值目标，如平等、公正、效率、民主和自由等。二是有一些左翼人士认为计划和市场对于社会主义经济同等重要。如日本学者碓井敏正认为，社会主义应保证计划合理性和市场合理性的有机结合，计划能够保证社会经济整体和宏观上的合理性，而市场能够保证经济微观层次的合理性。二者的作用不可或缺。三是一些学者认为对于社会主义来说，计划的重要性是任何其他机制不能替代的，社会主义不应放弃计划，而是使计划更为民主合理。计划不应由"党国精英"来制定，而是由所有受决策影响的人通过包括参与、讨论、谈判和妥协在内的过程形成的。美国马萨诸塞大学经济学教授戴维·柯茨设计的"民主计划社会主义"便是这种理论的典型代表。美国约克大学政治学教授戴维·麦克纳利也认为，市场不能提供公共利益，不能产生社会平等，只能造成不平等和剥削，社会主义仍然是一种科学合理计划的社会主义。

在经济分配问题上，绝大多数国外社会主义者反对资本主义的财富分配相差悬殊的不平等现象，认为社会主义应该保证经济平等。一种观点认为社会主义应该保证所有人的基本需求，这种需求的满足应优先于非基本需求的满足。持这种观点的人为此区分了"需求"（need）和"欲求"（want）。一些市场社会主义者认为，应该在保证人的基本需求基础上"按劳分配"，按照个人在市场上的公平竞争能力获得有差别的收入，但这种差别不能过分悬殊。罗默就认为一个正常公民的收入应该有三种来源：劳动收入、银行储蓄利息和社会红利。"按资分配"也是合理的，但要平等化和普遍化，不允许资本主义社会里专靠资本利润生活的人存在。詹姆斯·扬克提出，按照劳动收入的多少有比例地分配社会红利，这更能体现分配的公正。总之，他们认为未来社会主义的分配不是资本主义的完全按资分配和差别很大，也不是国家社会主义那样的绝对平均和不合理。然而，像罗默和扬克关于分配方案的设计未免流于幻想，没有现实社会经济基础的支撑。

三　对社会主义和民主之间关系的再认识

社会主义和民主的关系，一直是人们关注和争论的问题。目前国外社会主义者对此十分重视，他们探讨民主对于社会主义的重要意义，思考改良或替代现代资本主义自由民主制的不合理和不完善之处，设计未来社会主义的新型民主方案。

一些左翼人士认为，民主是社会主义的本质，没有民主也就谈不上社会主义。这种民主在政治上体现为多元化，人民或公民更多地直接参与政治决策；在经济上体现为公民有权决定自己的经济生活，在经济生活中实现民主化。英国政治学家约翰·基思指出，社会主义应该更多地成为民主的同义词，它意味着一个分散化和多元化的权力体系，意味着要重新思考国家和市民社会的关系，即一方面严格限定国家的范围，一方面扩大自主的公共生活领域。许多左翼学者认为社会主义本身就是一种民主进程。

许多左翼人士对资本主义的自由民主制提出了批判。他们对西方代议制民主的非代表性和虚伪性极为不满，认为它是被资本的权力所篡夺和扭曲的民主。寻求改良或替代资本主义民主制的方案，也是国外一些社会主义者积极探讨的问题。一些人提出在资本主义代议制民主制度范围内进行改良。英国学者戴维·比萨姆指出："民主的核心含义就是平等的公民对集体决策的公共控制。"但实现这种民主，不需要完全取消资本主义代议制民主。他提出的建议就是"在扩大民众控制的意义上也是在使其实现的条件平等化的意义上进行，同时又不破坏民主本身的条件"[1]。还有一些左翼人士提出了"参与"的口号，把直接民主和代议制民主结合起来，建立混合民主制。

许多左翼人士认为，要把民主从政治领域扩展到经济领域实现经济民主化。如美国洛约拉大学教授戴维·施韦卡特提倡"经济民主的社会主义"，认为社会主义企业应由工人民主管理，工人们决定企业的生产和分配等一切事宜，这些事宜的决策必须民主制定，实行"一人一票制"，虽然大型企业内部也有必要设立工人委员会或经理，但这些机构和代表必须由工人选举产生。他们认为在未来的社会主义社会，工人不再是资本主义条件下的雇佣工人，而是具有自我决定能力和自我管理能力的自由的人。

---

① David Beetham, "Four Theorems about the Market and Democracy", *European Journal of Political Research*, 1993（23）.

笔者认为，西方独立左翼人士弘扬民主对于社会主义的重要意义，这是值得称道的。他们对于资本主义民主扭曲性和虚伪性的揭露，是设身处地、直中症结的，而且他们将民主从政治领域扩展到经济领域和社会领域的努力具有重要的理论和实践价值。同时我们应注意的是，他们的民主观与马克思主义民主观还是有原则区别的，他们理解的民主既过于抽象，又有极端自由的倾向，这也是他们的方法和立场的局限所导致的。

四　对未来社会主义实现主体的重新界定

马克思主义理论认为，工人阶级是实现社会主义的主体。这一论断曾经得到国外大多数社会主义流派的认同和接受。近年来，随着科技革命的迅猛发展和当代资本主义的新变化，社会结构和阶级结构也发生了巨大变化，重新分析和确定社会主义的实现主体，成为国外社会主义理论和流派探讨的重要问题。他们或者对工人阶级作为社会主义实现主体的论断做出新论证，或者谋求工人阶级和其他社会力量的联合，或者在工人阶级之外寻求新的社会主义依靠力量。

托派左翼人士认为，虽然当今社会结构和阶级结构发生了很大变化，但资本主义的基本矛盾和基本的阶级结构并没有发生质的变化，工人阶级仍然是同资产阶级进行斗争、实现社会主义的主要力量。他们认为就世界范围和长期发展而言，工人阶级不是削弱和瓦解，而是不断趋于壮大和联合。他们把资本主义社会中不断扩大的雇佣劳动者阶层都纳入工人阶级的范围，并力求论证他们的阶级地位的一致性。第四国际的领袖曼德尔就曾经主张，工人阶级仍然是当今世界唯一拥有战胜资本主义、在威胁着人类的灾难面前拯救人类、实现社会主义的必要的潜在的社会力量。

但大多数国外左翼知识分子在目前的社会条件下，不是强调单独的工人阶级对于未来社会主义的重要性。他们认为要实现对资本主义社会的变革，就要依靠一切进步的社会力量，包括各种新社会运动力量。他们当中有的人甚至怀疑马克思主义理论曾经赋予工人阶级的"特殊地位"和"特殊作用"，认为在以往的社会主义运动中，工人阶级从来就没有作为大多数发挥过作用。如西班牙社会学教授霍赛·费力克斯·特扎诺什就这样讲，传统的单纯的工人阶级没有像马克思预言的那样成为最大的社会群体。社会主义者和共产主义者长期深信不疑的关于只有一个革命主体的理论是不成立的。而在当今时代，必须通过一切左翼力量的联合去争取实现社会主义。这些力量应当广泛地包括各派社会主义政党、独立左翼人士、生态社会主义者等一切向资本主义提出抗议的力量。波兰著名理论家亚当·沙夫则从现代资本主义结构的变化和传统左翼力量的变化出发，提出了建立新左派的主张。新左派要拓展观念，必须扩大社会基础，把新社会运动的活动者包容进来，包括革命的宗教运动、生态运动、妇女运动和反战运动，等等。

还有一些左翼人士在工人阶级之外寻求社会变革的依靠力量。这主要是根据科技革命的发展对社会发展产生的巨大影响，关注掌握新科技知识的人在社会变革中所发挥的越来越重要的作用。如俄罗斯左翼人士萨马尔斯卡娅认为，只有"精英劳动"才能成为社会主导者发挥作用的基础，而目前大多数劳动者主要从事的劳动是非创造性的、低熟练程度的和不稳定的劳动，"从事这种劳动的人既不可能在其中获得自己的社会同一性，也不可能获得领导社会的使命"[1]。另一位俄罗斯学者弗·克尼亚泽夫则明确提出，知识分子是未来社会的主要阶级和变革力量。他认为，知识分子目前只习惯于作为社会的初级角色，即善良、聪明、无私的仆人的角色，而在20世纪末知识分子并未意识到自己早已不是仆人，而是历史的创造者，

---

[1]　[俄] 萨马尔斯卡娅：《从工业社会主义到后工业社会主义》，《当代世界与社会主义》1997年第1期。

也许还是时代的基本力量。他指出未来社会是智力社会，在这种社会中，知识分子成为文明社会的基本阶级，当代多阶级的社会将变成单一阶级的社会，知识分子将是这一社会的中心。马克思主义经典作家所说的消灭阶级，将通过单一阶级社会即智力社会而变为现实。20世纪的历史已经为知识分子成为智力社会的主要阶级创造了一切条件。这种观点是把知识分子作为独立于工人阶级以外的社会力量来看待的。

目前，社会主义的实现主体问题是一个争论甚多、非常复杂的问题。国外独立左翼人士敏锐地洞察到社会结构和阶级结构变化对于社会主义实现主体的性质和成分范围的挑战，力求寻找适应新时代的新主体，这一努力颇具现实意义。他们重新评定工人阶级的性质及其政治行动能力和政治取向，力求扩大工人阶级范围，改变传统工人阶级的面貌，扩大工人阶级与其他社会阶级和运动之间的联盟，这些都值得科学社会主义理论和实践参考借鉴。但他们当中一些人否定工人阶级的地位和作用，抛开工人阶级去觅求社会主义新主体的设想，若真在现实生活中去实践的话，将使社会主义失去实质内容，徒具名称，而使社会主义运动流于一般的团体运动和社会运动，实际上是社会主义理论和实践的退步。

五　关于适合后工业时代的社会主义的预测

目前在国外左翼人士中还兴起一种"后工业社会主义"思潮，它是以新科技革命和社会主义前途之间的关系为主题，从时代变换的宏观角度探讨世界社会主义的未来发展前景。其基本理论主张是：迅速发展的新科技革命已经使世界由工业社会时代向后工业社会时代过渡，工业社会时代产生的工业资本主义和工业社会主义都已经发展到了自己的极限，必将被一种适应后工业社会的新型社会制度所取代，这种新型社会制度就是与工业化没有联系的、以后工业思维重新塑造的新型社会主义范式。

那么，什么样的社会主义适合后工业时代呢？后工业社会主义理论认为，这种新型的社会主义具有如下特征：在社会形态方面，后工业社会主义建立在知识经济的基础上，实行社会所有制，但这种社会所有制不是建立在工业生产和工业产品的基础之上，而是建立在现代科技发展所导致的知识经济和知识产品之上；在经济生产组织形式方面，后工业社会主义要建立一种物质生产和人类整体生活有机统一、自觉行为和自由活动密切结合的经济组织形式；在政治管理组织形式方面，后工业社会主义要建立适应人类整体生活和集体经济的、非官僚化的自由民主政治；在社会主体方面，新的社会主体主要进行创造性的劳动，他们的任务不再是把劳动从资本的统治下解放出来，而是使人类从工业社会的异化状态下解放出来。

目前，后工业社会主义还没有系统完善的理论，但它关于科技革命发展和社会主义前途之间关系的论断，关于适应时代发展的需要，重新审视人与人、人与自然的关系以及人的价值和人类解放等一系列具体主张，值得我们关注。

综上所述，国外独立左翼人士"新社会主义"观的内容丰富多彩，他们试图从不同的角度思考和探索关系社会主义命运和未来的重大问题。代表这些"新社会主义"的左翼人士置身于当代资本主义社会中，亲身观察和体验资本主义社会出现的各种不平等和不公正的社会问题，对新情况和新问题反应敏锐，并善于在理论上进行深入的探讨和分析。从他们的"新社会主义"理论内容本身来看，他们既与西方传统社会主义有很大区别，也不同于西方的新保守主义或新自由主义，更与科学社会主义截然不同。

总体上说，尽管他们对现存的资本主义制度持批判态度，试图运用温和的或激进的方式改造资本主义，在资本主义社会的政治"光谱"中处于左的一极，但是他们在理论上批判资本主义的过程中，不能科学地揭示出资本主义的基本矛盾，不能正确地了解社会主义代替资本主义的客观规律。有的观点重于实用，没有长远谋略；

有的观点偏爱"价值"，把社会主义简单地归结为一种永无止境的价值追求过程，不注重根本的生产方式和经济基础的变更；有的眼界狭窄，把社会主义推翻资本主义统治的斗争局限于片面的经济机制问题或科技发展问题，不去主要解决资本主义的基本矛盾；有的又过于宽泛，仅仅根据宏观的时代转换和科技的发展而抽象地泛谈未来社会主义，不注重在社会主义已有的历史成果上进行理论和实践的更新。概而言之，这些"新社会主义"理论不能科学地指出超越和替代发达资本主义的正确方向和道路，达不到科学社会主义的科学境界。

马克思主义与"西方马克思主义"之关系的理论争论[*]

提要："西方马克思主义"自20世纪70年代末被引介到我国后，一直是理论界研究和争论的重要问题。不同领域、不同学科的研究者从不同的研究视角出发，见仁见智地提出了各自不同的观点，甚而展开了针锋相对的思想碰撞。其中，"西方马克思主义"与马克思主义的关系问题，在研究者中进行了长达20余年的激烈争论，至今未能达成共识。本文写于2004年，分析了当时国内学界在这个问题上的分歧与讨论焦点。

近年来，关于"西方马克思主义"性质的分歧论争有所升温，争论中对"西方马克思主义"性质的评价，直接涉及如何正确看待马克思主义与各国实际相结合的内容、途径与方式，也间接涉及如何正确认识马克思主义作为社会主义政党之指导思想的功能与地位的问题。

一 关于"西方马克思主义"性质的不同观点

关于"西方马克思主义"诸多具体研究内容的争论，取决于研

---

* 原载于《社会科学管理与评论》2004年第3期。

究者对"西方马克思主义"性质的认识和评判。总的来看，在国内 20 多年的"西方马克思主义"研究过程中，曾形成几种不同的观点。其中，坚持把"西方马克思主义"作为一种"反马克思主义的资产阶级社会思潮"的研究者，主要是出现在研究的早期阶段，即 20 世纪 70 年代末至 80 年代中期的一段时间内。后来随着"百家争鸣"局面的逐渐形成和理论研究的不断深入，简单的定性做法逐渐让位于冷静具体的理论剖析。目前，在对"西方马克思主义"性质的认识上，以下两种观点是理论争论的主流。

（一）"西方马克思主义"是非马克思主义的左翼激进思潮

相当部分学者坚持"西方马克思主义"的非马克思主义性质。如有的学者指出，判断包括"西方马克思主义"在内的各种思潮在性质上是否属于马克思主义的标准，是要看这种思潮是否根据和运用马克思主义的基本原理和基本方法研究新情况、解决新问题。"西方马克思主义"虽然"以马克思主义自诩"，声称要回到"马克思原来的设计"，但在指导思想上，"西方马克思主义者观察形势解决问题的指导线索，并不是马克思主义的基本理论，而是按照现代西方唯心主义哲学的这个或那个流派的精神去解释、发挥、补充和结合马克思主义而成的折中主义混合物，从而这样那样地偏离了马克思主义的轨道"。[①] 因此，"西方马克思主义"与马克思主义在政治和哲学上是对立的。在政治方面，在对社会主义和资本主义、对无产阶级的战略与策略的认识问题上，"西方马克思主义"提出了和马克思列宁主义不同的见解；在哲学方面，"西方马克思主义"则提出了不同于辩证唯物主义和历史唯物主义的见解，是一股用西方唯心主义哲学补充、修改马克思主义的非马克思主义思潮。[②]

---

①　徐崇温主编：《西方马克思主义研究》，海南出版社 2000 年版，第 104 页。

②　徐崇温：《三评"西方马克思主义"就是马克思主义论》，《马克思主义研究》2003 年第 5 期。

有的学者从研究 20 世纪东西方马克思主义发展的历史对比中，强调应正确对待包括"西方马克思主义"在内的当代西方"新马克思主义"的发展。指出，从发展形态上看，20 世纪"新马克思主义"既有别于马克思主义、列宁主义的科学社会主义经典线索，也与伯恩施坦以来的社会民主主义传统无涉，是马克思主义的经典传统和西方左翼主流之外的另类学说。"新马克思主义"是当代西方的激进思潮，是发达资本主义国家中反资本主义的左翼或极左翼理论。西方"新马克思主义"从未放弃过反资本主义的立场，始终保持了对资本主义不妥协的批判态度。在政治上，它甚至比体制化的西方社会民主党更不认同资本主义现行制度；在文化上，它对资本主义采取更为彻底的拒绝姿态。尽管这种批判的小资产阶级性质决定了它的无力与偏激，但是在其文化批判背后揭示的资本主义历史逻辑和实实在在的经济政治现实弊端，为马克思主义提供了新的批判理念和视角。①

有的学者则从考察西方马克思主义的历史发展、流派演变的过程中，得出了西方马克思主义非马克思主义性质的结论，指出"西方马克思主义是在 20 世纪历史文化背景下，共产党党内外一批知识分子植根于时代变化并以西方哲学视野重新解读马克思主义和分析社会现实的产物。他们对马克思主义的解释，既不同于第二国际又区别于第三国际；他们对资本主义和社会主义的态度，既不同于资产阶级思想家又区别于传统马克思主义。因此说，西方马克思主义既有地域性限制——产生于并发展于西方；又有特定思想内涵——与正统马克思主义，新马克思主义不同；既以马克思主义者自居，又批判马克思主义，宣扬马克思主义开放性、多元化，主张用各种西方社会思潮来解释、补充、重建马克思主义，以实现马克思主义'现代化'；既批判资本主义工业文明，又批判现实社会主义"。因

---

① 周穗明：《马克思主义：东方与西方——20 世纪马克思主义的演变及其 21 世纪的前景》，《当代世界与社会主义》2013 年第 1 期。

此，西方马克思主义既姓"西"又姓"马"——既是 20 世纪具有
国际性影响的西方社会思潮之一，又是一种具有非马克思主义倾向
的非正统马克思主义。①

　　在判定"西方马克思主义"的非马克思主义性质时，有的学者
也指出了问题的另一个方面，即西方马克思主义者"毕竟提出或重
申了在马克思主义发展过程中曾经遭到忽视或者偏离的问题，考察
了发达资本主义社会出现的许多新情况、新问题，试图引进20世纪
西方的理论发展作为研究日常生活微观领域的思想工具，并揭露和
批判了苏联模式社会主义的缺陷和弊端"，从而为我们"丰富和发展
马克思主义，提供了极其丰富而重要的思想资料"。② 尽管"西方马
克思主义"的社会主义观同马克思主义的社会主义观有很多原则区
别，它们提出的消灭资本主义社会不公道、不合理现象和实现社会
主义革命的种种设想和方案，带有不少空想的、不切实际的性质，
但无可否认的是，"西方马克思主义思潮的许多代表终究属于'要求
社会进步的政治力量'之列，他们的许多理论著作表明他们'也在
努力研究和宣传社会主义，努力为消灭资本主义社会的各种不公道、
不合理现象直至实现社会主义革命而斗争'，因此，可以说西方马克
思主义是一种反映小资产阶级激进派世界观的左翼激进主义思潮"③。
此外，也有其他一些论者持类似的立场和见解，在坚持"西方马克
思主义"在总体上的非马克思主义理论属性的同时，承认"西方马
克思主义"与马克思主义有着一定的理论联系，认为西方马克思主
义"包含着马克思主义的思想因素"，"他们在辩证法、历史分析、
异化和人道主义理论、理论与实践的关系、自然与历史相统一等方
面的观点，包含着马克思主义的思想成分"。④

――――――

　　① 王凤才：《"西方马克思主义"是什么?》，《学习时报》第 238 期。
　　② 徐崇温：《"西方马克思主义研究"在中国》，《深圳特区报》1999 年第 8 期。
　　③ 徐崇温主编：《西方马克思主义研究》，海南出版社 2000 年版，第 110 页。
　　④ 陈振明：《"西方马克思主义"的马克思主义归属问题》，《南京社会科学》
1997 年第 6 期。

（二）"西方马克思主义"是马克思主义在当代西方发展的一个流派

"流派说"或"一源多流说"，是一些国内研究者关于"西方马克思主义"性质的另一种看法。如有的学者主张"从多样化的马克思主义的立场"来平等看待"西方马克思主义"，认为"马克思主义的多样化发展不仅体现于成功地夺取了政权的社会主义国家，而且也应包括当代资本主义国家内的多样化探索。西方马克思主义就属于这种探索之一。它开创了'文化批判'类型的马克思主义学说，体现了特定的民族精神和时代精神对马克思主义的文化（包括社会制度在内的广义的文化）抉择。因此应该从民族精神和时代精神的汇合点去认识它存在的必然性和理论价值"。[①]

有的学者直接把包括西方马克思主义在内的诸多西方"新马克思主义"视为"不同类型的马克思主义"，指出"它们既不是与马克思学说完全无关或截然对立的理论体系，也不同于各种各样从非马克思主义立场对马克思主义进行批判研究的'马克思学'，而是马克思和恩格斯学说同当代哲学、社会学、文化学等领域的其他理论成果交汇以及在不同地区的社会实践中加以运用的结果"，"它们运用这些学说的意图并非要把马克思主义转换成其中的某一学说，而是为了确立某种理解、解释、运用和发展马克思主义的新视野"，因此，"无论它们是终始如一地坚持马克思主义立场，还是中途改宗，它们毕竟是马克思主义本身自我分化的产物和结果"。"我们不应当在研究这些流派的具体内容之前就把它们当作外在于马克思主义的东西，不应当仅仅因为它们同当代其他理论学说交汇就简单地将它们判定为非马克思主义。"[②]

---

① 余文烈：《我国对西方马克思主义的研究》，《马克思主义研究》1995 年第 1 期。

② 衣俊卿等：《20 世纪的新马克思主义》，中央编译出版社 2001 年版，第 2—3 页。

有的学者则从"理论与实践"相统一的原理出发，论证了"西方马克思主义"是马克思主义的一个流派，认为不能"把马克思主义归结为几条原理，并且把这几条原理凝固化、教条化，以此作为评价、研究'西马'的标准"，指出"正是由于实践和实践对象的不同，才形成具有不同民族特点、时代背景下的马克思主义流派"。[1]正是在这一意义上，"西方马克思主义"是指"由西方共产党和西方进步的知识分子考察资本主义发展史，总结俄国革命成功的经验，运用马克思主义理论分析西方社会，寻找一条适合西方革命和人的解放道路的哲学和社会政治理论思潮"[2]。

还有的学者提出了从实践的观点来看待"西马"，并且更加强调从"一源多流"的视角来分析马克思主义的发展，认为马克思主义的发展史并非是"马、恩、列、斯、毛"一线单传的历史，列宁主义、毛泽东思想由于其理论的完整性正确地引导了俄国和中国社会主义革命的胜利，经过了实践的检验，是马克思主义的主流；"西方马克思主义思潮的出现，正是当代马克思主义发展过程中的某种分化和多样形态的表现"，西方马克思主义中的诸人物及其理想理论，由于其缺陷，虽不能归于主流，但也不宜简单否定。[3]

二　评判"西方马克思主义"性质的重要问题

近年来，不同见解的研究者对"西方马克思主义"的内容和性质展开了进一步的学术探讨和争鸣，尤其就"西方马克思主义"同马列主义的关系、"西方马克思主义"同现代西方哲学的关系等评价

---

[1]　王雨辰：《我国的西方马克思主义研究现状述评》，《社会科学动态》1996年11月。

[2]　王雨辰：《我们到底应当怎样认识和评价当代西方马克思主义》，《马克思主义研究》2002年第2期。

[3]　张翼星：《对研究"西方马克思主义"的若干思考》，《探求》1998年第6期。

"西方马克思主义"性质的主要问题，进行了具体深入的理论讨论。①

（一）"西方马克思主义"与列宁主义是否对立？

在这个重要问题上论者观点迥异。有的学者认为，"西方马克思主义"同列宁主义存在着"在哲学的基本原理和路线上的根本对立"。他们以首先提出西方马克思主义概念的科尔施为例，对作为其代表作的《马克思主义与哲学》进行了批判性分析，明确指出了二者作为两种不同理论思潮的理由，即：（1）科尔施把列宁主义和考茨基新老正统派作为一方，将自己和卢卡奇作为另一方，明确划分开来和相互对立起来；（2）科尔施否认唯物主义同唯心主义是两条根本不同的哲学路线；（3）科尔施反对把物质还是精神看作世界的本原来划分唯物主义和唯心主义的分界线，反对用唯物主义和唯心主义之间的不同来区分唯物辩证法和唯心辩证法；（4）科尔施指责列宁坚持辩证唯物主义的反映论，就是摧毁了存在和意识、理论和实践的辩证关系；（5）科尔施还指责列宁把其唯物主义哲学变成评价各学科发现的"最高司法权威"，造成了"特种的意识形态专政"。因此，"西方马克思主义同列宁主义的对立，以及它在马克思主义发展中的'异端'地位，并不是别人指派给它的，而是其创始人之一的科尔施自己安置的"。

---

① 参见徐崇温《关于西方马克思主义研究中若干问题的辨析》，《江汉论坛》1999 年第 1 期；《评"西方马克思主义"就是马克思主义论》，《马克思主义研究》2000 年第 5 期；《再评"西方马克思主义"就是马克思主义论》，《马克思主义研究》2002 年第 6 期；《三评"西方马克思主义"就是马克思主义论》，《马克思主义研究》2003 年第 5 期。参见王雨辰《当代西方马克思主义研究之我见》，《江汉论坛》1997 年第 9 期；《当代西方马克思主义研究中若干问题的辨析》，《马克思主义研究》2000 年第 1 期；《我们到底应当怎样认识和评价当代西方马克思主义》，《马克思主义研究》2002 年第 2 期。参见段忠桥《西方马克思主义是马克思主义吗?》，《马克思主义研究》2002 年第 6 期。

作为回应，反对该论点的学者从分析科尔施对列宁哲学的批评入手，指出科尔施等西方马克思主义者的哲学理念同列宁存在着差别。相对于强调认识世界一般规律和本质的知识论模式的哲学，早期西方马克思主义者大多是从"实践"的角度来理解和解释马克思主义哲学。他们认为，马克思、恩格斯的后继者未能理解马克思主义哲学的"实践"特质，而把马克思的唯物主义哲学看作一种脱离人类实践和历史的一般社会哲学或者社会学理论，这只不过是多余地把他们自己哲学的落后性重新带入马克思主义理论中。基于此，科尔施"并不是要篡改或颠覆列宁主义"，他对列宁哲学的批评，"主要着眼点在于怎样探索马克思主义的真谛，怎样探索西方革命道路……他始终坚持马克思主义理论应从总体上认识资本主义，从实践上推翻资本主义"。同时，两人对马克思哲学理解上的差异也是"马克思主义哲学发展过程中的一个正常现象"，"因为马克思主义理论就是在不同国家和民族的革命实践中，为自己的发展开辟道路，并呈现出各自的特色"。

（二）"西方马克思主义"是否用西方哲学来折衷马克思主义？

有的学者认为，"西方马克思主义"之所以是一股非马克思主义的思潮，其主要原因就在于它的指导思想是要用现代西方的某个唯心主义流派的精神去解释、发挥、结合和补充马克思主义。例如，作为"西马"创始人的卢卡奇在《历史和阶级意识》中提出的意识即实践，尤其是无产阶级的阶级意识即实践的命题，就是一个用黑格尔唯心主义去解释和发挥马克思主义的典型例证；葛兰西在《狱中札记》中赋予"实践哲学"的含义也不是马克思主义，而是企图用克罗奇的新黑格尔主义解释马克思主义，超越唯心主义和唯物主义的实践一元论；而在科尔施那里，无论是其反对实践作为认识的基础和检验真理的唯一标准，还是否认马克思主义的科学性，等等，都表明他和卢卡奇一样，是试图通过"暴露马克思主义黑格尔根源"来"重建"和"恢复"马克思主义，因而正是用资产阶级唯心主义哲学去解释和结合马克思主义的。

　　对此，有的学者提出了截然相反的看法，指出西方马克思主义产生于西方，西方社会的历史文化传统及其面临的主要问题，必然会给他们的理论思考打上烙印，也会使他们对马克思主义哲学的解释具有他们的理论特点，但这并不表明他们是"用西方哲学的某一流派结合、补充马克思主义的指导思想"。该观点的支持者具体分析了葛兰西的"实践哲学"，认为葛兰西对马克思主义哲学的解读，是既批判了唯心主义哲学，又反对对马克思主义哲学的机械唯物论解释，力图恢复马克思主义的本义。在葛兰西那里，马克思的唯物主义哲学是"一种批判的、系统的哲学世界观……这种系统化的世界观在马克思那里体现为一种以人的'实践'为基础的实践本体论；另一方面，马克思的实践本体论又必然要落实到人的日常生活世界和政治实践的领域，最终体现为无产阶级的文化、道德价值和意识形态"。因此，"葛兰西实际上深刻地理解了马克思唯物主义哲学的真精神，高扬了马克思实践唯物主义的大旗，真正做到了马克思主义哲学的理论与实践的科学统一"。

　　这是一个现实性很强的论题。在争论过程中形成的分歧意见是：一种认为把"西方马克思主义"说成是马克思主义，就可能导致指导思想多元化；而另一种观点则相反。

　　具体而言，双方在该问题上的争论主要源于两个方面的不同认识。（1）什么是"西方马克思主义"？前一种观点认为，西方马克思主义是特指第一次世界大战以后，在西方国家内出现的由卢卡奇、科尔施等人发轫的不同于列宁主义的西方理论思潮，而并不是泛指西方研究马克思主义的各种理论思潮，更不包括以马克思列宁主义为指导的西方国家共产党人的意识形态。而在后一种观点那里，"西方马克思主义"的研究对象包括三个部分：即西方共产党在西方社会主义革命道路探索过程中形成的理论、革命战略和策略，西方共产党内的理论家和西方进步的知识分子的理论探索。（2）什么是评价"西方马克思主义"性质的标准？前一种观点认为，要判定一种思潮的性质，单看它的渊源是不够的，更主要的得看它的基本内容、基本观点，"正是基本原理构成为一种思潮的质的规定性，并使之在质的区别性上不同于其他形形色色的思潮"，因此历史条件、文化传统、理论主题等虽然与思潮的产生和表现有密切关系，但都不是判断思潮性质的标准。为了判断一种思潮的性质，必须用马克思主义来评析这种思潮的基本原理、基本观点。而后一种观点则坚持以"理论和实践相统一"的原理，结合西方具体的历史条件、文化传统和政治实践来研究和认识"西方马克思主义"，强调从"一源多流的发展观"去看待"马克思主义的发展出现的多元化格局"，而"不应该把马克思主义归结为几条原理，并将这几条原理凝固化、模式化、教条化，以此作为评价、衡量西方马克思主义的标准"。

在新近的商榷文章中，前种观点的支持者指出，把以马克思列宁主义作为"指导思想的西方共产党"的思想体系说成是"西方马克思主义"的主要内容，其目的是要把"西方马克思主义"说成就是马克思主义。实际上，这在我国意味着要搞指导思想的多元化。这不仅是错误的，而且也是决不能允许的。

对此，有的学者提出了反对意见。如认为，把西方共产党、工人党的理论纳入"西方马克思主义"的研究范围，是由马克思主义的本性即科学性和革命性的统一决定的。正是因为这一内在本性，决定了马克思主义必然要运用于各国的革命实践中，并在这种实践中为自己的发展开辟道路。包括西方共产党在内的西方马克思主义实际上也就反映了在当代西方社会历史条件下马克思主义理论的运用和发展。虽然不能否认其缺陷和弱点，但他们的理论思考的确与当代西方社会所面临的问题，与西方社会主义革命要解决的主题存在着密切联系，而他们对马克思主义哲学真谛的反思和探索，对马克思主义理论科学性和意识形态职能关系的思考，也是我们发展马克思主义的可贵哲学资源。"可以说西方共产党内的理论家、西方进步知识分子的理论探索，从不同的角度丰富和发展了马克思主义理论。"

　　有的学者还进一步指出，承认"西方马克思主义"的马克思主义性质，并不等于承认它是我国的指导思想。认为"西方马克思主义"可以理解为一种引申意义上的马克思主义（即指马克思恩格斯逝世后，人们从马恩本人的理论出发在不同时期和不同国家提出的新理论），而任何一种引申意义的马克思主义都具有鲜明的时代性和地域性。这样，即使认为"西方马克思主义"是马克思主义性质的，那至多也只能认为它对当代西方各国人民反对资本主义、追求社会主义的运动具有指导意义，从中根本得不出它也是我国指导思想的结论。实际上，反而会防止出现指导思想的多元化。因为承认"西方马克思主义"是一种引申意义的马克思主义，就意味着邓小平理论也是一种引申意义的马克思主义，这就内在地规定了只有以邓小平理论为主要内容的综合意义的马克思主义才能是当代中国的指导思想。

　　总而言之，当前一些学者对"西方马克思主义"的研究和辩论，进一步推动了人们深刻地认识和把握这一思潮的性质和内容。任何严肃的批评和反批评，都有益于理论创新。但只有坚持马克思主义的立场、观点和方法，用辩证的态度来研究和认识"西方马克思主义"，才能把讨论真正引向深入和实质性的进展，从而对马克思主义的理论创新，对中国特色社会主义建设的实践，具有重要的意义和价值。

七　民主社会主义的实质与蜕变

西方政治选择"第三条道路"[*]

提要：20世纪90年代末，民主社会主义出现了新的理论和实践形态——"第三条道路"。这一既非旧左翼、也非新右翼，由英、德、美等国家的首脑们领先倡导、高级理论政策顾问们精心推出的西方新型发展道路，曾经盛极一时，在一定时期、一定程度上推动了民主社会主义的复兴，但在进入21世纪后，很快因其固有理论缺陷而走向衰亡。本文发表于2000年，对"第三条道路"理论进行了介绍，并揭示了其实质与发展趋向。

在20世纪的最后10年里，大西洋两岸的英国、德国和美国的政治首脑们争相谱"新"曲。克林顿以"新民主党"总统面目出现，布莱尔更是不遗余力地设计英国"新工党"，而德国总理施罗德则倡导"新中间派"。

令人眼花缭乱的"新"字，其标异之处何在呢？英国首相布莱尔及其高级理论政策顾问们精心推出的口号"第三条道路"也许能从字面上较为明显地说明这一政治趋势；由左右翼政党政治的对垒抗衡，向二者渗透和趋同转变；由浓厚意识形态的争论向实用主义的折衷调和转变。

---

[*] 原载于《21世纪》2000年第3期。

一　何谓新型"第三条道路"?

大家都知道，西方主要国家的当代政党政治的主流是以左右翼党派的相互竞争执政为其运作内容的。左右翼在西方政治中的分野始于一个偶然的安排，1789 年 5 月，在法国国王召开的首届三级会议上，主张改革的第三等级市民代表被安排在国王的左侧，由僧侣贵族构成的第一、二等级代表则被安排在国王的右边。就是这一原本无甚意旨的安排却在后来被引入政治语汇，人们逐渐地将那些主张改革和革命的激进力量称作左翼，把主张稳定和维持现有秩序的力量称作右翼。

在不同的历史时期，充当左右翼的党派或其他组织主体是不尽相同的。在当代欧洲，社会民主主义政党、共产党和各种激进的新社会运动力量为左翼，而奉行新自由主义和保守主义的政党力量为右翼。在美国，其区分不如欧洲明显，但同样也存在着类似的对应力量。

对于"第三条道路"，人们并不陌生。原来主张走既不同于资本主义，又不同于社会主义的被称为"第三条道路"：20 世纪 40—50 年代的南斯拉夫就是如此。而这里所说的"第三条道路"，是在西方主要发达资本主义国家政党政治范围内发轫的、意欲超越上述左右翼分野的新型政治思维模式。由于他们又是英、德、美等国家的首相、总理或总统领先倡导，更为世界瞩目。

那么，这种新型"第三条道路"就其政治、经济和社会主张来说，有何新内容呢？我们试以英国倡导的模式为例，做一整体上的大致介绍。英国的"第三条道路"是要超越"旧左翼"和"新右翼"的对抗，同时综合二者的许多内容而形成的。

新型的"第三条道路"的基本理论主旨包含以下内容。

在政治价值方面，旧左翼明显是一种阶级性很强的力量，以体力工人阶级为其主要选民。新右翼尽管不明显追求阶级政治，但也主要强调保守主义的政治权利。而新型"第三条道路"代表的是中间派的新型现代化运动。它吸收了传统的社会公正等社会主义的核心价值，反对阶级政治，寻求跨阶级的支持基础。另一方面，它又声称不同于右翼自由主义，认为个人自由主要依赖集体资源，体现社会公正。政府不像新右翼所说的那样是自由的敌人，好的政府对自由的发展来说必不可少。

在经济问题上，旧左翼倡导的是旧式混合经济，在国有企业和私人企业之间寻求一种平衡。而新右翼自由主义则坚持私人所有权的首要性和市场的至上性，反对政府过多干预和管制。而新型"第三条道路"倡导一种新型混合经济，它要在政府和解除限制之间、私人经济活动和集体经济之间、计划和市场之间、竞争和合作之间寻求一种平衡。

在对待政府的态度上，旧左翼致力于扩大政府国家的范围，而新右翼则极力主张缩小它们。新型"第三条道路"则致力于重组和改造国家，认为国家的作用是不可缺少的，但国家不只是权威的化身，而应该是民主的。所以，"第三条道路"倡导建立新型民主国家，其关键是"民主的民主化"，提高公共事务的透明度。同时重视非正统的民主参与形式。旧左翼一味诉求于国家，忽视市民社会的作用；而新右翼则片面地依靠以自由市场为基旨的市民社会，认为国家应尽量从市民社会中退出。而新型"第三条道路"强调国家和市民社会的结合，既重视国家在重组市民社会中的重要作用，同时又要重建社区等公民共同体，强调市民社会中各种主体的积极合作和互助。

在福利国家问题上，旧左翼和新右翼分歧尤其大，前者认为，充分发展福利制度是一个具有尊严和人道的社会基石；而后者则恰恰相反，认为福利国家是经济发展和企业的敌人，是市民社会秩序败坏的根源。新型"第三条道路"则认为福利制度是不可缺少的，但认为旧的福利国家具有严重的弊端，没有实现其建立之时所设想的目标和良好愿望。新型"第三条道路"倡导对福利国家实行激进改造，使其适应现时代的环境，具体是"社会投资国家"，重新确立安全和风险的关系，个人和集体责任的关系。认为在基本福利保障基础上的一定风险是必要的，是建立充满活力和创造型社会的机制。福利投资主要集中于人力资本，而不拘囿于直接支付和供给物质福利。

二 是实用折衷，还是独树一帜？

至于这种新型"第三条道路"能否被看作西方主流政治思维的新曙光，在西方政治史画卷中留下浓重光彩的一笔，现在要做出明确的肯定或否定，还为时尚早。目前在西方，许多人也是持观望或怀疑态度。更有许多左翼和右翼理论家提出了反驳和批评意见。

西方政治思维的这种变化与其说是超越左右翼分野，不如说是二者妥协、融合的产物，西方新型"第三条道路"理论的提出正是左右翼竞争政治的产物，是二者力量在一定的历史阶段达到某种程度的均衡的结果。我们知道，目前在欧洲许多国家，左翼政党上台执政，表面看来左翼力量强于右翼而占上风，但从推行政策的实质上看，左翼政党为吸引选民，早在竞选过程中就抛弃了许多与右翼相左甚远的主张。如英国"新工党"的政策就与其前任保守党的政策具有一定程度的连续性，克林顿入主白宫后，也推行了许多里根时期的新自由主义政策。从新型"第三条道路"的政策主张中，我们可以看出二者的融合因素，但这并不是表明左右翼将会合二为一，彻底改变西方政治的运作方式。

新型"第三条道路"具有浓厚的实用色彩，政治推销鼓噪作用大于严肃理性的探讨。当前在全球化的浪潮席卷每一个角落的遽变之前，人类的应对能力面临着挑战。西方左右翼在这个复杂流变的时空中，都难以提出有效的理论战略。但为了取得国内大选的胜利。

他们又不得不点缀一些新色，以吸引选民苦苦寻求的目光。新型"第三条道路"无疑具有这种实用主义的功效。尽管托尼·布莱尔被称为英国工党的"政治神童"，比尔·克林顿宣称为世界创立了一种"超越了旧的观念"的"政府管理哲学"，尽管"第三条道路"理论的系统阐释者、英国伦敦政治经济学院院长安东尼·吉登斯高声申辩这新的理论是"断然的中间立场"，但人们仔细分析就不难看到，其理论矫饰和政治投机色彩溢于言表，远远超过了严肃的未来发展道路的探索。

从具体主张来看，我们不能否定"第三条道路"试图解决新问题的某些积极尝试，但在现实生活中可操作的东西仅是实用部分的内容。"第三条道路"理论在欧洲是由左翼社会民主主义政党或领袖提出的，他们看到传统左翼理论和政策所面临的困境和危机：福利国家制度陷入自己的矛盾，经济增长停滞，国有化政策难以为继，经济全球化趋势对国家调控本国经济能力的削弱，等等，所以力求寻找一条摆脱危机的道路，同时又不让右翼政党夺回权力。可是，又因为他们提不出鲜明有效的摆脱危机的政策，所以便向右转，吸纳了右翼的许多观点，如积极市场、减税政策、私有化政策，等等，同时附以一些抽象的言词，如责任心、社区、投资国家、世界主义等，以示自己独树一帜。这些东西无法在目前西方现实中得到具体体现，在经济全球化和市场普遍化的环境中，只有那些倾向于右翼的政策还能在实践中推行。所以，从整体来看，"第三条道路"理论的可实践性不大，目前能够推行的只是一些实用性强的政策。

无论如何，这些来自大西洋两岸的共同声音，特别还是来自作为权力象征的唐宁街 10 号和白宫，在一定意义上反映了西方国家经济政策和社会管理政策的变化。它表明了这些国家左右翼纲领的趋同，也表明美国和西欧在经济全球化的大环境下政治思维的某些一致性。

布莱尔"新工党"的实质是英国的美国化[*]

提要： 英国学者、作家泰瑞克·埃里在美国《每月评论》2000年1月号上发表题为"布莱尔的拙劣纲领"的文章。该文围绕布莱尔新工党的经济政策、欧洲政策、与美国的关系以及外交政策等几个方面，剖析了英国新工党"第三条道路"的实质即英国的美国化，其奉行的意识形态即新自由主义，并认为"第三条道路"是美国试图维持其在欧洲领导地位的意识形态政策，是美国资本主义对欧洲传统社会民主主义的胜利，以下为其主要内容。

1989年柏林墙的倒塌，并不是简单地意味着苏联和"共产主义思想"的土崩瓦解或马克思主义失灵。西欧的社会民主主义也同样遭到了严重削弱。在席卷全球、盛气凌人的资本主义风暴面前，它也不得不见风使舵。实际情况是，除西班牙外，社会民主党或目前西欧的绝大多数联合政府之所以能引起人们的注意，大多是因为它们目前所遭遇的共同经历：这些政党不再能够制定有效的政策来改善那些将其选举上台的绝大多数选民的状况。而资本主义，目前不必应对来自任何方面的挑战，不再感到有必要实行让步性变革。在

---

* 原载于《国外理论动态》2000年第9期。

这种条件下，社会民主主义感到自己很难去保护没有权力的下层。它对选民所能提供的东西要么是恐惧（投我们的票，因为在右翼统治下情况会更糟），要么就是空洞的意识形态定理："第三条道路""非冲突政治""超越左右分野"。这些定理的主要用途就是遮掩他们缺乏任何一种真正的进步思想。结果要么是转向极右的选举蛊惑（其中奥地利是目前欧洲的典型），要么就是越来越远离政治和民主进程，换句话说，就是欧洲政治的不断美国化，而英国新工党扮演了急先锋的角色。

一　英美新自由主义

20 世纪60、70 年代的动荡过后，美国的资产阶级决心要把此前几十年的政治和社会前进方向反转过来。当里根和撒切尔夫人上台后，大规模向右转的时机终于到来了。这将使该 20 世纪剩下的年月深深打上资本的烙印。那种主宰了北美和西欧阶级关系 40 年的凯恩斯模式确实到了应该摧毁的时刻。逐渐地，一种新的英美模式——新自由主义出现了。

这是全球资本主义霸权的一个景象，它决心不允许任何东西阻碍利润的流动。里根和撒切尔夫人倡导的新经济制度具有强硬的政治内容，其中包括取消福利权利，通过立法和压制削弱工会，向国外用兵，实行一种不利于社会中最贫穷者而利于最富有阶层的收入再分配。有 2020 万个收入低于 1 万美元的家庭在福利削减过程中，平均每个家庭失去 400 美元；而 140 万个平均收入超过 8 万美元的富有家庭却在减税过程中，平均每个家庭获得了 8400 美元。

在里根的第一任期，低收入家庭在收入和联邦救济金中约损失 230 亿美元，而高收入家庭则获得了 350 多亿美元。在英国，由于降低税收和出售郡属住宅及其他国家资产，个人贪欲也备受鼓舞。撒切尔夫人声称："根本就不存在诸如社会这样的东西。"她完全遵从那种迎合私有者的贪婪和自恋癖好需要的快富文化（get-rich-quick culture），且有意识地创造一种使贫困无权者的需要完全被忽视的社会环境。金融管制的解除刺激了新企业家阶级的形成，这些人很少顾及其雇员的安全规章或工会权利。

一夜之间，凯恩斯主义成了一个肮脏的字眼，一种新的政治经济文化共识诞生了，但它是丑陋的、残忍的。一度是英国共产党理论刊物的《今日马克思主义》，如今决定实实在在地抛弃每一项社会主义原则，毫无羞耻地去适应上述这种自由市场的意识形态、低级鄙陋的消费主义、"后现代"生活的时尚以及"意识形态的终结"。

二　布莱尔：英国的克林顿

布莱尔极力把自己扮成英国的克林顿。比尔·克林顿深受里根主义经验的影响，使美国民主党向右转，撕掉了任何"新政"的伪装，并且在"新民主党"的名义下赢得了总统选举。布莱尔现在就是竭力模仿这种成功。工党在 1997 年 5 月大选中的胜利使其领导人惊讶不已。他们开展的是陈腐的竞选运动，加强演说鼓动，淡化政治，它强调与过去政府政策的连续性，而不是认真的变革。布莱尔的风度带有独裁者味道，其形象被用来向选民保证，他与 1979 年执政以来的保守党没有太大的不同，而且他是大商业者的朋友。布莱尔曾对整天围绕他转的幕僚们公开地讲，应该与工会保持距离。这也暗示着布莱尔想要同工会完全分离。一个现代的、民主的政党无暇顾及过时的冲突。布莱尔想与自由民主党人组成一个联合政府，以此作为一个新中间党的基础，保证在未来的 50 年主宰英国的政治。

跨国公司对英国经济的控制比对欧洲其他国家强 5 倍，比对美国强 3 倍。布莱尔执政两年后，经营主管人员的薪水与平均工资的差距在欧洲是最大的。布莱尔的理论家们深知，他们的胜利只是因为他们已经抛弃了传统的社会民主主义纲领，无视保守党统治下的英国现实。教育和医疗服务方面的削减，出售铁路和供水设施，所有这些都从来没有这样流行过。将公共住宅出售给居住者，这正是撒切尔主义政策的关键条款。新工党明确指出这是正确的，不再加以改变。

撒切尔夫人意欲把英国变成一个小商业的王国。这就是被经常吹嘘的"人民资本主义"。到1997年，就是工党胜利的那一年为止，私人破产者每年"稳定"在22000人，从1990年到1997年，有30000家公司倒闭。被撒切尔夫人、布莱尔和跨国公司一贯推崇的"灵活的劳动力市场"实际上却使失业成为主流体验。根据1997年12月的估计，每5个男人中有1个人、8个妇女中有1个人在其成年时至少经历过一次长期性失业。就是这种不安全感才是现代资本主义的价值所在，它仅为短期而生活。布莱尔正是资本想利用的攻城槌，借以打垮欧洲抵抗者的剩余力量。欧盟应该提防英国携带的礼物。因为他们提供的是美国模式。

三　告别再分配

新工党的领袖和理论家们采取的冷酷无情的决定，抛弃平等和社会公平的观念以及背弃再分配政策，标志其同传统社会民主主义的明显分离。那些坚持国家在调节资本主义过程中发挥重要作用的人，看起来便是"发疯的左翼分子"了。新工党做出的最初三个决定具有象征意义，它们是有计划地向伦敦表明，这已不是旧式的工党政权。他们已经同自由市场价值言归于好，决不再容忍改革者的胡言乱语。首先，他们使英格兰银行脱离政府控制，赋予其全权制定货币政策的权力。

执政后的第二项行动就是每月在单身母亲的福利中减去11英镑。国家储蓄减少到最低限度。其目的是意识形态性的：鄙夷旧式福利国家的"弊端",宣称"家庭价值"。与克林顿不同的是,其英国信徒却是一个虔诚的基督徒热心家!

第三项措施便是向大学学生征收学费。这项决议曾经不止一次地被前保守党政府否决过,原因是它不公平,歧视那些来自贫困家庭的学生。从本质上说,新工党的文化不仅仅是维持现状,而是将其作为自由市场的成就加以捍卫,并坚持说大企业的利益与工人利益之间不存在冲突。

前保守党政府的一项重大措施就是实行铁路私有化,尽管实际上只有15%的民众支持这项措施。英国新工党承袭了这项政策。1999年10月,在帕丁顿车站发生了火车相撞事故,几十人在事故中死亡。副首相约翰·普里斯科特马上在电视中表白,相撞事故与私有化没有关系。实际情况是,那些获得丰厚红利的董事们坚决认为对铁路的7亿英镑投资是过多了,安全系统本可以防止帕丁顿相撞事故的发生。民众被激怒了。每一次民意调查都表明绝大多数民众(在65%和85%之间)支持铁路的重新国有化。新工党却不打算倾听民众的呼声。

四 欧洲政策

在对欧洲的政策上,布莱尔政府(直到最近)表现得极为混乱迷惑,给人一种麻木不仁的印象。在一番匆匆忙忙地要把英国模式施与欧洲其他国家的表演之后,在1998年的后3个月,政府陷入了沉寂之中。财政大臣戈登·布朗道出了民众的担忧,他注意到英国的生产率低于税收支出率的20%,马马虎虎与法国持平,更不用说同德国相比了。在16—18岁青年参加全日制教育方面,英国比其他任何一个欧洲国家的数字比例都要低;在这一年龄段的大学入学比例也是最低的国家之一;在劳动力教育水平方面,英国在欧洲排在第10位。除葡萄牙外,英国的犯罪率和在监狱人数要比其他任何欧洲国家高。

　　近几个月，看起来布莱尔在欧洲唯一高兴的事，是他与西班牙保守的阿兹纳政府签订关于灵活的劳动市场之联合方针的协定。这对于西班牙右翼来说是一种"第三条道路"。而伦敦经济学院院长托尼·吉登斯也准备随时为阿兹纳的党僚提供一些现身说教。西班牙报纸在头版大字标题中欢呼布莱尔—阿兹纳协定，题为"阿兹纳向法国和德国的社会主义宣战"。

五　外交政策

　　就外交政策而言，新工党的所有遁词以及罗宾·库克关于合乎道德的外交政策的承诺，都荡然无存。科索沃战争只不过是英国扮演美国侍从角色的又一次亮相——甚至与其保守党前任比起来，新工党的尊严要少得多。假如这个岛国有一天没于海面下消失，美国只是简单地用一艘巨大的航空母舰来代替。新工党用一条甚至更为结实的脐带将自己同国内资本主义的需要与美国军事和外交政策机构的需要连接起来。它迟早要为此付出代价。

英国大选之后工党面临的政治形势[*]

提要：英国著名左翼学者艾伦·伍兹（Alan Woods）于2001年6月12日在欧洲 http：//www. marxism. com 网站发表《英国大选之后：工党何处去?》一文，对6月英国大选中工党胜利的复杂原因、工党的进一步右转、工党与保守党力量对比态势、工党与工会关系的微妙变化、工党的危机、工人阶级对工党态度的变化和二者可能的冲突等诸多问题，做了全面的论述。以下为该文主要内容。

最近，工党第一次获得连任。表面上，托尼·布莱尔取得了辉煌的胜利，但这只能说明问题的一半，它不能反映英国社会中的矛盾情绪。选举战已经结束，总的投票率为80年来最低点，只有58%的选民参加了选举。工党的得票数是潜在选民数的1/4，这是任何当选政府的最低数字。

在民意调查中，71%的人说他们不投票是因为"选谁都一样"，这就是所谓的"选民冷淡"的真正原因。工党执政已有4年，民众对新工党已没有什么热情，对保守党则更没有热情了。

---

* 原载于《国外理论动态》2001年第10期，为与沈根犬合作成果。

一　第一届布莱尔政府

在 1997 年 5 月，布莱尔当选之后曾许诺：要以新的更激进的政策来建设一个"更美好的英国"。但一旦搬进唐宁街 10 号之后，他就奉行完全迎合大商人利益的政策。他首先采取的政策之一就是让英格兰银行控制利率，这就将经济政策中有效的控制手段交给伦敦这座城市的代表——大银行。接着，他又宣布将公共开支控制在保守党以前制定的范围内。

与对穷人的吝啬形成鲜明对比的是，布莱尔对他的商界朋友则慷慨多了。英国大臣戈登·布朗夸口说英国有"最低的公司税，这在英国历史上是最低的，在欧洲主要国家中是最低的，在世界主要国家中（包括日、美）也是最低的"。他应该再加上一句，与主要工业国家相比，英国有最长的工作时间、最低的工资和最差的工作条件。目前英国工人比欧美工人的工作时间长出 25%，欧盟的 48 小时工作时间指导线被习惯性地忽视了，老板以失业相威胁，迫使工人放弃对工作时间的要求。

二　倒向大商人的政策

布莱尔在世界舞台上昂首阔步，而英国的部分地区几乎陷入了第三世界境地。住房、教育和交通已经落到了极差的地步。布莱尔统治下的英国处在"深刻的危机"中，英国民众遭受不良的医疗、贫困的教育和一个不称职的政府的折磨。"在威廉·莎士比亚和亨利·伯特生长的土地上，5 个成年人中就有一个实际是文盲，连口袋里的钱都不知道是多少。"这是一个公正的评论。英国学校中存在严重的学生超员和教师短缺，高等教育投资也严重不足，学生只能贷款上学。由于数十年来不重视医疗卫生，其基础已经崩溃，曾经引以为荣的国家卫生体系现在已经荡然无存。

原因是布莱尔和工党右翼搞私有化，邀请大商人投资于公共部门，将企业的经营者安排到内阁和其他政府部门，使得大部分国有资产逐渐转化为私有财产。即使是没有实现私有化的公共部门，也要模仿私人部门的做法去迎合大商人。

三　工党为何取胜

虽然工人阶级对布莱尔和他的工党很失望，但在目前，他们又不愿回到保守党的统治中去，因此除了工党别无选择。布莱尔和工党右翼总想把大选的胜利解释成亲资本家政策的胜利，其实并非如此。在深层次上，正酝酿着不满、愤怒和灰心。这些都不可避免地将在工党的下一任期中显露出来并将对工党产生巨大影响。

在过去的4年里，世界经济繁荣使得英国经济持续增长。工党的胜利在很大程度上以此为基础。尽管财富的两极分化在加剧，工作的紧张程度在增加，但实际工资还是在持续上涨，而通货膨胀又保持在较低水平。大多数人还没有感觉到经济增长放慢，至少在英国南部是如此。经济繁荣（这也是工党政府取得类似错觉般信任的原因）就意味着工人有工作，实际工资已增长——尽管贫富不公在扩大。毕竟，工人不愿意回到保守党的统治中去。这也说明了在2001年6月7日的大选中，尽管工党这样那样不好，但工人还是选择了工党。然而，工业区的很多工人的生活并没有因为这种"繁荣"而得到改善，存在着广泛的不满。而且在下一任期中，各种指标都将下降。第二届工党政府不像第一届工党政府，工人阶级已不再是全心全意地支持工党了，而是在缺乏选择的情况下，他们的支持是很勉强的。

四　风暴来临

在过去的 20 年里，英国的制造业基础大部分已经崩溃。对工业的投资水平低于德国和法国，甚至原来落后的意大利也超过了英国，西班牙都跟英国相差不远了，以前的世界工场已蜕变成以银行业和服务业为基础的寄生性利息经济。就像第二次世界大战以前的法国一样，这将产生严重的社会影响。

由于几十年来生产基础投资失败，英国资本家将为此付出代价。制造业基础的破坏，意味着在世界性的衰退中，英国将遭受重挫。市场不景气，将使竞争更为激烈。英国经济是处在欧洲边缘的低生产率、低工资经济，无法与它的主要对手竞争。所有的历史都表明，建立在廉价劳动力基础之上的经济是无法与建立在现代机器、高工资、高生产率基础之上的经济抗衡的。已有明确的迹象表明英国经济开始放慢。紧随世界经济放慢的步伐，一季度制造业产值在下降，而一月份的工业产值是 3 年以来最低点。这就是布莱尔提前举行大选的原因，工党领导人知道形势的走向，如果再等 12 个月，选举结果将会有较大变化。

五　保守党的危机

在过去的 20 年里，有一股反资本主义的浪潮，玛格丽特·撒切尔发起了反对反资本主义的运动，里根将该运动引入美国。在 20 世纪 70 年代掀起罢工热潮的英国工人阶级，遭受了雇主的打击报复，在工作权利、工资和工作环境方面付出了巨大的代价。但撒切尔掀起的这场反对反资本主义的运动也有其负面影响，这表现为撒切尔执政时令人难忘的经济滑坡，表现为群众对人头税的抗议，还表现为保守党在 1997 年大选时的惨败。这一运动也标志着英国经济增长绕过了顶峰，走向缓慢。

保守党正陷入分化和危机之中。《经济学家》写道："过去大家都知道保守党是赢得大选的机器，现在它支离破碎，士气和成员数量都处于有史以来最低点，其成员平均年龄是 62 岁。"在选举战中，保守党没能在工党之外提出一个更可信的政策选择，所有招数都失败了。但导致保守党危机的更严重的原因，是工党布莱尔偷走了他们的衣钵。既然工党已经获选连任，他会按大商人要求的方方面面去做，因此，目前就没必要再要保守党了。正如《经济学家》所说："托尼·布莱尔是目前所能找到的、惟一可信赖的保守党。"

六　工党与工会

只看问题的表面，不看内部过程是错误的。工人阶级不断高涨的愤怒迟早会显露出来。最近选举工会领袖时，左翼人士总能出人意料地获选，而右翼人士，即使有着地位上的优势，最后还是败下阵来。这清楚说明工会开始发生变化。新工党的政策在工会中的反映是愤怒和灰心不断增长，有时则表现为极左派脱离工党。工会拒绝参与工党，形成与工党的对抗，这正是布莱尔所需要的。毕竟，布莱尔主要关心的是要得到大商人的支持，而大商人所需要的是：工党与工会断绝关系。这不是我们的政策，社会主义者呼吁：工会不能排斥工党，而要联合工党。工会应当作为工党成员加入工党，要求工党执行符合工人利益的政策，而不是执行符合老板利益的政策。到了一定阶段，一个占大多数的左翼将在工党和工会中出现。马克思主义倾向的思想将在工会和工党中产生越来越大的影响。

大商人要求布莱尔继续推进私有化攻势。然而工人选举工党却有完全不同的考虑，他们的理由近似如此："在上届工党政府中，我们没有得到我们所要求的，我们假定你们（工党政府）是无辜的，现在你们（工党政府）在议会中占绝大多数，再没有借口了，我们要求看到结果！我们需要更多的住房、医院、学校，更好的工作条件，更美好的生活。"因此未来工人和工党之间将出现大规模的冲突。

八　西方左翼的变化调整与前途

西方左右翼政治划分面临的挑战
及其继续存在的可能性[*]

——兼论西方左翼的发展前途

提要： 在"超越左与右"和"非意识形态化"的观念流行于西方政治理论领域的今天，延续了 200 多年的左右翼政治划分还能继续存在下去吗？本文概括评析了这一划分标准在当前面临的几种主要挑战："意识形态终结"论、政治现实复杂性、"第三条道路"或"中间道路"政党纲领趋同与实用主义等挑战。根据西方政治发展的历史和实际，对几种挑战做出了针对性的回应和剖析，论证了左右翼政治划分在 21 世纪初西方政治舞台上继续存在的可能性；探讨了当前西方左翼的范围、变化调整的特点和发展趋势。

对西方左翼和社会主义运动进行系统深入的研究，首先必须对当前西方总体政治格局和形势的变化有整体上的把握，同时也必须对西方政治认知范式和范畴的变化有准确的了解。本文努力对西方左右翼政治划分在当前面临的挑战及其继续存在的可能性进行较为系统的论述和评价，同时对西方左翼在变化的现实环境和认知背景

---

　　* 原载于《马克思主义研究》2005 年第 5 期。

中的活动及其前途、西方左翼与社会主义运动的关系等问题，进行
尝试性的梳理和探讨。

一　当前西方左右翼政治划分面临的挑战

在 200 多年的时间里，"左翼"和"右翼"的划分是西方国家
认知和评价政治思想和活动的主要标识。尽管在不同的历史时期
和不同的国家，二者具有不同的内容和形式，但围绕和参照"左"
与"右"进行的政治倾向定位、政治结盟、政治斗争与竞争，以
及政党纲领的制定和宣传、政治讨论和辩论，等等，基本上涵盖
了整个政治谱系和政治话语体系。可是从 20 世纪 80 年代以来，特
别是苏联解体以后，左右翼的划分越来越受到来自多方面的质疑
和挑战，"左右划分过时"说、"左右划分简单化"说、"超越左
和右"说，在西方学界和政界此起彼伏。归纳起来，这些挑战主
要来自以下方面。

第一，"意识形态终结"论的挑战。这种挑战来自把左右翼的政
治区分同历史上社会主义与资本主义意识形态之间的斗争联结甚至
完全等同起来的认识。20 世纪 80 年代末期，以日裔美籍人弗朗西
斯·福山为主要代表的右翼理论家，抛出了"历史终结"论说，宣
称自由民主制度已经战胜了其他与之竞争的各种意识形态，成为
"人类意识形态发展的终点"。我们已"找不出比自由民主理念更好
的意识形态"。受这种"意识形态终结"论的影响，一些人认为与
社会主义思想和运动相联系的左翼理念和运动已变得没有任何理论
阐释能力和现实意义。无论左翼还是右翼，如果还沿袭这种符号意
义上的称呼的话，其共同的事业就是顺应和致力于自由民主理念的
历史舞台上的独舞和普适性发展了。"左翼被劝说和建议加入到自由

民主领域中那些寻找解决办法的人的队伍中来。"① 如此，左右翼的政治划分就被自由民主意识形态的话语霸权所淹没了，更进一步说，是左翼被右翼在意识形态和现实生活领域的胜利所排挤和融化了。

　　第二，政治现实复杂性的挑战。这种挑战在当前西方理论界显得较为普遍。它认为，在越来越复杂的现实政治世界中，简单的左右两分和参照是无法描述和说明任何问题的。现实政治舞台上存在的各种各样的政党、利益集团和其他群体，为了具体的利益目标相互竞争，有时彼此发生冲突或对抗，有时又彼此达成默契和联合；在一些问题和观点上可能形成一致，而在另一些问题和观点上又可能不一致。有人比喻在政治舞台上就像在舞厅里一样，参加者在一曲终了之后，在下一曲中就转向新的舞伴了。当代政治世界中各种各样的政治结盟，庞杂多样的政治问题，是诸如左右翼划分这样简单的参照标准所无法涵盖和包容的。例如，西方学者马克·斯库森在其文章《既不左也不右》中写道："各种媒体还继续使用昨天的陈旧政治字典来进行着文字谋杀的游戏，但是我坚决抵制这种陈腐过时的和极具误导性的左翼—右翼/自由—保守的战线的划分。我根据每个学者、候选人和哲学家自己的价值来看待他们，而不是根据一些武断的标签。"② 这种观点在所谓的"后现代"西方社会具有代表性，具有颠覆传统的政治认知标准和价值评判标准的倾向。同时，有许多理论家也在寻找能够代替左右翼划分的其他参照系和政治划分方案。

　　第三，"第三条道路"理论的挑战。20 世纪 90 年代中期以后，西方政治意识形态领域兴起并渲染张扬的"第三条道路"，明确地打出了超越传统左右翼政治划分的旗帜，声称寻求一种既不同于右翼

---

① Charles Derber ed., *What's Left? Radical Politics in the Postcommunist Era*, University of Massachusetts Press，1995，p. 18.

② Mark Skousen, "Neither Left Nor Right", July 1, 2000, http：//www. marksk-ousen. com/article.

新自由主义和保守主义、也不同于传统左翼社会民主主义和激进主义的政治治理模式。尽管它的实际成效与渲染程度不成正比，难避"雷声大雨点小"之嫌，且在进入 21 世纪之后似乎又偃旗息鼓、不了了之，但是它对传统左右翼政治划分的影响和挑战是有持续冲击力的。当时的伦敦经济政治学院院长安东尼·吉登斯推出的"第三条道路"理论，被政治领袖布莱尔"御用"践行，似乎要把西方延续 200 多年的左右翼政治意识形态送进历史博物馆。他声称"在今天的社会条件下，不存在右派和左派的陈词滥调获得了新的知识和实践力量的支持。当然，右派和左派的差异在一定程度上总是混乱的和模棱两可的"。他的理论计划不是消极地抛弃左与右，而是积极地"超越左与右"，"如果摆脱或左或右的固有因果关系"，"考虑大胆地解决社会和政治问题"，并规劝传统左翼走一条新的保守主义道路，即"温和的激进左翼"。① 这种"超越"就是保持激进主义的基本价值的同时，从哲学保守主义那里汲取营养，形成的新的政治意识观念，它具有"世界主义"的普遍意义，再用传统的左右差别来看待已经毫无道理了。

　　第四，政党趋同和实用主义的挑战。如果说前面的三种挑战还是理论上的话，那么西方政治舞台上的传统左右翼政党或联盟在实际政治活动中的表现，看来为左右翼政治划分的瓦解提供了最为直接的证明。特别是 20 世纪 60 年代以后，在西方成熟稳定的议会民主制度中，根据选举"游戏规则"逐渐发展乃至成为主导规则的实用主义做法，使得人们似乎不再相信左右翼党派在纲领中的意识形态立场表白，而且含混不清、模棱两可的政策陈述，使选民难以辨别和选择哪个政党明确代表了自己的意愿。例如作为英国传统左翼政党的工党，在 20 世纪中期进行再造"新工党"的过程中，实际上秉承了许多保守党的政策，在某些方面甚至有过之而无不及，以至

---

　　① ［英］安东尼·吉登斯：《超越左与右——激进政治的未来》，李惠斌译，社会科学文献出版社 2000 年版，第 51—52 页。

于撒切尔夫人在回顾执政生涯时，宣称自己的最大成就就是塑造了布莱尔及其新工党。目前西方各主流政党都努力争夺"中间"地盘和大多数中间群体的选民，这使得主流政党的纲领要适合这一群体的要求，这样就显得既不左也不右了。政党派别的趋同和选举中的实用策略，似乎使左右政治划分仅停留在理论家的分析中。

综上来看，西方传统的左右翼政治划分无疑在许多方面都受到了质疑和挑战。这种挑战不是局部的，而是整体的；不是具体层面上的，而是深层根本性的。如果不能明确地回答这一前提性的问题，就无法对西方左翼和社会主义运动的前途命运进行正确把握和深入研究，甚至无法对整个西方政治的发展趋势做出明晰判断。

二　西方左右翼政治划分继续存在的可能性

笔者认为，西方左右翼政治划分不仅不会消失，而且还会在更广泛、更深刻的意义上继续存在。进一步说，左翼和社会主义运动在西方还有属于其自身的发展前途。

第一，"意识形态终结"论本身就是一种理论虚妄，它的挑战是肤浅乏力的，为实际的政治发展趋势所证谬。以福山为代表的"意识形态终结"论，借用和歪曲黑格尔的历史发展理论图式，在 20 世纪 80 年代中后期世界范围内的社会主义运动和左翼力量受到削弱的情况下，借风造势，迎合了新自由主义右翼理论家和政客的需要。事实证明，再没有什么东西要比这种"意识形态"终结论更具有意识形态的色彩和含义了。的确，20 世纪 80 年代以来，右翼在西方政治舞台上占了上风，左翼处于守势，中左力量过于妥协而丧失了自己明确的身份特征，但这并不等于说左右翼政治划分本身就不存在了。实际上 21 世纪初的西方政治格局，并不是右翼一统天下之后左右划分不存在了，而是出现了左右极化的发展趋势，这正是左右翼政治划分的极端表现。在这种情况下，传统的左翼和右翼都发生了变化。美国学者詹姆斯·彼得拉斯这样描绘说："当前从事选举活动的左翼被边缘化，以前的中左翼加入了右翼。今天的主要斗争发生在议会外左翼运动和专横的政权之间。"① 也就是说，传统的右翼政党走向极右统治，传统的左翼政党（如社会民主主义政党）也向右转，而激进左翼则对现存的议会民主制度失去信心，走上街头发起大规模的群众政治运动和抗争。面对新自由主义右翼力量的全球统治，激进的左翼发起了诸如"世界社会论坛"这样的反对资本主义体系的运动。

可见苏东剧变后的世界并不是"意识形态的终结"，也不是左翼被右翼完全摧垮和融化，而是左右翼政治划分和斗争出现了新的内容和形式。正如西方学者阿伦·卡梅伦所说的那样，"一旦被讨论的党派从言辞争论的领域转向实际的政治领域，所有这些主张取代左右翼划分的观点都是不切实际的。它们都回避了为什么左右翼划分被证明是持久存在的这个问题的实质"②。在一定意义上可以说，在现代西方社会，左右翼政治划分及其竞争与斗争不仅仅还存在于政治选举领域而且在更为广阔的社会领域以更趋激化的形式继续存在着，左翼力量在处于劣势的情况下进行着新的组合和建构，同右翼竞争和斗争的战略和策略也在发生转变。

第二，政治现实复杂性的挑战具有积极意义，但因此完全否定左右翼政治的划分，则是在"反对简化"中走向另一种简化。其一，左右翼政治划分作为考察政治谱系的一种参照，它并没有否定现实政治生活的复杂性。在左和右的两个线段端点之间，是连续的点，每个点都可以根据两个端点和中点来确定自己的位置。所以，在现实政治生活中，人们经常谈论"中左（右）翼""温和左（右）

---

① ［美］詹姆斯·彼得拉斯：《世界左翼和右翼政治力量的极端化趋势》，《国外理论动态》2004 年第 8 期。

② Allan Cameron, "Introduction for Norberto Bobbio", *Left and Right：The Significance of A Political Distinction*, Polity Press, 1996, p. ix.

翼""极左（右）翼"。而且，左右翼的划分还可以同其他标准结合起来对政治倾向进行定位，如"自由主义的左（右）翼"等。所以，无论作为对政治倾向进行认知和判断的参照，还是反映现实政治多样性本身，左右翼的划分都是一种最为基本的、也是最为便捷的方法。它并不否定和排斥其他的划分，反而能够同它们结合。其二，左右翼政治划分不是绝对的，而是相对的，在不同的历史时期和不同的国家具有不同的内容和指向。比如在左右翼划分起源的法国大革命时期，代表"第三等级"也就是新兴资产阶级的力量是左翼，而僧侣和贵族则是右翼；随着资产阶级的统治牢固确立后，代表大资产阶级的政党和力量成为右翼，而代表下层阶级和中小资产阶级的力量一般被认为是左翼。在不同的国家，情况也不相同。在美国，左右翼政党的划分在政治选举中一般很模糊，人们倾向于把共和党看作右翼，而把民主党看作左翼。实际上，真正的划分存在于议会选举之外，即共产党等激进左翼政党同整个政府的对立。在西欧，尽管目前左右翼政党的界限变得模糊，但相对来说，像英国的工党与保守党、法国的社会党与保卫共和联盟、德国的社会民主党与基督教民主联盟等，一般都有传统的左右翼政党之分。总之，左右翼政党趋同或纲领内容的变化，正是政治复杂性的体现，而不是左右翼划分的终结。在复杂的政治世界，左翼和右翼并不代表着两组固定不变的思想，而是整个政治生活围绕其变化的轴线。

　　第三，"第三条道路"或"中间道路"的挑战也未能摆脱对左右翼划分的参照，它们的出现却正是这种划分的复杂性和相对性的集中体现。在历史上，声称走"第三条道路"或"中间道路"的党派和理论并不鲜见，但它们的每一次出现，甚或在造成较强效应的时候，也从未终结左右翼的划分。意大利学者诺贝托·鲍比欧在其著作中，研究了声称既不左也不右的"第三条道路"或其他类似观点产生的政治条件，一般在两种力量的对比相差悬殊的时候，处于弱势的一方为了适应或妥协于较强的一方，而声称自己既不左也不右。比如第二次世界大战结束的时候，在欧洲一些国家，左翼力量处于强势地位，一些传统的右翼政党为了适应形势和赢得社会支持，掀起了一股支持集体主义思想观点的风潮，大量吸收左翼的纲领主张。像作为右翼政党的意大利基督教民主党，在当时就宣称自己既不左也不右。鲍比欧的分析是有道理的。我们可以看到，到了20世纪80年代以后，右翼力量逐渐占了上风，而左翼力量却逐渐削弱，特别是在苏东剧变后，二者的力量对比相差悬殊，处于弱势的一些传统左翼党派，如英国的工党及其一些理论家，便也声称超越左与右和走"第三条道路"了。

退一步讲，即便走"中间道路"的努力在现实中取得一定的成效，它本身也是以左右翼划分为参照，对左右翼政党的理论纲领或折衷、或融合，而不可能独立于这一划分之外而存在。正如鲍比欧在其论述中设喻所言的那样："灰色划分了黑与白，黄昏划分了白天和黑夜。但是灰色却没有丝毫改变白与黑的划分，黄昏丝毫没有改变白昼与黑夜的划分。"① 当然，上面的论述并不否定"第三条道路"或"中间道路"探索的理论和现实意义，它们的提出总体上是为了适应形势的发展而修正自己的理论，以融入变化了的政治环境中而有所作为。本文所否定的，只是那种根据"第三条道路"或"中间道路"的出现否定左右翼政治划分这一认知范式的思维方式和理论观点。

三　当前西方左翼的变化调整和发展趋势

对左翼涵盖的范围，不同的研究者有不同的观点。首先要确定一个判断基准，即属于左翼的力量有什么一致的特征，或者说把它们联系起来的纽带是什么。笔者认为从当前西方左翼力量分化、重

---

① Norberto Bobbio, *Left and Right*: *The Significance of a Political Distinction*, Polity Press, 1996, p. 5.

组和理论调整变化情况来看，把反对资本主义既存秩序、主张某种形式的变革、改良或替代的实体力量和文化力量作为界定左翼的基线，是较为适宜的。以此为准，无论服膺和倡导社会主义的，还是提倡其他反资本主义方案的，无论是正式的政党，还是团体组织或独立于党派之外的人士，无论是实际的政治活动力量，还是思想文化批判力量，都可以纳入反对资本主义既存秩序的左翼范围。这些力量大体上包括：调整变化中的西方社会民主党、调整变化中的西方共产党、调整变化中的"新社会运动"（绿色运动、女权运动等）、新的大规模抗议力量（如反全球化运动、反体系运动①等）、独立左翼人士的批判理论（市场社会主义、社群主义、经济民主理论等）。

目前西方左翼仍然处于过渡转折期，困难挑战与变革创新的努力并存。在理论纲领上，许多传统的观念、范畴、范式和价值或被认为是过时的而弃之不用，或认为应被赋予新的含义；在实际活动上，实践目标、斗争方式、批判方式、民众动员组织形式等方面，都不同以往。与此同时，过渡转折期的不确定性和混乱等特征，也表现得非常明显，特别是在左翼处于弱势的情况下更为如此。

概括地说，西方左翼的变化调整呈现出如下基本特征。（1）主体类型纷杂。苏东剧变后，西方左翼经历了剧烈的动荡、分化和重组过程，但原来的左翼实体力量类型在变化和相互转化中基本上保留下来，同时形成了较新类型的左翼力量，如不断发展的反全球化运动，多种反体系运动，提出诸种替代方案和模式的独立人士等，在很大程度上使左翼的主体类型趋于纷杂，以至于有分析家认为难以用"左翼"这一概念把这些力量包容进来。（2）层次增多。在个人层次、社区层次、地区层次、国家层次和国际层次上，左翼的理

---

① Immanuel Wallerstein, "A left Politics for the 21ˢᵗ Century? Or, Theory and Praxis Once Again", September 28, 2003, http：//www. transformaties. org/bibliotheek/wallersteinleftpol. Htm. 2003. 9. 28.

论和实践活动目前都较为活跃。随着全球化的不断发展，左翼的跨国界活动及规模也有扩大的趋势。（3）目标和价值追求多元。传统的左翼斗争主题，如社会主义、共产主义、福利国家、集体主义、反资本寡头专制等，尽管遭到右翼的持续进攻和新自由主义蔓延的强烈冲击，但仍以一定的形式存在和发展着，如西欧的重建共产主义运动和"新共产主义"理论等。同时，多种多样的社会抗议活动也纷纷发展起来，如反战、反帝国主义霸权、反资本国际垄断、反全球化、生态运动、公民权利运动、社群运动，等等，无论在类型和规模上，都超过了20世纪60—70年代，使得左翼活动的主题和价值诉求更加多元化。（4）活动方式多样。倡导阶级政治和阶级斗争的传统左翼虽然减少，但在西方仍然存在并以新的形式发展着；议会政党政治框架内的活动，仍然是西方左翼的主导性活动方式；街头广场的示威、抗议活动尽管不全部是左翼活动，但多数左翼参与其中；另外许多左翼学者主要从事理论批判活动，其中一些思想和观点成为左翼活动的指导性资源。总之，多种活动方式并存、交叉、结合，目前还是较为活跃的。因为，伴随资本主义发展到国际垄断阶段，资本主义自身无法克服的基本矛盾，生产资料的私人所有制与社会化生产之间的矛盾，在整个世界的范围以更加尖锐的形式表现和展开；新自由主义虽然大行其道，恣意蔓延渗透，但它在许多国家造成的经济、政治和社会的破坏性后果越来越严重。这种形势和环境为左翼的继续存在和发展提供了条件。

但是，西方左翼在渐趋活跃的情况下，也面临着诸多问题，主要表现在以下几方面。（1）过于非意识形态化，造成自身独立性和实际批判力量减弱。许多西方左翼派别和人士在苏东剧变后总的政治立场取向可概括为"放弃革命，保持激进"。这种取向虽然在一定程度上是处于弱势情况下的一种活动策略，但由于抛弃以往过多，在调整变化中矫枉过正，这样，或者使自己成为"温和的改良主义者"或者把自己的批判拘囿于抽象的道德价值裁判，缺少现实的斗争勇气和信心，左翼激进主义在很大程度上变成了没有政治内容的空洞论辩，这大大削弱了左翼的独立性和战斗力。（2）过于崇尚多元化，缺乏明确的、有凝聚力的纲领目标。目前由于多数左翼倡导各种形式和内容的多元主义，以多元性作为自己理论和实践的合理性依据，使得它们没有统一的目标，缺乏采取一致行动的意识形态基础，在"绝对的"自由市场理念和肆无忌惮的新自由主义攻击面前，左翼的支离破碎的分散倡议与替代方案显得无足轻重。由于抛弃了自己曾经树为旗帜的目标，左翼各自为战，彼此冲突龃龉，难以形成凝聚的力量。（3）重政党派别或自身行为，轻民众日常活动。许多左翼党派倾力于议会席位的争夺，也有许多独立左翼人士满足于书斋中的理论批判，这样使左翼在一定程度上脱离民众实际斗争的真实要求，轻视社会领域的群众斗争，其战略理论同现实社会变革的实际需要脱节。（4）多否定批判，少积极建设性方案。左翼在批判资本主义现存秩序以及各领域存在的弊病方面，提出了许多颇有启示意义的见解和理论，有的能够直指症结，揭示出问题和矛盾的深层根源。与之相比，左翼在提出自己面向未来的纲领和设计变革社会的替代方案上，却显得薄弱，缺乏明确的建设性纲领。

从左翼与社会主义的关系来看，它们并不是同一概念。按照一般的理解，社会主义运动属于左翼运动的范围，另外左翼中还包括不服膺、不信奉社会主义但却否定和批判资本主义的组织、活动和人士。社会主义理论和实践的变化本身就是西方左翼调整变化的主流内容，而整个左翼多层次、多视角的探索，为社会主义的理论创新和实践发展提供了丰富资源。从历史上看，从19世纪60年代到20世纪60年代，社会主义力量及其活动逐渐发展成为西方左翼的主流，社会民主党和共产党在一些国家的政治舞台上发挥非常重要的作用。20世纪60年代被称为"新左翼"的西方各种新社会运动的兴起在一定程度上对社会主义运动提出了挑战，因为这些运动提出了新的斗争议题、新的理念、新的范式和新的活动方式。但无论在理论上还是实践上，尽管30多年来各种主题的新抗议运动轰轰烈烈，却并没有像一些研究者断言的那样将传统社会主义运动取而代之。苏东剧变之后，共产党和社会民主党等传统左翼政党及力量正在调整和探索新的理论与实践战略，原来的新社会运动力量也在调整变化，在这一过程中出现了二者相互借鉴、相互补充的现象，并在实际政治舞台上取得了一定成效，如绿党在左翼政党联盟中发挥越来越重要的作用，而共产党和社民党也在自己的理论纲领和实践活动中更注重和吸收生态运动、民权运动和女权运动的观点和力量。它们之间从冲突对立态势向共生共存方向的转变，有利于整个左翼力量的恢复和发展，也有利于西方社会主义运动的理论创新和实践斗争。另外，随着反全球化运动、反体系运动等许多新的力量对左翼阵营的扩展，西方社会主义运动具有扩大自己力量的有利契机，关键是制定出参与和引导的适宜战略与策略。总之，目前西方左翼的调整和变化为社会主义运动的恢复和发展提供了较好的环境和机会，同时也向社会主义政党及力量提出了理论与实践创新的新挑战和新任务。

西方左翼何去何从?[*]

——21 世纪西方左翼的状况与前景

提要：苏东剧变以来，西方左翼经历了退却—右转—回归的"三部曲"发展历程，当前处于"否定之否定"的自我反思与重塑阶段，机遇与挑战并存，建设与批判的双重任务并重。其发展前景取决于当前"否定之否定"的自我革新与重塑的程度和水平，在这个过程中要处理好左翼与社会主义的关系、左翼运动与社会主义运动的关系、议会选举活动与社会群众运动的关系、民族国家范围内活动与全球范围内活动的关系。

21 世纪初，世界形势和世界格局大动荡、大分化、大调整，世界社会主义运动的形势、条件和环境也发生了新的变化。与 25 年前苏联东欧剧变时相比，与 8 年前资本主义发生第二次世界大战后最严重金融—经济危机时相比，世界形势的确发生了剧烈的变化，需要用全新的眼光来打量这个世界，根据新的形势和变化重新观察和评估世界面貌、发展的变迁、重大事件和社会制度。正如列宁所说，形势"极其剧烈的震动，这就自然而然地、不可避免地要产生'重新估计一切价值'，重新研究各种基本问题，重新注意理论"①。过

---

* 原载于《国外社会科学》2015 年第 3 期。

① 《列宁选集》第 2 卷，人民出版社 1995 年版，第 281 页。

去许多被公认为永恒的、不容置疑的价值与法则，如自由、民主，如发展、现代化，如社会主义、资本主义，如左翼、右翼，等等，都发生了巨大变化。在当前剧烈变动的世界和新形势下，重新研究西方左翼及其与世界社会主义和资本主义的关系，具有全新的现实意义。

一　苏东剧变之后西方左翼发展历程：退却—右转—回归

把西方左翼研究置于 21 世纪前期西方世界变化的经济政治格局和世界社会主义运动发展变化的大背景下进行系统的、整体的研究，要避免单一化、碎片化、片面化、抽象化、凝固化。理论研究要坚持以研究和解决实际问题为目的，适应新的形势，同实际状况紧密结合，坚持实事求是。当前，关注的焦点应集中在以下几个问题：21 世纪前期左翼面临的新形势和新挑战，资本主义危机对左翼的深刻影响及其实际后果，左翼的理论策略新变化与实践活动的新走向，左翼变化调整的价值取向、实际诉求及其深层原因，全球化条件下左翼谋求联合与实际分化两种趋势并行的状况及影响，左翼的变化调整与世界社会主义运动的关系，等等。

苏东剧变到现在已经过去 20 多年了，西方左翼的调整与变化大体上分为三个阶段：（1）从苏东剧变到 20 世纪 90 年代中期，大约 5—6 年的时间（1990—1995 年）；（2）从 20 世纪 90 年代中期到 21 世纪初金融危机爆发前（1996—2007 年），大约 10 年的时间；（3）从金融危机到现在，大约 6—7 年的时间。

第一阶段（1990—1995 年）是苏东剧变后西方左翼溃退、蜕变、分化，为谋求生存而苦斗的时期。在西方右翼高奏凯歌和恣意进攻面前，左翼处于守势和被动局面。为适应变化了的生存环境和条件，多数左翼开始否定过去，与苏东划清界限。有的共产党组织蜕变为社会民主党组织，社民党组织也纷纷告别自己的"老旧"形象，淡化左翼意识形态色彩，有的特别注意与"共产主义""社会主义"标识脱钩。西方左翼整体上从抗争到屈从，从激进到温和，从左移向右，是以总体退却、否定自己来谋求生存的阶段。虽然希腊、葡萄牙共产党继续固守自身立场，第四国际托派组织试图用苏联解体来证明自己激进左翼路线的正确性，但这改变不了西方左翼整体陷入低潮的局面。

第二阶段（1996—2007 年）是西方左翼在经过苏东剧变的大分化、大调整后进行大幅度理论与政策转向并取得一些实际成果的时期。这一时期的前半期是所谓的"左翼复兴"时期。在理论上，以英国工党提出"第三条道路"理论并得到法国社会党、德国社民党共同倡议，以及以法国共产党提出"新共产主义"为标志，西方社会党和共产党两大左翼同时继续再度右转。在实践上，英国工党、德国社民党、法国社会党相继上台执政。这是西方左翼短暂的"黄金年代"，高潮是当时欧洲掀起的"玫瑰潮"，欧盟十五国中有十三个由左翼政党掌权。然而，中左翼政党上台执政是以投向右翼新自由主义怀抱、放弃自己明确左翼身份特征、大幅度右转为代价的，实际上是西方右翼理念政策通过左翼力量继续贯彻。撒切尔夫人曾骄傲地说，她打造了工党和布莱尔。时任美国总统的克林顿同英国首相布莱尔、德国总理施罗德一起亲兄弟般同唱"第三条道路"赞歌。然而好景不长，"第三条道路"昙花一现，在 21 世纪初期左翼又纷纷下台，右翼卷土重来。西方政治版图再次变换色彩，欧盟有十多个国家的右翼政党相继上台执政，政治钟摆再次摆向右翼。以法共"新共产主义"为代表的激进左翼随即偃旗息鼓，实际成效甚微，西方共产党组织更加被边缘化。总之，这一阶段是西方左翼更加否定传统、在变革或革新的口号下更加屈从或投身新自由主义的时期。

第三阶段（2008—2014 年）是资本主义发生金融危机，西方左翼根据新的环境和条件再调整、再重组、再分化的时期，可以被称为"否定之否定"阶段，呈现出向苏东剧变前左翼传统和理念某种程度的"回归"。其主要标志是在思想理论领域重新兴起的"马克思热"，激进左翼共产党组织和左翼人士在资本主义危机条件下对资本主义及右翼进行猛烈的批判，30 余年来似乎被人遗忘的阶级、工人阶级、社会主义、替代资本主义等概念重新回到政治讨论的话语当中。在政治实践中，爆发了大规模的街头抗议或广场"占领"运动。这是西方左翼对资本主义与右翼在理论与实践上的双重否定，也是对自己此前"矫枉过正"式大幅度右转战略的"否定"。然而，这种"否定之否定"是初步的，还不成熟，难以产生持续的成效。长期的右转已经使左翼在理论上准备不足，在实践上难以有效动员与组织社会力量对抗和反击资本主义及其右翼。但无论如何，这种"否定之否定"是西方左翼实现新发展和有所作为的新起点，虽然离实现脱胎换骨的转变还有相当长的距离，但毕竟是左翼重新崛起和发挥作用的难得历史机遇。

二 当前西方左翼面临的主要问题：批判与建设的双重挑战

当前西方左翼的状况可以概括为占据"天时"但缺"人和"、转向激进但失锋芒、积极行动但缺少明确方向、谋求联合但多分裂分化。

所谓具备"天时"，即在西方世界形成了第二次世界大战以来难得的有利于左翼理论与实践发展的条件和环境。资本主义遭遇了战后最大的金融危机及其引发的价值危机、合法性危机和信仰危机，使资本主义和右翼遭受重创，由苏东剧变之后的恣意进攻转为消极防守。社会民众的不满和反抗也是第二次世界大战以来最为激烈和集中的，斗争矛头甚至指向了资本主义制度本身。因此，这是左翼重新崛起、谋求大发展的难得"天时"，是百年难逢的历史机遇。

　　然而，在这样的大好机遇面前，西方左翼深感自身之轻，难以承受历史之重。虽然他们也为资本主义危机所激发和鼓舞，也重新燃起重振左翼的希望，但他们在"整个世界向左转"的大环境中遭遇到新的失败，在选举中纷纷败北。如，在 2009 年的欧洲议会选举中，西欧各国左翼政党的得票率继续下降，各国右翼力量组成的联盟接连赢得胜利，社会民主主义政党全线受挫。危机中激烈的社会动荡和积重难返的矛盾问题，使得不满与失望的民众放弃长期右转的社会民主主义政党。尽管法国社会党在 2012 年的总统选举中获胜掌权给了西方左翼政党以新的鼓舞，但这是否能够带来左翼的时来运转还难以预料。作为激进左翼的共产党组织也是得时得理不得利，它们本应该获得深受危机之苦的广大中下层民众的支持，但实际并非如此。西方社会长期以来对共产主义的诋毁以及共产党长期的边缘化，使得它们的理论政策主张不为多数民众认可和接受。危机之中乘虚而入的极右翼政党像法国国民阵线、奥地利自由党、瑞典民主党，吸引了部分中下层民众的支持。法国新反资本主义党就是在危机中激进左翼试图代表中下层民众利益的尝试，是对长期以来中左翼政党改良主义的反抗，试图重建"左翼中的左翼"，但这种类型的政党目前影响力尚小。

　　总的来看，在资本主义危机背景下，西方左翼具备"天时"，一定程度上也有"地利"，包括国际和国内活动空间的条件，但最明显的是它们不具备"人和"，即自身组织无力、涣散，难以得到社会民众广泛的支持。具体来看，西方左翼的难题和困境体现在以下几个方面。

　　（1）身份缺失，"有名而少实"。长期以来，西方政治淡化意识形态，在右翼理论家鼓吹"意识形态终结"和"历史的终结"的影响下，左翼理论家也怀疑自己的理论阐释能力和现实价值，"左翼被劝说和建议加入自由民主领域中那些寻找解决办法的人的队伍中来"。左翼被右翼自由民主"绝对胜利"的狂潮吞没，有的失语而缄口不言，有的主动走上否定自己的"超越左与右"的"第三条道路"，有的激进左翼也"放弃革命，只保持激进"的立场。左翼整体上被排挤或同化，丧失独立性，失去鲜明身份和特征。这种状况在金融危机爆发以来有所改变，但重塑左翼身份和形象仍然是首要的问题。

（2）理论战略准备不足，难以适应重大社会变革。西方左翼最近30余年来也提出了种种创新或现代化的理论战略，但在右翼新自由主义理论占据统治地位的环境下，其理论的"创新"主题和实质或是摒弃传统，或是着意抹去左翼曾有的思想锋芒而重复不痛不痒的改良主义话语，或是以直接或间接的方式搬用右翼自由主义的概念和规则。改良主义、实用主义、投机主义、犬儒主义长期在左翼中盛行。因此，所谓左翼理论的"现代化"难以经得起大风大浪的淘洗和剧烈社会变动的考验。正如英国一位左翼人士所说，"一些左翼力量逐步滑向右翼，转而支持新自由主义政府，一些左翼力量强调'清白无污点'，使得任何政治改组都异化为浪费时间。这样发展下去，左翼运动所能做的无非是散发文件、举行会议、批判所有其他人和赞美自己'纯洁无瑕'等毫无意义的工作。若是如此，我们尽可专注于我们的小团体而把改造社会的愿望交由右翼和极右翼力量来完成"①。当资本主义金融危机爆发时，长期理论匮乏与缺乏战略贮备的左翼难以引领、驾驭对抗资本主义的洪流，显得心有余而力不足，而被实践的快速发展抛在了后头。

（3）批判有余，建设性方案不足。金融危机的爆发使左翼特别是共产党等激进左翼能够充分运用左翼的批判理论和资源，揭露资本主义危机的实质、弊端及其危害，直指症结，揭示出问题和矛盾的根源。左翼的批判理论确实发挥了一定的"社会矫正"功能。然而，在如何克服危机、解决实际经济社会问题方面，左翼还难以提出适应实践发展需要、符合广大民众利益、切合实际社会状况的长

---

① 转引自门小军《21世纪要建立怎样的泛左翼政党》，《当代世界与社会主义》2008年第4期。

远性、系统性纲领方案。其理论与政策碎片化，缺少鲜明且有凝聚力的纲领目标，缺乏达成共识、协调一致的理论与组织基础，难以为长远发展提供有效的思想理论指导。

（4）有联合意愿和行动，但分裂分化严重。苏东剧变后，西方左翼一直谋求左翼力量和运动的联合，希望借此改变左翼的弱势地位，应对全球范围内联合一致的跨国资本和新自由主义力量。其中，既有尝试建立包括多种类型左翼力量的"泛左翼联合阵线"，又有相同类型内部的各种形式的联合和论坛，有些已经取得较为显著的成效，如世界工人党和共产党会议等。但总的来看，左翼内部成分庞杂，各自为战，分化分裂很严重，特别是在激进左翼中，共产党之间分裂严重，冲突矛盾经常发生，这削弱了左翼的整体力量。

三　21世纪西方左翼的前途：取决于"否定之否定"的程度和水平

可以说，在过去的30多年里，西方左翼总体上渐次右转，西方共产党大多蜕变为社会民主主义性质的政党，尽管像法国共产党、西班牙共产党等还保留共产党的名号，但其纲领政策已与过去有天壤之别。而社会民主主义政党大多连"社会主义"称号都已抛弃，重新披上"民主主义"的百衲衣，除去了自己的阶级性征和激进姿态。但是，西方左翼在20—21世纪之交面临的"喧闹与无序"，除了无穷无尽的不确定性和挑战之外，也出现了西方社会主义复兴的机遇，这就是21世纪初的资本主义危机。尽管这场危机没有带来西方社会主义的复兴，但毕竟使其进入一个否定之否定的新阶段。21世纪西方社会主义和左翼的走向与前途，取决于他们在资本主义危机之后实现"否定之否定"的程度和水平，也就是扬弃自己的程度和水平。这不是简单地回归到过去的旧左翼，也不仅仅是在已经向右走了很远的路之后掉过头来往回走几步了事，而是基于资本主义危机之后的新形势和新变化，真正在"否定之否定"的过程中塑造一个全新的左翼、一种有希望的社会主义。

在实现新的"否定之否定"的过程中，左翼结合新的历史条件和境况认真处理好以下四个方面的关系。

一是左翼与社会主义的关系。在西方，社会主义一般属于左翼行列，而左翼不一定就是社会主义。历史上，左翼对社会主义的立场经历了四个阶段，即紧密结合—逐渐分离—彻底抛弃—重新关注。在 20 世纪 50—60 年代之前，有相当部分的西方左翼政党和人士信奉、服膺社会主义，甚至有人认为左翼与社会主义"有着天然的联系"。20 世纪 70—80 年代末期是左翼与社会主义逐渐脱离的时期，其纲领逐渐避免使用"社会主义"来称谓自己及其路线。苏东剧变之后一段时间是西方许多左翼政党与社会主义彻底分离的时期，比如许多民主社会主义政党改名称为"社会民主主义政党"或"左翼民主党"，有的即便保留了"社会主义"称谓，其纲领路线也与从前大相径庭。在 21 世纪初资本主义发生危机之后，左翼政党和左翼思想家中有些开始重新强调"社会主义"的名称和内容，开始用传统社会主义的一些观点主张来回应和解释资本主义的危机，马克思的思想和方法也重新引起人们的关注，甚至一度形成"马克思热"。在"占领运动"中，有的打出"社会主义是未来"的旗帜。一些左翼纲领也增加了社会主义的成分和色彩。在新阶段，西方左翼能否再次重拾和诉求社会主义价值来探索自己的复兴之途，传统的社会主义政党如何对待各种左翼力量的变化和调整，左翼与社会主义的关系能否在一种积极促进的方向上形成密切联系，等等，这些问题具有重要的现实意义。左翼运动与社会主义运动应该是"天然的同盟军"。21 世纪西方社会主义的前途很大程度上取决于左翼运动与社会主义运动的共存共生、彼此促进，形成社会主义运动主导的"大左翼"运动。

二是左翼运动与阶级运动的关系。当前，在西方，左翼运动已经基本不在阶级运动和阶级斗争层面来谈论和开展。20 世纪 60—70

年代以来的"新社会运动"的形成和发展，就是不断对以阶级斗争和阶级运动为基本内容和主旨的"传统左翼"的否认和替代。难能可贵的是，20世纪90年代之后，仍有一些西方学者和左翼人士开始重新关注阶级、阶级不平等和阶级斗争问题，特别是在资本主义爆发危机之后。比如，美国左翼学者迈克尔·茨威格（Michael Zweig）分析了21世纪初期美国的社会状况，指出"在八年或十年以前，以权力术语表述的阶级范畴，工人阶级、资本家阶级，似乎如此远离政治对话，以至于它们对于建设性的政治争论是无用的。但今天甚至主流的评论员也正日益频繁地提到工人阶级、阶级斗争，而在总体上以阶级术语贯穿其文章……严肃的阶级话语再次成为可能，并充满生机、奥妙和信心"①。美国学者伯奇·波勃罗格鲁（Berch Berberoglu）也认为，"在我们的时代，在全球化时代，也就是全球资本主义时代，阶级和阶级冲突变得更加鲜明了，而不是淡弱。它在世界的每一个地方都流行起来，因而成为全球资本主义体系的显而易见的特征。今天，随着阶级分化的扩大，阶级越来越发生极化并持续地冲突，阶级斗争越来越成为整个世界范围内资本主义之社会风景的不可或缺的部分"②。阶级和阶级斗争的存在与否，关系到西方社会主义运动和左翼的性质问题，关系到西方社会主义运动的主体是什么的问题。新社会运动的左翼运动如果不同社会主义运动结合，只能停留在街头抗议的水平上，而这种街头抗议一般是消极的、非建设性的，无法转变为改造社会的实际力量。抗议行动虽然也是社会主义运动的重要内容，但社会主义运动不停留在这一较低层次的斗争水平上，而是以高层次的政治目标将抗议人群团结凝聚起来，开展有组织的斗争、变革或革命，组织成为无产阶级来进行阶级斗

---

① ［美］迈克尔·茨威格：《有关阶级问题的六点看法》，孙寿涛译，人大经济论坛，http：//www. pinggu. org。

② Berch Berberoglu, *Class and Class Conflict in the Age of Globalization*, Lanham, MD：Lexington Books, 2009, p. 129.

争。左翼运动如果只停留在理论批判或街头抗议的水平上，仅作为孤立分散的抗议力量来行动，不诉求社会主义，不依赖工人阶级的整体斗争，就难以在改变现存秩序的斗争中有大作为。尽管资本主义社会结构和阶级结构今非昔比，尽管资产阶级和工人阶级都发生了很大变化，但是工人阶级仍然是社会主义运动的主体，阶级斗争和阶级运动仍然是最有力量、最有规模、最有前途的左翼运动力量。

三是议会选举活动与社会群众运动的关系。这始终是西方社会主义政党的一个"难解之谜"，是在探索中始终面临的未能有效解决的问题。这个悖论是，在选举中越成功，社会主义政党身份越淡化；群众运动和社会运动开展得越是有成效，在议会选举中越边缘化。几十年来，西方社会主义政党过多投入选举活动，忽视群众运动的开展；过多认同资本主义国家的政治经济制度，忽视对资本主义政治、经济变化之深层规律的把握；过多为局部的、短期的选举成绩而向右翼妥协，忽视自身特征和独立地位的维系；过多关注具体、琐细的竞选纲领和方案的实用有效，忽视长远战略和目标的制定；等等。当前，西欧共产党等左翼政党正根据本国政治形势和各种政治力量对比的新情况，对议会内与议会外斗争的关系进行新的反思，并调整战略与策略。

四是民族国家范围内的活动与全球范围内的活动的关系。西方学者萨松说道："西方的社会民主主义政党和规模较大的共产党仍深深陷入一种国家主义的政治概念中，并不断使之加强，在自己国家边界内画地为牢式地维系着自己的成就（福利国家、教育和公民权等），而这时资本主义开始大步地在全球奔走了。"① 民族国家范围内的活动与全球范围内的活动的关系成为当前社会主义运动中普遍存在的问题。在如马克思所说的"历史向世界历史转变"突飞猛进的时代，在全球化时代，在资本主义生产关系已经在全球范围内确

① ［英］唐纳德·萨松：《欧洲社会主义百年史》（上册），姜辉等译，社会科学文献出版社2008年版，第9页。

立统治地位并不断扩张的时代，对于社会主义国家来说，一国自己能否建成社会主义呢？在国际共产主义历史上，斯大林就提出"一国建成社会主义"理论并付诸实践，经验和教训值得我们总结。而对于西方社会主义政党来说，在一个国家舞台上开展的无论议会活动还是其他社会运动，脱离了全球化的背景和实际，脱离了全球资本主义的发展，成效究竟有多大呢？对这些问题的探究，就是要关注社会主义除了本国化和民族化外，还有一个世界性和国际性的问题。这在"民族特色"成为世界社会主义主要特点的时代，仍然是更加重要的问题。正如马克思、恩格斯所指出的，社会主义在形式上是民族的，而在内容上是国际的。在21世纪，马克思主义和社会主义的发展需要更多的世界历史视角和广阔的国际舞台。

西欧传统左翼政党与新社会运动的关系[*]

提要： 新社会运动的出现一方面对传统的左翼运动构成了挑战，另一方面传统左翼政党与新社会运动又存在结合的可能性。传统左翼政党能否从新社会运动中争取到更多的支持，对其未来发展关系重大。

苏东剧变以后，处于转变中的西欧传统左翼政党（主要是共产党和社会民主党）把如何正确处理同新社会运动的关系，作为自己战略策略调整的一项重要内容。一些左翼学者认为，传统左翼政党能否从新社会运动这支庞大的力量中争取到更多的支持，对其未来发展有着不可忽视的影响。本文试图系统、客观地分析西欧传统左翼政党与新社会运动的关系及其发展趋势。

一　新社会运动对传统左翼运动的挑战

新社会运动并不是一个统一的运动和组织，而是对范围广泛、类型庞杂的抗议活动的笼统称谓。它包括西欧在 20 世纪 70 年代以

---

　*　原载于《当代世界与社会主义》2003 年第 5 期。

来形成的反战和平运动、生态运动、女权运动、反经济帝国主义运动和反种族主义运动等相对成型和成熟的运动，也包括原教旨主义宗教运动、新生代运动、争取同性恋权利运动、争取动物权利运动等日常生活抗议活动。关于新社会运动兴起的原因、内涵、外延及影响，国内外理论界一直处于争论之中。不论如何，它作为西欧社会产生的一种客观的群众性运动，越来越深广地被纳入了政治视野。较为普遍的观点认为这一运动肇始于 20 世纪 60 年代末西欧的"反叛运动"，是由于西方发达国家科技和经济的迅速发展导致了从工业社会向后工业社会转化，人们的社会价值观念从物质主义和消费主义转向后物质主义，政治观念从传统的阶级、党派的权力政治转向多主题、多主体的群众抗议政治，新社会运动便应运而生。

　　新社会运动之所以"新"主要不是时间意义上的，而在于它提出了不同于传统政治运动的价值观、主题、内容和方式，因而它对整个西欧发达国家的传统政治理念和政治格局发起了挑战。英国学者唐纳德·萨松这样描述道："在 20 世纪70—80 年代，不仅仅是阶级受到了挑战，而且那种认为所有政治区分都能在左—右翼谱系中找到位置的观念也被质疑。人们宣称如此区分的时代已经结束了。超越了左和右的新的问题被年轻的'后物质主义的'人群提了出来，他们想当然地认为西方社会已经取得了物质富足。据说一种新的个人主义，或者说新的'主体性'，挑战所有的'旧'政党：代议制民主、家长制统治、大西洋主义和对增长的沉迷。"① 在西欧，无论是传统的左翼政党还是右翼政党，都不能不受其冲击，并把根据新社会运动的变化发展状况调整自己的纲领和战略策略作为一项重要任务。还有的学者指出，"这些运动并不是由生产关系直接构成的，

---

① Donald Sassoon, *One Hundred Years of Socialism: the West European Left in the Twentieth Century*, London: I. B. Tauris Publishers, 1996, p. 670.

它们导致了对社会阶级、政治矛盾和文化经验界限的重新划分"。①
相对而言，共产党和社会民主党这些左翼政党受到的影响和冲击要
严重一些，使得一些人认为新社会运动对传统左翼政治议程构成颠
覆式的挑战，甚至有取而代之之势。而对于共产党来说，一方面由
于自身"左翼中的左翼"的地位，相对而言更直接地受到新社会运
动的挑战；另一方面，由于目前共产党在左翼阵营中比社会民主党
要弱小得多，因而它们如何正确处理自己同新社会运动的关系，显
得相对重要。

一方面，因为新社会运动被理解为一种反资本主义的抗议力量，
所以一般被研究者纳入左翼的范围，尽管它本身就具有超越传统左
右翼政治格局的倾向。另一方面，正是由于新社会运动提出了抗议
和反对资本主义的新方式，所以它对传统左翼的挑战是直接的，对
于作为"左翼中的左翼"的共产党的挑战则更为直接，一些人认为
具有从根本上消解的倾向。新社会运动和传统左翼之间的关系是既
相互联结和融合，又相互冲突和对立。大体来看，新社会运动对传
统左翼的挑战主要有以下表现。

其一，不同的斗争主题和价值取向。大多数研究者认为，传统
的左翼运动属于工业社会主义的运动，所反对的是工业资本主义的
制度逻辑；而新社会运动属于从工业社会向后工业社会过渡时期的
运动，反对的是"晚期资本主义"逻辑。新社会运动被认为是高度
工业化、民主化的西方资本主义"丰裕社会"中的社会、政治和文
化现象，被称为"一个饱和社会中的典型现象"。传统的左翼运动，
特别是无产阶级革命运动的主题，是通过变革资本主义的生产关系
来解放被束缚的生产力，消灭经济剥削，实现财富的公平分配，主
要关注的是生产能力的增长和分配公平。而西方社会随着科技和生
产力的高度发展，伴随着物质生活的富裕而来的是新的社会矛盾，

---

① ［美］斯科特·拉什、约翰·厄里：《组织化资本主义的终结》，征庚圣等译，
江苏人民出版社 2001 年版，第 253—254 页。

人们在享受"丰裕社会"的同时又感到自己的自由、自尊、自主等自我价值受到了威胁，新社会运动的抗议主题就是这些新威胁和新异化。也有一些研究者把这区分为"物质主义"的价值取向和"后物质主义"的价值取向。哈贝马斯对传统左翼政治向"新政治"的转变进行了总结，认为"新的冲突并非由'分配问题'产生，而与'生活方式的规则'有关"。这种新型的冲突来源于一种"无声的革命"，是从经济、社会、内政和军事安全的"旧政治"发展为以生命、平等、个人价值实现、参与和人权问题为基础的"新政治"。①

其二，不同的运动主体。传统的左翼运动，特别是在 20 世纪 70 年代以前的西欧社会主义运动，一般认为实现社会变革的主体是大工业产生的工人阶级，至少说工人阶级也是社会运动的重要力量，社会斗争被归结为阶级斗争。而新社会运动则反对阶级政治和阶级划分，其成员主要是西方发达社会所产生的"新中间阶级"，它不同于传统的工人阶级，也不同于过去的中间阶级，它们不仅成分庞杂，包括和平主义者、绿党和生态主义者、青年学生、女权主义者、民权主义者、同性恋者等各色人群，而且具有不同的社会需要和价值追求。所以说新社会运动不存在统一的主体，只是不同类型的抗议人群。

其三，不同的运动形式。传统的左翼运动非常重视集体行动和统一斗争，强调组织和机构的作用，奉行通过政党（共产党和社会民主党等）和工会组织等的组织和领导，把受资本主义剥削和压迫的人聚集起来，形成指导思想明确、目标一致的统一的群众斗争。而新社会运动则以非中心化、分散化、个体化、自我行动为特征，没有统一的组织和领导，没有统一的指导思想和目标。各种类型的新社会运动人群由于庞杂分散，组织性无法与传统工业无产阶级相比，他们对工会等组织态度冷漠，入会率很低。他们的兴起和发展，

---

① ［美］斯科特·拉什、约翰·厄里：《组织化资本主义的终结》，征庚圣等译，江苏人民出版社 2001 年版，第 286 页。

在一定程度上削弱了工会的力量。他们的价值取向和独立意识，使得传统的政党和政治机构、传统的运动形式不适应他们的要求，各种运动一般是各自为战，甚至人自为战，具有无政府主义倾向。传统的左翼运动一般强调意识形态的指导，或信奉马克思主义，或信奉民主社会主义等，而新社会主义运动则是观念和价值的多元主义，无法以传统的意识形态归类。

从上面我们看到，新社会运动对传统左翼运动的基本要素都构成了挑战。但对于新社会运动挑战的程度和结果，需要研究者审慎地分析，既不能主观夸大，也不能置若罔闻。认为它逐步占领传统左翼阵地、甚至认为它将取代传统左翼运动的看法，需要更多的事实证据来说明。最主要的是要看到以下几点。第一，新社会运动是长期发展的社会现象，在过去的 30 多年时间里，尽管有时也算得上轰轰烈烈，但还没有形成取代传统左翼运动的规模和力量，即便当前也是如此。第二，西方发达国家经济社会的发展变化不仅使新社会运动产生和发展起来，其他运动和组织，包括传统左翼运动也在随之调整，以适应时代的变化，不仅新社会运动做出了"变动时代的理性反应"，共产党和社会民主党也都努力做出适应时代发展的更新。正如萨松说的那样，"问题在于，'左翼'和右翼经常适应社会和政治的变化而重新定义自己"[①]。第三，不仅要看到新社会运动对传统左翼的挑战，也要看到传统左翼包容、吸收甚至同化新社会运动的能力。总之，要全面、辩证地看待二者之间的关系。德国社民党理论家奥斯卡·拉封丹的一段话对我们认识新社会运动的挑战较有启示，他这样说："在我看来，仅仅因为某一运动给某一迫切需要解决的社会问题——这些问题早已出现，当然现在的表现形式与以往不一样——提供了相应的不同答案而把这一运动就称为新运动，是没有道理的。如果'旧的'、制度化的社会主义不愿成为过时的东

---

① Donald Sassoon, *One Hundred Years of Socialism: the West European Left in the Twentieth Century*, London: I. B. Tauris Publishers, 1996, p. 671.

西，它也必须根据时代要求表述自己的回答。难道人们仅仅因此就说这是某种'新的'社会主义吗?"①

二　传统左翼政党与新社会运动结合的可能性

前面我们主要讨论了新社会运动和传统左翼之间的分歧和对立，现在我们从二者的一致性和相互需要方面，探讨一下它们在何种意义和程度上能够相容或结合。

第一，二者之间存在着诸多能相互兼容的问题。新社会运动确实提出了许多新的问题，并且提出问题的方式也不同于传统左翼，但这些问题并不是像一些研究者认为的那样是被传统的社会主义运动完全忽视或排斥的，其中一些问题虽然被新社会运动以不同的方式提出，但它们也是传统社会主义运动和理论的题中之义。如倡导和平、争取妇女解放等，也是传统社会主义者所支持并为之奋斗的。新社会运动往往把这些问题作为单一目标提出，在社会主义者那里则把这些问题融入自己的纲领，并能从更深的层次上提出解决问题的途径。比如在争取和平和反对战争的问题上，许多社会主义者认为一些战争的爆发是资本主义相互竞争的结果，如第一次世界大战。要制止战争，单纯地靠街头抗议是不行的，必须从根源上解决，所以当时列宁领导的布尔什维克坚持用革命制止战争，取得了十月革命的胜利，此后世界上社会主义国家的存在和发展成为维护和平、制止战争的最强大力量。同样，如生态问题、民族问题、女权问题，等等，很少是"超越"政治、阶级的"中立"问题。也就是说，新社会运动提出的诸多问题，实际上并不是同社会主义纲领相悖，而

---

① ［德］奥斯卡·拉封丹:《社会主义与新社会运动》，参见［苏］戈尔巴乔夫、勃兰特等《未来的社会主义》，中央编译局国际发展与合作研究所译，中央编译出版社1994年版，第64页。

是二者共同面对和解决的。

奥斯卡·拉封丹就认为，新社会运动至少部分继承了以前的社会主义运动，二者在许多斗争议题上是"天然的同盟者"，甚至在关于未来的基本问题方面也有一定程度的内在一致性。如反战和平运动的裁军建议被列入了社会主义政党的外交谈判日程。再如，对于劳动的认识上，马克思主义认为在未来的社会，劳动不再是像在资本主义社会那样是异化了的商品，而是人类自我实现的手段，是生活的真正需要。新社会运动的许多流派如妇女运动、生态运动等，也都认为劳动不应是服从资本赢利的活动。可见，二者对劳动的看法基本一致，"劳动"这一传统社会主义的关键概念，也是新社会运动的重要概念。

从以上角度看，虽然新社会运动与传统左翼运动的斗争主题和价值取向不同，但在对诸多具体问题的认识上有切合之处。这是二者同属左翼、能彼此结合的重要原因之一。

第二，新社会运动需要借助传统左翼政党的力量来扩大和增强自身的影响。新社会运动虽然声势浩大，但由于其分散性、目标单一化、无政府主义倾向、缺乏有力的理论指导和明确的目标等缺陷和局限，从政治影响上看它仍然处于边缘化的地位。西方许多学者也充分地看到这一问题。新社会运动对制度化政治的彻底拒绝，使它难以提出与真正的生存保障有关的经济政策、社会福利政策和劳动市场政策等。由于没有明确的目标和理论，它便缺乏长远发展的方向和动力。艾伦·伍德认为，新社会运动存在的问题在于，"这些不同选择没有任何一种是以对构成资本主义的社会力量及其关键的策略目标的系统的重新评价作为支撑的。这些不同观点的典型形式就是一厢情愿式的乌托邦或是处于绝望中的空想，或是跟通常一样，都是对于完成变迁的社会的幻想，而没有对于变迁进程的真实期盼"①。大卫·佩珀认为，新社会运动在没有与社会主义发生联系的情况下，其激进主义是建立在无政府主义的基础上的。威尔德认为，新社会运动的挑战力量虽然超越了国界，但由于它们抛弃了集中化的组织形式，也由于许多参与者只注重单一目标，妨碍了与传统政党的结合，所以其影响是很有限的。② 总之许多研究者都指出，新社会运动要克服自身的缺点和局限，与社会主义和左翼运动结合起来是最为现实的选择。

　　新社会运动如果不同社会主义运动结合，就只能停留在街头抗议的水平上，而这种街头抗议一般是消极的，非建设性的，无法转变为改造社会的实际力量。"它是一些反对运动，这些运动的动机不是产生于为人类的权利而奋斗，而是产生于对侵害人权的抗议；不是产生于为种族平等而斗争，而是产生于对种族隔离的抗议；不是产生于为一个更为清洁的环境而努力，而是产生于对环境污染的抗议。"③ 这种抗议行动也是社会主义运动的重要内容，但社会主义运动不停留在这一较低层次的斗争水平上，而是以高层次的政治目标将抗议人群团结凝聚起来，开展有组织的斗争、变革或革命。新社会运动如果只停留在抗议的水平上，拒绝与社会主义运动和政党的联系和结合，就难以在改变现存秩序上有大的作为。值得关注的是，许多新社会运动组织内部出现了具有与社会主义结合倾向的派别，如生态马克思主义、生态社会主义和女权社会主义等。而且，日渐发展的"红绿联盟"以及绿党在欧洲政治舞台上取得的成绩，证明了新社会运动与传统左翼运动结合对于自身存在和发展的重要性。

---

　　① ［加］艾伦·伍德：《新社会主义》，尚庆飞译，江苏人民出版社2002年版，第15页。

　　② 陈林、侯玉兰：《激进，温和，还是僭越?》，中央编译出版社1998年版，第448—449页。

　　③ ［德］奥斯卡·拉封丹：《社会主义与新社会运动》，参见［苏］戈尔巴乔夫、勃兰特《未来的社会主义》，中央编译局国际发展与合作研究所译，中央编译出版社1994年版，第59页。

第三，传统社会主义政党需要通过吸收新社会运动来更新和壮大自己。目前西欧传统的社会主义政党都处于变革调整之中，各种政治力量在分化组合。特别是对于共产党来说，由于自己的阶级基础发生了很大变化，在确立自己新的社会基础时，能否把新社会运动分子争取过来，直接关系到自己在选举及其他政治活动中的成败。目前调整幅度较大的共产党，如法国共产党、意大利重建共产党、西班牙共产党等，都把抗议和反对资本主义现存秩序的一切人群作为自己的争取对象，而新社会运动分子无疑占很大部分。社会民主党也在同共产党争夺着这块阵地，因为这些传统左翼政党同样面临着传统工人选民流失的问题，需要新社会运动分子这样的力量来补充。

从适应时代变化的需要来看，新社会运动对传统左翼政党的意义显得更为重要。20世纪80年代以来西欧社会主义运动的停滞和挫折，除苏东剧变的直接影响外，社会主义政党不能很好地适应时代和社会形势的变化，僵化保守，也是一个重要的原因。而新社会运动在这方面则活跃、敏锐，直接从变化中提出问题，并分别作为针对性的目标而斗争。社会主义运动要跟上时代变化的步伐，反映和解决时代提出的问题，就必须正视新社会运动的积极主张并吸收其合理因素。新社会运动也往往出现于当重大问题在传统的政治范畴和框架内无法得到有力解决的时候。如生态危机的出现就使传统社会主义理论暴露出弱点，大规模的生态主义或生态社会主义运动就应运而生。新社会运动揭示了新的社会矛盾和冲突，也需要社会主义理论把它们纳入并提出有效的解决办法。社会主义政党应该把自己的传统理论与实践优势同吸收新社会运动的积极因素结合起来，从而更好地实现理论和纲领的更新。

总之，如果西欧传统左翼运动和新社会运动之间的关系不是停留在并存对立的状况，而是达到共生的状态，那么对于21世纪欧洲发达国家社会主义运动的发展将具有重大的意义。